리더십
챌린지

종은책14

리더십

THE LEADERSHIP CHALLENGE

챌린지

제임스 M. 쿠제스, 배리 Z. 포스너 지음 | 정재창 옮김

The most trusted source of
leadership wisdom

6판

리더십
챌린지

초판발행 2018년 5월 8일
초판 3쇄 2019년 1월 11일

지은이 제임스 M. 쿠제스, 배리 Z. 포스너
옮긴이 정재창
펴낸이 채종준
기　획 조가연
편　집 김지환
디자인 김정연
마케팅 송대호

펴낸곳 한국학술정보(주)
주소 경기도 파주시 회동길 230(문발동)
전화 031-908-3181(대표)
팩스 031-908-3189
홈페이지 http://ebook.kstudy.com
E-mail 출판사업부 publish@kstudy.com
등록 제일산-115호 2000.6.19

ISBN 978-89-268-8408-9 13320

역담 **PSi**
한국학술정보(주)와 PSI컨설팅이 공동으로 출판한 실전형 경제경영서입니다.

『리더십 챌린지』 개정 6판에 대한 찬사

"만일 내가 지금까지 나온 리더십 서적 중에서 한 권만 추천해야 한다면, 『리더십 챌린지』를 가장 먼저 꼽을 것이다. 그것도 다른 책들과 상당한 격차를 두고 말이다. 가장 최근에 집필된 여섯 번째 개정판은 짐 쿠제스와 배리 포스너만의 특징(그 속에 담겨 있는 의미는 복잡하지만, 간결하고 실용적으로 표현함)을 보여준다. 『리더십 챌린지』는 여태까지 저술된 리더십 관련 서적 가운데 가장 유용한 리더십 교본이다. 개정판이 출간될 때마다 매번 구입해서 읽어보았다. 그리고 개정 횟수가 늘어날수록 내용이 더욱 충실해지는 모습을 보여주고 있다."

　　— 토마스 A. 콜디츠(Thomas A. Kolditz), 예일대학교 교수, Doerr Institute for
　　　　New Leaders의 설립자(Rice 대학교)

"나는 『리더십 챌린지』를 사랑한다! 모든 리더들에게 이 책을 리더십 교본으로 추천하고 싶다. 개정 6판은 세계 최고 수준의 콘텐츠를 제공한다. 먼저 이 책은 짐과 배리가 지난 25년 이상 쌓아온 지혜를 담았으며, 현재까지 리더십 분야에서 확실한 고전의 자리를 지켜왔다. 또한 변하지 않는 리더십 개념이 언제나 변화하는 세상에 잘 적용될 수 있게 개정되었다."

　　— 마샬 골드스미스(Marshall Goldsmith), 로욜라(Loyola)대학교와 타트머스
　　　　(Dartmouth)대학교 교수, 《뉴욕타임스》와 《월스트리트저널》 베스트셀러인
　　　　『The Leader of the Future』 저자.

"리더십 여정을 지금 막 시작했거나 경험 있는 CEO 또는 리더십 분야의 교수라면, 머리맡에 두고 언제나 읽어야 할 불후의 리더십 고전이다."

　　— 해리 크래이머 주니어(Harry Kraemer Jr.), 노스웨스턴대학교 켈로그 경영
　　　　대학원 교수, 박스터 인터내셔널 전 회장 겸 CEO.

"한 권의 책이 30년이 지난 지금 현실에 비추어도 낯설지 않게 느껴지는 이유는 무엇일까? 그 이유는 간단하다. 저자들은 함께 협력해온 모든 클라이언트, 문학 작품에서 읽은 내용 등 다양한 방법을 동원해 성장하고 배우기를 멈추지 않았기 때문이다. 『리더십 챌린지』의 각 페이지들은 최고의 스토리와 예화, 기억에 남을 교훈들로 계속 채

워지고 있다. 이 책은 리더십 분야로 막 진출하려고 하거나 30년 전에 이 책을 읽어본 적이 있는 사람들에게 적합한 교재다."

　　— 베벌리 케이(Beverly Kaye), 커리어 시스템즈 인터내셔널 창업자, 『Love 'Em or Lose 'Em, Help them Grow or Watch Them Go』 공동 저자.

"『리더십 챌린지』는 개인의 경력에 도움이 되는 것은 물론이고, 더 중요한 것은 더 나은 삶을 영위하기 위한 도구로 활용될 수 있다는 점이다. 짐과 배리는 이 책에 위대한 리더십 통찰력을 집약하였다. 모든 리더들은 『리더십 챌린지』라는 선물을 활용해야 할 것이다."

　　— 하워드 베하르(Howard Behar), 스타벅스 커피 (전) CEO.

"『리더십 챌린지』는 리더십의 고전이자 통찰과 매력으로 가득 찬 책이다. 모든 리더십 상황은 자신이 경험한 도전에서 나오지만, 도전을 극복하는 방법을 모든 리더들이 알 수는 없다. 뛰어난 리더가 되고 싶고, 뛰어난 리더가 되는 비결을 자기 것으로 만들기 위한 조언을 찾는다면 짐 쿠제스와 배리 포스너의 『리더십 챌린지』는 특별한 동반자가 될 것이다. 이 책은 위대한 리더가 되게 도와줄 뿐 아니라 사람들을 움직여 놀라운 변화를 이루어내는 방법을 알려준다. 이 책을 사서 읽고 이 책에서 말한 대로 실천해보라. 그런 후에, 리더십을 진정으로 소중하게 생각하는 사람들에게 선물하라."

　　— 롤리 다스칼(Lolly Daskal), Lead from Within의 창업자이자 사장, 『The Leadership Gap: What Gets Between You and Your Greatness』의 저자.

"『리더십 챌린지』는 오늘날의 현실에도 잘 들어맞는 것 같다. 짐과 배리는 설득력 있는 자료와 실제 사례를 통해 다른 사람과 협업하는 능력을 끊임없이 제공한다. 이 책은 우리를 둘러싼 주변 상황이 혼란스러울지라도 조직 생활의 가능성에 대한 믿음을 계속 유지하는 데 힘을 준다."

　　— 피터 블록(Peter Block), 『Flawless Consulting』, 『The Empowered Manager』의 저자.

"쿠제스와 포스너는 리더십이라는 개념을 발명하지 않았지만, 이 책을 읽다 보면 마치 그들이 리더십 개념을 창안한 것 같은 느낌이 든다. 요리에는 앨리스 워터스가, 음악에는 폴 매카트니가 있다면, 쿠제스와 포스너는 다른 이론과 차별화되는 리더십 원칙과 접근법을 개발해냈다. 이번 『리더십 챌린지』 개정 6판은 그들의 연구 성과를 한층 더 개선했을 뿐 아니라, 다시 한번 그들의 이론을 살아 숨 쉬게 만들었다. 당신은 이번 개정 6판에서 놀라운 일이 일어나게 만드는 방법에 대한 코칭을 얻게 될 것이다. 생각할수록 이 책은 놀라운 기적이다."

— 리처드 A. 모란(Richard A. Moran), 멘로 대학 총장, 『The Things about Work, Showing Up and Other Important Matters』의 저자.

"거의 25년간 『리더십 챌린지』는 매번 스스로를 파악하고 리더로 성장해 더 나은 결과를 성취하는 방법을 안내해주었다. 이번에 출간된 개정판은 팀과 그 구성원을 몰입하게 하는 중요성과 가치를 강조함으로써 이미 시간의 검증을 거쳐 그 진가를 보여준 리더십 이론을 한 단계 올려놓았다. 『리더십 챌린지』에서 보여주는 것처럼 간호사들이 업무에 더욱 몰입해 환자들을 정성껏 돌본다면, 환자의 건강은 훨씬 더 좋아질 것이다. 더욱 현실적으로 개정된 『리더십 챌린지』를 읽으면서 우리가 돌보는 환자들, 환자의 가족들과 지역 사회의 건강에 이바지하기 위해 노력하는 계기가 되었다. 세상에는 많은 리더십 서적이 있지만, 그중에서도 이 책은 진정성 있는 유일한 필독서다."

— 로리 암스트롱(Lori Armstrong), MSN, RN, NEA-BC, 카이저 퍼머넌트 산타클라라 메디컬 센터 수석간호임원.

"『리더십 챌린지』는 평범한 이론이 아니라 철저한 조사와 광범위한 연구를 통해 얻은 통찰의 결과물이다. 내가 생각하는 가장 심오한 통찰력은 매우 단순하다. 즉 자신의 가치가 무엇인지 정의하고, 자기의 리더십 스타일을 그 가치와 연계하는 것이다. 거대한 영업 조직을 이끈 경험자로서 그러한 진정한 리더십이 모든 조직 계층에 강력하게 적용되는 것을 현실에서 경험해왔다."

— 마크 매짓(Mark Madgett), 뉴욕생명 전무.

"개정 6판 『리더십 챌린지』에서 가장 흥미로웠던 부분은 리더십 실천 원칙의 기술에 대해 바치는 순전한 열정이었다. 리더십 스킬은 공통된 목적을 위해 사람들을 단합하게 한다. 그리고 리더십의 실천 원칙은 공동의 이익을 위해 실천하도록 헌신을 요구한다. 이 2가지 말은 쉽게 주장할 수 있으나 실행하기에는 어렵다. 이번에 출간된 개정판에서 짐 쿠제스와 배리 포스너는 견고한 연구 결과를 제시하면서 올바른 리더십으로 인도하는 세계적 수준의 조언을 제공한다. 이 책은 정말 좋은 작품이다."

— 존 발도니, 발도니 컨설팅 LLC 사장, 『Lead with Purpose』, 『Lead Your Boss and Lead By Example』의 저자.

"『리더십 챌린지』는 가장 격동기에 조직을 완전히 바꾸려는 리더들을 위해 쓴 책이라고 생각한다. 여기서 보여주는 리더십의 5가지 원칙과 십계명은 매우 실천적인 방식으로 직원들에게 비전을 제시하고, 혁신 의식을 고취하며, 협력적으로 일하고, 몰입하는 방법을 제시한다. 환자의 침상을 돌보는 간호사부터 이사회실에서 의사 결정을 하는 간호 중역까지 그들은 모두 리더. 또한 모든 사람은 마땅히 『리더십 챌린지』에 나오는 내용을 숙지해야 한다. 이 책을 모든 간호사들에게 추천한다."

— 수전 허먼(Susan Herman), 캘리포니아 주 간호협회 부회장, San Joaquin Community 병원 환자 서비스 담당 부원장.

옮긴이 서문

이 책은 31년 전인 1987년 처음 출판되었다. 국내에도 두 번 번역되어 소개된 바가 있다. 쿠제스(Kouzes)와 포스너(Posner) 교수가 쓴 이 책의 6판이 준비되고 있다는 소식을 접한 후 1년 반이라는 시간을 기다려 번역, 출판한 데는 몇 가지 이유가 있다.

- 거의 매주 쏟아지는 리더십 분야의 수많은 도서 중 가장 많이 읽혀진 책
- '리더십에 대한 책을 딱 한 권만 추천하라면 바로 이 책'이라는 당대 최고 학자나 리더십 관련 유명 저자들의 평가
- 72개 국가로부터 자료를 모아 저자들이 개발한 '리더십 실천 행동 진단(LPI: Leadership Practice Inventory)'이 세계에서 가장 많이 활용되는 리더십 진단도구로 인정
- 이 LPI 진단도구를 사용하여 연구된 학위, 학술 논문이 800편 이상 발표

이런 객관적 사실 외에 지난 20여 년간 리더십에 대한 강의와 연구를 해온 역자는 이 책을 접하며 반성과 부러움, 부끄러움이 교차했다. 무엇보다 지난 30년간 매 5년마다 새로움을 더해 책을 내는 저자들의 리더십에 대한 인생을 건 열정은 큰 영감과 사명감을 일깨워 주었다.

2년 전 미국 테네시주 네슈빌에서 개최된 '리더십 챌린지 포럼'에는 6개 대륙 400여 명의 전문가들이 참석하였다. 그곳에서 저자들은 리더십의 효과를 구체적으로 증명한 연구 결과를 발표했다. 리더십의 중요성은 누구나 공감하지만, 구체적으로 리더십이 조직의 어느 부분에 어떤 효과를 나타내는지에 대한 구체적 근거(evidence)를 제시한 연구는 많지 않다.

리더는 조직 구성원의 교사이자 코치다. 구성원들이 조직에 남을지 또는 떠날지를 결정하거나 자발성을 발휘하며 열정적으로 일할까 말까를 결정하는 데 그 누구보다 영향을 주는 사람이다. 리더는 본인이 좋아하든 좋아하지 않든, 모르고 했든 알고

했든, 구성원의 본보기가 되고 그들에게 영향을 미치기 때문이다. 역할 수행에 있어 적극적으로 자신의 능력을 활용하고 활력, 헌신, 몰두의 특징을 나타내는 '인게이지먼트'는 조직의 성공과 경쟁력 확보를 위한 핵심요소이다. 제4차 산업혁명 시대에 그 중요성은 점점 더 부각되고 있다.

저자들은 '리더십 실천 행동이' 조직 구성원의 인게이지먼트와 몰입에 36.9%의 영향을 준다는 것을 실증연구로 입증하였다. 이를 바탕으로, 리더의 어떠한 행동이 구성원의 인게이지먼트 수준을 높일 수 있는지 구체적으로 제시하고 있다. 이번 개정판의 주요 내용이기도 한 이 연구결과는 리더들에게 의미 있는 지침이 될 것이다.

지난 5판에 비해 80% 이상 새로운 내용으로 채워진《리더십 챌린지》는 그동안 리더십 관련 도서에서 흔히 봐왔던 CEO, 장군, 수상처럼 조직의 정점에 있는 위대한 리더의 모습을 배우라고 요구하지 않는다. 오히려 우리가 일상에서 접할 수 있는 리더의 이야기로 구성되어 있다. 우리 주변의 리더들은 놀라운 성과나 변화를 이룩한 평범한 사람들이다. 나이와 직업, 사는 곳도 각양각색이며, 대기업, 중소기업, 기관, 학교 등을 가리지 않고 다양한 조직에 존재하는 사람들이다. 그들은 유명인이나 엄청난 스타가 아니며, 우리 옆집에 사는 이웃이거나 바로 옆 사무실에서 일하는 동료일 수도 있다.

이 책은 조직 구성원이라면 누구나 마음만 먹으면 실천할 수 있는 내용을 담고 있어 매우 실용적이다. 우리는 누구나 그동안 가보지 못한 곳에서 다른 사람들을 이끌어야 하는 기회를 만날 수 있고, 그런 잠재력 또한 갖고 있다. 때문에 '리더십은 누구에게나 필요한 책무'라는 것이 이 책의 출발점이며 종착지이기도 하다. 모든 사람들은 직급과 직책에 구애받지 않고 주위 사람들에게 보여주는 자신의 리더십 품격에 대해 책임져야 한다.

이 책을 통해 우리 조직에 있는 모든 구성원이 스스로 품격 높은 리더십을 준비하고 인게이지먼트를 한 단계 높여 더 좋은 세상을 만드는 데 기여할 수 있기를 간절히 바란다. 그동안 함께해온 여러 고마운 분들과 고객사에 다시 한번 감사의 말씀을 드린다.

정재창

서문

조직에 놀라운 변화가 일어나게 하는 방법

『리더십 챌린지』는 리더가 구성원을 통해 조직에 놀라운 변화를 일으키는 방법에 대한 책이다. 이 책에서는 가치를 행동으로, 비전을 현실로, 장애물을 혁신으로, 분열을 통합으로, 위기를 보상으로 변화시키는 리더십 스토리를 보여준다. 이를 통해 직장에서 긍정적 변화를 이루어내고 도전 기회를 놀라운 성공으로 바꿀 수 있게 하는 리더십이 무엇인지 알게 될 것이다.

『리더십 챌린지』가 세상에 소개되고 개정 6판이 출간되기까지 30년이란 세월이 흘렀다. 우리는 그동안 리더들이 최고의 전성기에 어떠한 성과를 거두었고, 더 나은 리더가 되기 위해 어떤 노력을 했는지 알기 위해 자료를 수집하고 조사하며, 컨설팅 및 집필에만 거의 40년을 바쳤다. 그동안 숱한 전문가와 업계의 격려를 영광으로 생각하며, 학생, 교육자 및 현업 관리자에게 리더십의 개념을 이해할 수 있도록 길잡이를 제공하는 한편, 실제 업무 현장에서도 유용하게 활용될 수 있도록 노력을 기울여 왔다.

모범적인 리더십(Examplary Leadership)을 이해하기 위한 여정을 처음 시작했던 1982년 당시에 했던 "리더로서 최고로 잘 나가던 시절에 어떤 일을 하셨습니까?"라는 질문을 우리는 지금도 똑같이 고집한다. 이 질문에 대한 답을 얻기 위해 전 세계에 흩어져 있는 각계각층의 리더들, 다양한 직업군의 사람들과 남녀노소를 불문하고 대화를 나누었다. 그들이 우리에게 들려준 이야기와 행동 및 실천 사례는 궁극적으로 이 책에 기술된 모범적 리더십® 모델의 5가지 원칙을 확립하는 데 기여하였다. 조직에 놀라운 변화를 일어나게 한 모범적 리더들은 자신의 가치와 원칙을 명확히 하고, 비전으로 구성원들의 가슴을 뛰게 하며 그들이 새로움에 도전하도록 격려한다. 또한 구성원들의 행동을 이끌어내며 그들의 열정을 우러나게 한다.

『리더십 챌린지』는 실증적 연구에 기반을 두고 있다. 수천 가지 사례를 분석하고 수만 명의 설문 조사를 통해 우리는 5가지 리더십 실천 행동 구조를 도출하였다. 이 책에 나오는 사례는 모두 실제 행동으로 보여준 사례이며, 이 모델의 실천 행동 구조를 뒷받침한다. 각 장은 리더의 행동이 구성원의 인게이지먼트(Engagement: 애착심, 자발적 참여, 결속 등의 뜻을 가짐. 본서에서는 번역하지 않고 '인게이지먼트'로 사용 —옮긴이) 성과에 미치는 영향에 대해 참신한 데이터를 제공하였다.

　　우리는 이번 개정판을 발간하면서 성과의 차이를 만드는 리더십 행동에 대해 더욱 명확한 시각을 갖게 되었다. 중요한 내용은 반복해서 강조하였고, 그렇지 않은 내용은 과감히 덜어내고 새로운 내용을 추가하였다. 전체 구조는 물론, 개념과 관점도 오늘날의 상황과 조건에 맞춰 새롭게 가다듬었다. 또한 리더가 경험한 최고 리더십 사례에 대해서는 엄격한 기준을 적용해 선정하였다. 리더십에 대해 연구하고 저술할수록, 리더십이란 개념이 결코 어렵지 않으며, 모든 사람들이 이해할 수 있는 범주 안에 존재한다는 사실에 자신감을 얻게 되었다. 리더십이 주는 기회는 무한하며 그 경계도 존재하지 않는다.

　　개정 6판이 출간되기까지 매번 개정판을 준비할 때마다 우리는 연구 대상자 범위에 새로운 리더를 포함했으며, 때로는 이제 막 떠오르는 차세대 리더도 대상에 포함하였다. 이러한 기회를 통해 다양한 사례를 수집하고, 새로운 결과를 검토하고, 지금까지 접하지 못했던 내용을 들을 수 있었다. 그리고 그 결과가 리더십 실천 원칙과 관련성이 있는지 알아보기 위해 이 리더십 모델이 앞으로도 타당성이 있는지, 다시 처음부터 모든 것을 시작한다면 새로운 리더십 사례를 찾아야 하는지, 일부 사례는 삭제해야 하는지 등의 질문을 던졌다. 이러한 질문과 관련하여 우리는 '리더십 실천 행동 진단®(LPI, Leadership Practices Inventory)' 결과로부터 경험에 기반을 둔 데이터를 확보할 수 있었다. 이 리더십 실천 행동 진단은 5가지 실천 원칙을 평가하는데, 연간 40만 명 이상의 진단결과를 제공해 리더십에 뚜렷한 변화를 가져오는 행동을 지속해서 검증하고 확증할 수 있게 해주었다.

　　우리는 점점 더 뛰어난 리더십이 절실해지는 상황과 리더가 되기 위한 더욱 높은 의식과 양심이 요구되는 현실에 직면해 있다. 구성원들은 리더가 되기 위해 무엇을 해야 하고 어떻게 자신을 개발해야 하는지, 그 방법에 대해 리더가 지침을 주길 기대한다. 당신이 최고의 리더가 되는 것은 당신 자신만을 위한 의무가 아니다. 조직을 위한 의무이기도 하다. 조직은 당신에게 최고의 리더 양성을 기대하고 있기 때문이다.

리더를 위한 현장 가이드

어떻게 하면 사람들이 따르고 싶어 하는 리더가 될 수 있을까? 어떻게 하면 자신의 의지와 선택으로 공동의 비전을 향해 함께 전진하게 할 수 있을까? 어떻게 하면 공동의 염원을 달성하기 위해 다른 사람의 힘을 끌어낼 수 있을까? 이러한 내용은 『리더십 챌린지』에서 다루는 중요한 질문 중 하나다. 이 책을 리더십 여정에 동반하는 현장 가이드로 생각하라. 그리고 새로운 성과를 창출하고 미래로 향하는 과정에서 조언과 상담이 필요할 때, 참고할 수 있는 매뉴얼로 생각하기 바란다.

1장은 개인이 경험한 최고의 리더십에 대한 두 가지 사례를 제공한다. 이 이야기들은 지역, 산업 분야가 서로 다를 뿐만 아니라 등장하는 사람들의 역할과 유형도 모두 다르지만, 리더십이 주는 도전을 받아들일 때마다 어떻게 5가지 실천 원칙을 적용해야 하는지 그 방법과 관련한 공통된 요소를 잘 보여준다. 이후에는 5가지 실천 원칙에 대한 개관과 더불어 이러한 실천 원칙이 어떠한 차이를 만들어내는지 리더들의 실제 경험을 바탕으로 설명하였다.

리더에게 그들이 성취한 최고 사례를 직접 물어보는 것도 중요하지만, 이는 전체 이야기 중 절반만 듣는 셈이다. 리더십이란 리더와 그를 따르는 사람들과 관계이기 때문이다. 리더십이라는 그림을 성공적으로 그리려면 사람들이 리더를 기꺼이 따르고 싶은 마음이 들게 하는 리더 안에 있는 무언가를 찾으려고 한다는 사실을 이해해야 한다. 이러한 측면에서 2장에서는 구성원이 가장 중요하다고 생각하는 리더의 특성이 무엇인지, 그리고 그 이유는 무엇인지 함께 공유하고자 한다.

이어지는 10개의 각 장에서는 리더십의 십계명, 즉, 놀라운 변화를 일으키기 위해 리더들이 보여주는 핵심적 행동과 5가지 실천 원칙 각각의 개념을 설명하였다. 설문 조사를 통해 얻은 결과와 실천 원칙을 뒷받침하는 실제 사례를 제공하며, 각 사례를 자기 것으로 만들기 위해 어떻게 해야 하는지 구체적인 실행 지침을 제시하였다. 또한 각 장을 마무리하기 전에 '실천 사항'이란 항목을 마련해 리더십 사례가 독자의 행동 및 태도에 스며들어 자연스럽고 지속해서 나타날 수 있게 제안하였다. 이 책을 읽는 목적이 학습이든지, 구성원(부하 직원, 팀, 동료, 관리자, 공동체 구성원 등)의 계발이든지 상관없이, 여기서 추천하는 모든 지침은 바로 실천할 수 있다. 실행에는 추가 예산도, 누군가의 승인도 필요하지 않다. 단지 스스로 집중할 수 있는 의지와 훈련만 필요할 뿐이다.

13장에서는 모든 사람이 리더십 역할 모델로서 각자에게 부여된 책임을 받아들일 것을 강조한다. 6번의 개정판이 출간되었지만, 우리는 여전히 리더십이 모든 사람이 지녀야 할 의무라는 관점을 고수하였다. 리더십을 확립하기 위해 가장 먼저 살펴봐야 할 곳은 자신의 내면이다. 리더십 도전을 받아들이기 위해서는 변화를 일으키는 성찰과 훈련을 거듭해야 하며, 겸손한 마음으로 주어진 모든 기회를 활용해야 한다. 개정판을 새롭게 출간할 때마다, '리더십은 머리로 하는 일이 아니라 가슴으로 하는 일'이라는 결론에 가까워진다.

책을 읽을 때, 반드시 1장과 2장은 꼭 먼저 읽어볼 것을 부탁드린다. 그 이후로는 어느 부분을 먼저 읽어도 상관없다. 관심이 가는 내용부터 읽으면 된다. 이 책은 독자의 리더십 계발을 지원하려는 목적에서 집필되었다. 다만 리더십의 실천 원칙과 십계명은 반드시 기억해주기 바란다. 책에서 나오는 많은 세부 내용을 다 기억할 수는 없겠지만, 리더십의 바탕을 이루는 핵심은 간과하지 않길 바란다.

*　*　*

리더들이 책임져야 할 영역은 미래다. 리더가 해야 할 일은 변화의 바람을 일으키는 것이다. 리더가 조직에 기여할 수 있는 가장 중요한 업적은 재무 성과를 개선하는 일이 아니다. 리더는 사람과 조직에 대한 장기적인 개발을 도모하여 다가올 미래에 적응하고, 체질을 변화시키고, 번영을 추구하며, 성장을 추구해야 한다. 우리가 희망하는 것은 이 책이 전 세계 모든 조직이 더욱 활력이 넘치는 현장이 될 수 있게 기여하고, 새로운 기업이 생겨나고, 건강한 공동체가 재생되며, 궁극적으로는 세상에 더 큰 존경과 이해를 가져오는 것이다. 이 책이 여러분의 삶과 가정과 지역 사회를 풍요롭게 해주기를 열렬하게 희망한다.

리더십은 개인의 경력이나 조직 생활에 한정된 것이 아니라, 모든 사회적 영역과 지역 공동체는 물론 모든 국가에서도 중요하다. 세상에는 귀감이 되는 리더가 필요하며, 이러한 필요성은 지금 그 어느 때보다도 절실하다. 리더는 현실에서 엄청나고 놀라운 변화를 일으킬 수 있다. 세상은 통합을 가능케 하고 열정을 불러일으키는 리더를 찾는다.

리더십에 대한 도전은 매일 누구에게나 개인적으로 닥쳐올 수 있다. 이러한 도전을 이끌 의지와 방법만 있다면 누구나 리더가 될 수 있다. 그러나 그 의지는 오직 당신에게서 나오는 것이다. 다만 우리는 최선을 다해 그 방법을 제공할 것이다.

2017년 4월

제임스 M. 쿠제스(James M. Kouzes), 캘리포니아주, 오린다
배리 Z. 포스너(Barry Z. Posner), 캘리포니아주, 버클리

CONTENTS

실천 원칙(Practice) 1

가치와 원칙을 명확히 하라(Model the Way)

실천 원칙(Practice) 2

비전으로 가슴을 뛰게 하라(Inspire a Shared Vision)

실천 원칙(Practice) 3

새로움에 도전하라(Challenge the Process)

실천 원칙(Practice) 4

스스로 행동하게 만들어라(Enable Others to Act)

실천 원칙(Practice) 5

열정이 우러나게 하라(Encourage the Heart)

리더의 역할과
구성원들의 기대
(What Leaders do and
What Constituents Expect)

제1장

리더가 최고의 전성기를 보낼 때

브라이언 얼링크(Brian Alink)에게 디지털혁명은 산업혁명과 같은 파급력으로 다가 오는 것 같았다.[1] 조직이 문제를 해결하고 혁신을 추진할 때 그러한 혁신이 너무나 빠르게 수백만 명에게 파급되면서 직장과 시장, 지역 공동체는 그 어느 때보다 엄청나게 바뀌었기 때문이다. 하지만 이러한 변화만큼 흥분되는 사실은, 우리는 이러한 변화 속에서 스스로 활력을 불어넣는 특별한 기회를 발견할 수 있다는 점이다. 그것은 다름 아닌 더욱 훌륭한 리더가 되는 법을 배울 수 있는 기회다.[2]

그러한 기회는 브라이언이 캐피털 원 파이낸셜(Capital One Financial)사의 신용카드 사업부에서 고객 서비스 개선 프로젝트를 담당했을 때 찾아왔다. 이 프로젝트는 신용카드 사업부 전반에 걸쳐 리더들의 사고방식을 변화시켜 디지털 중심의 서비스를 제공하였다. 여태까지 그가 경험했던 업무와는 전혀 다른 성격의 일이었다. 이 일의 궁극적 목표는 고객에게 고통과 불편함, 좌절을 일으키는 문제를 해결하고 그들에게 더 나은 서비스를 제공하는 것이었다.

브라이언이 현 직책인 카드 디지털 채널(Card Digital Channel) 사업부 담당 부

리더십 챌린지

사장으로 임명되었을 때, 그는 새로 조직된 프로젝트 팀과 업무를 진행하였다. "우리 앞에는 예상할 수 없는 거대한 불확실성이 도사리고 있었습니다." 그는 이 점을 인정했기에 처음 몇 주 동안 고객지원업무 경험이 있는 임원 및 리더들과 여러 차례에 걸쳐 미팅을 했다. 그는 당시의 상황을 "직접 그 상황으로 들어가서, 경험자들의 의견을 경청하고 모르는 것은 배우면서 서비스가 이루어지는 맥락을 이해하였습니다"라는 말로 설명하였다. 먼저 그는 프로젝트팀 구성원과 일대일 면담을 했다. 이렇듯 초기에 관계 형성을 위한 프로세스를 실행한 계기는 몇 년 동안 신봉해온 그의 리더십 철학이 "이러한 과제를 시작할 때 가장 처음에 할 일은 서로가 서로에 대해 개인적으로 알게 되는 일"이기 때문이다.

> 함께 일하는 직원들이 어떤 사람들이고, 그들이 추구하는 가치와 하고 싶어 하는 일, 관심을 갖고 좋아하는 사항이 무엇인지를 아는 것은 중요합니다. 저 또한 리더나 전략가, 분석가가 아닌 그들과 마찬가지로 좀 더 큰 경험을 하고 싶어 하고 더 나은 세상을 만들고 싶은 저 자신을 소개할 기회를 얻는 것을 좋아합니다.

브라이언은 자기 휘하의 임원진을 소집해서 4시간 동안 회의를 진행했다. 그는 어떻게 서로 신뢰할 수 있는 환경을 만들 수 있는지 설명하면서 회의를 시작했다.

> 신뢰할 수 있는 환경이란 우리가 진정으로 변화하기를 원하고, 자기가 하는 일에 전념하면서 개인적으로 의미 있는 중요한 일을 할 수 있는 환경이자 우리의 삶을 멋지게 만들 수 있는 환경입니다. 신뢰는 각자가 생각하는 가치와 경험, 추구하는 사항을 서로 이해할 때 생겨납니다. 서로 신뢰하려면 우리는 다른 사람의 생각을 받아들이고 이에 열린 시각을 가져야 합니다. 그렇게 되면 가치와 신뢰를 기초로 공감대를 형성할 수 있습니다.

브라이언은 팀원과 이런 대화를 나눌 때마다 스스로 '마법'을 경험했음을 발견하였다. 직원들은 예외 없이 개인적으로 직면한 문제를 털어놓고 공유했다. 그가 인식한 것과 마찬가지로 모든 사람은 살아가다 힘든 상황에 직면하면 자신이 어떤 사람이며, 어떤 가치를 신봉하는지 인식하게 된다. 브라이언은 "함께 일하는 사람들과 뭔가 의미 있는 일을 하고 싶다는 생각이 우리를 자극합니다. 그리고 그런 생각은 진정으로 사람들의 성장을 돕고, 주변 사람을 위해 더 나은 행동을 하게 합니다. 우리는 고객들에게 바로 이러한 영향을 주고 싶습니다"라고 말했다.

부임 직후 회의를 통해, 브라이언과 팀원들은 함께 공유할 수 있는 비전과 가치를 더 명확하게 인식하게 되었다. 그리고 그들은 핵심 전략을 개발하고 이를 어떻게 운영할지 결정하였다. 이러한 협업을 통해 모든 구성원은 그들이 한 팀이 되어 해결안을 만들었다는 사실과 오너십을 가졌다는 자부심을 느낄 수 있었다.

그 후 브라이언과 임원진들은 직접 관장하는 팀을 비롯하여 카드 고객 대응팀 외의 팀까지 포괄하는 전체 미팅을 기획하고 진행하였다. 그들은 팀이 이미 검토했던 프로세스를 참여 직원도 검토하게 한 후 새로운 계획을 실행하여 개발자, 소프트웨어 엔지니어, 디자이너 등을 포함한 기타 부문의 직원들도 참여하게 했다. 이러한 접근법을 통해 그동안 모호하게 남아 있었던 걱정을 날려버릴 수 있었다. 브라이언은 경영진이 회사와 직원들을 위해 헌신하고 그들을 위한 든든한 버팀목이 되어주겠다는 생각을 명확하게 소통하는 것이 팀 전체를 지원할 뿐만 아니라 중요한 성과를 이룰 수 있게 해준다는 사실을 깨달았다.

하지만 그들은 이러한 변화가 고객 관리 팀에게만 중요한 우선순위로 남길 바라지 않았다. 그들은 고객 관리업무가 더 디지털화 되도록 돕고 전체 카드 관련 업무가 더 수월해지도록 하면서 공유된 비전을 갖기를 원했다. 또한 그들은 제품 디자인, 신용 정책, 사기범죄 예방, 카드사업 전체의 채권 회수, 대출 한도 관리, 신용카드 분실 및 도난 등 모든 부문에 종사하는 직원들이 더 큰 그림으로 자신의 업무를 바라보길 원했다. 브라이언이 이끄는 팀은 사업부 전체의 리더들을 대상으로 회의를 주관해 그들과 자신들이 품었던 열망을 공유하였고, 고객들이 불편함을 해결하기 위해 어떻게 행동하는지 파악할 수 있었다. 그 결과 좀 더 통찰력 있는 데이터를 제공했으며, 우리가 모두 힘을 합치면 어떠한 고객 편의를 제공할 수 있는지를 알 수 있게 되었다.

브라이언은 자기가 지휘하는 팀을 위한 비전을 만들고 실천하는 것 못지않게 직접 관리하지 않는 동료 및 다른 조직의 직원들도 실천하는 것이 똑같이 중요하다는 점을 말해주었다.

만일 가까운 부서의 리더들이 우리 팀에 와서 도움을 줄 때, 그들이 준 도움에 아낌없이 칭찬하고 격려하는 것은 결코 저의 리더십에 위협이 되거나 저희 팀의 공로를 깎아내리는 일이 아닙니다. 오히려 이것은 더 많은 정보를 얻고 서로 생각을 공유하며 일을 지속하는 데 필요한 더 큰 자원을 얻는 매우 효과적인 방법입니다. 이를 통해 우리는 서로 윈-윈 할 수 있습니다.

타인의 협력을 얻기가 쉽지 않다는 점을 알기에, 브라이언은 타 부서 직원의 도움을 받기 위해 그의 팀이 가진 기술적 지원을 먼저 제공하였다. 그는 "다른 사람이 성공할 수 있게 도우면, 우리도 반드시 성공할 것입니다. 원하는 것을 얻으려면 양보할 줄도 알아야 합니다. 만일 우리가 조직 전체를 움직일 수 있다면, 우리가 얻게 될 결과는 여태까지 우리 힘으로 이룰 수 있었던 것보다 훨씬 클 것입니다. 겸손하게 행동하며, 다른 사람들을 빛나게 만들어주고, 그 빛이 우리에게 돌아오게 합시다"라며 팀원들을 설득했다. 그리고 브라이언의 팀은 다른 부서의 리더들을 초청해 그들의 성과를 보여주는 기회를 만들었다. 이러한 포럼은 구성원들의 사기를 고양하는 한편 그들에게 영예를 안겨주었고, 그들이 이룬 공헌을 공개적으로 인정하고 칭찬하는 자리를 마련해주었다.

고객 경험 부문을 이끈 방법의 핵심은 본인은 지원자의 역할을 자처하면서 그 공로를 다른 사람들에게 돌려 그들을 격상시켜주고, 지원 역할을 하는 사람들도 계속 그렇게 할 수 있게 새로운 에너지를 재충전해준다는 데 있다. 브라이언 본인을 포함한 경영진은 매주 스탠드업 미팅을 개최하여, 모든 사람이 진행하는 업무와 성공 사례, 교훈, 심지어는 실패한 사례까지 자세하게 검토한다. 원거리에서 근무하는 직원들도 화상 회의로 참여한다. 이 회의를 진행하는 동안, 고위 경영진은 모든 사람 앞에서 모범적인 행동에 대해 관심을 끌 수 있는 '칭찬의 순간(praise moments)'을 진행한다. 공동의 관심을 끌 수 있는 사례를 듣거나 보게 되면, 회의 참석자 중 누군가가 "잠시 쉬어 가는 건 어떨까요? 우리 모두가 노력했다는 사실을 보여주는 훌륭한 예를 발견한 것 같습니다"라며 크게 칭찬해준다. 사람들은 성공 사례를 보고 이에 대한 긍정적인 피드백을 들을 때 활력을 얻는다.

브라이언은 "고객 중심의 디지털 조직으로 회사를 변화시킬 때, 리더들의 관장

범위를 조직 간 경계를 초월하도록 설정하는 것은 큰 도움이 됩니다. 고객들은 그들이 조직의 어느 부문과 상대하는지 알지 못합니다. 리더십 모델을 직속 팀으로만 한정하면, 리더가 조직을 통해 복잡한 고객 여정(customer journey)을 변화시키는 영향의 범위와 속도를 상당히 제한하게 됩니다"라고 역설했다.

이러한 생각은 분명히 새 시대에 맞는 리더십 철학이다. 이는 과거에 많은 사람이 경험했던 것보다 훨씬 더 포용적이고 열린 관점에서 바라본 리더십으로 이 방식은 효과가 있었다. 캐피털 원의 협업을 통한 노력은 반 년도 지나지 않아 결실을 거두었고 엄청난 사용자 경험 개선 사례를 보여주었다. 그 결과를 보면, 고객들은 향상된 디지털 경험과 고객 터치포인트의 결과로 2016년보다 수십만 시간가량 불만이나 문의 관련 통화 시간을 절약할 수 있었다. 담당자 별 고객 전화율도 측정 이래 가장 낮은 수준으로 꾸준히 하향되는 궤적을 보였다. 이 수치는 사업의 효율성을 보여주는 주요한 지표다. 이와 동시에, 캐피털 원을 추천하는 사람들의 수치는 사상 최고치를 기록했다.

* * *

안나 블랙번(Anna Blackburn)이 영국 소재 가족 기업인 보석회사 비버브룩스(Beaverbrooks)를 첫 직장으로 선택했을 때, 가장 큰 선택 기준은 '가치를 지키는 일'이었다. 그로부터 18년이 지나 처음 자신이 생각했던 가치는 그녀를 최고 경영자의 반열에 올려 놓았다. 그녀는 창업가문 외부에서 발탁된 최초의 경영자이자 최초의 여성 CEO가 된 것이다. 가치를 지킨다는 신념은 안나가 스스로 경험한 최고 리더십의 핵심에 자리 잡았다.[3]

1919년에 설립된 비버브룩스는 오랫동안 영예로운 역사를 지켜왔다. 현재 이 기업은 70개의 지점을 운영하며 온라인에서도 막강한 영향력을 미치며, 거의 950명의 직원을 고용하고 있다. 이 기업은 고객들에게 고품질의 보석을 제공하는 일 외에도 '삶을 풍요롭게 하는' 미션에 헌신하는 것을 자랑스럽게 생각한다. 비버브룩스는 세후 이익의 20퍼센트를 자선단체에 기부했으며, 직원들의 복지 향상을 위해 엄청난 투자를 하였다. 그 결과 회사는 영국 최대 신문인《선데이타임스》에서 주관하는 '일하고 싶은 가장 좋은 100대 기업'에 13년 연속으로 선정되는 영광을 안았다.

리더십 챌린지

안나는 매우 불안정한 시기에 CEO로 임명되었다. 전임자였던 창업가 일원은 다른 사업을 추진하기 위해 비버브룩스를 떠난 상황이었다. 회사는 핵심 전략과 문화에 대한 방향을 전환했으나 직원들은 새로운 방식을 받아들이지 못했다. 하지만 안나가 이 회사에서 보낸 15년은 새로운 도전을 준비하기에 충분한 시간이었다. 영업 부서에서 일을 시작한 그녀는 거의 모든 역할과 직무를 섭렵했고, 잉글랜드와 스코틀랜드에서 근무한 뒤 최근 지난 5년 동안은 임원 역할을 수행하였다.

하지만 이러한 경력이 있다고 해서 이 새로운 직책에 대해 사람들이 기대하는 바가 무엇인지를 알 수는 없다. 그녀가 처음으로 한 일은 비버브룩스의 모든 직원이 새로운 CEO에게 바라는 자질이 무엇인지를 묻는 일이었다. 설문을 통해 사람들은 정직하고, 영감을 주며, 유능하고, 미래지향적이며, 배려심 있고, 잘 도와주는 경영자의 모습을 기대한다는 사실을 알았다. 그리고 그녀는 이러한 직원의 기대 사항에 부응하기 위해 최선을 다하겠다고 서약했다.

이러한 시도는 안나가 얼마나 협력적이고 포용적인 리더가 될 가능성이 있는지 보여주는 첫 신호였다. 다음 단계에서 그녀는 자신이 꿈꿔온 야망을 자신 있게 행동으로 옮겼다. 예를 들어, 그가 부임하기 전 몇 년간 비버브룩스의 사업 운영 방식은 엄청나게 복잡했고 형식적이었으며, 구성원들은 사업에 대한 주인의식을 잃어버린 상태였다. 그녀는 새로운 급진적 방식을 도입하는 대신, '언제나 우리의 힘으로 만들 수 있는 범위에서' 변화를 추진하였다.

> 그것은 기본으로 다시 돌아가 모든 일을 단순하게 만드는 것이었습니다. 전략이 잘못되면, 우리는 사업에 가장 큰 영향을 미치는 조직구성원들을 끌어들이는 데 실패하게 됩니다. 그들의 지지를 받아야 하고 자신들이 어떤 영향을 미칠 수 있는지 이해시켜야 합니다.

매년 《선데이타임스》가 주관하는 직장 평가에서 최고의 회사로 선정되었지만, 그녀가 발견한 문제점은 회사의 수익은 상대적으로 낮았다는 사실이다. 안나는 '위대한 회사와 위대한 환경은 반드시 순이익을 보장해야 한다'는 신념으로 '위대한 직장이라는 명예에 걸맞은 수익성을 증명'하기로 했다. 그러나 사람들은 비버브룩스가 단지 회사의 영예만을 위해 수익성을 실현하는 것에는 관심이 없었다. 그녀는 다음과 같이 말했다.

> 비버브룩스는 도덕성 있는 기업입니다. 회사가 재무적으로 더욱 성공하면, 우리는 직원들에게 더 나은 복리후생을 제공할 수 있고, 더욱 광범위한 지역 사회에 많은 것을 지원할 수 있습니다. 우리가 더욱 성공하면, 우리는 좋은 일을 더욱 많이 할 수 있습니다.

"우리 모두는 반드시 이루어야 할 문화를 만드는 데 참여했습니다. 문화는 한 사람의 힘으로만 고쳐지고 만들어지고 변화될 수는 없습니다"라는 말 속에서 그녀가 얼마나 개인적 및 사회적 책임감의 공유를 중요하게 생각하는지 알 수 있다. 임원들에 대한 피드백을 통해 그들이 본인의 담당 영역에서만 심혈을 기울일 뿐 매장에서 일어나는 현실과는 동떨어져 있다는 사실을 알게 되자, 안나는 협업과 시너지 창출을 위한 새로운 방법을 도입하였다. 월간 임원 미팅에서는 좀 더 전략에 집중하고, 분기별 관리자 회의에서는 경영에 관한 의사 결정과 매장 운영과 관련된 현장 사례들을 다루었다.

안나는 또한 마크 애들스턴(Mark Adlestone) 회장이 전부터 시작했던 포커스 그룹의 전통을 이어갔다. 포커스 그룹 미팅은 비슷한 역할을 수행하는 8명 정도 되는 직원의 소규모 회의다. 매년 그녀는 14개의 포커스 그룹을 운영하는데, 영업팀에 여섯 그룹을 할당하고 매니저급, 대리급, 관리자급, 오피스 팀을 대상으로 각각 두 그룹을 운영하였다. 이 회의는 반나절 동안 이어지며 개인 성공 사례를 인정하는 한편, 효과적인 운영 사례와 그렇지 않은 사례를 공유한다.

포커스 그룹에서 나온 피드백을 바탕으로, 안나는 3개의 기둥을 축으로 지붕이 있는 건물 형태의 새로운 사업구조를 고안하였다. 건물의 기초에는 '삶을 풍요롭게 한다'라는 비버브룩스의 고유한 목적이 있다. 지붕에는 회사의 이름이 쓰여 있다. 그리고 3개의 기둥은 '고객 서비스와 판매', '재무적 성공', 그리고 '훌륭한 직장'으로 구성되어 있다. 안나는 이에 대해 "가장 핵심적인 것은 이 3개의 기둥에는 서로 연계성이 있으며, 높이가 모두 같다는 점입니다. 어느 기둥 하나가 나머지보다 더 높을 때, 지붕은 무너지고 말 것입니다"라는 말로 설명하였다.

안나가 추진한 또 한 가지는 1998년에 최초로 비버브룩스의 목적과 가치를 한 장으로 명문화한 비버브룩스 웨이(Beaverbrooks Way)를 개편한 것이다. 가치는 처음에 작성된 내용과 같지만, 불완전하고 명확하지 않은 표현은 수정할 필요가 있었다. "보석사업자라는 정체성을 찾을 수 없었고, 가문의 가치에 대한 언급도 없었습니다. 이러한 가치들은 비버브룩스의 정체성을 규정한다기보다는 제각각 해석할 가능성이 많았습니다." 안나는 가능한 한 많은 사람의 비버브룩스 웨이의 수정안에 대한 의견을 구하기 위해 12개월에 걸쳐 이에 관한 정보를 수집했다. 예컨대 그녀는 포커스 그룹에게 의견을 요청하고 신임 관리자들과 함께하는 회의에서도 이에 관한 의견을 나누는 한편, 매장과 백화점에 근무하는 직원에게도 피드백 양식을 보내 의견을 구했다.

안나는 방대한 의견을 바탕으로 각 지역을 대표하는 매니저들의 도움을 받아 그해에 실시하는 컴퍼니 미팅에서 발표할 자료를 작성했다. 그녀는 32페이지로 된 소책자의 서문에서 다음과 같이 말했다.

> 저는 여러분이 비버브룩스 웨이에 담겼으면 하는 것이 무엇인지 알기 위해 피드백을 많이 받았습니다. 여러분은 우리의 가치와 행동을 좀 더 설명해줄 수 있는 명확하고 단순한 언어로 작성되고, 실천 매뉴얼과 같은 형태를 원했습니다. 이 문서는 여러분이 주신 피드백을 종합해 작성되었으며…(여기에는) "비버브룩스 웨이" (우리의 정체성, 역할, 존재 이유, 가치)와 우리의 행동이 명료하게 강조되어 있습니다. 그리고 우리의 행동은 우리의 문화에 활력을 불어넣는 실천을 통해 증명될 것입니다.

안나는 사업 성과의 향상에 관심을 집중하는 것만큼이나, 관심과 지원을 아끼지 않는 리더에 대한 구성원의 기대를 가슴에 담아두었다. 한 예로, 그녀는 "우리는 성공을 축하할 수 있는 여러 기회를 가급적 많이 찾으려고 합니다. 자기들이 이룬 성과에 대해 인정과 보상을 받음으로써 스스로 귀중하게 여겨진다고 느끼는 것이 중요합니다"라고 강조했다. 각 지역별 대표 매니저들이 참석하는 분기별 비즈니스 리뷰 미팅부터 격의 없는 오피스 미팅까지, 안나는 순서를 정해서 제대로 일한 사람들이 조명받을 기회를 마련했다. 그들이 비버브룩스 웨이에서 말하듯이, "업무에서 성과를 이루고 성공한 것을 인정할 때, 성공하는 데 도움이 된 행동을 반복하려는 경향이 생긴다." 성공하기 위한 행동을 반복하는 것은 큰 장점이 있다. 최근 《선데이타임스》에서 발표한 순위에서, 비버브룩스는 소매사업 부문에서 최고의 기업에 올랐다. 이익 또한 사상 최고치를 기록하였다. 이 같은 사실은 회사가 훌륭한 직장인 동시에 수익성 있는 기업이라는 점을 증명하는 것이다.

그녀의 경험에 비추어 볼 때, 새롭게 떠오르는 리더들에게 안나가 전해줄 수 있는 가장 중요한 리더십의 교훈은 무엇일까? "역할 모델이 되는 것이 가장 핵심입니다. 저는 이제까지 직장 생활을 하면서 매장이건 임원 사무실이건 어디서나 항상 이 생각을 마음속에 간직해왔습니다. 사업의 성공에 필수적인 행동을 본보기로 보여주는 사람들은 다른 사람들에게 영감을 일으킬 수 있습니다." 이것이 그녀가 우리에게 주는 교훈이다.

모범적 리더십®의 5가지 실천 원칙

리더십 도전을 겪으면서 브라이언과 안나는 사업을 새롭게 변화시킬 기회를 얻었다. 그들의 일화가 남다른 부분도 없지 않지만, 수많은 다른 사례와 비교했을 때 그들의 이야기가 남들보다 특별하다고 볼 수만도 없다. 지난 30년간 우리는 전 세계에 존재하는 리더십 사례들을 조사하였고, 놀랍게도 그 업적들이 생각보다 평범하다는 사실을 발견했다. 개인의 우수성을 보여주는 기준으로 본다면, 브라이언과 안나 같은 리더들이 경험한 최고의 리더십 사례는 세상에 수십만 가지나 존재한다. 그러한 사례들은 영리 및 비영리 법인, 농업 및 광업, 제조 및 공익 사업, 은행업 및 의료산업, 정부기관 및 교육업, 예술 및 커뮤니티 서비스 등 어디서나 찾아볼 수 있다. 리더는 직원 또는 자원봉사자, 남녀노소 누구나 될 수 있다. 또한 리더십에는 인종적, 종교적 한계가 없으며 민족적, 문화적 경계도 없다. 리더들은 세계 각국의 도시에 살고 있으며, 각 조직에서 자신이 맡은 역할을 다하고 있다. 우리는 세계 곳곳에서 모범적으로 리더십을 실천한 사례를 발견했다. 그리고 뛰어난 조직에서는 직책이나 직위의 고하에 상관없이 누구나 리더십을 발휘할 기회가 주어진다는 사실을 발견하였다. 뛰어난 조직의 사람들은 모든 사람이 변화를 일으킬 수 있다는 믿음에서 그치지 않고, 리더십을 포함해 인간의 재능을 발전시키고 성장시킬 수 있게 행동한다. 그들은 리더십 능력의

개발을 저해하거나 리더십 문화를 가로막는 그릇된 통념을 신봉하지 않는다.[4]

리더십에 대한 가장 잘못된 믿음은 어떤 사람은 리더십 자질이 있고, 어떤 사람은 그런 자질이 없다고 판단하는 것이다. 이런 믿음이 내포하는 의미는 그러한 자질을 보유하지 않은 사람은 그러한 자질을 배울 수도 없다는 것이다. 경험론적으로 볼 때 이런 확대 해석은 잘못되었다. 개인별로 수많은 최고의 리더십을 살펴보면 사람들은 블룸 에너지(Bloom Energy)사에서 회계 담당으로 근무하는 탄비 롯왈라(Tanvi Lotwala)가 말한 것과 같은 결론에 도달한다. "우리 모두는 리더의 자질을 타고납니다. 우리 모두에게는 리더십 자질이 있습니다. 다만 필요한 것은 그런 자질을 갈고닦아 세상 밖으로 나오게 하는 것입니다. 이렇게 하는 것은 리더로서 자신을 지속적으로 발전시키는 과정입니다. 하지만 매일 우리에게 닥치는 리더십 도전을 감당하지 못한다면, 우리는 더 나은 리더로 성장할 수 없습니다."

우리는 1980년대 초 리더들에게 조직의 리더로서 '최고의 시절'에 그들이 어떠한 일을 했는지 알려달라고 요청했다. 그리고 이후로도 전 세계 사람을 대상으로 이와 똑같은 질문을 계속하였다. 이러한 수천 가지 리더십 경험 사례가 우리에게 말해 준 것은, 때와 장소와 관계없이 선구적인 여정을 통해 다른 사람들을 이끄는 개인들은 놀랍게도 비슷한 궤적을 그린다는 사실이다. 각각의 경험과 저마다 표현에서는 독특했지만, 차이를 만드는 행동과 실천에서는 확연한 공통점이 있었다. 조직에서 놀라운 변화가 일어나게 할 때, 리더들은 이른바 모범적 리더십(exemplary leadership®)이라고 부르는 다음의 5가지 원칙을 실천하였다.

① 가치와 원칙을 명확히 하라(Model the Way).
② 비전으로 가슴을 뛰게 하라(Inspire a Shared Vision).
③ 새로움에 도전하라(Challenge the Process).
④ 스스로 행동하게 만들어라(Enable Others to Act).
⑤ 열정이 우러나게 하라(Encourage the Heart).

이러한 원칙은 우리가 연구한 사람들에게만 해당되는 것이 아니다. 또한 이미 유명한 소수의 리더들에게만 해당되는 것도 아니다. 리더십은 성격에 관한 사항이 아니라 행동에 관한 사항이다. 이 5가지 원칙은 한 번도 가보지 않은 장소로 사람과 조직을 이끌어야 하는 도전적 상황에 기꺼이 맞서는 누구에게나 적용할 수 있다. 이는 평범함을 넘어서 놀라움으로 변화시키는 도전이다.

이 5가지 실천 원칙은 역사상 특별한 순간에 대한 기록이 아니다. 세월이라는 긴 시험을 통과하면서 리더십이 발휘된 시기에는 극적인 변화가 있었지만, 리더십 내용 자체는 전혀 바뀌지 않았다. 리더가 지녀야 할 근본적 행위와 실천의 핵심 사항은 모 범적 리더십에 대한 연구를 시작했을 때와 다르지 않으며, 오늘날 현실 속에도 여전 히 연관성이 있다. 수천 번에 걸쳐 반복된 수백만 명의 응답자와 수백 명의 학자를 통 해 실증적으로 증명한 개인 최고의 리더십 사례의 진실은 세계 곳곳에서 공통으로 적 용되는 리더십의 5가지 원칙을 증명하였다.

이 장의 나머지 부분에서는 브라이언과 안나 같은 리더가 다양한 상황에서 이 5 가지 원칙을 이용해 어떻게 놀라운 변화를 이루었는지 그 원칙을 소개하면서 구체적 사례를 제공한다. 3장에서 12장에 걸쳐 심도 있게 전개될 5가지 원칙을 살펴보면서 리더십이라는 도전을 받아들인 사람들이 실생활에서 겪은 경험담에서 수십 가지 실 례를 발견할 것이다.

가치와 원칙을 명확히 하라(Model the Way)

누구나 직책에 오를 수 있지만, 존경을 받는 것은 직책을 맡은 사람의 몫이다. "무엇 을 도와드릴까요?"라는 테리 캘러한(Terry Callahan)의 질문 속에서 우리는 그가 존 경받는 이유를 알 수 있다. 한 가지 예로, 그가 부동산 솔루션 제공회사인 밀러 발렌타 인 그룹(Miller Valentine Group)의 부사장으로 재직했을 때, 그들은 촉박한 시간 안 에 중요한 커뮤니티의 그랜드 오프닝 행사를 개최해야 했고, 이 일을 위해서는 많은 사람의 도움이 필요했다. 그런데 조경 작업이 시작되자 테리 부사장이 재킷을 벗고 소매를 걷어 올리며 말 그대로 바닥으로 내려와 땅을 파는 것이 아닌가! 이를 보고 깜 짝 놀란 부하 직원 중 한 명은 "테리 부사장은 저희들에게 리더십은 직급이나 계급과 는 무관하며, 이보다는 개인의 책임감과 긍정적인 본보기를 보여주는 것이라는 점을 가르쳐주었습니다"[5]라며 놀라움과 존경심을 표했다.

모범이 되는 리더에게 사람들이 느끼는 이러한 감정은 우리가 수집했던 모든 사 례의 공통된 기반이다. 시스코(Cisco)사의 인사책임자로 근무하는 토니 레자노(Toni

Lejano)는 자신의 최고 리더십 경험을 "결론적으로 리더십은 당신이 어떻게 행동하며, 차이를 만들어낼 수 있느냐에 관한 것입니다"라고 회상했다. 즉 모범적인 리더들은 타인을 몰입 하게 하고, 최고의 기준을 달성하려면 자신들이 다른 사람에게 기대하는 행동의 본보기가 되어야 한다는 사실을 알고 있다.

가치와 원칙을 명확히 하기 위해, 리더는 제일 먼저 자신의 원칙을 분명하게 할 필요가 있다. 리더는 자신의 목소리를 찾음으로써 가치를 명확하게 해야 한다. 자기가 어떤 사람이며 자신이 믿는 가치를 분명하게 이해할 때, 리더는 비로소 그러한 가치에 대한 자기 목소리를 낼 수 있다. 노스웨스턴 뮤추얼(Northwestern Mutual)사의 경영 고문이었던 알렌 슈피겔(Allen Spiegel)은 "다른 사람들의 리더가 되기 전에, 자신이 어떠한 사람이며 그가 믿는 핵심 가치를 명확하게 알 필요가 있습니다. 이를 알면, 그러한 가치들에 대해 자신만의 목소리를 낼 수 있으며, 자신의 가치를 타인과 공유하는 데 편안함을 느끼게 됩니다"라는 말로 이를 명확하게 설명하였다.

세계 최대의 이커머스 소매기업에서 시니어 매니저로 근무하는 아르파나 티와리(Arpana Tiwari)는 "제가 생각하는 가치를 다른 사람들과 이야기할수록 그 가치는 점점 더 명확해진다"는 사실을 발견했다. 또한 자신이 신봉하는 가치만 중요하지 않고, 모든 팀원은 저마다 중요하게 여기는 가치에 따라 행동하며 리더는 모두가 따를 수 있는 조직의 공통된 가치를 명확하게 선언해야 한다는 점을 깨달았다. 이렇게 가치를 공유하려면 모든 사람이 참여해야 한다. 실제로 아르파나는 구성원들을 참여시킴으로써 그들이 동의한 가치를 정립하는 것이 상대적으로 더 쉽다는 사실을 파악했다. 그가 깨달은 또 한 가지 이점은 수립된 가치와 합치되지 않는 결정을 내릴 때, 구성원들의 반대에 대처하는 것이 더욱 수월해진다는 사실이다. 수립된 가치에 위배 되는 결정을 내리게 될 때 리더가 아무 언급도 없이 그냥 지나치게 되면 결국 가치를 위배하는 것이 대수롭지 않다는 메시지를 보낼 위험이 있다. 이러한 점에서, 리더는 본보기가 되어야 한다. 구성원들은 리더가 자기가 하는 말에 얼마나 책임지고 진지하게 생각하는지 알고 싶어 한다. 따라서 행동은 말보다 훨씬 중요하며 말과 행동은 일관성이 있어야 한다.

비전으로 가슴을 뛰게 하라(Inspire a Shared Vision)

사람들은 자기가 일하는 조직에 대해 가슴을 뛰게 하고 매력적인 미래를 상상했던 시절을 자신이 경험한 최고의 리더십이었다고 설명한다. 그들은 가능성 있는 비전과 꿈이 있었다. 그들은 자신들의 꿈에 대한 완전하고도 확고한 믿음이 있었고, 그러한 놀라운 변화를 불러일으키는 능력을 자신하였다. 모든 조직과 모든 사회적 운동은 비전에서 시작한다. 비전은 미래를 만드는 원동력이다.

리더는 가슴을 뛰게 하고 설레게 하는 가능성을 상상하면서 미래에 대한 비전을 제시한다. 마치 건축가가 청사진을 그리고 엔지니어가 모형을 만드는 것처럼, 어떠한 프로젝트를 착수하기 전에 지난 과거를 반추하며, 결과가 어떻게 될지 명확한 이미지를 그릴 필요가 있다. 오라클에서 IT 프로젝트 매니저로 근무하는 아제이 아그라왈(Ajay Aggrawal)은 "리더는 다른 사람이 의미 있게 생각하는 것과 연결하여 위대한 업적을 이룰 수 있다는 믿음을 불러일으켜야 합니다. 그렇지 않으면, 그들이 이룬 업적이 얼마나 위대하며 그들의 공헌이 거대한 꿈을 실현하는 데 부합한다는 점을 깨닫지 못할 수도 있습니다"라며 미래를 꿈꾸고 비전을 갖는 것의 중요성을 언급하였다.

리더는 구성원에게 몰입을 강요할 수 없다. 리더는 자발적으로 몰입할 수 있게 영감을 불어넣어야 한다. 리더는 구성원이 공유하는 염원에 호소함으로써 공동의 비전을 위해 그들의 동참을 이끌어내야 한다. 리츠먼 제약(Ritzman Pharmacies)의 인사 담당 부사장이었던 스테파니 캐프론(Stephanie Capron)은 각 지역 및 부서에서 근무하는 직원들에게 그들이 생각하는 미래가 어떤 모습일지 비전 보드를 작성하게 한 후 함께 모여 공유된 비전과 새로운 브랜드를 만들어냈다. 이에 대해 그는 "우리는 큰 그림을 그렸습니다. 그리고 모든 사람에게 그 그림을 보여주면서 우수한 서비스는 어떻게 제공하며, 어떠한 느낌을 주는지 알게 했고, 그렇게 하기 위해서 그들의 역할이 중요하다는 점을 강조했습니다"[6]라는 말로 설명하였다. 리츠먼 제약의 사람들처럼 구성원들이 프로세스에 참여하고자 할 때, 리더가 해야 할 일은 공유된 비전을 제시하는 것이다. 이러한 상향식 접근법은 한 사람의 관점을 일방적으로 설교할 때보다 훨씬 효과가 있다.

오늘날처럼 급속한 변화와 불확실성의 시대에 사람들은 현재의 역경을 넘어서 더 밝은 내일을 상상하는 리더를 따르고 싶어 한다. SAP의 법인 영업 전무로 있는 올리버 비벨(Oliver Vivell)은 "사람들은 자신을 비전의 일부로 생각하며, 그 비전을 가슴에 품고 이를 자기 것으로 만들기 위해 몰입합니다"라는 말로 비전의 의미를 강조했다.

리더들은 구성원들에게 꿈이 어떻게 공유된 비전이 될 수 있으며, 공동의 선을 위해 비전이 어떻게 완성되는지를 보여줌으로써 목적을 하나로 만든다.

당신이 비전에 대하여 흥분으로 가득 찬 열정을 보여줄 때, 다른 사람들에게도 그와 똑같은 열정을 불타오르게 할 수 있다. On24 고객 담당 부서장인 에이미 맷슨 드로한(Amy Matson Drohan)은 "자신이 진정으로 믿지 않는 비전을 설득할 수는 없습니다. 리더의 가슴을 뛰게 하는 비전에 대하여 시간과 노력을 들일 가치가 있다는 점을 보여주면서 팀을 납득시킵니다"라는 말로 자신의 리더십 최고 사례를 회상했다.

새로움에 도전하라(Challenge the Process)

난관을 헤치고 새로움에 도전하는 것은 위대한 성취를 이루는 데 필요한 혹독한 시련과도 같다. 개인별 최고의 리더십 사례들은 한결같이 기존의 틀을 벗어나 새로운 변화를 창조한 것들이다. 어떤 사람도 현재 상태를 그대로 유지하면서 최고의 업적을 달성할 수 없다. 구체적 내용은 다르지만 그들은 모두 역경을 극복하였고 성장과 혁신, 개선의 기회를 놓치지 않았다.

리더들은 미지의 세계로 향해 기꺼이 발걸음을 내딛는 사람들이다. 하지만 리더들만이 오로지 신제품, 서비스, 과정을 창조할 수 있는 유일한 사람들은 아니다. 혁신은 자신이 직접 말하는 것보다 다른 사람들의 말을 듣는 데에서 출발하며, 새롭고 혁신적인 제품, 과정, 서비스를 위해 끊임없이 자신과 조직의 외부로 시야를 넓히는 데서 생겨난다. 당신은 혁신적인 개선 방법을 찾기 위해 더욱 넓고 험난한 세계를 지향하고 이를 헤쳐갈 수 있는 주도성을 발휘해야 한다.

리더들은 '운명이 그들에게 미소를 지을 때까지' 한가롭게 앉아서 기다리지 않는다. 그들은 외부로 모험을 감행한다. 스리나스 더사할리 나가라지(Srinath Thurthahalli Nagaraj)는 자신의 최고의 리더십을 떠올릴 때, 인도 플렉트로닉스(Flextronics)사에서 있었던 경험을 떠올렸다. 그는 "일이 예상대로 진행되지 않을 때, 우리는 다른 아이디어들을 계속 실험하고 또 도전했습니다. 실패할 수 있습니다. 하지만 이보다 더 중요한 것은 실패를 배움의 기회로 활용하는 것입니다"라고 설명했다.

혁신과 변화는 시행착오와 위험을 감수한다는 뜻이다. 따라서 리더가 기여할 수 있는 사항은 실험할 수 있는 분위기를 조성하고, 좋은 생각을 인정하고 그러한 아이디어를 지원하고 기꺼이 기존 시스템을 재검토하는 일이다. 실험에 대한 잠재적 위험과 실패를 다룰 수 있는 한 가지 방법은 끊임없이 작은 성공을 일구어내고, 그런 성공의 경험을 정착하고 확산시키는 일이다. 맥킨지 앤 컴퍼니(McKinsey & Company) 런던 지사에서 계약 담당 매니저로 근무했던 론지(Ronzi)는 "우리가 무엇인가를 해낼 수 있다는 것을 몸소 보여주는 것은 프로젝트 성공에 대한 자신감과 자발적 참여를 북돋우는 일이었습니다"라는 말로 북아프리카 지역의 은행 고객들을 위한 신용거래 프로세스를 성공적으로 바꾼 과업을 설명했다. 그는 프로젝트를 세부 파트로 나누어 프로젝트를 시작할 지점을 찾고, 어떤 방식이 효과적일지 결정하고, 진행되는 프로세스에서 배울 수 있는 점이 무엇인지를 살펴봄으로써 프로젝트를 성공적으로 수행하였다.

놀라운 변화를 끌어내는 리더들의 접근 방식과 학습 과정 사이에는 강력한 상관관계가 있다. 리더들은 언제나 실수와 실패를 통해 배운다. 삶은 리더들의 실험실이며, 모범적인 리더들은 삶에서 자기들이 할 수 있는 한 많은 실험을 시도한다. 퀴스크(Quisk)사의 시니어 매니저였던 킨잘 샤(Kinjal Shah)는 자신이 겪은 최고의 경험이 얼마나 많은 것을 가르쳐주었는지 말해주었다. "저는 엄청나게 많이 넘어졌습니다. 수없이 넘어졌지만, 툭툭 먼지를 털고 다시 일어났습니다. 그 경험을 통해 배우고 다음번에는 더욱더 잘하려고 노력했습니다. 저는 많은 것을 배웠고, 그 경험은 분명히 저를 더 나은 리더로 만들어주었습니다."

스스로 행동하게 만들어라(Enable Others to Act)
원대한 꿈은 한 사람의 실천만으로는 현실화되지 않는다. 위대한 성취는 팀원 간의 공고한 신뢰와 지속되는 관계, 그리고 함께 노력하는 협동의식이 필요하다. 팀 차원의 협업과 개인의 책임이 요구되는데, 스텔스 테크놀로지 스타트업(Stealth Technology Start-up)의 공동 창립자인 수슈마 보프(Sushma Bhope)가 깨달은 것처럼 "내 주변 사람들에게 권한을 위임함으로써 가능하다." 자신의 최고 리더십 사례를 검토하면서, 그는 "혼자서는 누구도 큰 성과를 이룰 수 없습니다. 모든 아이디어를 열린 마음으로 받아들이고, 의사 결정 과정에서 모든 사람이 목소리를 낼 수 있게 하는 것이 중요합니다. 프로젝트에 대한 한 가지 지도 원칙은 팀이 이룰 수 있는 성과는 어떤 우수한 개인보다도 더 크다는 사실"을 깨달을 수 있었다.

리더들은 구성원들이 미약함을 느끼거나, 의존성이 커지거나, 소외감을 느끼면 자신이 낼 수 있는 최고의 성과를 낼 수 없거나 매우 오랫동안 정체된다는 사실을 잘 안다. 구성원들의 자기 결정력을 높이고 역량을 향상시키면, 그들은 모든 것을 쏟아부어서 기대 이상의 성과를 달성할 가능성이 높다. 알비전(RVision)사의 엔지니어링 최고 책임자인 오마르 푸알루안(Omar Pualuan)은 "팀 구성원이 프로젝트 계획에 기여하게 함으로써 프로젝트를 자신의 것으로 만드는 것이 성공의 가장 중요한 도구라는 점을 깨닫게 되었습니다"라며 자신이 경험한 최고의 리더십을 설명하였다.

자신의 욕구가 아닌 타인의 욕구를 실현하는 데 집중하면 리더에 대한 신뢰감이 생겨난다. 리더에 대한 신뢰감이 더 커질수록, 사람들은 위험을 감수할 용기가 생겨나며, 변화를 추구하고, 앞으로 계속 나아가게 된다. 네스트(Nest)사의 머티리얼즈 프로그램 매니저로 근무하는 애나 사데슨(Ana Sadeson)은 "리더는 구성원들이 편안하게 자기 목소리를 낼 수 있는 환경을 만들어야 합니다. 그래야만 구성원은 자기에게 행동할 수 있는 권한이 부여되었다고 느끼기 때문입니다. 의사 결정에서 일정 수준의 편안함은 협업이 이루어지는 환경을 창조하는 데에도 매우 중요합니다. 대화가 지하 창고에서 탁 트인 협업의 공간으로 이동하면, 관계는 더욱 공고해지고 탄력성은 더욱 살아납니다"라고 말했다. 이렇듯 사람들이 신뢰를 갖고 더 많은 정보, 재량, 권한을 갖게 되면, 그들은 의외의 결과를 창출하기 위해서 자기가 가진 에너지를 더 많이 쏟아 붓는 경향이 있다.

열정이 우러나게 하라(Encourage the Heart)

정상까지 올라가는 것은 고되고 험난한 일이다. 지치고 좌절하고 환멸을 느끼고 포기하고 싶은 유혹도 찾아온다. 이럴 때일수록 진정으로 팀원을 아끼고 돌보는 행위는 사람들을 앞으로 나아가게 하는 힘이 된다. 칼파인(Calpine)사의 기업 보험 부문 부사장인 데니스 스트라카(Denise Straka)는 "사람들은 리더가 자기들을 믿고 일을 완수할 수 있도록 맡기는지 확인하고 싶어합니다. 그들은 회사가 자기들을 소중하게 생각하기 바랍니다. 자기가 이룬 성취에 대한 인정은 자기의 가치를 입증하는 가장 탁월한 방법이지요"라는 말로 자신이 발휘한 최고의 리더십 경험을 통해 얻은 교훈을 설명해주었다.

리더는 개인이 이룬 탁월한 성과에 감사를 표시함으로써 기여도를 인정한다. 그러한 인정은 개인과의 일대일 면담이나 공식적인 채널, 또는 비공식적인 채널을 통해서도 가능하다. 세계적인 의료 기구 회사의 선임 임상 연구원으로 근무하는 이엑타 말리크(Eakta Malik)는 많은 구성원이 서로 잘 지내지 않고, 팀 내 결속력이 부족하다는 점을 파악하였다. 서로 긴장을 풀고 개인적으로도 잘 알고 지내고 공동체 의식을 함양하기 위해, 그는 회사의 지원을 받아 팀 차원에서 해피 아워와 팀 단합 행사를 주관하였다. 그리고 격주로 진행되는 미팅에서 팀원들의 노고를 직접 칭찬하였다. "저는 한때 프로젝트에 대한 칭찬을 임원이나 매니저에게 들으면 더 기분이 좋아질 것이라고 생각했지만, 누군가를 칭찬하는 일이 의미를 갖기 위해 꼭 직책과 연관시킬 필요는 없다는 사실을 알게 되었습니다"라며 이러한 칭찬은 정말로 기분을 띄워준다고 말했다.

리더가 된다는 것은 사람들이 한 공헌에 대해 감사를 표시하는 일이며, 공동체 의식을 촉진해 가치와 승리를 축하하는 문화를 창출하는 역할을 하는 것이다. "모든 일상이 즐거울 수는 없지만, 그렇다고 해서 일상이 너무 고단해지면, 굳이 침대 밖으로 나올 필요가 없을지도 모릅니다"라는 바이오카디아(BioCadia)의 앤디 맥킨지(Andy Mckinsie) 최고 운영 책임자(COO)의 말 속에 드러나 있듯이, 리더 자신과 팀원들이 일할 맛 나도록 돕는 것이 중요하다.

흥미롭게도 칭찬하고 격려하는 것은 그 자체가 진지한 업무 중의 하나이다. 왜냐하면 이 일은 시각적으로 그리고 행동으로 성과와 보상을 연계하는 방식이기 때문이다. 진정으로 마음에서 우러나오는 축하와 의식은 매우 힘든 시기에도 팀을 이끌어갈 수 있는 강력한 집단적 동질성과 공동체 의식을 형성해준다. MIG의 마케팅 디렉터인 디에나 리(Deanna Lee)는 "중요한 이정표를 세운 후 팀을 하나로 모으면, 따로 떨어져서 일하는 것보다 함께하면서 더 큰 성취를 이룰 수 있다는 사실을 재확인시켜줍니다. 일 외적인 부분에서 서로가 관계를 맺으면 개인적인 유대를 증진하고, 신뢰를 형성하며, 소통을 향상하고 팀원간 결속을 강화시켜줍니다"라며 그 중요성을 언급하였다.

인정과 축하는 개인적으로 이루어질 필요가 있으며 또 그렇게 되어야 한다. 퍼시픽 이글 홀딩스(Pacific Eagle Holdings)사의 프로젝트 디렉터인 에디 타이(Eddie

Tai)는 인정과 축하를 거짓된 마음으로 할 수 없다는 사실을 깨달았다. 자신의 과거 경험을 들려주면서, 그는 우리에게 다음과 같은 사실을 강조했다. "격려하는 것은 리더들에게 아마도 가장 어려울 일일지도 모릅니다. 왜냐하면, 그 일은 정직과 성실함이 필요하기 때문입니다. 하지만 이러한 "진정한 격려"를 경험한 사람들에게는 오래도록 잊지 못할 감동과 영감으로 남을 것입니다."

* * *

리더십 실천 원칙의 5가지, 즉 '가치와 원칙을 명확히 하라, 비전으로 가슴을 뛰게 하라, 새로움에 도전하라, 스스로 행동하게 만들어라, 열정이 우러나게 하라'는 리더로서 최고의 시절에 적용했던 공통된 실천 원칙이다. 지난 30년간 이러한 리더십 원칙이 중요하다는 사실을 입증하는 수많은 사례와 이 5가지 실천 원칙이 사람 및 조직의 몰입도와 성과에 변화를 가져온다는 사실을 뒷받침하는 수백 가지 연구 결과가 발표되었다.[7] 그 내용들은 다음 장들에서 구체적으로 기술될 것이며, 이어지는 장에서는 이러한 실천 원칙을 뒷받침하는 연구 사례가 언급될 것이다.

5가지 원칙이 차이를 만든다

모범적인 리더의 행동은 사람들의 몰입과 동기 부여, 그들의 업무 성과 및 조직의 성공에 크나큰 차이를 만든다. 전 세계 약 300만 명을 대상으로 한 리더십 실천 진단지(LPI)를 통해 얼마나 자주 리더들이 리더십 원칙을 실천하는지를 진단한 결과, 이 5가지 원칙을 자주 활용하는 리더는 그렇지 않은 리더보다 더 성공적으로 조직의 성과를 끌어냈다.

우리는 '리더십 실천 진단(LPI: Leadership Practice Inventory)'을 통해 팀원들이 자신들의 리더가 얼마나 자주 5가지 원칙과 연계된 구체적 행동을 실천하는지를 진단하였다. 또한 구성원들의 (1) 만족도, 자부심, 몰입과 같은 직장에 대한 그들의 느낌과 (2) 신뢰감, 전반적인 효과성 등 리더들에 대한 평가를 하기 위해 10가지 질문에 응답하게 하였다. 그 결과 〈그림 1.1〉에서 볼 수 있듯이 직원들의 인게이지먼트 수준과 리더들이 5가지 원칙을 실천하는 정도는 서로 뚜렷한 상관관계가 있었다. 전체 응답자의 3분의 1인 인게이지먼트 정도가 높은 구성원의 95.8퍼센트는 그들의 리더가 5가지 원칙을 매우 자주 또는 거의 항상 실천한다고 답하였다. 반면에 인게이지먼트 수준이 높은 직원들 중 4.2퍼센트는 그들의 리더들이 이 5가지 원칙을 사용하는 것을 거의 보지 못했다고 답했다. 그 차이가 주는 효과는 엄청났다.

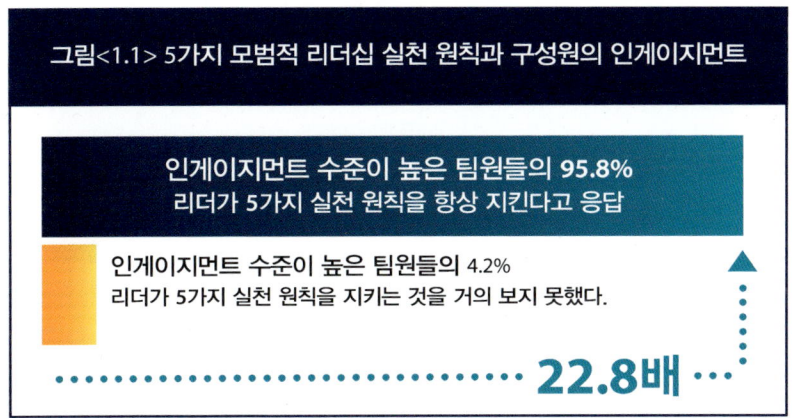

응답자들의 신상정보와 그들이 속한 조직에 대한 정보를 분석한 다변량 분석 (multivariate analysis) 결과, 보고서에 나타난 구성원의 인게이지먼트 수준은 개인의 성격과 조직적 여건 등을 합쳐서 전체적으로 1퍼센트 미만의 표준 편차를 보이는 반면, 5가지 실천 원칙의 실천여부는 거의 40퍼센트에 달하는 편차를 보였다.

어떻게 리더들이 그토록 구성원들의 인게이지먼트에 영향을 끼칠 수 있으며, 구성원들의 개인적 속성(나이, 성별, 인종 또는 학력 등)이나 그들에게 주어진 환경(직책, 근속연수, 산업, 국가)과 무관하게 리더들의 행동이 직원들의 근무 열정과 몰입, 자부심 및 생산성에 어떻게 영향을 미치는 것일까?

리더가 모범적 리더십의 5가지 실천 원칙을 더 많이 활용하면 할수록, 구성원들과 조직에 더욱 긍정적인 영향을 줄 가능성이 커진다. 이 점은 바로 연구결과를 통해 증명되었다. 사람과 조직, 지역 사회에 대해 중요한 영향을 주고 싶다면, 당신은 훌륭한 리더가 되게 해주는 행동을 배우는 데 투자하는 것이 현명하다. 게다가 우리의 연구 결과는 팀원들이 강력하게 '자신의 리더를 동료들에게 자랑'하는 정도와 그 리더가 5가지 실천 원칙을 활용하는 정도 사이에는 직접적인 상관관계가 있다는 것이 명확하게 드러났다.

많은 학자들은 5가지 실천 원칙을 실천하는 리더들이 그렇지 않은 리더보다 리더십 성공 확률이 더 높다는 연구 결과를 제시한 바 있다.[8] 이러한 연구 결과는 미국뿐만 아니라 사회적 환경이 다른 미국 외에서도 동일하며, 공공 부문 또는 개인 부문, 학교, 의료 기관, 민간 기업, 교도소, 교회 할 것 없이 장소의 특성과 관계없이 적용된다는 사실이 증명되었다. 아래의 몇 가지 실례는 5가지 실천 원칙을 활용하는 리더가 그렇지 않은 리더보다 훨씬 긍정적인 영향을 끼친다는 점을 잘 보여준다.

- 고성과 팀을 만든다.
- 매출이 증가하고 고객 만족도가 향상된다.
- 충성도가 높아지고, 조직에 대한 몰입도가 높아진다.
- 동기가 부여되고 일에 대한 의욕이 높아진다.
- 환자 만족도 점수가 높아지고 조직 구성원의 욕구를 더욱 효과적으로 충족하게 된다.
- 학교에서 학생과 교사 간의 참여도가 더욱 촉진된다.
- 종교 회합의 참여 인원 수가 늘어난다.
- 지각률이 줄어들고 퇴직률이 감소한다.
- 직원 모집 결과에 긍정적인 영향이 생긴다.

모범적 리더십의 5가지 원칙이 리더들과 그들이 이끄는 조직의 성공을 완벽하게 설명할 수는 없지만, 당신이 어떠한 사람이며, 어떤 지위에 있는지 상관없이 구성원들의 인게이지먼트 수준에 상당한 차이를 만들어내는 것은 사실이다. 리더로서 실천하는 행동들은 조직 구성원들의 인게이지먼트 수준에 매우 중요하다. 또한 리더로서 성공 여부에 대한 직원들의 평가도 5가지 리더십 실천 원칙을 얼마나 자주 실천하는지와 직결된다.

이러한 발견을 거시적 관점에서 생각해보자. 우리 두 연구자는 조직의 재무적 성과를 5년에 걸쳐 관찰하였고, 5가지 리더십 실천 원칙을 적극적으로 활용하는 리더들이 속한 조직과 그렇게 하지 않는 리더들이 속한 조직의 성과를 비교하였다. 그 결과 5가지 실천 원칙을 적극적으로 활용했던 리더들이 속한 상장 법인의 조직은 그렇지 않은 조직보다 순이익에서는 거의 18배, 주가는 거의 3배의 차이를 보여주었다.[9]

모범적 리더십의 십계명

모범적 리더십의 5가지 원칙에 포함된 실천 행동들은 모범적인 리더가 되기 위해 구체적으로 어떤 행동해야 하는지 보여준다. 우리는 이러한 행동을 모범적 리더십의 십계명(〈표 1.1〉)이라고 부른다. 이 십계명은 리더들이 쉽게 실행할 수 있게 하는 행동과 실천에 초점을 두었다. 또 리더들이 어떻게 조직에서 놀라운 변화를 이루어내는지 설명하고 알려주는 나침반 같은 역할을 한다. 추후 각각의 구체적 행동 사례는 3장에서 12장에 걸쳐 심도 있게 논의할 것이다. 이 십계명을 하나하나 깊이 있게 검토하기 전에, 리더십을 구성원의 관점에서 바라보자. 결국 리더십은 관계를 다루는 일이다. 사람들은 과연 리더에게서 어떤 모습을 기대할까? 사람들은 자신들이 기꺼이 따르고자 하는 리더로부터 무엇을 원할까?

〈표 1.1〉 모범적 리더십의 5가지 실천 원칙 및 십계명

가치와 원칙을
명확히 하라
(Model the Way)

1. 공유 가치에 부합되는 자신만의 가치관을 명확히 제시한다.
2. 공유 가치를 실천하는 모범을 보인다.

비전으로 가슴을
뛰게 하라
(Inspire a Shared Vision)

3. 이루고 싶은 미래 모습을 보여줌으로써 가슴을 뛰게 만든다.
4. 모두의 열망에 호소함으로써 공동의 비전에 함께 참여하게 유도한다.

새로움에
도전하라
(Challenge the Process)

5. 열린 마음으로 외부의 다양한 혁신적인 방법을 찾음으로써 기회를 포착한다.
6. 지속적으로 작은 성공을 만들고 경험을 통해 학습하도록 위험을 감수하고 실험한다.

스스로 행동하게
만들어라
(Enable Others to Act)

7. 신뢰를 바탕으로 협력적인 관계를 조성한다.
8. 스스로 결정할 수 있게 하여 자신감과 역량을 길러준다.

열정이
우러나게 하라
(Encourage the Heart)

9. 훌륭한 업적을 칭찬함으로써 구성원들의 기여를 인정해준다.
10. 공동체 의식을 조성하여 공유 가치 실천과 성공을 축하한다.

제2장

리더십은 신뢰를 기반으로 한다

수천 개의 개인별 최고 리더십 사례 분석을 통해 얻은 확고한 결론은 누구나 들려줄 만한 특별한 자기만의 스토리가 있다는 사실이다. 또한 이런 최고의 경험은 상황별로 차이는 있겠지만 실천, 행동, 그리고 과정의 측면에서 아주 유사한 점이 많다. 데이터 분석 결과를 보면, 리더십이란 고도로 복잡한 조직이나 사회에서나 발견할 수 있고 카리스마를 가진 극소수의 남녀에게만 해당된다는 통념과 거리가 멀다. 즉 타인을 위대함으로 이끌 수 있는 위인이 극소수에 불과하다는 생각 자체가 잘못된 것이다. 이와 마찬가지로, 크고 작은 조직 또는 이미 명성을 얻은 조직이나 신생 조직, 기존 경제, 어떠한 특정 산업, 부문, 훈련을 통해서만 리더가 배출된다는 생각도 잘못된 것이다. 사실 리더십은 누구나 습득할 수 있고, 익힐 수 있는 기술이나 능력이다. 특히 불확실한 시기에 지속해서 놀라운 변화를 가능하게 하는 리더들은 수없이 많기 때문이다.

리더십이 발휘되는 상황과 연결해볼 때 발견할 수 있는 또 한 가지 중요한 사실은 개인 최고의 리더십 경험은 결코 혼자서 이룬 성과가 아니라는 점이다. 리더는 다른 사람들이 공동의 열망을 추구하게 한다. 이러한 점에서 볼 때, **리더십은 근본적으**

로 관계(leadership is a relationship)라는 속성을 갖는다. 리더십은 이끄는 사람과 추종하는 사람 사이의 관계다. 둘 중 하나만 따로 분리해서 생각할 수 없다. 사람들을 성공적으로 이끌려면, 리더와 구성원의 관계라는 근본적 역학을 완전히 이해해야 한다. 두려움과 불신이라는 특징을 지닌 리더와 구성원 관계는 결코 지속적인 가치를 만들어낼 수 없다. 어려운 역경을 이겨내고 의미 있는 유산을 남기려면, 상호 이해와 자신감이라는 특성을 기반으로 하는 관계를 맺어야 한다.

이 경우에 정확하게 해당되는 예화를 우리는 야민 두라니(Yamin Durani)에게서 들을 수 있다. 그는 대대적인 조직 개편을 통해 엄청난 인원을 감축한 후 텍사스 인스트루먼트(Texas Instrument)의 계열사로 편입된 내셔널 반도체(National Semiconductor)에서 근무했다. 그곳은 "전반적으로 침체 분위기가 만연해 있었고, 불신과 불안감이 팽배했습니다. 사람들은 저마다 자기만의 관심사를 추구했을 뿐입니다. 제가 속한 팀의 사기는 특히 바닥이었고, 서로를 믿지 않았습니다. 저는 사무실에 가는 게 두려웠고, 심한 내부 경쟁으로 의사소통은 단절되었습니다." 이러한 분위기 속에서 야민은 그곳에 마케팅 매니저로 입사한 바비 마틴푸어(Bobby Marinpour)가 한 일을 이야기해주었다.

바비는 먼저 구성원 사이의 신뢰를 회복해야 할 필요를 느꼈다. 그는 먼저 팀원 한 사람 한 사람과 마주 앉아 그들의 욕구와 필요, 계획에 대해 듣고 이해하는 과정을 시작했다. 이 일을 시작한 지 처음 한 달 동안은 구성원이 간절히 바라는 것이 무엇인지 파악하면서 이해하려고 노력했고, 이런 소통의 시간 자체를 즐겼다. 그는 팀원들과 주간 단위로 일대일 면담을 하면서 궁금하게 생각했던 점을 질문하고, 그들의 말을 주의 깊게 경청했다. 야민은 바비의 노력에 대해 "그의 정직하고 친절한 태도와 문제를 직접 해결하려는 방식은 닫혀 있던 사람들의 마음의 문을 열게 했고, 구성원들은 대화를 통해 편안함을 느꼈습니다"라고 말했다. 그는 모든 것을 다 아는 것처럼 행동하지 않았고, 팀원에게서 새롭게 배운다고 생각했다. 팀원을 존중하지 않으면서 그들에게 존경받을 수 없다는 사실을 알았기 때문에, 그는 팀원이 프로젝트를 주도할 기회를 부여했다. 바비는 일대일 소통을 더욱 장려함으로써 팀 내에서 소통의 끈을 놓지 않았던 것이었다.

경영진과 미팅에서 질문이 나왔을 때, 자신이 충분히 할 수 있는 답변도 직접 나서서 하는 대신 "야민이 이 분야의 전문가이니, 이 문제에 대한 답변을 드리는 게 좋겠습니다"라면서 팀원에게 기회를 부여했다. 수백 명의 회사 직원이 참석하는 연간 세일즈 콘퍼런스에서 그는 팀의 막내 직원이 그룹을 대표해 프리젠테이션을 하게 했고, 나머지 팀원은 쏟아지는 질문에 대한 답변을 후방에서 제공하였다. 야민은 이 상황을 다음과 같이 설명했다.

> 팀장으로 처음 부임했을 때, 바비는 실력을 입증하려는 공명심으로 프로젝트를 직접 주도하거나, 정보 흐름을 차단하는 문지기 역할을 할 수도 있었습니다. 하지만 그는 프로젝트를 담당하는 직원들을 신뢰하기로 마음먹고, 진행되는 프로젝트에 대한 접근 방식에 대해 직원들로부터 조언을 들었습니다. 그는 자신의 아이디어를 결코 팀원에게 강요하지 않았습니다. 다시 말해서, '내가 택하는 길이 왕도다'라는 방식은 자기 스타일이 아니었던 것이죠. 팀원들이 프로젝트를 주도적으로 추진할 수 있게 격려하고, 본인은 조언자로서 남아서 팀원이 프로젝트에 대해 주인의식을 갖게 했습니다.

바비의 리더십이 가져온 결과는 엄청났다. 그가 속한 부서의 매출액은 25퍼센트나 증가했고, 수주 가능성이 있는 프로젝트들은 새로운 아이디어로 넘쳐났다. 팀 사기는 하늘을 찌를 듯 솟아올랐고, 직원들의 인게이지먼트가 높아졌으며, 전반적으로 협업과 팀워크에 대한 의식이 생겨났다. "전에는 한 번도 느껴보지 못한 신뢰감과 자율권을 받은 느낌이었습니다." 야민은 "이 경험을 통해, 훌륭한 리더는 자신을 따르는 사람들을 리더로 성장시킨다는 사실을 깨닫게 되었습니다"며 자기가 느낀 점을 표현했다.

바비가 보여주었듯이 자기 능력을 과시하지 않고 다른 사람들의 의견을 경청하며 일상에서 일과 놀이가 잘 어우러질 때 리더십, 일, 그리고 삶에서 성공이 가능해진다. 리더십은 리더와 구성원 사이에 이루어지는 과정이기 때문에, 리더십을 논의할 때 리더십의 역학을 빼고 논할 수 없다. 즉 전략, 전술, 기술 그리고 실천은 리더와 구성원을 연결하는 근본적인 인간의 열망을 이해하지 않고는 무의미하다.

가치와 원칙을 명확히 하라, 비전으로 가슴을 뛰게 하라, 새로움에 도전하라, 스스로 행동하게 만들어라, 열정이 우러나게 하라. 이 5가지 실천 원칙은 수천 가지 개인별 최고의 리더십 사례를 통해 탄생하였다. 리더는 그 놀라운 변화를 자신만의 힘으로 이루지 않고 그림의 일부분을 그리는 역할을 한다. 결국 그림 전체를 완성하려면, 리더는 구성원의 기대와 인식을 이해해야 한다. 리더는 자기가 이끄는 사람들로부터 리더십을 부여받을 수 있다. 구성원은 매일 누구를 따를지, 자신의 재능과 시간, 에너지를 어느 곳에 투입할지 선택한다. 결국 리더는 누구를 이끌지에 대한 결정을 하지 않는다. 그 몫은 따르는 사람이 결정해야 할 사항이다.

리더십은 다른 사람과 상호 작용을 통해 발생하는 경험이다. 그 경험은 리더에 따라 다르며, 구성원에 따라 다르며, 하루하루 변화에 따라서도 달라진다. 어떠한 리더도, 어떠한 팀원도 똑같을 수 없으며 리더와 구성원 간의 삶 역시 똑같을 수 없다. 구성원의 욕구와 기대 사항을 이해하려고 할 때, 그리고 그 기대에 부응하면서 모범적인 리더의 규범과 이미지에 부합하는 방식으로 행동할 때, 리더십의 위대한 잠재력이 발견되며, 리더십의 문이 열린다. 리더는 자기가 한 말을 실천하는 것에 그치지 않고, 구성원이 기대하는 것을 충족해주어야 한다. 구성원이 리더에게 무엇을 바라는지 파악하는 것이 리더들이 놀라운 변화가 일어날 수 있도록 어떻게 관계를 형성하고 유지할지에 대한 그림을 완성하는 유일한 방법이다.

구성원은 리더에게서 어떤 모습을 찾으며 경탄하는가?

우리는 관계라는 측면에서 리더십을 이해하기 위해 구성원이 리더에게 어떤 모습을 기대하는지 조사하였다.[1] 과거 30년 동안 우리는 설문 조사를 통해 사람들이 찾고 기꺼이 따르고 싶어 하는 사람들의 개인적 특징, 성격 그리고 속성이 무엇인지를 알아보았다. 응답 결과는 개인 최고의 리더십 연구에서 나타난 모습을 재확인해주었고, 이를 더욱 풍부하게 증명해주었다.

구성원이 리더에게 기대하는 특징에 대한 연구는 수천 명의 기업 임원 및 정부 각료를 대상으로 실시하면서 시작되었다. 그들이 추종하는 리더는 어떤 특징을 가졌는지에 대해 자유기술식 질문을 하고 이에 대한 응답을 분석하여, 수백 가지의 다양한 가치와 특성, 성격을 확인할 수 있었다.[2] 그 후 경험적 분석 기법을 보강해 전문가의 내용 분석을 통해 20가지 항목으로 압축하고 이를 '존경받는 리더의 특성(Characteristics of Admired Leaders, CAL)'이라는 이름으로 부르기로 했다.

CAL을 활용하여 '기꺼이 따르고 싶고 존경하고 싶은 사람이 갖춘' 7가지 특성을 선택하게 했다. 여기서 유념해야 할 핵심 단어는 '기꺼이'다. 누군가를 의무감에서 따라야 한다는 것과 진심으로 원하기 때문에 따르는 것은 완전히 다른 일이기 때문이다. 의무감이 아니라 원하기 때문에 리더를 따르는 사람들은 무엇을 기대하는가? 또한 사람들이 그토록 열광적으로, 또 자발적으로 따르고 싶어 하는 성향을 가진 리더가 된다는 것은 무엇을 의미하는가?

전 세계 10만 명 이상이 CAL 체크리스트에 응답했으며, 그 결과 〈표 2.1〉에서 보듯이 몇십 년에 걸쳐 놀랄 만한 일관성을 보여주었다. 이 결과는 구성원들이 리더의 자격을 기꺼이 부여하기 전에 반드시 거쳐야 하는 필수적인 '특성 테스트(Character Test)'가 된 셈이다.

CAL체크리스트의 결과를 취합한 결과, 지난 30년 넘게 이어진 가장 확실하고 두드러진 특징으로써 60퍼센트 이상의 득표를 얻은 특성은 오직 4가지에 불과했다 (1987년에 실시한 집계에서 58퍼센트를 득표했던, '영감을 주는 특성'은 예외). 그동안 세계에서 발생한 극적 변화에도 불구하고, 사람들이 리더에게서 찾는 특성은 놀랍게도 한결같은 것으로 나타났다.

〈표 2.1〉 존경받는 리더들의 특성

각 연도 별 각각의 특성을 선택한 응답자의 비율(%)*

특성/연도	1987	1995	2002	2007	2012	2017
정직한	83	88	88	89	89	84
유능한	67	63	66	68	69	66
영감을 주는	58	68	65	69	69	66
미래 지향적인	62	75	71	71	71	62
지적인	43	40	47	48	45	47
마음이 넓은	37	40	40	35	38	40
의지할 수 있는	33	32	33	34	35	39
도와주는	32	41	35	35	35	37
공정한	40	49	42	39	37	35
직선적인	34	33	34	36	32	32
협력적인	25	28	28	25	27	31
야심적인	21	13	17	16	21	28
보살피는	26	23	20	22	21	23
결단력이 있는	17	17	23	25	26	22
용기있는	27	29	20	25	22	28
충성심이 강한	11	11	14	18	19	18
상상력이 풍부한	34	28	23	17	16	17
성숙한	23	13	21	5	14	17
자제력이 강한	13	5	8	10	11	10
독립적인	10	5	6	4	5	5

*주해: 조사에서는 응답자에게 7가지 특성을 선택하게 했기 때문에
전체를 합치면 100퍼센트를 초과한다.

누군가를 기꺼이 따르려는 사람들 대부분은, 다음과 같은 특성을 보유한 리더를 원했다.

- 정직한(Honest)
- 유능한(Competent)
- 영감을 주는(Inspiring)
- 미래 지향적인(Forward-looking)

이 밖에도, 이들 4가지 특성은 〈표 2.2〉에서 볼 수 있듯이, 여러 국가에서도 일관되게 최상단을 차지하는 것으로 나타났다.

〈표 2.2〉 전 세계에서 존경받는 리더들의 특성(CAL) (국가별 순위)

국가	유능한	정직한	미래 지향적인	영감을 주는
미국	1	2	3	4
호주	1	2	3	4
브라질	1	2	4	3
캐나다	1*	1*	3	4
중국	3	2	1	4
일본	1*	1*	4	3
대한민국	1*	1*	4	3
말레이시아	1	2	4	3
멕시코	1	2	3	4
스칸디나비아	3	2	1	4
싱가포르	4	2*	1	2*
터키	3	1	2	4
아랍에미리트연합	1	2	3	4

*동일한 순위를 나타낸다.

리더십 챌린지

우리는 또한 이 순위가 문화, 인종, 조직 기능 및 위계질서, 성별, 교육 수준, 연령 그룹에 따라 큰 차이를 보이지 않는다는 사실을 발견했다(이 점에 대해서는 곧 자세하게 설명할 것이다).

존경받는 리더의 특성에 대한 조사는 우리가 수백 번 이상 실시했던 인터뷰에서도 매우 일관성 있게 나타났다. 인터뷰 대상자들에게 우리는 그들이 경험한 가장 신뢰하는 리더는 어떤 사람인지 질문하였다. 다국적 기술 기업의 채용담당자인 멜린다 잭슨(Melinda Jackson)이 말해준 이야기 속에서 가장 존경받는 리더의 4가지 특징 — 정직하고, 유능하고, 미래 지향적이며, 영감을 주는 특성 — 이 리더들에게 어떻게 나타나는지 찾아볼 수 있었다. 멜린다는 "그의 업무에 대한 깊은 지식과 미래에 대한 비전, 주변 사람들에 대해 놀라울 정도로 지원과 관심을 보이는 것, 그리고 강한 진정성이 기억납니다. 리더는 우리가 하는 일에 대해 진정한 믿음이 있었고, 그의 열정은 심지어 가장 비판적이었던 직원마저 그를 따르게 했습니다"라며 자신의 리더를 회상했다. 이러한 이야기들과 존경받는 리더의 특성은 사람들이 말하는 개인 최고의 리더십 경험에서 묘사된 행동을 반영하였다. 즉 모범적 리더십의 5가지 실천 원칙과 사람들이 존경하는 리더의 행동은 동일한 주제에 대하여 보완되는 관점을 제공한다. 최고의 성과를 내는 리더는 결과 달성 이상의 행동을 한다. 그리고 이러한 행동을 통해 리더는 구성원의 기대 수준에 부응할 뿐만 아니라, 조직의 목적과, 같이 일하는 사람들에게 봉사해야 한다는 점을 강조한다.

앞으로 전개될 장에서는 5가지 실천 원칙을 다루며 이들 원칙과 존경받는 리더의 4가지 특징 — 정직하고, 미래 지향적이며, 유능하고, 영감을 주는 특성 — 을 연결하였다. 이 책을 통해 당신은 모범적인 리더들이 구성원들의 요구에 어떻게 부응했는지 좀 더 자세하게 알 수 있다. 예를 들어, 모범적 리더십의 첫 번째 원칙인 '가치와 원칙을 명확히 하라'를 실천하는 리더들은 정직하다. 또한 두 번째 원칙인 '비전으로 가슴을 뛰게 하라'를 실천하는 리더들은 미래 지향적이며 구성원에게 영감을 불어넣는다. 리더가 '새로움에 도전할' 때, 그는 자신의 역동성을 더 확실하게 각인시킬 수 있다. 정직과 같은 의미로 사용되는 신뢰성은 리더의 고유한 역량으로써, '스스로 행동하게 만드는' 데 중요한 역할을 한다. 마지막 원칙인 '열정이 우러나게 하라'를 실천하는 리더는 구성원의 공헌과 성취를 인정하고 축하함으로써 비전과 가치에 대한 구성원들의 이해와 몰입을 높인다. 리더가 이 5가지 실천 원칙을 실행할 수 있는 능력을 보여줄 때, 그들은 또한 놀라운 변화를 일어나게 할 역량을 갖추었다는 점을 스스로 증명해 보인다.

그렇다면 이제 기꺼이 리더를 따르고자 하는 사람과 이러한 사람들을 이끌고자 하는 리더가 지속적인 관계를 맺을 때, 이러한 특징이 어떻게 핵심적 요소로 작용하는지 알아보기로 하자. 또한 이 과정에서 우리는 지속적 관계를 형성하기 위한 기초를 발견할 수 있다.

정직(Honest)

모든 설문 조사에서 정직은 다른 어떤 리더십 특성보다도 많이 선택되었다. 전반적으로 이 특성은 리더와 구성원 사이 관계에서 가장 중요한 단일 요소로 나타난다. 정직이 차지하는 비율은 상황에 따라 다를 수 있지만, 최종 순위에서는 변함없이 가장 중요한 첫 번째 덕목으로 꼽혔다.

가령 전쟁터, 임원 회의, 사무실, 제조 현장 등 자기가 있는 곳이 어디라 할지라도 사람들은 자기가 따르려는 사람이 신뢰할 만한 가치가 있는 사람인지 확인하고 싶어 한다. 그 사람이 진실한지, 윤리적인지, 원칙을 중시하는지 알고 싶어 한다. 존경하는 리더의 자질을 이야기할 때, 사람들은 '성실함'이나 '진정성'을 정직함과 같은 의미로 사용할 때가 많다. 그 배경과는 상관없이 자신이 믿는 리더에 대해 전적으로 확신을 갖고 싶어 하며, 리더가 진정성 있고 정직한 사람이라고 믿기 때문에 전적으로 신뢰하는 것이다. 구성원의 80퍼센트 이상은 리더가 가슴에 지녀야 할 메시지로 그 어느 특성보다도 정직을 선택하였다. 산호세(San Jose)시에서 엔지니어로 근무하는 제니퍼 맥래(Jennifer McRae)는 그 이유를 "결국 제가 따라야 할 사람이 거짓말하거나 속이려 한다는 의심이 생기면, 그 사람을 어떻게 따를 수 있겠습니까? 정직은 신뢰의 기초이고, 당신은 리더가 하는 말과 그가 아는 지식을 믿어야 합니다"라고 설명했다.

사람들이 존경하고 싶은 리더에게서 찾는 자질 중에서 정직은 가장 개인적인 속성이 있다. 사람들은 리더가 정직하길 희망한다. 그 이유는 리더의 정직성은 자신의 정직성을 돌아보게 만들기 때문이다. 정직은 개인의 평판을 가장 높여줄 수 있는 동시에, 이를 완전히 바닥으로 끌어내릴 정도로 손상을 줄 수도 있는 자질이다. 만약 당신이 흠잡을 데 없는 성격과 매우 정직하다는 평판을 받는 어떤 사람을 따른다고 생각해보자. 그럴 때, 자신도 이와 같은 모습을 보이고 싶어 할 것이다. 부정직하고 비윤리적이라고 생각되는 사람을 자발적으로 따른다면, 자기 이미지도 퇴색할 것이다. 게다가 정직함이 가장 최고라고 생각하는 또 한 가지 이유가 있다. 그것은 부정직하다고 생각되는 사람을 따를 경우, 그는 이미 자신의 정직성에 대하여 어느 정도 포기했다고 깨닫게 되는 것이다. 시간이 지나면 그들은 부정직한 리더에 대한 존경심이 사라지는 것에 그치지 않고, 자신에 대한 존중감도 상실한다. 인텔(Intel)에서 엔지니어링 부서장으로 근무하는 아난드 레디(Arnand Reddy)는 이런 현상을 다음과 같이 설명한다. "정직을 지키지 않으면, 인간관계의 신뢰가 손상되고, 팀의 결속도 망가집니다. 또한, 사람들은 정직하지 않은 리더를 따르고 싶어 하지 않게 됩니다."

정직은 가치와 윤리에 연계되어 있다. 구성원은 중요한 원칙을 지키는 리더를 인정하며, 자기에 대한 확신이 없는 사람을 따르는 것을 단호히 거부한다. 리더가 어떤 관점을 취하는지 혼동을 느끼게 된다면, 이는 스트레스를 유발한다. 리더의 신념을 이해하지 못하면 갈등과 우유부단, 정치적 경쟁이 발생할 수 있다. 사람들은 명확한 가치, 윤리 그리고 기준을 밝히는 것을 꺼리거나 그렇게 하지 않는 리더, 이런 신념으로 살지 않는 리더를 쉽게 신뢰하지 않는다. 리더는 자신이 이끌고 가려는 사람들에게 자신의 말을 지키는 모습을 보여주어야 한다.

유능함(Competent)

리더가 제시하는 큰 뜻에 동참하려면 그가 미래에 대한 길잡이 역할을 하는 유능한 사람이라는 믿음이 생겨야 한다. 또한 리더가 유능하며 효과적으로 자신을 이끌 사람이라는 것을 확신해야 한다. 프라이스 워터하우스쿠퍼스(PricewaterhouseCoopers) 컨설팅사에서 품질보증 부문에 근무하는 케빈 슐츠(Kevin Schultz)는 "역량은 대단히 중요합니다. 왜냐하면, 무슨 일을 하는지 잘 모르는 사람을 진심으로 따른다는 것이 실제로 어렵기 때문입니다"라고 말했다. 만약 사람들이 리더의 능력을 의심하면, 그들은 리더가 이끄는 원정대에 자발적으로 참여하지 않을 것이다. 연구에 따르면 구성원이 리더의 무능함을 인식할 때 그들은 그의 역할 뿐만 아니라 그 사람 자체도 거부한다고 한다.[3]

리더십 역량(Leadership Competence)은 리더가 이제까지 축적한 과거의 기록이며, 일을 완수하는 능력이다. 이러한 형태의 역량은 자신감을 불어넣어준다. 리더는 조직의 크기에 관계없이 조직이 가야 할 방향으로 구성원을 안내해야 한다. 지방자치단체에서 예산 분석가로 근무하는 레베카 산체스(Rebecca Sanchez)는 "저는 리더가 어떤 업무에 대해 말하거나 일을 시킬 때, 그가 먼저 일을 파악하면서 지시를 내렸다는 점을 확신하기 때문에 더욱 잘 따를 수 있었습니다"라고 자신의 경험을 이야기했다.

로켓 퓨얼(Rocket Fuel)사에서 재무담당 매니저로 근무하는 브라이언 달튼(Brian Dalton)은 "리더는 모든 분야에서 전문가여야 할 필요는 없습니다. 만일 그들이 모든 분야에 통달한 전문가라면 직원들이 왜 필요하겠습니까? 그 대신 리더는 조직을 완전히 이해해야 하고, 현장에서 활동하는 전문가들에게 사람을 뽑아주고, 도움을 주고 통찰력 있는 질문을 할 수 있어야 합니다"라며 이를 다른 관점으로 해석했다. 사람들이 유능한 리더를 말할 때, 그들은 운영에 대한 핵심 기술을 정확하게 파악하는 능력을 언급하지는 않는다. 물론 사람들은 리더에게 산업, 시장, 전문적인 서비스 환경에 대한 기초적 이해와 관련 경험을 요구한다. 하지만 리더로서 조직에서 발탁될 때, 그들이 반드시 특수한 운영 상황을 대처할 수 있는 최고 기술자가 되길 기대하지는 않는다. 그러기에는 조직은 너무나 복잡한 형태를 띠고, 발생하는 문제를 해결하는 기능이 세분되어 있다.

리더에게 요구되는 역량의 종류는 지위와 조직 상황에 따라 달라진다. 예를 들어, 조직의 대표 직위를 수행하는 사람들에게는 전략 기획에 대한 능력과 정책 수립을 기대한다. 현장 리더 또는 고객 접점, 클라이언트를 담당하는 리더들은 서비스를 직접 제공하거나 제품 제조와 연관이 적은 사람들과 비교할 때 제품을 더 잘 파악해야 한다. 최첨단 기술 기업에서 성공하는 리더들이 마스터 프로그래머가 될 필요는 없지만, 그들은 전자 데이터의 상호교환, 네트워킹, 클라우드 컴퓨팅, 인터넷처럼 사업과 연관된 내용에 대한 이해력을 갖추어야 한다.

리더의 역량에 대해 자신감을 느끼는 사람들은, 그들이 신뢰하는 리더가 해당 사업에 대한 지식을 보유해야 하는 동시에 현재 그 회사가 처한 상황과 문화, 사람들을 이해해야 한다고 생각한다. 그들은 리더가 구성원을 이끌면서 조직이 직면한 도전을 헤쳐갈 수 있는 폭넓은 경험을 보유했다고 생각한다. 이런 관점에서, 조직에서 고위 리더로 성장하고자 한다면 경력 초기부터 다양한 분야와 시장, 국가, 문화에서 폭 넓은 경험을 쌓을 필요가 있다. 경험의 폭이 넓어지면 조직과 산업에 걸쳐 성공할 가 능성이 커지기 마련이다.

영감 부여(Inspiring)

조직 구성원은 미래에 대한 흥미와 에너지가 넘치고, 긍정적인 생각을 가진 리더를 기대한다. 미래의 가능성에 대해 열정적이고 정열적인 사람은 감성을 드러내지 않거 나 거의 보이지 않는 사람에 비해 가능성에 대한 강한 믿음을 전달한다. 그리고 리더 가 하는 말이 그대로 받아들여질 가능성이 높다. 구성원은 리더가 그 사실을 진정으 로 믿었다는 사실을 감지하기 때문이다. 맥심 인티그레이티드(Maxim Integrated)에 서 마케팅 전문가로 근무하는 앰버 윌릿(Amber Willit)은 "제가 기억하는 최악의 리 더는 사람들 앞에 나서고 싶어 하고 자기의 꿈과 이상을 실현하기 위해 구성원의 개 인 생활에 자유를 전혀 보장하지 않는 사람입니다. 그런 사람이 주는 메시지는 절망 감과 부정적 감정을 유발합니다. 격려의 말 한마디 하지 않고 낙관적인 생각과 기대 감을 주지 않는 리더를 위해 최선을 다할 사람이 누가 있겠습니까?"라고 말했다.

리더는 꿈을 갖는 것만으로는 충분하지 않다. 리더는 프로선수가 계약서에 사인 할 수 있게 동기를 부여하는 방식으로 비전에 대해 반드시 소통할 수 있어야 한다. 선 임 간호사인 엘렌 바르가스(Ellen Vargas)는 이 방식은 '열정이 전염되는' 형태를 띤 다면서, "모든 사람은 열정에 전염되었습니다. 이 새로운 절차가 삶에 변화를 가져온 다는 사실에 강한 확신이 있었기 때문에, 모든 사람은 이 계획에 동의했습니다"라고 말했다. 사람들은 더 큰 목적의식을 찾기 위해 갈망하며, 그들이 보내는 일과에 가치 를 부여한다. 리더의 열정, 에너지, 긍정적 태도는 일의 내용을 바꾸지는 못할지라도 상황을 더욱 수월하게 할 수 있다. 상황과 관계없이 리더가 삶에서 꿈과 열망을 호흡 할 때 구성원은 전보다 더 기꺼이 그 큰 뜻에 동참하고 싶어 한다. 영감을 주는 리더 십은 삶에 목적과 의미를 가지길 희망하는 사람들의 욕구와 소통한다.

리더는 구성원의 사기를 북돋아주어야 하고, 여태까지 시도하지 않은 일에 자발 적으로 참여하게끔 희망을 주어야 한다. 여기에 열정과 흥분은 필수적이며, 이는 꿈 을 추구하는 리더의 노력과 몰입을 나타내는 신호다. 리더가 큰 뜻에 아무런 열정을 보이지 않는다면, 그 누가 그런 모습을 보여줄 수 있을까? 더구나 즐겁고 긍정적이며 낙관적인 생각은 사람들에게 더 밝은 미래에 대한 희망을 준다.[4] 언제나 이런 생각은 중요하지만, 특히 엄청난 불확실성이 도사리는 시대에서는 긍정적인 감성으로 미래를 향해 전진할 수 있도록 이끄는 것이 필수적이다.

현재에 대해 걱정과 낙담, 두려움, 불안감을 느낄 때 사람들은 내일의 가능성에 집중하려고 애를 쓴다. 이때, 부정적인 감성을 주는 리더는 사람들이 가장 원하지 않는 유형이다. 공포감으로는 사람들을 설득해서 혁신을 끌어낼 수 없다. 오히려 고개를 떨구게 하고, 현상 유지에 집착하게 하며, 내 일에 상관하지 말라는 태도를 보이게 한다. 공포감을 이용해 타협하게 할 수는 있지만 결코 인게이지먼트가 생겨나게 할 수 없다. 리더는 자신의 말과 태도, 행동으로써 장애물은 극복될 것이며 꿈은 이루어진다는 믿음을 소통할 필요가 있다. 대학교의 홍보부서에서 일하는 캐서린 트라파니(Kathryn Trapani)는 리더에 대해 "구성원이 공유 비전을 성취하기 위해 노력하고 그 큰 뜻에 동참하면, 그들의 삶은 물론 다른 사람들의 삶도 고양될 수 있다는 확신이 마음속 깊은 곳에서 생겨나게 할 필요가 있습니다"라고 말한다. 감성은 전염되며, 긍정적 감성은 조직 전체와 구성원의 관계에도 울려 퍼지게 된다. 어려운 시기에 놀라운 변화가 일어나게 하려면, 리더들은 긍정적인 감성으로 구성원의 노력에 불을 지펴야 한다.

미래 지향(Forward-looking)

최근 실시한 존경받는 리더의 특징에 관한 설문 조사에서 응답자 중 62퍼센트는 리더십 특성으로 미래 지향 능력을 선택하였다. 구성원은 리더가 조직의 미래에 대한 방향감각과 관심을 갖고 있기를 기대하였다. 초년 변호사인 사라 홀든(Sarah Holden)은 "구성원이 자기를 믿고 따라오게 하려면, 리더는 그들에게 어디로 가는지 알려주어야 하며, 모든 구성원을 같은 방향으로 이끌어야 합니다"라는 말로 이 특성을 간단하게 표현했다. 다른 리더십 특성에 비해 이 특성은 리더 개개인을 구별해주는 가장 뚜렷한 특성이다. 사람들이 경험한 최고의 리더십 사례에서 알 수 있듯이, 이 특성은 미래를 설계하는 능력과 직결되기 때문이다. 비전이 현재 상태와 똑같다면, 그 리더가 추구하는 목적은 도대체 무엇인가? 리더는 현재 상태에 안주하지 않는다. 그들은 미래가 현재보다 더 개선되어야 한다는 데 집중한다.

그러한 미래를 비전, 꿈, 소명, 목표, 미션, 개인 아젠다 등 어떻게 부르든 상관없이 그것이 담은 메시지는 명확하다. 자발적으로 여행을 함께할 동반자를 찾는다면 리더는 먼저 자신이 어디로 가는지 확실히 알아야 한다. 조직이 그리는 미래에 대해 명확한 시각을 갖고 있어야 하며, 자신의 관점을 구성원들의 희망과 꿈에 연결할 수 있어야 한다. 항생은행(Hang Seng Bank)에서 근무한 글로리아 렁(Gloria Leung)은 그곳에서 본인이 가장 존경하는 리더는 미래 지향적인 사람이었다고 하면서, "우리는 어디로 가는지 알기 때문에 자신감을 갖고 미래를 향해 나아갈 수 있는 능력과 가치를 공유할 수 있었습니다"라고 말했다. 리더는 사소한 일에 파묻혀 큰 그림을 놓치는 실수를 범해서는 안 된다. 마음속에 목적지를 정해 두고, 미지의 장소로 떠나는 여행에 동참할 것을 권유해야 한다.

앞서 3가지 리더십 특성은 조직의 계층 수준에 따라 차이가 크게 나지 않지만, 미래 지향적인 특성은 큰 차이를 보였다. 최고위직 임원을 대상으로 한 설문 조사에서 거의 95퍼센트의 응답자들이 리더의 필수 자질로 미래 지향적인 특성을 선택했지만, 현장 관리직은 이 자질의 중요성을 60퍼센트 정도로 낮게 택하는 경향을 보였다. 한편 대학생을 대상으로 했을 때 이 특성은 상위 7가지 특성에 포함되었지만, 4가지 특성에는 들지 못했다. 이러한 큰 차이는 기대 수준에 대한 편차가 수행하는 직무의 폭과 범위, 그리고 시간과 연계되었음을 보여준다. 조직 계층의 상부로 이동하면, 그들이 바라보는 미래에 대한 관점을 확장할 필요가 있다.

하지만 미래 지향적 능력을 기대한다고 해서 리더가 앞을 내다보는 마술적 능력을 갖추어야 한다는 뜻은 아니다. 현실적으로 미래를 내다본다는 것은 매우 어려운 일이다. 그러나 구성원은 리더가 미래에 대해 더 잘 정리된 방향을 갖고 있기를 기대한다. 그들은 조직의 미래가 어떤 모습으로 바뀔지, 그 느낌이 어떠할지, 또한 그 목적지에 얼마 만에 다다를 수 있을지 등을 리더가 소통해주길 바란다. 그들이 도착할 미래의 모습을 예상할 수 있게 목적지에 대한 구체적인 그림을 그려준다면, 사람들은 목적지에 도달할 수 있는 적절한 경로를 스스로 선택할 수 있다.

시간과 장소를 초월한 일관성(Consistency over Time and Place)

리더십에 대한 4가지 필수적 자질인 정직, 유능함, 영감 부여, 미래 지향은 어느 정도의 변화는 있었지만, 그 가치의 영속성은 시간과 공간이라는 시험대를 거쳐 입증되었다. 예를 들면, 정직은 최상위에 올라 있지만, 조사 초기에 누렸던 만큼 높은 선호도를 차지하지는 않다. 존경받는 리더의 자질로서 '정직'의 선택 비중이 다소 하락한 점은 최근 국가나 기업 조직을 이끄는 리더들에 대한 신뢰 수준이 하락한 것과 무관하지 않다.[5] 실제로 리더에 대한 기대는 점점 더 냉소적으로 변했지만, 정직이란 가치가 여전히 누군가를 기꺼이 따르게 하는 최고의 자질로 남아 있다는 점은 중요한 시사점을 준다.

가치 구성 비중에서 나타난 가장 큰 변화는 미래 지향성인데, 이 가치를 선택하는 비율은 하락했다. 그럼에도 이 가치는 나머지 리더십 특성과 비교해볼 때, 상대적으로 여전히 상위 4위 안에 포함되어 있다.

선호도에서 변동이 크지 않은 점은 다양한 개인, 조직 그리고 문화적 차원에서 사람들이 리더에 대한 기대치에 놀라운 일관성이 존재한다는 사실을 강조한다. 이 20가지 리더의 특성은 31년 전 처음 조사를 한 이래 상하 몇 퍼센트 정도밖에 바뀌지 않았다. 사람들은 여전히 리더들의 말과 행동이 정직하길 바라며, 진정한 열정과 긍정적인 전망, 방향 감각을 보여주기를 희망한다.

이와 동시에 알아 두어야 할 것이 있다. 그것은 바로 상황적 맥락의 중요성, 그리고 언제, 어떤 조직이든 사람들이 리더에게 바라고 흠모하는 모습이 외부 환경에 영향을 받을 수 있으며, 이러한 중요한 리더십 특성을 어떻게 발휘할 것인가 하는 문제다. 즉 리더를 향한 사람들의 기대 수준은 조직에 따라 달라지며, 분야에 따라 달라지며, 소속집단과 계층에 따라 달라질 수 있다.

예를 들어, 헬스케어 조직에서 수집된 데이터는 보살핌(caring)이 다른 어느 조직보다도 더욱 눈에 띄는 특성으로 나타날 수 있다. 표본 대상이 군대와 연관된 사람들이었다면 충성심이 극적으로 높게 나타날 수 있지만, 지성(intelligent)은 학계에서 높은 점수를 받을 수 있고 성숙함은 노년층에서 더 많은 표를 얻을 수 있는 가치이기도 하다. 이와 마찬가지로, 관리직들은 현장직보다 미래 지향성을 훨씬 더 많이 요구되는 특성으로 선택한다. 인사관리 전문가들은 다른 집단보다 지원(supportive)을 선택하는 반면, 영업 직원들은 회계 부문에 종사하는 직원들보다 영감 부여를 선택하는 빈도가 높다. 리더가 보여주는 이러한 특성은 문화에 따라 미묘한 차이를 보인다. 4가지 리더십 자질은 여전히 보편적으로 적용되지만, 지역적 차이가 있다는 것 또한 유넘해야 한다.

모든 것을 하나로: 신뢰가 기반이다

정직, 유능, 영감, 그리고 미래 지향적 자질은 사람들이 기꺼이 따르고 싶어 하는 리더에게서 찾는 필수적 특성이다. 이 특징들은 모든 리더가 지녀야 할 덕목으로서 리더는 어디에 있든지 이러한 특징을 발휘해야 한다. 이 4가지 특징은 지난 30년 동안 발생한 경제 성장과 침체, 월드 와이드 웹의 출현, 경제의 글로벌화, 신기술의 출현, 인터넷 버블 붕괴, 모바일 접근성의 폭발적 증가, 테러리즘의 증가, 이민과 난민의 위기 및 항상 변화하는 정치적 환경에서도 꾸준히 유지되어왔다. 비록 당신의 리더가 그러한 가치에 충실한지 아닌지는 별개의 문제이지만, 사람들이 리더에게 원하는 것은 과거에 그랬던 것과 마찬가지로 현재에도 변함이 없다.

이 4가지 특징은 그 자체로도 유용하지만, 연구 결과를 통해 밝혀진 사실에는 더욱 깊은 함의(含意)가 있다. 소통 전문가들은 이런 핵심적 특징을 '원천 신뢰성(source credibility)'이라고 부른다. 뉴스 캐스터, 영업 사원, 내과 의사, 또는 목사, 기업 임원, 군 장교, 정치가, 또는 시민 운동가를 막론하고, 연구자들은 원천 신뢰성을 평가할 때 이를 세 가지 기준으로 측정한다. 즉 그들이 인지하는 언행일치, 전문성 그리고 활력이다. 이러한 차원에 대하여 사람들이 더 높게 평가할수록, 그들은 원천 신뢰성을 갖게 된다.[6]

이러한 원천 신뢰성의 3가지 특징이 리더에게 기대하는 필수적 자질과 얼마나 놀라운 유사성을 보이는지 주목해보자. 우리가 실시한 설문 조사에서 도출된 상위 4가지 자질 중 정직과 유능, 영감 부여 3가지와 원천 신뢰성 이론을 연계했을 때, 사람들은 누구보다도 언행이 일치하는 신뢰할 수 있는 리더를 따르고 싶어 한다는 놀라운 사실이 나타났다. 신뢰는 리더십의 기반이다. 리더는 무엇보다도 신뢰의 대상이 되어야 한다. 구성원이 자발적으로 따르는 리더가 되려면 말에 신뢰를 담아야 하고, 열정을 다해 일해야 하며, 다른 사람을 이끌 수 있는 지식과 기술이 있어야 한다.

또한 리더는 자신이 이끄는 방향을 잘 알아야 하며 미래의 비전에 대해 믿음을 가져야 한다. 미래 지향적이며 비전을 갖고 있다는 점은 리더를 다른 사람과 확연히 두드러지게 하는 자질이다. 리더는 미래에 대한 관점을 갖고 있어야 하며, 흥분으로 가득 찬 가능성을 명확하게 표현할 수 있어야 한다. 사람들은 리더가 현재 가는 방향을 안다고 확신할 때 그를 기꺼이 따를 것이다. 존경받는 리더의 특성에 나타난 일관성과 파급성을 바탕으로 우리는 쿠제스 포스너의 첫 번째 리더십 법칙(The Kouzes-Posner First Law of Leadership)을 개발할 수 있었다.

> 메시지를 전달하는 사람을 믿지 않는다면, 당신은 그 사람의 메시
> 지를 믿지 않을 것이다.

리더는 신뢰를 지키기 위해 언제나 노력해야 한다. 강력하게 입장을 고수할 수 있는 능력, 현실의 난관을 타파하기 위한 도전, 새로운 방향을 제시하는 일은 신뢰도가 높을 때 가능한 일이다. 리더는 때와 입장에 상관없이 자기에 대한 신뢰를 당연하게 생각해서는 안 된다. 리더가 제시하는 흥미로 가득 찬 미래의 가능성을 믿게 하려면, 먼저 리더에 대한 신뢰가 있어야 한다. 불확실한 미래, 생전에 달성할 수 있을지 확신할 수 없고 도중에 희생이 따를지도 모르는 길을 함께하자고 할 때 리더에 대한 믿음은 무엇보다 중요하다. 리더를 양성하는 조언과 기법을 알려주는 모든 프로그램, 교육과정과 강의, 책과 CD, 블로그와 웹사이트 내용도 따르는 사람이 리더를 믿지 않으면 아무런 의미가 없다.

신뢰가 중요하다

이 단계에서 이렇게 말할 수도 있다. "저는 막강한 권력자들을 잘 알고, 엄청난 부자들도 압니다. 하지만 사람들은 그들을 신뢰하지 않는다고 생각합니다. 신뢰가 그렇게 중요합니까? 그러한 특징이 정말 뚜렷한 차이를 보여줍니까?" 이는 매우 중요한 질문이며, 명확한 답이 필요하다. 그래서 우리는 이 질문에 가장 정확한 답을 줄 수 있는 사람인 리더들의 직속 부하 직원에게 물어보았다. 그리고 이들의 대답이 리더십의 첫 번째 법칙(the First Law)을 강력하게 지지한다는 사실을 발견했다. 먼저 우리는 신뢰성을 측정하기 위해 신뢰 행동을 나타내는 척도를 사용했다. 그리고 참여자들에게 어느 정도로 리더들이 신뢰를 높이는 행동을 보여주었는지 질문했다.[7] 그 결과, 리더에 대해 높은 신뢰도를 보여주는 사람들에게는 다음과 같은 특징이 있다.

- 다른 사람들에게 자신이 조직의 일원이라는 점을 자랑스럽게 말할 수 있다.
- 팀 공동체 의식을 강하게 느낀다.
- 개인 가치를 조직의 가치와 일치시킨다.
- 조직에 애착을 느끼며 헌신하게 된다.
- 조직에 대해 오너십을 갖게 된다.

반면 리더에 대한 신뢰가 낮다고 인식할 때는 다음과 같은 특성을 보이게 된다.

- 면밀하게 지켜볼 때만 일한다.
- 주로 금전에 의해 동기 부여된다.
- 공식적으로는 조직에 대해서 좋은 말을 하지만 개인적으로는 비판한다.
- 조직이 어려움을 겪을 때 다른 직장을 알아본다.
- 조직으로부터 도움을 받거나 인정받지 않는다고 느낀다.

리더에 대한 신뢰가 직원의 태도와 행동에 큰 영향을 미치는 것은 신뢰가 조직의 리더에게 그가 발휘할 리더로서의 영향력의 범위를 부여하기 때문이다. 구성원의 충성심, 헌신, 에너지, 생산성은 신뢰에 달려 있다. 이 점을 다시 한번 강조하는 연구를 보자. 그것은 '작전 지역'에서 복무하는 군인들이 목표 달성을 위해 부상을 무릅쓰고, 때로는 죽음까지도 각오할 정도로 임무를 수행하는 데 영향을 주는 요소가 무엇인지 규명하는 작업이다. 연구 결과, 리더의 신뢰도에 대한 군인들의 인식은 리더가 발휘할 수 있는 영향력의 실제 범위를 결정했다.[8] 이런 현상은 전통적으로 위계질서가 강하고, 명령과 통제의 환경에서 발생한다. 당신이 속한 조직에도 신뢰가 선행되어야 사람들이 따라온다.

신뢰는 직원의 태도를 초월하는 개념이다. 신뢰는 직원의 애사심에 영향을 주는 것은 물론이고, 고객과 투자자의 충성도에도 영향을 미친다. 프레더릭 라이히헬드 (Frederick Reichheld)와 유명 컨설팅사인 베인 앤드 컴퍼니 연구진들은 기업 충성도의 경제적 가치에 대한 광범위한 연구에서 고객, 직원, 투자자의 충성도에 집중하는 회사가 그렇지 않은 회사보다 더 뛰어난 성과를 창출했다는 사실을 발견하였다.[9] 신뢰를 저버리는 행위는 적게는 25퍼센트에서 많게는 50퍼센트까지 성과를 저해했다. 이렇듯 충성도는 놀라울 정도로 확실하게 가치 창출에 영향을 미친다. 그렇다면 기업 충성도란 무엇일까? 이를 정의한 연구진들의 다음과 같은 대답, 즉 "기업 충성도의 핵심은―기업에 대한 고객의 충성심이든 또는 직원, 투자자, 공급자, 중개인의 충성심이든 상관없이―고위 경영진의 개인적 정직과 더불어 원칙을 실행으로 옮기는 능력이다"[10]라는 말 속에 리더십의 첫 번째 원칙은 증명되었다.

신뢰는 행동으로 어떻게 나타나는가?

데이터에 의하면 신뢰는 리더십의 기반이 된다. 그렇다면, 행동 측면에서 볼 때 신뢰도란 무엇인가? 우리는 어떠한 행동을 볼 때 그 사람에게서 신뢰를 느낄 수 있는가?

신뢰가 어떻게 행동으로 나타나는지 알기 위해, 우리는 전 세계 수만 명을 대상으로 질문을 던졌다. 그리고 이에 대한 응답은 저마다 표현상의 차이는 있었지만, 본질은 같았다. 아래 내용은 사람들이 신뢰감을 느끼는 구체적 행동들이다.

- 설교한 것을 실천한다.
- 말한 것을 그대로 실천한다.
- 행동이 말과 일치한다.
- 말한 사실에 대해 내기를 건다.
- 약속한 것을 이행한다.
- 자기가 하겠다고 한 것을 행동으로 실천한다.

이 가운데 가장 빈도가 높은 것은 마지막 답변이다. 리더가 믿을 수 있는 사람인지 결정할 때, 사람들은 먼저 그들이 하는 말을 듣고, 그들이 하는 행동을 지켜본다. 그들은 새로운 변화를 위한 계획에 자원을 제공하겠다는 리더의 약속을 듣고, 실제로 금전과 물자가 따라오는지 지켜본다. 그들은 약속한 사실이 제때 지켜지는지 살피고 실제로 이행되는지 구체적 증거를 통해 확인한다. 말과 행동이 일치할 때 '믿을 수 있다'고 판단하게 된다. 그러나 그 리더에 대해 일관성을 발견하지 못할 때 그 사람에 대해 믿을 수 없는 사람이라고 판단하고, 최악의 경우 명백한 위선자라는 평가를 할 수밖에 없다.

리더가 말을 행동으로 실천할 때, 구성원은 리더에게 자신의 일과 삶을 기꺼이 맡겨도 되겠다는 확신이 든다. 이러한 판단에 근거하여 신뢰를 구축하려는 리더들에게 줄 수 있는 처방이 바로 쿠제스-포스너의 두 번째 리더십 법칙이다.

> DWYSYWD(Do What You Say You Will Do): 자기가 하겠다고
> 말한 것을 실천하라.

신뢰에 대한 이런 상식적 정의는 직접적으로 개인별 최고 리더십 사례에 나타난 모범적 리더십의 5가지 실천 원칙 중 하나로 이어진다. DWYSYWD에는 '말하기'와 '행동'이라는 2가지 본질적 요소가 있다. 행동에서 신뢰감을 보여주려면, 리더는 자신의 신념을 확신하고, 그것이 의미하는 바가 무엇인지 명확하게 알아야 한다. 이것이 '말하기'가 의미하는 바다. 또한 리더는 자기가 한 말을 실천에 옮겨야 한다. 즉 그는 자기신념에 근거하여 실천하고 '행동'해야 한다. 신뢰를 정의할 때, 이러한 2가지 측면은 '가치와 원칙을 명확히 하라'는 실천 원칙과 연관되어 있다. 이 실천 원칙은 일련의 가치에 대해 확신을 포함하는 동시에, 그 가치가 실현된 사례를 타인에게 보여주는 것이기 때문이다. 가치를 일관성 있게 실천하는 삶은 진정성이 있으며, 이는 정직을 실천으로 나타내는 방법이다. 사람들은 말과 행동이 일치하는 리더를 믿고 더욱 자발적으로 따르게 된다.

사람들을 이끄는 도덕적 권위를 얻고 유지하려면, 반드시 가치와 원칙을 명확하게 해야 한다. 말과 행동 사이의 중요한 연계성 때문에 우리는 삶의 가치를 실천하는 원칙과 행동을 시작으로 5가지 실천 원칙을 논의하기로 했다.

가치와 원칙을
명확히 하라
(Model the Way)

가치와 원칙을 명확히 하라
(Model the Way)

- 자신의 목소리를 발견하고 공유 가치와 연계된 자신의 가치와 원칙을 명확히 하라.

- 공유 가치를 실천하는 모범을 보여라.

제3장

가치와 원칙을
명확히 하라

"당신은 어떤 사람입니까?" 이 질문은 구성원들이 리더에게 처음 묻는 질문이며, 구성원들은 리더가 이 질문에 답해주기 바란다. 당신의 리더십 여정은 이 질문에 대하여 명확한 답을 갖고 돌아올 목적으로 길을 떠날 때 시작된다. 암트랙(Amtrak)사에서 IT 전략 임원으로 일하고 있는 수마야 샤커(Sumaya Shakir)는 이곳으로 이직하기 전에 인생 최고의 리더십을 경험했다.

　　처음 팀과 일하게 되었을 때, 수마야는 팀원들의 배타적이고 적대적인 시선을 발견했다. 예상하지 못했던 직원들의 냉대가 그를 기다렸던 것이다. 하지만 그는 직원들의 차가운 반응에 상심하지 않고, 오히려 팀을 이렇게 비정상적으로 만드는 장애물을 제거하고 팀의 분위기를 협력적으로 바꾸겠다고 결심했다. 그리고 이러한 변화의 출발점은 팀원들이 아니라 자신으로부터 시작되어야 한다는 것을 이해했다. 수마야는 자신이 중요하게 생각했던 점이 무엇이고, 그렇게 결정한 이유가 무엇인지 다음과 같이 알려주었다.

　　저는 내가 주장하는 것, 중요하게 여기는 것, 어떤 일에 접근하는

리더십 챌린지

방식, 전달하려는 것, 그리고 내가 기대하는 것은 무엇인지 자문해보았습니다. 그리고 나 자신을 알고 믿어야 했습니다. 그러자 제 안에서 한꺼번에 많은 것들이 생각나기 시작했는데, 그중에서도 저는 저를 대표하는 핵심 가치에 집중했습니다.

수마야는 기본적인 조직 관리 원칙을 담은 체크리스트를 작성해서 자신이 생각하는 가치를 팀원들과 공유하였다. 팀원들 각자에게 자신의 기대 사항을 장황하게 설명하는 대신, 그는 매일 자신이 추구하는 가치와 자신에게 요구되는 성과 기준을 명확하게 언급하였다. 그는 자신만의 표현으로 본인이 중요하게 생각하는 가치를 직원들과 소통하였고, 자신이 어떠한 사람이며, 팀원들이 자신에게서 기대할 수 있는 사항이 무엇인지를 생생하게 전달하였다. 이렇게 자신의 가치를 공유하고 설명함으로써, 직원들은 그가 선택한 결정과 행동에 대한 이유를 더 잘 이해할 수 있었다. 그가 무엇을, 왜 주장하는지 사람들과 공유한 결과, 그의 팀원들 역시 자신의 가치를 탐색하고 이를 팀원들과 함께 이야기하였다. 이러한 변화에 대해 그는 "우리는 팀이 효과적으로 함께 일할 수 있는 공유 가치 체계를 형성할 수 있었다"라고 말했다.

그동안 수집한 개인별 최고의 리더십 경험 사례들을 살펴보면 수마야처럼 어려운 상황을 헤쳐가면서 쉽지 않은 선택을 할 때, 자신이 신봉하는 가치를 명확히 인식시킴으로써 문제 해결에 용기를 얻은 일화가 수없이 많다. 구성원은 리더가 가치와 양심의 문제에 대해 솔직하게 말하기를 기대한다. 하지만 그렇게 하기 위해서 리더는 솔직하게 말할 수 있는 용기가 있어야 한다. 자신의 신념을 옹호하려면, 그 신념이 무엇인지 알아야 한다. 말한 바를 실천하려면, 실천으로 옮길 수 있는 말을 해야 한다. 자신이 의도한 생각을 말로 표현하려면, 자신이 말하고 싶은 사항이 무엇인지 알아야 한다.

리더는 자신이 추구하는 가치를 명확하게 하겠다고 약속해야 한다. 리더십 여정을 떠나기 전에, 이 두 가지를 필수적으로 숙지해야 한다.

① 자신의 목소리를 찾아라.
② 공유 가치를 확인하라.

모범적 리더가 되려면 당신 행동의 동인이 되는 가치(신념, 기준, 윤리 및 이상)를 완전히 이해해야 한다. 자신의 결정과 행동을 이끌기 위해 활용할 수 있는 원칙을 자유롭고 정직하게 선택해야 한다. 자기의 진정한 자아를 표현해야 하며, 자신이 누구인지를 독특하게 표현하는 방식으로 자기가 신봉하는 믿음에 대해 진정으로 소통해야 한다.

이와 더불어 리더는 자신의 행동과 결정을 이끄는 가치에 대해 말할 때, 이 기회를 자신을 옹호할 목적으로 이용하지 않아야 한다. 리더가 품질, 혁신, 서비스 또는 기타 핵심 가치에 대한 약속을 열정적으로 표현할 때, 단지 "나는 이 점을 굳게 믿습니다"라고 말하지 않고, "우리는 모두 이 점을 굳게 믿습니다"라고 말한다. 따라서 리더는 자신이 개인적으로 믿는 지도 원칙을 명확하게 인식하는 데 안주하지 않고, 자신이 이끄는 모든 사람 사이에 형성된 공유 가치에 대해 동의가 이루어졌다는 점을 확인해야 한다. 더 나아가 리더는 그러한 가치와 기준에 대해서 구성원들이 책임지게 해야 한다.

자신의 목소리를 찾아라

누군가가 "당신의 리더십 철학은 무엇입니까?"라고 묻는다면, 당신은 어떻게 대답할 것인가? 당신은 현재 자신의 리더십 철학이 무엇인지 말할 준비가 되어 있는가? 그렇지 않다면 지금이라도 준비해야 한다. 준비되었다면 매일 자신의 철학을 재확인할 필요가 있다.

신뢰할 수 있는 리더, 말과 행동이 일치하는 사람이 되려면 먼저 스스로 자신의 진정한 목소리, 내가 누구인지에 대한 진정한 표현을 발견해야 한다. 자기 목소리를 발견하지 못한다면 다른 사람이 사용하는 용어를 나열하거나, 다른 사람이 작성한 글을 읽거나 전혀 자기답지 않은 다른 사람의 언어를 모방하는 데 그치고 만다. 그러한 표현이 자기 것이 아니라 다른 사람의 것이라면, 장기적으로 말과 행동의 일관성이 떨어질 것이다. 사람들을 이끌 수 있는 성실함을 갖추지 못하였기 때문이다.

리더십 챌린지

애질런트 테크놀로지(Agilent Technology)사의 전략 마케팅 담당 임원인 마이클 재니스(Michael Janis)는 리더십 여정을 성찰하면서 중요한 깨달음을 얻었다. 그는 "나는 리더들이 지닌 힘과 재능을 마치 마법을 부리듯 얻고 싶었습니다. 그래서 그들의 행동 사례를 찾고, 그들의 방식을 추구하고, 따라 해보았습니다. 그 과정에서 성공한 것도 있고 힘들었던 것도 있었지만, 리더십의 진정한 강점과 재능은 결국 나 자신에게서 나온다는 사실을 발견했습니다"라고 말했다. 재니스의 경험에서 보듯이 개인 가치를 발견하는 것은 자신의 리더십 철학을 정의하는 데 도움을 준다.

리더가 하는 말에 아무도 귀 기울이지 않을 것으로 생각할 수도 있다. 그러나 과연 그럴까? 어떤 금융 애널리스트를 통해 들은 다음 내용은 많은 직원이 리더를 어떻게 생각하는지 잘 보여준다.

> 리더가 자신의 리더십 철학을 이해하지 못할 때, 그들의 말과 행동은 혼란을 일으킬 수 있습니다. 자신이 추구하는 리더십 철학이 명확하지 않으면, 그런 리더가 이끄는 팀은 매일 부딪치는 도전을 어떠한 가치와 믿음으로 대처해야 할지 알 수 없을 것입니다. 이러한 혼동은 결국 팀의 결속력 저하를 초래할 것입니다. 사람들은 리더의 가치와 그들의 가치를 동일시할 수 없으며, 그들의 가치를 견지할 수도 없기 때문입니다.

자신의 목소리를 찾으려면 내가 어떤 일에 신경 쓰며, 나를 규정하는 특성이 무엇이며, 나를 나답게 만드는 것이 무엇인지 찾아야 한다. 다시 말하면 당신은 자신의 내면을 탐색해야 한다. 스스로 가장 중요하다고 생각하는 원칙에 따라 행동할 때, 진정한 나를 찾을 수 있다. 그렇지 않으면 당신은 그냥 연기하는 것이다. 퀘스트백(QuestBack)사 전략 총괄인 이바 크로그루드(Ivar Kroghrud)는 여기서 한 걸음 더 나아가 '가치 리스트'를 한 장으로 만들어 나누어줌으로써 사람들이 자신의 가치를 쉽게 이해할 수 있게 했다. 그의 말에 따르면, 사람들의 반응은 100퍼센트 긍정적이었다고 한다. 그는 이런 식으로 자신을 개방하여 사람들 마음의 문을 열었고, 불필요한 오해와 갈등을 피하면서 처음부터 서로에 대해 제대로 알아갈 수 있었다.[1]

자신의 리더십 철학을 말과 행동으로 제대로 표현하지 못하면 본인은 물론이고 팀의 몰입도와 성공을 약화하게 한다. 리더들에게 자신의 리더십 철학에 대해 확신하는지 질문했을 때, 상위 20퍼센트에 속하는 사람들은 하위 20퍼센트와는 전혀 다른 근무 태도를 지녔다. 상위 20퍼센트 리더들이 보여주는 조직에 대한 자부심, 조직의 성공에 대한 헌신, 열심히 매진하고자 하는 의욕, 전체적인 효과성 등은 자신의 리더십 철학을 확신하지 못하는 사람들보다 110퍼센트 높게 나타났다.

또한 우리는 산하 직원들에게서 매우 놀라운 연구 결과를 얻었다. 자신의 리더십 철학에 대해 확신한다고 응답한 상위 20퍼센트 리더들과 일하는 직원들은 하위 20퍼센트 리더들과 일하는 직원들과 비교할 때, 직장에 대한 높은 호감도를 보였다. 예를 들어, 그들은 아래와 같이 응답했다.

- '팀 공동체 의식'을 130퍼센트 더 강하게 느낀다.
- '이 조직을 위해 일하는 것이 자랑스럽다'는 응답이 122퍼센트 더 높게 나타난다.
- '나에게 기대되는 사항'을 126퍼센트 높게 명확히 알고 있다.
- '업무상 필요하다면 더 열심히 일하려는 의욕이 생기고 초과근무도 가능하다'는 생각이 115퍼센트 더 높게 나타난다.
- '경영진을 신뢰한다'는 응답이 135퍼센트 높게 나타난다.
- '남다른 차이를 만들어 내고 싶다'는 생각이 122퍼센트 더 높았다.

설문 조사 결과를 볼 때 증거는 명확하다. 성공하려는 모든 리더는 자신의 정체성을 나타내는 목소리를 찾아야 한다. "전반적으로 나의 상사는 효과적인 리더다"라는 질문에 대해 팀원들이 얼마나 강력하게 동의하는지 또는 부정하는지에 대한 응답 결과는 '자신이 어떤 사람이며 자신이 추구하는 바에 대하여 얼마나 명확하게 제시해야 하는가'에 대한 부정할 수 없는 증거를 제시한다. 자기 리더가 명확한 리더십 철학을 갖고 있다는 측면에서 상위 20퍼센트에 속한다고 응답한 팀원은 하위 20퍼센트에 속한다고 평가되는 리더에 비해 거의 140퍼센트 이상 효과적이라는 평가를 받았다.

이 데이터는 직원들이 리더에게 그토록 절실하게 바라는 행동이 무엇인지 다시 한번 상기시켜준다.

어떤 가치와 믿음이 그에게 가장 중요한지 살펴보고 이해함으로써, 팀장은 자신의 말과 메시지를 사용해 팀과 공유할 수 있습니다. 자신의 리더십 철학을 명확히 하면 팀 전체가 그 가치와 믿음을 동일시하고 지지하는 데 도움이 될 것입니다. 게다가 다른 사람의 것이 아닌 진정한 자기만의 리더십 스타일을 확립함으로써, 그가 보여주는 행동은 그가 공유하는 믿음과 가치와 일치할 것입니다. 팀장은 리더십 철학에 대한 공감대를 형성할 수 있을 것입니다.

팀장은 우리에게 가장 중요한 가치와 믿음이 무엇인지 팀원들의 이야기에서 끌어내야 합니다. 이렇게 함으로써, 그는 자신의 완벽하지 못한 철학을 강요하는 대신 팀의 일체감을 형성할 수 있습니다. 팀원 전체가 그 철학을 지지하게 함으로써 그는 팀 업무에 일관성을 확보하고 조직에서 신뢰를 유지할 수 있을 것입니다.

이러한 이유에서 KFC, 피자헛, 타코벨을 계열사로 둔 세계 최대의 식당 체인 기업인 Yum!사의 리더십 개발 프로그램은 교육 참가자들에게 자신의 내면을 들여다보게 요구한다. 이 회사는 먼저 자신을 연구하지 않으면, 팀을 형성하고 이끌기에 적합하지 않다고 생각하였다.[2] 게넨테크(Genentech)사의 루디 라돈니코프(Ruthy Ladonnikov)는 이것이 얼마나 중요한지에 대해 "제가 생각하는 가치와 열정은 저의 주장과 의견에 대한 동인(動因)이며, 타인에게 영향을 주고 싶다면, 가치에 대한 자각이 필요합니다"하고 말해주었다. 그는 자신의 핵심 가치를 알면 다른 사람들에게도 더욱 자신 있게 말할 수 있으며, 진정성도 전달된다는 사실을 알게 된 것이다.

다른 사람들을 이끄는 일은 자신을 이끄는 데에서 출발하며, '나는 누구인가'라는 근본적 질문에 대답할 수 있을 때까지는 이 역할을 맡을 수 없다. 자신의 가치에 대해 명확한 시각을 갖고 자신의 목소리를 발견할 때, 당신은 인생을 책임지는 데 필요한 내면의 자신감을 발견할 것이다.

제3장 가치와 원칙을 명확히 하라

가치가 자신을 인도하게 하라

우리는 100명이 넘는 CEO와 8,000명이 넘는 직원을 대상으로 7년간 엄격한 관찰을 통해 자기 가치에 명확한 인식을 가진 리더들이 그렇지 않은 리더들보다 조직에서 5배 이상의 큰 수익을 낸다는 사실을 발견하였다.[3] 패션 액세서리 회사인 마이클 코어스(Michael Kors)사에서 영업 관리자로 근무하는 코트니 발라(Courtney Ballagh)는 소매 사업에 종사할 때, 경험했던 사례를 들려주었다. "직원의 인종적 배경이 다르고, 나이와 학력 수준, 회사에 대한 몰입도 등이 모두 다른 것은 특별한 현상이 아닙니다. 하지만 정직하고 개방적이고 타인의 가치에 대해 들을 준비가 되어 있다면, 서로에 대한 공감대를 발견할 수 있을 것입니다." 코트니는 처음에 성과가 저조한 직원이었던 트레이시와 껄끄러웠던 관계에 대해 들려주었다. 트레이시의 내면의 소리를 조금씩 들어주면서, 코트니는 자신이 생각하는 가치에 관해 이야기했고, 트레이시도 이 가치를 받아들이게 했다.

> 저는 트레이시에게 본인의 가치에 대해 말할 기회를 주었고, 매장에서 일하는 이유를 설명할 수 있게 도움을 주었습니다. 이 두 단계의 절차는 업무 관계를 개선하고 향후 팀이 성공하는 데 무엇보다도 중요했습니다. 저는 직장에서 마주치는 어느 누구도 나와 똑같이 생각하지 않을 것이며, 문제에 관해 같은 방식으로 접근하지 않을 것이라는 사실을 알게 되었습니다. 우리가 공유하는 가치를 재확인하고 각자 자기의 목소리를 발견함으로써, 우리는 좀 더 효과적으로 소통할 수 있고, 전과 비교할 수 없을 만큼 서로 신뢰를 쌓았습니다. 이러한 상황을 겪으면서 트레이시와 업무 관계가 훨씬 더 개선되었고, 매장 매출과 팀 사기도 전체적으로 향상되었습니다.

가치는 신념을 지속하는 것으로서 학자들은 통상적으로 수단가치(means values)와 목적가치(ends values)를 구분한다.[4] 리더십과 관련해서 우리는 '가치'라는 용어를 '어떤 것을 성취하는 방법(곧 수단가치)과 관련된 현재의 믿음'이라는 뜻으로 사용하고자 한다. 그리고 5장과 6장에서' 비전'이라는 단어를 사용할 것인데, 이는 '리더들과 구성원들이 얻고자 열망하는 장기적 관점에서 목적가치'를 의미한다. 리더십은 현재의 수단가치, 미래의 목적가치 이 2가지가 모두 필요하다.

리더십 챌린지

가치는 당신 행동의 근간이 되는 것이다. 이는 도덕적 판단, 개인 및 조직 목표에 대한 몰입, 다른 사람들에게 대응하는 방법 등 삶의 모든 면에 영향을 끼치기 때문이다. 매일 수백 가지 사안을 결정할 때, 가치는 의식적이든 무의식적이든 간에 행동의 지침으로 작용하며 한계를 설정하는 기준이 된다. 가치는 우선순위와 결정사항을 알려준다. 또한 어떠한 때에 '예'라고 결정하고, 어떠한 때에 '아니오'라고 결정할지 알려준다. 자신의 가치를 명확하게 인식하면, 어려운 상황을 헤쳐가는 데 도움이 된다.[5] 사람들은 대체로 자기의 가치 체계에 어긋나는 선택을 고려하거나 실천하지 않는다. 만약 그렇게 한다면, 이는 가치에 대한 실천 때문이 아니라 규율을 준수해야 하는 경우에 해당될 것이다.

예를 들어, 다양성이 혁신을 불러오는 가치라는 신념이 있다면, 새로운 아이디어를 내야 하는 상황에서 여러 의견을 제시하는 사람들이 계속 배제될 때 이를 어떻게 해결해야 할지 신념에 따라 판단할 것이다. 또한 만약 개인의 업적 달성을 위해 협업이 필요하다고 믿는다면, 팀에서 제일 잘 나가는 영업 사원이 팀 미팅에 참석하지 않고 다른 동료들과 정보를 공유하지 않을 때, 이 문제를 어떻게 접근해야 할지 알게 될 것이다. 한편 독립성을 중요하게 생각하여 순응과 순종보다 주도성을 중시한다면, 상급자가 하는 말이 옳지 않다고 생각할 때 이에 맞설 가능성이 높다.

의심할 여지 없이, 오늘날과 같은 혼돈의 시대를 살아가면서 흔들림 없는 가치를 지니게 된다면 리더는 넘쳐나는 이론과 요구, 관심 사이에서 선택과 집중을 할 수 있다. 엔지니어링 서비스사에서 폴 디 바리(Paul Di Bari)가 관리하는 운영 부서는 220만 평방피트에 달하는 재향군인회 팔로 알토 헬스케어 시스템(Palo Alto Healthcare System)의 사업장 시설 보안을 새롭게 맡게 되었다. 이를 위해 보안 시스템을 관리할 신규 기술인력을 고용하고, 새로운 계약을 체결해야 할 필요가 있었다. 프로젝트를 진척시키기 위해서 폴은 새로운 기술인력들과 계약직원들을 대상으로 미팅을 소집하여 보안 접근 시스템 현황과 진행 중인 프로젝트, 현안 과제들이 무엇인지 파악하였다. 그는 새롭게 조직한 팀이 어떤 방식으로 업무를 전개해야 할지 자신이 생각하는 가치와 비전을 소개하고, 부문별 미팅을 통해 자기가 기대하는 수준이 어느 정도인지 알렸다. 프로젝트 추진 일정, 준비, 제안서 제출, 실행에 관한 그의 가치는 과거보다 훨씬 더 상세한 집중력이 요구되었다. 그는 이 계기를 통해 팀원들이 새로운 형태의 책임감을 갖기를 희망했다. 폴은 그렇게 한 이유를 "이 프로그램과 신규 팀의 장기적 성공을 위해서 제가 생각하는 가치와 제 프로젝트 관리 스타일과 기대 사항을 명확하게 설명하는 것이 절실했습니다"라고 설명했다.

폴은 자신의 리더십 원칙은 물론이고 경영 목표를 명확하게 밝힘으로써 리더인 자신의 목소리를 확실하게 내야 했다. 또한 검토 사항을 명확하게 정의해 미래의 성과 기준을 확립했고, 책임 소재를 정할 기준을 정했다. "그냥 뒤로 물러나서 프로그램을 감독하는 일은 매우 쉬운 일입니다. 하지만 모든 관계자의 신뢰와 존경을 얻기 위해서는 제가 생각하는 업무 윤리를 통해 신뢰 의식을 구축할 필요가 있었습니다." 폴은 자신만의 확고한 가치가 있었으므로, 이에 대해 표현하고 기준과 기대 사항을 정하는 것을 상대적으로 어렵지 않게 생각했다. 초창기에 폴이 정한 기준은 구성원의 행동과 의사 결정에 지침을 제공하였다.

폴의 경험에서 보듯이, 가치는 지침으로 작용한다. 가치는 일상의 항로를 어디로 향할지 알려주는 나침반이 된다. 가치를 명확하게 하는 것은 동서남북이 어느 방향인지 확인하는 것처럼 중요하다. 자신의 가치를 더욱 명확하게 할수록 자신을 비롯한 모든 사람은 본인이 선택한 길을 계속 따라가게 된다. 이러한 지침은 세상이 불안정하고 불확실할 때 중요하다. 정해진 코스를 벗어나게 하는 일상의 도전이 엄습할 때, 어느 방향으로 바람이 불어오는지 알려주는 방법을 안다는 것은 매우 중요하다.

자신의 말로 표현하라

사람들은 자신의 목소리로 이야기할 때만 진실을 말할 수 있다. 만약 당신이 다른 사람이 하는 말을 흉내 낸다면, 아무도 당신을 따르지 않을 것이다. 그 이유는 그들은 당신이 어떤 사람인지 알 수 없으며, 당신이 믿는 가치도 알 수 없기 때문이다. 레이먼드 유(Raymund Yu)는 조직 개편을 통해 경영진에서 일반 간부로 '강등'되면서 자존심이 상하고 좌절감을 느꼈지만, 이 경험을 통해 뼈아픈 사실을 배웠다. 그는 "저는 제 목소리를 찾지 못했습니다"라고 말했다.

레이먼드는 오랫동안 성찰하면서 자신이 '잘못된 길을 걸었다'는 사실을 깨달았다. "저는 관리에만 몰두했지, 조직을 이끌어가지 않았습니다." 레이먼드는 자신의 행동이 불러올 결과를 의식하지 않은 채, 그저 자신의 역할 모델로 과거의 상사가 하던 방식만 모방했을 뿐이다. "저 자신만의 목소리를 찾는 대신, 저는 상사의 방식을 그대로 따라 했고 어떠한 때는 프로젝트를 진행하기 위해 그의 이름과 권위를 사용하기도 했습니다. 지나고 나서 보니 저는 그분을 위한 징검다리 역할에 만족해 스스로 리더가 될 기회를 버렸던 것입니다." 조직을 이끄는 경영진의 입장만 대변해서는 안 된다는 사실을 인식한 레이먼드는 그때부터 가치에 기반을 둔 자기만의 목소리를 찾아 모범적인 리더가 되기로 결심했다.

이 책을 포함해 기법과 도구로 가득 찬 경영과 리더십 책들은 당신에게 진짜로 중요한 것을 제공해주지 않는다. 일단 하고 싶은 말이 있다면, 당신은 그러한 말을 자신의 목소리로 표현해야 한다. 자신의 목소리로 표현할 때 사람들은 지금 말하는 사람이 바로 당신이며 다른 사람이 아님을 알게 될 것이다.

여러분은 이 책에서 모범적 리더십의 5가지 원칙의 중요성을 뒷받침하기 위한 근거로 제시된 상당한 양의 과학적, 경험적 데이터를 발견할 것이다. 하지만 명심해야 할 점은 리더십도 다른 형태의 예술—회화, 음악, 춤, 연기, 문학작품 등—과 마찬가지로 일종의 예술이라는 것이다. 리더십은 자기를 표현하는 수단이다. 모범적 리더가 되려면 자기만의 독특한 방식으로 자신을 표현할 줄 알아야 한다.

앤드루 르바인(Andrew Levine)은 자신만의 목소리를 표현하는 방법을 발견했고, 그 과정에서 동료들도 그와 똑같은 경험을 할 수 있게 도움을 주었다. 앤드루는 영 스토리텔러(Young Storyteller)사의 수석 멘토였다. 그는 자신이 멘토링하는 아이들에게 상상력을 이끌어내는 학급 분위기 조성을 위해 열정을 바쳤고, 세심한 배려로 자원봉사자를 관리하였다. 자원봉사자였던 프라나브 샤르마(Pranav Sharma)는 앤드루의 개인적 가치가 영 스토리텔러의 사명선언서에 명시된 가치와 자연스럽게 조화를 이루었으며, 이러한 일체감이 자신에게 어떠한 영향을 주었는지 말해주었다. "앤드루는 멘토 중에서도 독특한 자기만의 목소리가 있었습니다. 그의 사례를 통해 저는 그가 조직과 공유한 가치를 발휘할 수 있었습니다. 그의 도움을 통해, 저는 아이들이 독특한 자기만의 목소리를 갖는다는 것이 무엇을 의미하는지 이해하게 되었습니다."

프라나브는 레이첼이라는 5학년 학생을 담당했는데, 레이첼이 10페이지 분량의 연극 대본을 작성하는 데 도움을 주어야 했다. 하지만 레이첼이 대본에 집중하게 하는 일은 쉽지 않았다. 다른 아이들은 대본 작성에 진척을 보였지만, 레이첼은 이 일에 대한 동기가 부족하다고 느껴졌다. 사실 프라나브도 직장 사정으로 인해 8주간 진행되는 프로그램 기간 중 몇 차례 결석했다. 앤드루는 프라나브에게 매우 실망을 느꼈고, 다른 몇 명의 멘토도 프로그램에 관심이 부족해 보였다.

앤드루는 이 상황을 개선하려고 두 단계 해결책을 실행했다. 먼저 지원자들에게 영 스토리텔러에 가입한 이유를 생각해보라고 하면서, 자신이 왜 이 프로그램에 그토록 헌신적인지 이야기해주었다. 앤드루는 영 스토리텔러를 우선순위에 두지 않고 계속해서 결석하면, 이 프로그램을 중단해도 좋다고 말했다. 아울러 그는 이 프로그램을 5학년 아이의 관점으로 바라봐 달라고 요청했다. 아이들이 멘토에게서 찾는 것이 무엇일까? 그는 사람들이 멘토로서 자격이 부족하거나, 아이들이 자기를 좋아하지 않을지도 모른다는 걱정은 하지 말라고 조언했다. 참석자들에게 당부 사항은 이게 전부라고 말했다. 그 후 프라나브는 이렇게 말했다.

> 앤드루의 말이 옳았습니다. 그는 우리에게 공유 가치를 재확인해주었고, 자신만의 목소리를 찾을 것을 요청했습니다. 그는 우리가 영 스토리텔러에 합류한 이유를 다시 한번 확인시켰던 것입니다. 그는 자원봉사자들에게 충성심, 헌신, 열정, 인내라는 단어를 포함한 조직의 가치가 내재화하길 바랐습니다. 그리고 아이들과 대화를 통해 관계를 형성하길 바랐습니다. 아이들의 생활에 독특한 차이를 만드는 유일한 방법은 나 자신의 목소리를 찾는 것이었습니다. 멘토링을 받는 친구에게 잊을 수 없는 인상을 남기고 싶다면, 저는 자신만의 목소리를 찾아야 했습니다.

여기에서 얻을 수 있는 교훈은 앤드루가 프라나브를 포함한 다른 모든 멘토에게 그들 각자의 가치를 조직 가치와 하나로 연계할 수 있는 방법을 재발견하는 계기를 마련해준 것이다. 자신의 경험과 이야기를 들려주고 영 스토리텔러의 멘토라는 사실에 왜 그토록 열정을 가졌는지를 이해하게 함으로써 앤드루는 영 스토리텔러의 미션과 특히 그들이 멘토링하는 아이들, 조직의 독특한 보살핌을 표현하는 단어를 찾는데 도움을 주었다. 앤드루는 무엇을 믿어야 하는지가 아니라 단지 자신의 믿음을 말해주었고, 봉사자 멘토들이 조직과 연계해서 생각해야 할 이유와 가치를 발견하게 했다. 이러한 성찰을 통해 사람들은 자신의 목소리를 찾았고, 레이첼 같은 학생들에게

다가가는 데 필요한 표현을 발견하였고, 자기를 표현하는 스토리를 개발하는 방법도 알게 되었다.

당신은 다른 사람의 가치나 다른 사람의 표현으로 남을 이끌 수 없다. 또한 누군가의 경험으로 이끌 수도 없다. 당신이 이끌 수 있는 것은 오직 자신뿐이다. 자기 스타일이 아니라면, 자기만의 언어가 아니라면, 그것은 자기 것이라고 할 수 없다. 그건 연기에 불과하다. 사람들은 당신의 지위나 기법을 따르지 않는다. 그들은 당신이라는 사람 그 자체를 따른다. 당신이 가짜라면, 사람들이 당신을 정말로 따르는 마음이 생기게 할 수 있는가? 리더가 되려면, 다른 사람의 문장을 베낄 필요가 없고 다른 사람이 작성한 기사를 읽을 필요가 없다. 또한 다른 사람의 스타일을 따라서 옷을 입을 필요가 없다. 그 대신, 본인이 표현하려는 내용을 자기 방식대로 자유롭게 선택하면 된다. 리더는 실제로 구성원들에게 진정성을 갖고 자신을 표현해야 할 의무가 있다. 이렇게 할 때 구성원들은 리더의 말과 행동에서 진실성을 발견하고, 가짜가 아닌 '진짜' 리더를 따르게 된다.

가치를 진정성 있게 표현하는 방법과 관련해 나이안틱(Niantic)사의 재무 담당 임원이었던 케리 앤 오스테리아(Kerry Ann Osteria)는 사람들이 자기한테 어울리는 옷을 입는 것을 비유로 들었다. 그녀는 "쇼핑하러 가면 좋아하는 옷이나 그럴싸해 보이는 옷을 볼 수 있지만, 실제로 그 옷을 입어보고 자기에게 어울리는지 확인해봐야 합니다. 중요한 것은 스타일이 아닙니다. 그 옷이 입는 사람에게 '어울려야' 합니다"라고 강조했다. 거울에 비친 자기를 보면서 여러분은 '이 모습이 진정 나인가?' 하고 자신에게 묻는다. 모범적인 리더가 되기 위해 자신에게 물어보자. 그러한 말이 과연 나에게 어울리는 표현인지.

가치를 명확하게 하여 몰입하는 것을 발견하라

뭄바이 주재 대한민국 영사관에서 선임 연구원을 지냈던 샌돈 리 페르난데스(Shandon Lee Fernandez)는 모범적 리더십으로 향하는 첫걸음이 본인이 생각하는 가치와 믿음에 대한 발견이라고 말했다. 그는 과거를 회상하면서 다음과 같이 말했다. "이 사실은 매우 중요했습니다. 리더들은 자기가 원하는 것을 발견하고, 이를 명확하게 할 때 비로소 타인도 여기에 동참하게 할 수 있기 때문입니다. 자신의 행동 근거를 더 쉽게 설명할 수 있다면, 이를 따르는 사람들의 실천에 필요한 가치와 방침 사이에 연결 통로를 만들어줄 수 있습니다. 내적으로 일체감을 느끼면 외적으로 단합하게 됩니다." 샌돈의 통찰력은 워싱턴 언론 협회의 회장으로 수백 명의 저명인사를 인터뷰한 버니 스웨인(Bernie Swain)이 발견한 깨달음과 일치했다. 이 통찰력을 통해 리더는 자신이 가진 강점과 한계, 편견 그리고 동기를 이해하게 되고, 이러한 이해는 그들의 삶이 계속해서 놀라운 변화를 추구할 수 있도록 그들에게 열정과 에너지를 제공한다.[6]

연구 결과는 이 결론을 명확하게 뒷받침하며, 더 나아가 명확한 개인 가치를 갖게 되면, 직장 생활에서 나타나는 행동에도 얼마나 중요한 변화가 생기는지 보여준다.[7] 장기간에 걸쳐 광범위한 조직을 대상으로 한 연구에서, 우리는 팀원들에게 그들이 조직의 가치와 더불어 자신의 가치를 얼마나 명확하게 인식하는지 물어보았다. 그들은 또한 조직에 대한 자발적 몰입도, 즉 더 늦게까지 남아 초과근무를 하고 싶은 의욕에 대해서도 질문했다. 이 연구 결과는 〈그림 3.1〉에서 보는 것처럼, 1사분면은 개인의 가치와 조직의 가치를 명확하게 인식하지 못하는 사람들, 2사분면은 조직의 가치는 상대적으로 명확히 인식하지만 개인 가치를 인식하지 못하는 사람들이다. 3사분면은 개인 가치와 조직 가치 모두에 대해 상당히 명확한 인식을 가진 사람들, 4사분면은 개인 가치에 대해서는 명확하나 조직의 가치에 대해서는 명확하지 않은 사람들로 구분되었다. 숫자는 각 사분면에 속하는 응답자들의 자발적 몰입도 평균 점수(7점 만점)를 보여준다. 응답자들의 답변에서 패턴이 느껴지는가? 개인과 조직의 가치에 대한 명확한 인식을 바탕으로 누가 가장 자발적으로 몰입하는지 판단할 수 있겠는가?

자신의 가치에 대해 명확한 사람들(3사분면과 4사분면에 해당)은 조직의 가치를 명확하게 인식하지만 개인 가치에 대해서는 부족하거나(2사분면에 해당), 개인 가치는 물론이고 조직 가치에 대해서도 불분명한 사람들(1사분면에 해당)보다 훨씬 더 자발적 몰입도가 높다. 놀라운 사실은 3, 4사분면에 해당되는 사람들의 자발적 몰입도 수준에는 눈에 띄는 통계적 차이가 없다는 점이다. 다시 말해서, 개인의 가치는 자발적 몰입도를 촉진하며, 동기와 생산성을 높이는 수단으로 작용한다. 직무 만족도, 퇴사 의향, 조직에 대한 자부심은 자발적 몰입도 수준에 관한 질문에서 발견된 수준과 비슷했다.[8]

가장 재능 있는 직원들은 그들의 나이와 배경, 학력과 직무 분야에 상관없이 매

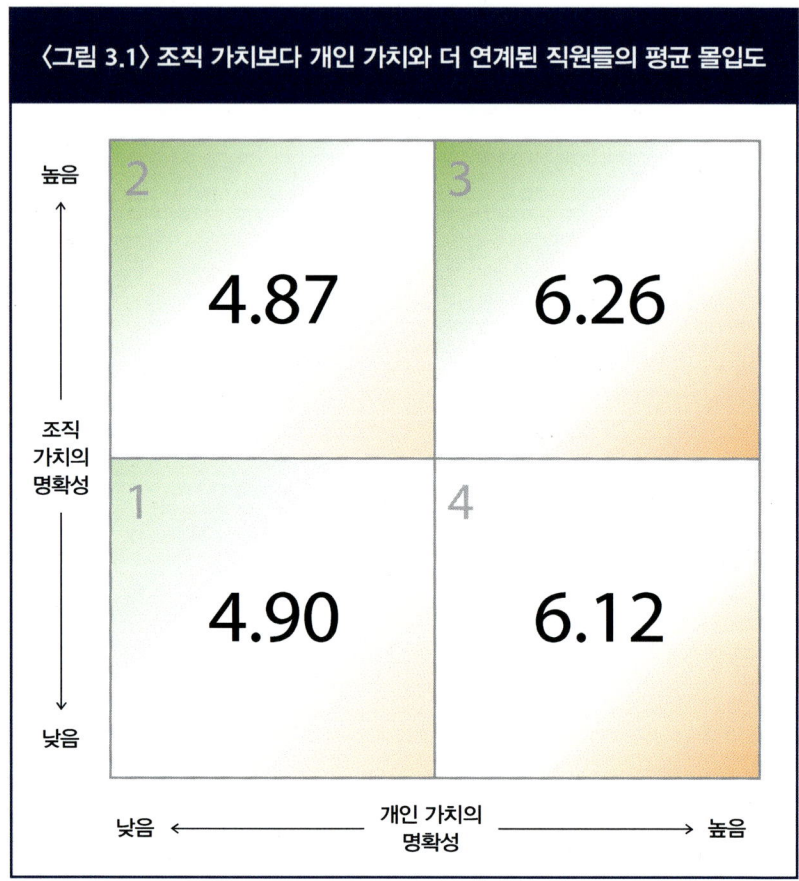

〈그림 3.1〉조직 가치보다 개인 가치와 더 연계된 직원들의 평균 몰입도

일매일 새로운 일을 기대하며 조직으로 향한다. 왜냐하면 그들의 개인적 가치는 조직이라는 틀 속에서 '작동'하기 때문이다. 최고의 직원들은 자기의 가치나 정체성이 일치하는 회사에 매력을 느낀다.[9] 에어로포스탈(Aeropostale)사의 부사장인 줄리 세드락(Julie Sedlock)은 본인이 관찰한 내용을 이렇게 표현했다. "저는 회사에 출근한다는 사실이 매우 즐겁습니다. 20년 동안 단 하루도 잠에서 깨어 출근하고 싶지 않다고 생각한 적이 없습니다." 그는 자신의 가치와 회사의 가치가 공유될 때 "출근하고 싶고, 열심히 일하고 싶고, 조직이 정해 놓은 목표를 달성하고 싶은 마음이 들었다"고 설명했다.

몰입은 개인의 가치와 부합할 때 가장 강력하게 유발된다. 자신의 개인 가치가 명확한 사람들은 원칙에 근거해 의사 결정을 할 준비가 되어 있다. 심지어 조직의 원칙과 자기의 원칙이 부합하는지, 조직에 남을 것인지 조직을 떠날 것인지 결정할 때도 개인의 가치가 중요하게 작용한다. 안타깝게도 너무나 많은 조직에서 조직이 중요하다고 표방하는 가치와 직원들이 일상에서 그 가치를 적용할 수 있다고 생각하는 믿음 사이에는 큰 격차가 있다.[10]

공유 가치를 명확히 하라

리더십은 단순히 리더가 추구하는 가치에 관한 것만은 아니다. 리더십은 구성원이 추구하는 가치이기도 하다. 리더가 추구하는 가치가 조직에 대한 몰입을 끌어내듯이, 구성원이 추구하는 가치는 자신들의 몰입 정도를 결정한다. 그들은 자신의 믿음이 통한다고 생각하는 곳에서 훨씬 더 많이 몰입하는 모습을 보일 것이다. 자신의 가치를 명확하게 추구하는 것은 필수적이지만, 다른 사람의 가치를 이해하고 모든 사람이 공유할 수 있는 가치 사이에 일체감을 형성하는 것 또한 매우 중요하다.

가치를 공유하는 것은 생산적이며 진정한 업무 관계를 형성하는 토대다. 모범적인 리더는 함께 일하는 구성원의 다양성을 존중하지만, 그들은 또한 공통된 가치를 강조한다. 그들은 모든 사람이 모든 사안에 대해 같은 목소리를 내게 하려고 노력하지 않는다. 그러한 목표는 비현실적이고 아마도 거의 불가능에 가까울 것이다. 게다가 그러한 목표를 달성하는 것은 다양성이 가져다주는 실질적 이점을 부정하는 결과를 초래할 것이다. 그럼에도 리더들은 합의를 도출한다. 첫 번째, 두 번째 노력을 거쳐 마침내 세 번째 시도에서 사람들은 일종의 공감대를 형성해야만 한다. 가치에 관한 합의가 이루어지지 않을 때, 리더나 구성원이 어떻게 모범을 보일 수 있겠는가? 근본적 가치에 대한 합의가 계속 이루어지지 않는다면, 그 결과는 극심한 갈등과 잘못된 기대, 그리고 수용력 부족으로 나타날 것이다. 리더들은 공유 가치를 명확하게 하는 과정을 통해 모든 구성원이 일치된 사고를 한다는 점을 확실히 해야 한다. 그렇게 함으로써 우리가 중요하게 생각하는 가치를 숨기지 않고, 더욱 강화하며 서로 책임지는 모습을 보이게 될 것이다.

힐러리 홀(Hillary Hall)은 그의 팀장이, 사람들에게 자신의 가치를 생각해보는 방법을 통해 가치를 공유하고 동료 의식과 공통의 목적의식을 가질 수 있게 도와준 이야기를 들려주었다. 그는 제너럴 일렉트릭(General Electric)사에서 다국적 감사팀의 일원으로 근무했는데, 팀원은 독일인 1명과 미국인 2명, 벨라루스인 1명과 인도인 1명이었다. 팀장은 프로젝트 과제를 시작하기 전에 구성원에게 그들이 자라난 곳과 좋아하는 음식과 취미 등에 관한 설문지를 만들게 지시했다. 더 나아가 그들이 좋아하는 일의 유형과 그렇지 않은 것이 무엇이고, 팀에서 주로 수행했던 역할과 관리자와 팀원들에게 본받을 만한 점이 무엇이었는지도 포함시켰다. 팀장은 팀을 소집하여 팀원들이 제출한 응답을 공유했다. 그 경험을 돌이켜 생각해보니 그 팀장이 모범적인 리더들이 보이는 전형적 행동을 실천했다는 사실을 알게 되었다. 이 작업은 공유 가치를 재확인하는 일이었다. 그녀는 "팀장은 개인 및 직장에서의 공통된 가치 체계를 통해 팀을 하나로 묶었고, 팀원에게 자신이 중요하게 생각하는 가치가 무엇인지를 보여주었습니다"라고 말했다.

팀원이 공동의 가치와 부합하지 않는 일을 할 때 팀 성과는 저조해진다. 구성원은 점점 교류가 없어지고 자기만의 기준으로 업무를 하게 된다. 그 결과 공통된 목표를 향한 동기와 몰입은 개인에 따라 차이가 생겨난다. 이 가정은 연구를 통해 사실로 확인되었다. 공유 가치를 기반으로 하는 강력한 회사 문화를 가진 조직은 다른 기업보다 월등히 앞서가는 모습을 보여주었다. 그들의 매출액과 신규 사업 창출도는 훨씬 더 빠르게 증가하였고, 회사의 수익과 주가도 훨씬 더 높았다.[11]

스타벅스의 글로벌 전략 총책임자인 맷 라이언(Matt Ryan)은 이 주장을 실질적으로 뒷받침해주었다. "우리는 회사의 가치에 부응한다고 생각하는 매장의 근무자 비율이 매장의 성과와 직결된다는 것을 확인했습니다. 우리는 점포 근무자들이 가치 관점에서 옳은 일을 한다고 믿을 때, 다른 변수를 통제한 상태에서 매장의 인건비 대비 매출 성과가 눈에 띄게 향상되는 것을 볼 수 있었습니다." 이 결과는 매장의 최종 수익에 엄청난 차이를 가져다 주었다.[12] 이와 비슷한 사례는 공공 조직에서도 동일하게 적용되는 것을 확인했다. 가장 성과가 좋은 부처와 부서 내에서는 가치의 중요성을 믿는 직원과 관리자 사이에 그러한 가치 실행에 대한 강력한 동의와 열정적인 감정이 존재한다.[13]

공유 가치는 업무 태도와 몰입도에서 매우 중요하고도 긍정적인 차이를 만든다. 수백 개 조직을 대상으로 실시한 연구 결과는 공유 가치가 동기 부여의 상승과 개인적으로 강렬한 성공 의욕을 높여준다는 사실을 입증해주었다. 공유 가치는 자부심을 부여하고, 회사에 대한 충성도를 높이고 퇴직률을 감소시키는 한편, 팀워크를 증진해주며 직무 스트레스와 긴장감을 낮춰준다.[14]

조직이 지향하는 명확한 가치와 일체감을 확인하기 위해, 정기적으로 조직에 대한 설문 조사를 실시하는 것도 상당히 의미 있는 일이다. 이러한 행위는 조직에 대한 몰입된 마음을 새롭게 할 뿐만 아니라, 계속적으로 변하는 조직의 구성요소(예컨대 다양성, 접근성, 지속 가능성 등)와 가장 관련이 있는 가치를 함께 논의하고 명확하게 하고 수정하고 다시 전념할 수 있게 한다. 오스틴 커머셜(Austin Commercial)사의 항공사업 부문에서 지역 매니저로 근무하는 리처드 새서(Richard Sasser)는 책상에 7가지 가치를 새겨 넣은 흰색 머그잔을 항상 놓아둔다.[15] 사람들이 머그잔에 새겨진 글귀에 관해서 물을 때마다, 리처드는 항상 이렇게 대답한다. "아, 제가 이렇게 하는 이유가 궁금하시군요. 제가 생각하는 가치를 사람들과 공유하고, 사람들도 각자 자신이 가장 중요하게 생각하는 가치가 무엇인지 생각해보는 계기를 마련하기 위해서입니다. 이러한 대화를 통해, 우리는 서로 생각하는 공유 가치와 우리가 하는 일의 목적과 대체로 일치한다는 사실을 알게 됩니다."

리더가 생각하는 가치, 구성원 각자가 생각하는 가치, 그리고 서로 공유하는 가치를 더욱 명확하게 이해할수록, 사람들은 팀의 기대 수준에 대해서 알게 되고, 다른 구성원을 믿을 수 있다고 생각하게 된다. 결과적으로 팀은 더욱 생산적으로 일하고, 혁신을 추구하게 되며, 어려운 도전을 관리할 수 있게 되며, 일과 삶의 불균형 문제에 대해서도 더욱 현명하게 대처할 수 있게 된다.

가치 공유가 중요한 이유를 알려주어라

리더 본인이 추구하는 원칙을 명확하게 하는 것도 중요하지만, 자신이 추구하는 가치가 구성원의 열망과 일치해야 한다. 공동체를 대변하지 않는 가치를 옹호하는 리더는 구성원을 하나로 움직이게 할 수 없다. 서로가 기대하는 사항에 대해서는 공통된 이해가 형성되어야 한다. 공동으로 추구하는 일을 위해 리더들은 공감대를 얻을 수 있어야 한다.

개인과 집단, 그리고 조직 가치가 조화를 이루면 엄청난 에너지가 발생한다. 몰입과 열정은 강화되며 촉진된다. 사람들은 일을 잘 하고 싶은 욕구가 생기게 되고, 이로 인해 일의 효과성은 더욱 높아지고 만족감이 상승하며 스트레스와 긴장감이 줄어든다. 코트니 발라(Courtney Ballagh)는 마이클 코어스사에서 팀원 트레이시와 함께 했던 경험을 회상했다. "개인적으로 서로 더 잘 이해하게 됨으로써, 우리는 공유 가치를 확인할 수 있었고, 서로 더 잘 보살펴야 할 동기도 생겨났습니다. 직원의 사기가 높아졌고, 매장도 전보다 훨씬 잘 운영되었습니다." 공유 가치는 구성원을 독립적으로, 때로는 상호 의존적으로 행동하게 하는 내적 나침반이다. 설문 조사 결과는 구성원이 조직과 리더에 대해 더욱 많이 생각하게 되고, 가치에 대해 대화하는 데 지금보다 더욱 많은 시간을 할애해야 한다는 점을 보여준다.[16]

니콜 매툭(Nicole Matouk)이 스탠퍼드대학교 법대의 학생처에서 근무했을 때, 학생처장은 니콜에게 학사 일정이 어떻게 관리되고 있으며, 학생들에게 번거로움 없는 서비스를 제공하기 위한 의견을 준비해 달라고 요청하였다. 니콜은 준비 과정에서 모든 학생이 본인이 중요하게 생각하는 문제에 대해 자유롭게 발언할 기회를 가졌다고 느꼈고, 모든 학생은 똑같이 압박이나 보복에 대해 두려움 없이 자신의 의견을 개진할 수 있는 충분한 시간이 주어졌다고 느꼈다. 그가 생생하게 기억하는 것은 학생처장이 많은 질문을 했지만, 질문들은 니콜이 생각하는 가치를 기반으로 했기 때문에, 그는 애쓰며 답을 고민할 필요도 없었고, 토론 내용을 목적과 연계할 방법을 고민할 필요도 없었다는 것이었다.

> 대화를 나누면서 저는 처장이 특정한 방향으로 이끌었다는 것을 알아차릴 수 있었습니다. 하지만 조종당하는 느낌은 아니었습니다. 이 느낌은 학칙에 나와 있는 가치를 읽는 것보다 훨씬 강력하게 느껴졌습니다. 저는 그의 질문에 답변했지만, 이것은 제가 믿는 사실을 말하는 것이라고 느꼈고, 억지로 동의하는 것이 아니었습니다. 미팅이 우리가 믿는 가치와 일치하는 답을 만들어내게 했을 뿐만 아니라, 우리가 공통으로 믿는 가치를 다시 한번 확인하는 계기가 되었습니다. 미팅이 끝나면서, 우리는 서로에게 더 많은 시간과 관심을 끌기 위해 노력한다는 느낌이 아니라, 같은 것을 이루기 위해서 모두가 함께 일하고 있다는 단합된 느낌이 들

었습니다.

니콜의 경험은 사람들이 개인의 가치와 조직의 가치가 일치할 때, 충성심이 극대화된다는 점을 확인해준다. 소통의 질과 정확성, 의사 결정 과정의 투명성은 사람들이 팀의 일원이라는 느낌이 들 때 더 높아진다. 다른 연구 결과와 마찬가지로 조사를 통해 나타난 사실은 개인의 가치와 조직의 가치가 조화를 이룰 때, 리더와 리더가 이끄는 조직에 엄청난 이익이 발생한다는 점이다.

스탠퍼드 법대에서 진행된 대화나 토론 방식처럼 업무현장에서 대화나 토론은 사람들에게 다시 한번 자신들이 하는 일을 생각해보게 하는 계기를 마련해준다. 이러한 방식으로 의견을 나누다 보면 사람들은 다짐을 새롭게 하게 되고 모든 직원이 하나라는 느낌이 강화된다. 특히 본사와 지리적으로 떨어져 있는 직원들은 더욱 그러한 느낌이 들게 된다. 리더와 구성원의 가치 사이에 생기게 되는 일체감은 서로의 기대를 더욱 명확하게 해준다. 이러한 투명성은 선택할 수 있는 능력을 강화해주고, 어렵고 스트레스가 유발되는 상황에서 더욱 효과적으로 대처할 수 있게 해주며, 다른 사람들의 선택을 이해하고 인정하는 마음도 향상된다.

가치와 관련된 대화를 하면 일에 대해 의미를 발견할 수 있다. 팀원들과 그들이 생각하는 가치에 대해 대화하거나, 동료 간 가치에 대한 대화를 주고받을 때, 당신은 그들이 하는 일이 그들의 정체성과 얼마나 관련이 있는지 깨닫게 할 수 있다. 당신은 그들에게 과업이나 규칙에 대한 토론을 통해 얻을 수 있는 것보다 훨씬 더 깊게 업무와 연관되는 도움을 주는 것이다. 또한 구성원 서로에 대해 훨씬 더 깊이 있게 통할 수 있는 환경을 만들어주는 것이기도 하다.

단합을 강요하지 말고, 이를 구축하라

리더들이 공유 가치에 대한 공감대를 추구할 때, 구성원은 좀 더 긍정적이고 생산적으로 바뀐다. 리더는 단합을 요구할 수 없다. 그 대신 그 과정에 사람들을 참여시켜 당신이 그들의 관점에 진정으로 관심을 기울인다는 것을 느끼게 하여 스스럼없이 그들이 당신과 대화를 나누고 싶다는 생각이 들게 해야 한다. 구성원들이 그들의 아이디어와 열망을 숨김없이 공유하면, 그들은 당신이 공감대를 찾는 데 관심을 기울이는 건설적인 리더라고 생각하게 된다. 리더와 가치와 관련된 대화를 많이 나누는 팀원들은 스스로 우선순위와 원칙이 무엇인지 찾기 위해 노력하며, 어떻게 행동해야 하는지 고민하는 팀원들보다 개인적으로 더욱 강한 성공 의식을 느낀다.

프록터 앤 갬블(Proctor & Gamble)사의 인사관리 팀장인 에리카 롱(Erika Long)은 이 회사에 인턴으로 입사하면서 리더들이 의사 결정을 할 때 회사의 가치와 핵심 원칙을 몸소 실천하는 모습에 깊은 감명을 받았다. 그는 다음과 같이 말했다.

> 피앤지(P&G)의 리더들은 이러한 가치를 끊임없이 확인했으며, 어려운 결정에 부딪히면 행동의 준거가 되는 PVP(목적, 가치, 원칙— Purpose, Value, Principle)를 검토합니다. 저는 홍콩과 대만 지역의 영업 담당 임원들을 만나서 그들이 항상 사업에서 올바른 결정을 내렸다는 사실을 어떻게 확신하는지에 관해 물었습니다. 대답은 간단했습니다. "저는 PVP를 참고합니다. PVP는 비즈니스를 하는 방법을 안내해줍니다. 이 지침과 충돌을 보이는 입장에 서게 되면, 저는 그 일을 추진하지 않습니다."

그는 계속해서 이렇게 말했다. "피앤지에서 근무하는 직원들은 자랑스럽게 말합니다. 그리고 모든 사람은 자신들이 특별한 조직의 일원이라고 생각합니다. 그들의 핵심 가치는 조직의 핵심 가치와 일치합니다." 운영 방침에 대해 확신이 서지 않거나 혼란을 느끼는 사람들은 표류하거나 방향을 잃고, 급기야는 조직을 이탈하게 된다. 맞지 않는 가치에 대처하거나 이에 맞서 싸우려는 에너지는 개인적 안녕과 조직의 생산성에 대해 통행세를 내야 하기 마련이다.

"우리가 추구하는 핵심 원칙은 무엇입니까?", "우리가 추구하는 가치는 무엇입니까?"라는 질문은 절대 간단하지 않다. 한 연구에서는 정직이라는 하나의 가치에 대해서 185가지 기대행동이 파생된다고 발표했다.[17] 심지어 흔히 발견되는 가치에 대해서도 가치의 의미에 관한 의견은 엇갈린다. 여기서 얻을 수 있는 교훈은, 리더는 가치에 관한 대화에 구성원을 반드시 참여시켜야 한다는 점이다. 가치에 대한 이해를 공유한다는 것은 선언에서 나오는 것이 아니라 과정에서 생겨난다.

이 교훈은 아메리칸 익스프레스(American Express)사에서 근무하는 찰스 로

(Charles Law)가 서로 다른 인종적 배경과 사업 분야로 구성된 6명의 팀과 마케팅 캠페인을 런칭할 때 겪었던 경험과 정확하게 일치했다. 처음에는 잦은 갈등으로 팀 사기가 저하되어 일이 매우 느리게 진행되었다. 팀원들은 다른 사람의 관심을 고려하지 않은 채 각자의 목표에만 집중하였다. 찰스 로의 말에 의하면, 차이는 불화를 일으켰고 이 불화는 점점 더 악화되었다. 찰스 로는 팀 안에서도 경험이 가장 적었기 때문에 팀원은 그의 리더십 역량에 의문을 품었다.

찰스 로는 좀 더 원활하게 팀을 운영하기 위해 팀 전체가 공유 가치에 대해 생각을 같이할 필요가 있다고 생각했다. 그는 특정 가치에 이름을 붙이거나 강조하는 것은 중요하지 않다고 생각했다. 그보다는 의미와 중요성에 관해 모든 구성원이 생각을 공유할 필요가 있었다. 그가 처음에 했던 일은 단지 그 목적을 위해 구성원들을 모이게 한 것이다. 그들은 자기의 우선순위와 가치의 가장 위에 있는 것이 무엇이며, 그런 우선순위와 가치가 행동으로 나타나는 방식에 대해 공통된 의견을 갖게 되었다. 그는 팀원과 한 명씩 마주 앉아서 그들이 하는 말과 의견에 귀 기울였고, 다음에 진행되는 그룹 미팅에서는 모든 구성원의 의견을 정리해 공유하였다. 그는 토론을 장려하였고 서로에 대한 오해를 차분히 풀어갔다.

찰스 로는 팀원들에게 자신이 생각하는 가치를 강요하지 않았다. 오히려 구성원 각자는 그들이 생각하는 개인 가치와 이 가치에 내재한 논리에 관해 대화를 나누면서 그룹에 필요한 가치를 찾아낼 수 있었다. 찰스는 이 과정을 다음과 같이 설명하였다.

> 모든 구성원의 동의하에 탄생한 공유 가치를 통해, 모든 구성원은 하나가 되어 성공을 향해 매진했습니다. 공유 가치는 업무 태도에서 긍정적인 차이와 성과를 실현했습니다. 이러한 시도를 통해 팀원은 더욱 열심히 일하게 되었고, 팀워크를 중시했으며 서로를 존중하는 마음을 갖게 되었고, 서로의 기대를 충족시키기 위해 각자가 가진 역량을 발휘해야 한다는 점을 더 잘 이해하게 되었습니다.

찰스 로는 리더가 생각하는 가치를 조직 구성원들이 억지로 받아들이게 할 수 없다는 점을 잘 알았다. 그 대신 공통된 가치를 창출하는 과정에 구성원을 더욱 적극적으로 참여시켜야 한다고 생각했다. 리더가 다양한 구성원을 가치 개발 과정에 적극적으로 참여시킬 때, 가치에 대한 오너십은 기하급수적으로 증가한다. 공유 가치는 경청과 인식, 공감대 형성과 갈등 해결의 결과로 생겨난다. 구성원이 가치를 이해하고 이 가치에 동의하게 되기까지 그들은 이 과정에 반드시 참여해야 한다. 단합은 강요되는 것이 아니라 구축되는 것이다.

열렬하게 공유되는 가치는 광고 슬로건보다도 더욱 강력한 효과가 나타난다. 또한 그 가치를 고수하는 사람들에게 강력한 지지를 받으며, 이를 중요하게 생각하는 사람들에게 널리 인정되는 믿음을 갖게 된다. 구성원은 가치를 하나하나 열거할 수 있게 되며, 가치를 실천하는 방법에 대해 공통된 해석을 하게 된다. 그들은 가치가 어떠한 영향을 미치며, 직무에 어떠한 작용을 하며 조직의 성공에 어떻게 직접적으로 기여하는지 알아야 한다. 피지앤이(PG&E)사의 가스 부문에서 프로그램 매니저로 근무하는 마르와 아흐메드(Marwa Ahmed)는 그가 어떻게 자신의 가치를 팀과 소통했는지 우리에게 알려주었다. 그는 다음과 같이 말했다.

> 저는 그들의 가치가 무엇인지 물어보았고, 회사가 추구하는 가치에 대해서 어떻게 생각하는지 물었습니다. 이러한 토의를 통해 우리는 팀의 공유 가치를 끌어낼 수 있었습니다. 주간 미팅에서 제 개인 생활 또는 직장에서 제가 개인적으로 생각하는 가치를 적용했던 상황을 들려주기 시작했습니다. 몇 주 지난 후 저의 팀원은 그들의 사례를 공유하기 시작했고, 얼마 안 가서 사람들이 추구하는 개인 가치와 팀 가치 사이에 일체감이 높아졌습니다.

가치에 관한 통일된 목소리는 가치에 대해 함께 대화하고 발견해갈 때 나온다. 리더는 그러한 가치가 어떤 의미를 지니며, 조직이 주창하는 가치가 그들의 개인적 믿음과 행동에 어떠한 영향을 주는지에 관한 대화에 모든 구성원이 참여할 기회를 반드시 부여해야 한다.

실천 사항

가치와 원칙을 명확히 하라

모범적 리더십으로 향하는 여정의 첫걸음은 자신의 가치를 명확히 하는 일이다. 그런 근본적 믿음을 발견하는 일은 성공과 의미를 부여하는 길을 따라가면서 내리는 의사 결정과 실천에 지침을 내려준다. 이 여행은 당신의 진정한 목소리가 자리 잡은 내적 영역을 탐험하는 것을 포함한다. 이 길을 따라가기로 결정하는 일 은 매우 중요하다. 왜냐하면 이 일은 진정성으로 향하는 유일한 길이기 때문이다. 더구나 당신은 이 길을 반드시 택해야만 한다. 왜냐하면 당신이 믿는 개인 가치는 조직을 위해 자신을 몰입하게 하기 때문이다. 사람들은 자신이 믿는 바가 무엇인지 알지 못하면, 자신이 하는 말을 행동으로 실천할 수 없다. 마찬가지로 자신이 말하는 것에 확신하지 못한다면 말을 행동으로 옮길 수 없다.

개인의 가치를 명확히 하는 것은 모든 리더에게 중요하지만, 이것만으로는 충분하지 않다. 그 이유는 리더들이 자기 가치를 대변하는 말만 하는 것이 아니라 구성원의 가치도 수렴해야 하기 때문이다. 모든 사람이 지키기로 한 가치에는 동의가 있어야 한다. 공유 가치는 사람들에게 그들이 공유하는 가치가 왜 중요한지에 관한 이유를 제공하고 근무 태도와 성과에서도 매우 긍정적인 영향을 끼친다. 공유 가치에 대한 공동의 이해는 선언이 아닌 과정에서 출현한다. 단합은 대화와 논쟁을 통해 생겨나며, 이해와 몰입을 낳는다. 리더는 반드시 그들이 공유하는 가치 체계에 대해 자신뿐만 아니라 다른 사람들도 책임질 수 있게 해야 한다.

가치와 원칙을 분명하게 하는 일은 자신의 목소리를 찾고 공유 가치를 확인하는 데서 시작된다. 이 일을 위해서는 다음과 같은 사항을 실천해야 한다.

1. 업무적 선택과 의사 결정의 기준이 되는 가치가 무엇인지 명확히 하라.
2. 내가 중요하다고 생각하는 사항을 이야기할 수 있는 진정한 방식을 찾아라.
3. 구성원들에게 왜 그렇게 행동하는지와 걱정되는 부분에 대해서 솔직하게 표현할 수 있게 도와주어라.
4. 팀 가치에 관하여 다른 사람들과 이야기할 기회를 제공하라.
5. 가치와 원칙, 기준에 따른 합의를 형성하라.
6. 합의된 가치와 기준을 사람들이 준수하는지 확인하라.

제4장

본보기를 보여라

스티브 스칼케(Steve Skarke)는 카네카 텍사스 공장장으로 임명되었을 때, 본인이 그 역할을 맡을 준비가 부족했음을 인정했다. 자신의 가치와 조직이 지향해야 할 가치를 고심한 끝에, 그는 자신의 리더십 행동을 통해 변화를 이루어낼 방법에 집중하기로 했다.

한 가지 예로, 몇 년간 경영진은 '세계적 수준의 공장'을 만들겠다는 비전을 논의해왔다. 그들은 세계 수준의 공장이 지녀야 할 특성을 정의하는 데 열띤 논쟁을 벌였고, 안전을 중시하는 문화와 시설 관리를 가장 중요한 요소로 정했다. 하지만 스티브는 주위를 살펴보면서 카네카 공장의 관리 상태가 이 수준에 미치지 못한다는 사실을 확실히 느낄 수 있었다. 사실 외부 고객의 방문이 예정되어 있을 때마다, 모든 직원에게 평소보다 더욱 신경 써서 공장 주변을 말끔하게 청소할 것을 당부하였다. 더구나 사람들을 보내서 공장, 주차장, 도로에 어지럽게 흩어져 있는 쓰레기를 주워야 할 만큼 쓰레기가 곳곳에 널려 있었다. 결국 스티브는 청결을 중시하는 방식을 일상에 정착시켜야겠다고 결심하였다.

리더십 챌린지

어느 날, 외부에서 식사를 마치고 돌아오는 길에 그는 철물점에 들러 2갤론 용량의 플라스틱 바구니를 사서 안쪽에 "세계 수준의 공장"이라는 글귀를 써넣었다. 그리고는 공장으로 돌아와 곳곳을 돌아다니면서 쓰레기를 줍기 시작했다. 얼마 안 있어 바구니는 쓰레기로 꽉 채워졌다. 그는 사람들의 집중된 시선을 받으며 중앙 통제실에 있는 쓰레기통에 바구니에 담긴 쓰레기를 비웠다. 그리고는 아무 말도 없이 다른 문을 통해 나갔다. 공장장이 쓰레기를 줍고 다닌다는 사실은 공장 내에 급속하게 퍼져 나갔다.

스티브는 바구니를 들고 나타날 때마다 자기 행동이 잘 드러나게 했다. 얼마 안가서 바구니를 든 채 쓰레기를 줍는 관리자들이 더 많이 생겨났다. 스티브는 다른 사람도 자기를 따라 할 수 있게 본보기를 보인 것이다. 그가 중앙 통제실을 지나갈 때마다, 직원들은 얼마나 쓰레기를 많이 담았냐고 물어보곤 했다. 바구니를 꽉 채우면, 그는 공장관리자 사무실로 걸어가서 바구니를 들어 올려 무게를 쟀다. 스티브가 시작한 이 행동은 얼마 지나지 않아 공장 전체에 표준으로 자리 잡았다. 공장 유지 보수 기술자들은 청소를 더 빠르고 쉽게 하려고 각자 담당구역을 정해 쓰레기장 주변으로 바구니를 들고 돌아다니기 시작했다. 실제로 쓰레기를 치우는 일 외에도, 스티브의 행동과 관련해서 많은 의견이 오갔고 공장 청소를 더 쉽게 하는 새로운 아이디어와 토론도 이루어졌다. 쓰레기를 더 쉽게 수거하려고 치워 두었던 쓰레기통도 가운데 자리로 다시 옮겼다. 운영팀은 쓰레기통을 관리하기로 했고, 작업장을 더욱 깨끗하게 하기 위한 의견도 더 많아졌다. 이 와중에 공장은 '마이 머신(My Machine)'이라는 새로운 프로그램을 시작했는데, 현장 근무자들에게 새로운 장비를 할당하고 청결하게 유지하는 한편, 그 장비를 원활하게 작동하는 방법을 배우는 것이었다.

그는 "저는 단순히 쓰레기를 줍는 일을 시작했습니다. 그런데 그것이 청결한 공장을 만들자는 공유 가치에 부합하는 행동과 방법을 실천하는 모델이 되었습니다. 이 행위는 청결을 유지한다는 매우 중요한 문제 외에도 '나의 목소리를 찾는' 데도 도움이 되었습니다. 저는 이 일을 모든 구성원의 습관으로 만들었습니다. 얼마 안 가서 다른 많은 직원도 똑같이 서로에게 모범을 보입니다"라고 말했다.

스티브의 일화는 리더들이 공유가치에 대한 모범을 보여야 한다는 두 번째 계명을 잘 설명해준다. 사람들은 자신들이 보여주는 행동을 통해 자신이 주장하는 가치와 열망에 매우 깊이 몰입한다는 점을 보여주기 위해 모든 기회를 활용한다. 다른 사람에게 요청하는 사항을 스스로 실천하는 모습을 보기 전까지 누구도 당신의 진지함을 믿지 않을 것이다. 스스로 본보기를 보이지 않으면, 누구도 이끌어갈 수 없다. 본보기를 보이는 일은 개인적으로 실천하는 모습을 보여주는 증거이기도 하다. 즉 자신의 가치를 행동으로 보여주는 방법이다.

앞서 2장에서 우리는 신뢰가 리더십의 기반이라는 사실을 일관되게 밝혀주는 연구 결과를 제시했다. 구성원은 신뢰할 수 있는 리더를 따르고 싶어 한다. 하지만 리더를 신뢰할 수 있는 사람으로 만드는 요소는 무엇일까? 신뢰를 행동 관점에서 정의했을 때, 신뢰는 '하기로 한 약속을 실천하는 것(DWYSYWD−do what you say you will do)'이라고 말했다. '본보기를 보여라'는 제목으로 시작하는 이 장에서는 대부분 '행동'을 언급할 것이다. 말한 것을 행동으로 보여주고, 주장하는 이론을 실천하고 집중하는 모습을 보이면서 약속을 이행하고 말한 것을 실천하는 내용을 다룬다.

모범적인 리더가 된다는 것은 가치에 따르는 삶을 사는 것을 의미한다. 리더는 자신과 타인이 추구하는 가치를 행동으로 실천해야 한다. 다른 사람들이 따라 할 수 있게 모범을 보여야 한다. 그리고 리더는 자기 자신만이 아니라 많은 사람을 이끌고 있으므로, 구성원의 행동이 조직의 공유 가치와 연계될 수 있게 역할을 다 해야 한다. 리더가 해야 할 중요한 일 하나는 조직이 지향하는 가치를 구성원에게 가르치는 일이다. 리더로서 당신은 구성원의 행동이 공유 가치와 일치하도록 가르치고 코칭과 지침을 제공해야 한다. 왜냐하면 리더는 자신의 행동만이 아니라 구성원의 행동에도 책임을 져야 하기 때문이다.

모범을 보이기 위해, 리더는 2가지 사항을 명심해야 한다.

① 공유 가치를 실천하라.
② 다른 사람들도 가치를 실천할 수 있게 가르쳐라.

이 2가지 핵심 사항을 실천할 때, 당신은 조직이 추구하는 가치를 실천하는 모범적인 역할 모델이 될 것이다. 아울러 모든 구성원이 공유 가치와 하나가 되기 위해 몰입하고 노력하는 문화를 만들게 될 것이다.

공유 가치를 실천하라

리더는 공유 가치를 실천하는 조직의 대사(大使)다. 리더의 임무는 가치와 기준을 대표하는 일이며, 최선을 다해 가치를 실천하는 일은 그들의 엄숙한 의무다. 사람들은 당신의 모든 행동을 통해 당신이 하는 말에 진심이 담겨 있는지 지켜보며 판단한다. 리더는 자신의 선택과 행동을 의식할 필요가 있다. 그런 행동과 선택은 리더가 자신의 말을 행동으로 실천하는지 다른 사람이 판단할 때 가장 우선으로 관찰하는 요소이기 때문이다.

리더가 직접 실천을 통해 보여주는 힘에 대해서는 아무리 강조해도 지나치지 않다. 연구에 따르면 조직의 목표를 달성하기 위해 진력하며, 내부인 및 외부인 모두에게 조직을 홍보하며, 조직에서 건설적 변화를 추진하는 리더는 모범을 보이지 않는 리더보다 자신과 똑같은 행동을 실천하는 팀원을 더 많이 둘 가능성이 크다는 사실을 발견하였다. 이 효과는 리더가 팀원에게 이러한 모습이 가장 잘 드러날 때, 그리고 가치 있는 역할 모델이라고 느껴질 때, 가장 강력한 효과가 나타난다.[1] '언행일치'에 대한 연구는 리더의 말과 행동의 일치가 리더에 대한 구성원들의 신뢰와 그들의 성과 수준에 얼마나 영향을 주는지 명확하게 보여준다.[2] 따라서 가치와 성과에 대해 기대를 명확하게 함으로써 당신은 구성원들과 그들에게 기대하는 부분에 대해 소통하는 것이다. 모범을 보이는 것은 리더가 공유 가치를 실천하며, 자신을 그 가치의 모델로 만드는 방법을 가르치는 효과가 있다.

푸남 자드하브(Poonam Jadhav)가 경험한 사실은 이 연구가 얼마나 현실에 잘 적용되는지 보여준다. 인도중앙은행의 채권 매니저로 재직 중인 그는 2명의 지점장과 일한 적이 있다. 첫 번째 지점장은 부임 첫날 매우 감동적이며 동기를 부여하는 연설을 함으로써 모든 팀원에 대한 기대 사항을 명확하게 했다. 하지만 지점장이 한 말을 정작 본인이 실천하지 않자, 팀의 사기와 몰입도는 급속하게 약해져갔다. 직원들은 리더가 가치를 선언한 후 이를 지키지 않는 모습을 보았고, 점점 그의 인격과 그의 말에 대한 신뢰도 사라졌다.

당연히 그 지점장은 그리 오래가지 못했다. 그의 후임으로 부임한 지점장은 모범적 리더십을 실천하는 사람이었다.

> 그는 진정으로 자신의 가치와 일, 직원과 조직에 매우 몰입하며 모범을 보여주었습니다. 그는 자신의 가치를 명확하게 인식하였고, 자기의 소신을 설명한 후 이를 실천하는 모습을 보였습니다. 그는 최고의 고객 서비스를 목표로 생각했습니다. 지점에서 은행 직원이 고객을 상대하느라 다른 고객이 오랫동안 대기하는 것을 보면, 그는 고객에게 직접 다가가 어떤 도움이 필요한지 물어보았습니다. 그런 일 처리 방식은 직원들에게 일에 대한 책임감을 더욱 고취해주었습니다. 이전에 있던 상사 때문에 사기가 떨어졌던 직원들도 이제는 일에 대한 흥미와 열정이 되살아나서 높은 수준으로 업무를 처리합니다. 그의 성실함과 집중력 그리고 실천 행동을 보며 모든 직원은 100퍼센트 이상의 업무 능력을 보이기 시작했습니다.

최고의 업무 결과를 얻고 싶다면, 남에게 말한 대로 실천해야 한다. 『긍정적인 리더십의 기술(The Art of Positive Leadership)』의 저자이자 퇴역 공군여단장인 존 마이클(John Michael)은 "성공하는 장군 휘하에서 복무하는 군인들은 리더가 먼저 몸소 실천하지 않을 일을 타인에게 부탁하지 않는다는 사실을 잘 압니다"라고 말했다. 그는 미국의 초대 대통령이자 미국 독립 전쟁의 총사령관을 지냈던 조지 워싱턴(George Washington)의 사례를 들었다. 1777년 혹독한 겨울 날씨 속에 필라델피아에서 영국군과 맞선 전투에서 연이어 패배하면서 부대의 사기는 저하되었지만, 그들은 절대 포기하지 않았다. "그 이유는 심금을 울리는 리더의 말과 그가 보여준 이타적 모습 때문이었습니다. 그는 군인들에게 자신이 하지 않을 일을 강요하지 않았습니다. 날씨가 추우면 본인도 추위를 겪었습니다. 부대원들이 배고픔을 느끼면 본인도 같이 배고픔을 느꼈습니다. 부대원들이 불편한 환경을 겪으면 본인도 마다하지 않고 똑같이 겪었습니다."[3]

〈그림 4.1〉에서 보는 바와 같이, 사람들이 조직의 관리자들에 대해 신뢰를 느끼는 정도와 약속을 이행하고 모범을 보이는 리더들의 행동 사이에는 일관성과 밀접한 상관관계가 있다는 점을 보여준다. 리더가 '자기가 한 말을 실행한다'고 응답한 팀원

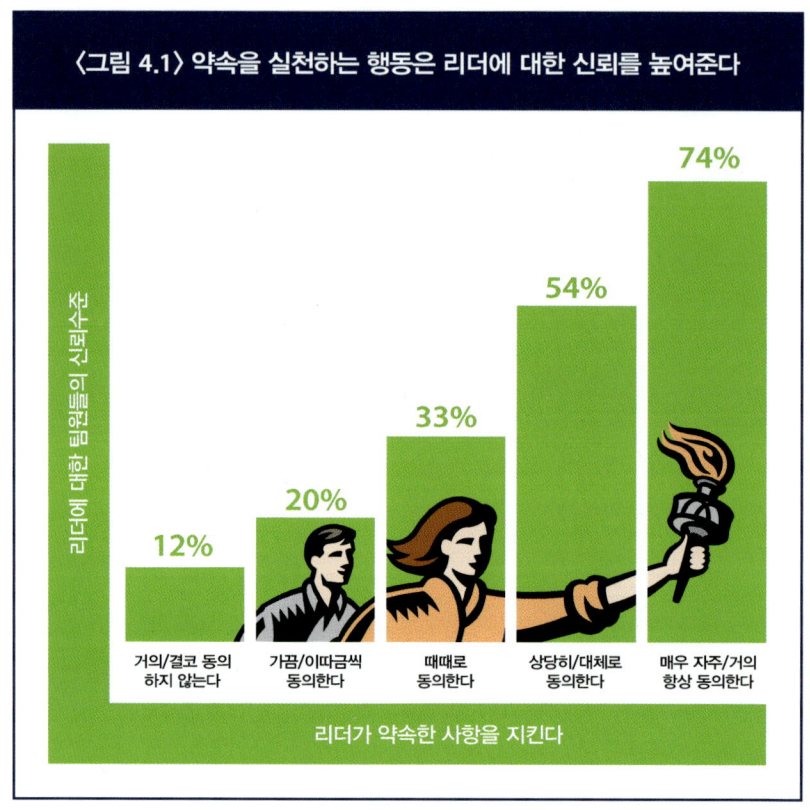

〈그림 4.1〉 약속을 실천하는 행동은 리더에 대한 신뢰를 높여준다

들의 최고 점수와 최하 점수 사이에는 6배나 되는 신뢰도의 차이가 있다.

가치에 충실한 삶을 나타내주는 가장 중요한 행동은 다음과 같다. '자기 시간을 어떻게 사용하며 어떤 부분에 관심을 기울이는가, 자기가 사용하는 어휘와 문장, 중 요한 사건을 어떻게 처리하며 얼마나 개방적인 자세로 피드백을 받아들이는가' 하는 점 등이다.[4] 공유하는 가치나 원칙을 개인적으로 실천하는 모습이 행동으로 보여져야 하며 가시적 형태로 나타나야 한다. 행동은 원칙의 문제를 다룰 때 취하는 리더의 관 점을 보여준다. 겉으로 볼 때는 단순해 보이지만, 때때로 "리더가 가야 할 가장 먼 거 리는 자신의 입에서 발까지 가는 거리"라는 점을 리더는 기억해야 한다(입으로 뱉은 말을 실천하기가 어렵다는 비유—옮긴이).

시간과 관심을 현명하게 사용하라

시간을 사용하는 습관은 자신에게 중요한 것이 무엇인지 보여주는 가장 명확한 척도다. 구성원은 이 지표를 자신이 추구하는 기준에 부합하는지를 판단하는 근거로 활용한다. 리더가 중요하다고 말한 부분에 시간을 투자하는 모습은 말한 내용에 책임진다는 사실을 보여준다. 당신이 생각하는 가치가 무엇이든지 사람들이 그러한 가치의 중요성을 인식하게 하려면, 그 사항들이 당신의 일정표에 일정으로 또는 미팅 안건으로 나타나야 한다.

가령 당신이 다른 사람들에게 서비스의 가치와 매장 직원의 중요성을 이야기한다면, 당신은 그들이 근무하는 장소를 직접 찾아가서 행동으로 보여줘야 한다. 고객(또는 의뢰인, 환자, 학생, 유권자 또는 교구 목회자들)이 중요하다고 말한다면, 그들과 함께하는 시간을 보내야 한다. 또는 생산성과 영업 성과를 향상하는 일이 중요하다면, 영업 미팅에 참석해야 한다. 혁신이 핵심이라면 연구실에 들르고 온라인상에서 오픈 소스 토론에 참여해야 할 것이다. '현장'에 있다는 사실은 이메일, 트윗, 비디오보다도 자기가 중요하게 생각하는 가치에 관해 더 많은 것을 말해준다.

압히짓 치트니스(Abhijit Chitnis)는 액센추어(Accenture) 컨설팅사에서 함께 일했던 리더의 진정성 있는 가치 추구와 리더십으로 팀이 이룬 놀라운 성과를 말해주었다. 뭄바이에서 근무하는 5명의 팀원과 보스턴과 아일랜드에서 근무하는 8명의 팀원은 클라이언트가 발주했던 비즈니스 인텔리전스 시스템을 완료해야 하는 과제를 부여받았다. 이 계약을 기한 안에 완성하려면, 팀은 연초에 가족 및 친구들과 보내는 시간도 반납한 채, 초과 근무에 매달려야만 했다.

이미 휴가를 보내던 프로젝트 매니저가 개인 일정을 취소하고 근무지로 복귀했다. 그는 이틀 밤낮을 팀과 함께 보내면서 자신이 팀과 프로젝트, 클라이언트에 전념한다는 강력한 메시지를 보냈다. 리더의 그런 행동에 압히짓과 동료들은 감동하면서, 프로젝트에 대한 몰입도가 높아졌고 팀 사기는 더 향상되었다. "우리는 리더가 하는 말을 매우 중요하게 생각합니다. 왜냐하면 우리는 그를 더욱 믿고 신뢰하게 되었으며, 그는 자신이 한 말의 의미를 행동으로 보여주었기 때문입니다." 이 모든 일은 리더가 자신의 가치를 행동으로 실천했고 원칙을 지킨다는 것을 놀라울 정도로 보여주었기 때문에 가능했다.

리더십 챌린지

리더는 공유 가치와 연계하여 삶의 속도를 정해야 한다. 스스로 가치에 부합하는 삶을 살지 않으면, 그들이 그런 내용을 아무리 잘 설파하더라도 사람들에게 어떠한 신뢰감도 줄 수 없다. 게다가 신뢰가 없으면 가치의 의미는 사라지며, 단지 1페이지로 정리된 글귀에 지나지 않는다. 호주 통신회사 옵터스(Optus)사에서 고객 마케팅 책임자로 근무하는 타이런 오닐(Tyrone O'Neil)은 이 점을 깊이 이해했다. 그는 본보기를 통해 다른 사람을 이끄는 일이 얼마나 중요하며, 이렇게 하는 일이 다른 사람도 생활에서 가치를 실천하게 하는 것임을 보여주었다.[5]

몇 년간 눈부시게 발전한 후, 옵터스사는 산업 전반에 불어닥친 변화로 엄청난 도전에 직면하였다. 고객 유지와 구성원들의 몰입도 향상이라는 중요한 책임을 졌던 타이런은 정신적 측면과 조직운영 체계에 근본적 변화가 필요하다는 사실을 알게 되었다. 이 변화를 이루기 위한 기획의 중심에는 '고객 중심'이라는 명확한 공유 가치가 있었다. 하지만 직원들은 늘 너무 바쁜 나머지 이 새로운 가치 명제를 신경 쓰지 않았다. 타이런은 직원의 행동을 바꾸기 전에 자신의 행동부터 바꾸기로 시작했다. 팀에서 고객 대면 업무를 수행하지 않는 모든 직원에게 고객 명단을 나누어주면서 고객 만족도 조사를 하게 했다.

이러한 지시를 받았을 때, 인터뷰를 한 직원은 처음에는 전화를 거는 일을 너무 싫어했지만, 오닐의 새로운 시도는 직원들의 관점을 바꾸는 데 도움이 되었다고 했다. 오닐은 직접 전화를 걸어 고객 조사를 했다. 심지어 이 일을 업무 시간이 끝난 후에도 했다. 콜센터에 들러 설문 조사를 하는 현장에서 오가는 대화를 듣는 한편, 전화 상담원들과 설문 결과에 대해 대화를 나누었다. 주말에는 최일선에서 고객을 상대하는 직원들이 고객을 어떻게 대하는지 살펴보려고 '미스터리 쇼핑(mystery shopping, 손님을 가장한 매장 방문 — 옮긴이)'을 실시하기도 했다. 그 후 월요일에 출근하여 작성한 보고서를 팀과 공유하였다. 한 팀원은 그의 행동을 "타이런은 모범을 보임으로써 팀을 이끌었습니다"라고 간결하게 평가했다.

> 그는 고객 중심이라는 우리 가치가 어떻게 행동으로 나타날 수 있는지 보여주었습니다. 그는 현장 업무에 직접 참여하여 고객이 어떤 생각을 하고 느끼는지 잘 알기 위해 될 수 있는 대로 고객들과 더욱 가까워질 방법을 시도했습니다. 그는 문제를 해결하기 위

해 스스로 일을 추진했습니다. 이를 본 모든 사람은 이 과정에 참여하고 싶어 했고, 그의 행동을 따라 하려고 했습니다. 처음에 우리는 프로그램을 변경하는 방법 등을 통해 전화를 걸지 않을 구실만 찾았습니다. 하지만 *그가 직접 보여준 행동은 모든 것을 바꾸어 놓았습니다.*

압히짓과 타이런의 경험은 리더십에 대한 황금률, 즉 "자기가 하고 싶은 일만 다른 사람에게 시켜야 한다"는 점을 강조해준다. 리더가 시간을 사용하는 방법은 다른 사람에게도 그들이 조직과 일, 공유 가치에 대해 얼마나 진지하게 임하는지 보여준다. 말은 말로 증명할 수 없다. 말은 행동을 통해 증명되어야 한다. 팀과 한 발짝 떨어져서 바라보는 것이 아니라, 소맷부리를 걷어붙이고 하나가 되어 실천해야 한다.

사용하는 언어에 유의하라

단 하루만이라도 조직에서 **직원, 관리자, 수퍼바이저, 부하 직원, 계층, 직급 또는 위계질서**라는 표현을 쓰지 않으려고 노력해보자. 대신 동료, 팀 구성원, 파트너라는 용어를 사용해보자. 조직에서 사용하는 어휘는 사람을 쉽게 특정한 사고의 틀에 가둬 역할과 관계를 규정한다.[6]

모범적인 리더들은 그들이 사용하는 말의 위력을 인식하기 때문에 자신이 사용하는 언어를 이해하고 주의를 기울인다. 말은 단순히 누군가의 사고방식과 신념에 목소리를 입힌 것이 아니다. 사람들과 함께 만들어가고 싶은 이미지를 환기하고 행동에 대해 기대를 보여주는 행위다. 태도와 행동, 구조와 시스템을 정의하는 개념을 설명하기 위해 사람들은 비유를 사용한다.[7] 세계에서 가장 영향력 있는 관습 파괴자로 유명한 비즈니스 사상가 개리 하멜(Gary Hamel)은 "경영 목적이 주로 '효율성', '장점', '가치', '우수성', '집중'과 '차이'라는 단어로 설명된다는 사실을 지적했다. 목적도 중요하지만, 이러한 단어에는 사람의 마음을 움직이게 하는 힘이 부족하다. …… (따라서 리더는) 영예, 진실, 사랑, 정의, 아름다움과 같이 더 깊은 차원에서 영혼을 울리는 이상을 일상적 업무 활동에 녹여내는 방식을 찾아야 한다"[8]고 그는 조언한다.

독특한 가치 체계를 반영하기 위해 언어를 의식적으로 사용하는 방법은 다비타 (DaVita)사의 사례를 통해 명확하게 이해할 수 있다. 그들이 사용하는 독특한 언어는 직원들이 직접 선택한 '생명을 준다'는 이탈리아어 문구를 사용한 회사명에서 시작된다. 이 회사는 직원들을 다비탄(DaVitan)이라고 부르는데, 그 이름처럼 신장투석 클리닉에서 일하는 직원들은 매일 신장병을 겪는 사람에게 생명을 주기 위해 최선을 다한다.

다비타에서는 기억에 남는 구호가 일상의 대화에서 우러나오고, 그런 표현은 회사의 가치와 경영 원칙을 강화한다. 예를 들어 『삼총사(The Three Musketeers)』에 나오는 '각자는 모두를 위해, 모두는 한 사람을 위해(One for All, and All for One)'라는 문구는 회사 문화에 스며들어 다비타에서 근무하는 모든 직원이 모두의 이익을 배려하며 직원들은 모두 팀원으로 평등하다는 생각을 강화해준다. 그들은 회사를 '마을(Village)'로 지칭한다. 팀원은 기꺼이 '마을로 들어가는 다리를 건널 때' 평등한 마을의 '주민(동료)'이 되며 공동체의 일원으로서 책임과 의무를 서약한다. 신장관리사업 부문의 최고 책임자인 하비에르 로드리게스(Javier Rodriguez)는 그 사람이 쓰는 언어만 보더라도 그 말에 의미가 담겨 있는지 말장난에 불과한지 알 수 있다고 말한다.

> 우리가 쓰는 말은 본질은 단순하지만, 의미로 가득 차 있습니다. 말은 이미지를 만들고, 역사와 전통, 믿음을 전달합니다. 조직에서 말은 빨리 전파되는 특성 때문에, 행동에 대한 문화적 동조와 책임을 담당하는 시금석으로 작용합니다. 사람의 신체에 작용하는 약처럼 조직은 일관성 없는 말과 행동을 배척할 것입니다.

언어는 말과 문구의 문자적 의미를 넘어 메시지를 명확하게 전달한다. 『말이 당신의 두뇌를 바꿀 수 있다(Words Can Change Your Brain)』라는 책에서 앤드류 뉴버그(Andrew Newberg)와 마크 월드만(Mark Waldman)은 "한마디 말은 물리적, 정서적 스트레스를 통제하는 유전자의 발현에 영향을 주는 힘을 갖는다"고 언급했다.[9] 긍정적 언어는 뇌의 전두엽을 강화하고, 두뇌의 인지적 기능을 증진해 회복 탄력성을 형성한다. 반대로 적대적 언어와 성난 말투를 들으면 생존의 위협을 느껴 이를 보호하기 위한 본능으로 뇌에 경고 신호를 보내 뇌 중앙에서 논리와 추론을 담당하는 일부 기능을 닫아버린다.

리더가 사용하는 말과 단어는 그들의 개인적 이미지와 자기 주변에서 일어나는 일에 대해 걱정하는 사람들의 반응에도 영향을 미친다. 그들이 사용하는 말과 단어는 사람들이 세상을 보는 관점을 담은 프레임을 형성하므로 사용하는 어휘에 유의해야 한다. 프레임은 발생한 사건이나 아이디어에 대한 사고와 대화에 배경적 맥락을 제공하며 주제의 어떤 측면에 대하여 듣는 사람의 관심을 끌게 한다. 프레임은 자기 주변에서 일어나는 일을 바라보고 해석하는 관점에도 영향을 준다. 예를 들어, **상사−부하 직원, 위−아래, 장교−사병** 같은 용어는 조직 안의 상호관계에서 토의할 때 위계(hierarchy)라는 틀을 부여한다. 동료, 팀원, 파트너 같은 단어는 같은 주제에 대한 표현이라도 색다른, 협력의 의미를 부여한다. '사용하는 언어에 유의하라'는 말은 학창 시절 부적절한 표현 때문에 선생님께 야단맞던 상황과는 완전히 다른 의미다. 지금은 리더로서 다른 사람들이 어떻게 생각하고 행동해야 하는지에 대해 타인에게 모범을 보일 필요가 있다.

목적 있는 질문을 하라

리더인 당신이 던지는 질문은 구성원이 마음속 여행을 떠나도록 해준다. 질문은 답을 찾기 위한 길을 선택하게 도와준다. 또한 당신의 최대 관심사가 무엇인지 구성원이 알 수 있게 해준다. 예컨대 "오늘 업무를 마무리하기 위해 동료와 파트너가 되어 함께 한 일은 무엇인가요?"라고 질문할 때, 이 질문은 협업의 중요성에 대해 신호를 보낸다. 반면 "사업 운영 비용을 줄이기 위해 오늘 무슨 일을 했나요?"라고 묻는다면 그전의 질문과는 매우 다른 메시지를 보내는 것이다. 두 질문 모두 상황에 맞는 질문이지만, 매우 다른 우선순위를 나타낸다. 질문은 리더가 얼마나 진지하게 자신의 신념을 고수하는지 보여주는 실제적인 지표이자, 어떤 가치에 얼마나 에너지를 쏟아 그것을 이루고 지켜야 하는지 알려주는 안내자다.

질문은 또한 개인의 성장을 돕는다. 사람들은 자신의 관점에 따라 판단하고 행동하는데, 질문은 자신이 가진 생각의 틀에서 벗어나 똑같은 패턴의 관점과 반응 양상을 확장해주기 때문이다. 그리고 적절한 질문을 하는 것은 구성원이 하는 말에 주의를 기울이게 해준다. 이 행동은 그들의 아이디어와 의견에 대해 당신의 관심을 보여준다. 사람들이 고민하는 문제에 진정으로 관심이 있다면, 당신의 의견을 말하기 전에 먼저 그들의 의견이 무엇인지 물어볼 필요가 있다. 다른 사람의 생각을 묻는다면 최종판단이 어떻게 내려지더라도 결과적으로 그 결정에 대한 지지를 높여줄 것이다.

조슈아 프라덴버그(Joshua Fradenburg)가 몰락하는 노스캐롤라이나 스포츠용품점의 실적을 개선하는 역할을 맡았을 때, 그는 매출 증가 방안을 마련하는 데 전 직원이 기여해야 한다고 생각했다. 그는 질문을 통해 조언을 구했다. "매장이 어떻게 운영된다고 생각합니까? 우리가 모두 고민해야 할 부분은 무엇일까요?" 그는 팀원들이 생각한 아이디어를 절대로 비난하지 않았다. 그 대신 좀 더 생산적인 생각을 끌어내기 위해 몇 가지 추가 질문을 했다. 조슈아는 직원의 사기를 북돋우면서 상품 구성과 판촉 및 재고에 대한 아이디어를 장려했다. 예를 들어, 대부분 직원의 나이는 15~18세에 불과했지만, 판매대로 가서 자기가 갖고 싶은 스키나 스노보드를 골라 보게 했다. 그 후에는 바인딩과 부츠를 고르게 했다. 그들이 결정할 수 있게 몇 분간 시간을 준 다음, 결정하면서 무슨 생각을 했는지 물어보았다. 그리고는 눈을 감고 새로운 기어를 사용하는 느낌이 어떠할지 상상해보라고 했다. "추위를 느껴보세요. 윙윙거리는 바람 소리를 들어보세요. 신선한 산 공기를 느껴보세요." 그의 질문은 사람들이 제품 구매를 결정할 때, 기능적 측면보다 어떤 감성적 사고 과정을 거치는지 생각하게 한 것이다. 모든 모범적인 리더들이 그러하듯이, 조슈아는 직원들의 사고방식과 판매방식에 대한 접근법을 재구성하는 질문법에 집중했다.

미팅, 일대일 면담, 전화 통화 및 인터뷰에서 당신은 보통 어떤 질문을 하는지 생각해보라. 그 질문들은 공유 가치를 명확하게 하고 이에 전념하는 데 도움이 되는가? 당신은 각 구성원이 매일 어떤 일에 관심을 두고 집중하길 원하는가? 그렇다면 의도와 목적이 있는 질문을 하길 바란다. 당신이 자리를 비웠다가 돌아올 때 구성원들은 당신이 어떤 질문을 할 것이라고 예상할까? 사람들이 가치와 일관되게 보여주는 어떤 증거를 요청하고 싶은가? 구성원이 성실함, 신뢰, 또는 고객 만족, 품질, 혁신, 성장, 안전 또는 개인적 책임과 같은 사항에 집중하게 하려면 당신은 어떠한 질문을 해야 하는가? 〈그림 4.1〉에서 우리는 매일 일상에서 공유 가치의 중요성을 보여주기 위해 의도가 내포된 질문 표본을 몇 가지 제시하였다. 당신이 추구하는 공유 가치가 어떤 것이든지, 다시 한번 공유 가치를 생각해보고 매일 공유 가치와 부합하는 행동을 했는지 성찰할 수 있는 일상적인 질문 체계를 만드는 연습을 해야 한다.

〈표 4.1〉 매일 목적 있는 질문을 하라	
팀워크	오늘 동료에게 도움을 주기 위해 어떻게 했습니까?
존중	오늘 동료가 한 업무를 인정하기 위해서 어떻게 했습니까?
학습	지난 주에 실수가 있었다면 어떤 일이었으며, 이를 통해 어떤 교훈을 배웠습니까?
지속적 향상	과거에 한 일 중에서 이번 주에 더 향상된 것이 있다면 무엇입니까?
고객 집중	고객의 제안을 받아 지난 주에 적용했던 변화가 있었다면 어떤 것입니까?

피드백을 구하라

당신이 실천한 행동에 대해 피드백을 전혀 구하지 않는다면, 당신이 한 말을 스스로 실천하는지 어떻게 알 수 있을까? 타인으로부터 의견을 듣지 않는다면, 당신의 행동이 말과 일치하는지 어떻게 알 수 있을까? 피드백을 요청하면 다른 사람의 시각에서 자신을 어떤 관점으로 바라보는지 알 수 있다. 여기에서 얻은 통찰력으로 당신은 개선의 기회를 얻게 된다.

피드백 프로세스는 2가지 기본적 인간의 욕구, 즉 배움을 통해 성장하려는 욕구와 자기 모습이 있는 그대로 받아들여지게 하고 싶은 욕구 사이에 긴장을 일으킨다.[10] 애초 취지는 온화하고, 부드럽고 비교적 해를 주려는 의도가 없는 제안이라 할지라도 듣는 입장에서는 화가 나고 안절부절못하게 하며 함부로 대우받는 느낌이나 심각하게 위협을 받는 느낌이 들 수도 있다. 특히 관리자 직책을 맡은 사람들이 적극적으로 피드백을 구하지 않는 이유는 자기 노출에 대한 두려움이다. 자기가 완벽하지 않고 모든 것을 알지 못하며 그 직책에서 요구되는 리더 자질에 적합하지 않다고 평가받을지도 모른다는 두려움 때문이다. 피드백 없이 리더로 성장할 수 없다는 것은 부정할 수 없는 사실이다. 연구에 따르면, 자기 인식과 반대되는 피드백을 추구하는 사람들이 자신의 긍정적 자질만을 보는 사람들의 말만 듣는 것보다 훨씬 더 좋은 성과를 발휘한다. "자신의 약점과 부족함을 인식하는 것은, 그 평가를 받아들이든 받아들이지 않든 간에, 향후 발전에 매우 중요하다."[11]

뉴질랜드 회사 코러스(Chorus)의 부서장인 에드 비티(Ed Beattie)는 언제나 사람들에게서 피드백을 구한다.[12] 팀원 한 명이 이런 말을 했다. "에드가 진지하게 생각하지 않는 피드백은 없습니다." "심지어 본인의 개인 성과에 대해 피드백할 때도 그는 사람들이 본심을 감추는 것을 원하지 않습니다. 상황이 좋든 나쁘든 간에 사실을 알고 싶어 합니다. 모든 사람은 그가 화를 내거나 불쾌해하거나 방어적으로 나올지도 모른다는 걱정 없이 자유롭게 다가가서 자신의 솔직한 의견을 말할 수 있습니다."

오라클(Oracle)에서 거래 주문 전략과 운영 부문을 담당하는 임원으로 재직 중인 보니 바저(Bonnie Barger)는 본인에 대한 피드백을 요청하겠다고 약속을 하고 리더인 자신의 의사 결정이 구성원에게 어떤 영향을 주었는지 물어보았다. 매년 개최되는 채권 회수 본부의 미팅은 그와 팀에게도 신뢰를 회복하는 전환기가 되었다고 말했다.

> 그 연례 회의는 구성원에게 제가 품은 의도를 보여주는 기회가 되었습니다. 저는 회사 사업 모델의 새로운 방향성을 검토하는 주제로 토론을 시작하면서, 이러한 변화가 왜 중요한지 질문했습니다. 제가 모든 해답을 알고 있지 않기에 회의장에 참석한 모든 구성원의 도움이 필요하다고 말했습니다. 어렵고 때로는 긴장되는 순간도 있었지만, 우리는 서로 마음을 터놓고 대화하면서 깊은 안도감을 느꼈고 정말 멋진 하루를 보냈습니다. 미팅이 끝난 후 많은 사람이 다가와 회의에 대한 전체적 기조를 정해주어서 고맙다

는 인사를 했습니다. 토론을 발제하고 참석자들에게 피드백을 요
청함으로써 자칫 불가능할 수도 있었던 모든 구성원 간 공감대를
형성할 수 있었습니다.

자기 성찰, 피드백을 구하는 자세, 그리고 이 정보를 기반으로 새로운 행동을 실천하는 능력을 보면, 그 사람이 향후 리더로 성공할 수 있을지 예측할 수 있다.[13] 주변 사람의 성과에 당신의 행동이 미치는 영향을 찾으려고 노력하지 않는다면, 당신은 많은 것을 배울 수 없다. 구성원에게 계속해서 행동에 대한 피드백을 요청하는 것은 리더로서 당신의 의무이기도 하다. 질문하지 않는다면, 그들은 당신에게 아무것도 말해주지 않는다. SAS의 전무로 있는 존 브로클뱅크(John Brocklebank)는 리더십 실천 진단지(Leadership Practice Inventory, LPI)를 통해 팀의 피드백이 매우 중요하다는 사실을 알게 되었다.[14] 피드백을 받아들이는 것은 '약점'을 노출하는 일이기 때문에 불편할 수도 있다. 하지만 존은 자신의 약점을 기꺼이 노출하는 대범함이야말로 더욱 진정성 있는 리더로 거듭날 수 있다는 생각으로, 자신이 배운 점과 더 나은 리더가 되기 위해 다르게 행동할 부분에 대한 자신의 계획을 공유하기로 했다. 그는 자기 블로그에서 직원들이 '겸손하고 깨어 있다'라고 평가한 피드백을 인용하면서, 앞으로도 본인에 대한 구성원의 관점이 어떻게 바뀌는지 꾸준히 알려달라고 요청하였다. 그는 이런 선물을 준 팀원에게 특별히 감사하다고 말했다.

거리낌 없는 피드백을 받음으로써 얻는 또 한 가지 부수적 효과는 피드백을 제공하는 사람들도 피드백을 받는 사람이 하는 진실한 피드백을 받아들일 가능성이 높아진다는 점이다. 리더는 자기 개선을 위한 열정에 진지해야 하며, 다른 사람들이 자신을 바라보는 시각에도 개방적인 모습을 보여주어야 한다. 하지만 피드백을 받고도 아무런 노력도 하지 않는다면, 사람들은 더 이상 피드백을 주지 않는다는 점을 명심해야 한다. 사람들은 당신이 스스로 똑똑하다고 생각하면서 자만하거나 다른 사람들이 하는 말에 개의치 않는다고 생각할 것이다. 그 결과 리더인 당신에 대한 신뢰와 영향력을 심각하게 저해하는 결과를 가져올 것이다.

가치를 실천하는 행동 방식을 가르쳐라

리더 한 사람만이 조직의 유일한 역할 모델이 되어서는 안 된다. 조직에서는 모든 구성원이 모범을 보여야만 한다. 리더는 모든 상황에서 자신의 말과 행동을 일치시켜야 한다. 리더의 역할은 구성원과 합의한 약속을 그들이 확실하게 지키도록 노력하는 일이다. 구성원은 공유 가치를 실천하는 삶을 살게 하는 데 리더가 어떻게 책임지며, 정해진 길에서 벗어날 때 이를 어떻게 조정하는지 지켜본다. 구성원은 리더가 하는 말과 행동에 관심을 기울일 뿐만 아니라 다른 사람들이 하는 말과 행동에도 관심을 기울인다. 말과 행동의 일치를 보여주는 것은 리더에게만 해당하는 일은 아니다.

모든 팀원과 파트너, 동료는 자기가 중시하는 가치에 대해 신호를 보낸다. 따라서 당신은 본인의 사례에만 의존하지 말고, 교사와 코치의 역할을 하면서 가르침을 줄 기회를 찾아야 한다. 글로벌 플래시 메모리 제조업체의 고객관리부서장인 셰릴 챕맨(Cheryl Chapman)은 새로 입사한 직원에게 최소한의 업무 지침과 고객 명단을 넘겨주는 대신, 몇 시간 정도 함께하면서 업무 프로세스와 행동, 판단근거 등에 대해 포괄적으로 짚어주었다. 그는 어려운 상황에서도 고객을 항상 정직으로 대해야 한다는 점을 당부하였다. 품질 문제가 발생하여 제품 납기일자에 차질이 생겨 고객의 분기 재무 실적에 영향이 발생할 때 문제의 근본 원인과 이를 만회할 행동, 그다음 단계에서 검토해야 할 과제에 대해 고객과 솔직한 대화를 나누도록 가르쳤다. 그는 팀의 다른 구성원들과 마찬가지로 이 직원도 특히 고객을 상대할 때 동일한 기준과 가치를 준수할 수 있게 심혈을 기울였다. 우리의 연구결과 구성원들이 리더의 전체적인 실력을 어떻게 평가하는지와 '리더는 우리가 하는 일이 서로 합의한 기준과 원칙에 부합하는지 확인하는 데 시간과 에너지를 사용한다'고 응답하는 빈도 사이에는 매우 강력한 상관관계가 있다. 리더들이 공유 가치의 부합 여부를 확인하는지 묻는 문항에 대해 팀원들의 높은 점수를 받은 상위 25퍼센트에 속하는 리더들과 일하는 팀원들의 몰입, 동기 부여, 자부심과 생산성 같은 근무태도가 하위 25퍼센트에 속하는 리더와 일하는 팀원들보다 평균 115퍼센트 이상 높게 나타났다.

일정이 계획된 행사뿐만 아니라 계획에 없던 행사를 처리하는 방식을 통해서도 교훈을 얻을 수 있다는 사실을 모범적인 리더들은 잘 안다. 모범적 리더들은 조직 구성원이 사무실 복도나 휴게실 또는 카페테리아, 상품 판매장, 소셜 미디어 등에서 떠도는 이야기를 통해서도 배운다는 사실을 안다. 고성과 문화를 창조하려면 중시하는 가치를 공유하는 사람들이 더 많아지게 심혈을 기울일 필요가 있다. 당신의 기대하는 바와 그것들을 중시한다는 것을 보여주기 위해, 당신은 중요한 사건들을 피하지 말고 직접 부딪히고 이야기를 나누면서 반복되길 바라는 행동을 조직의 시스템으로 정착되도록 노력해야 한다.

결정적인 사태에 제대로 대처하라

하루에 처리해야 할 모든 일을 계획해 그대로 실행하기란 매우 어렵다. 고도로 훈련된 리더들조차도 예상치 못했던 일이 발생하는 것을 막을 수는 없다. 예외적 사태는 어떻게든 일어나기 마련이다. 중요한 사건, 이를테면 특히 스트레스와 도전의 시기에 발생하는 이러한 일들은 모든 리더에게는 늘 발생하는 삶의 일부분이다. 하지만 이런 일들은 리더와 구성원에게 중요한 배움의 순간을 제공한다. 중요한 사건들은 리더에게 적절한 행동 규범에 대한 교훈을 가르칠 수 있는 절호의 기회다.

　　캡 제미니(Cap Gemini)사에서 신규 프로젝트의 리더로 임명된 샤라다 라마크리슈난(Sharada Ramakrishnan)은 짧은 휴가를 마치고 업무 인수를 위해 복귀했을 때, 프로젝트가 진행되는 매우 중요한 주간에 팀원 중 한 명이 휴가를 가려 한다는 사실을 알았다. 휴가를 가겠다는 직원의 말을 들었을 때, 그는 휴가 승인을 보류하자고 말했다. 하지만 리더로서 프로젝트를 생각하는 만큼 팀원도 배려할 필요가 있다고 생각했다. "제가 하루 휴가를 가야 할 때가 있듯이, 모든 직원도 휴가를 쓸 자격이 있다고 생각합니다." 하지만 개발자가 한 사람 줄어든다는 것은 그 주에 마무리해야 할 개발 실적과 프로젝트 일정에 심각한 차질을 초래한다는 뜻이다. 그 주간에 개발 업무가 가중된다는 사실을 알았지만, 샤라다는 결국 휴가 요청을 승인하기로 했다. 그는 팀에 어떠한 위기가 찾아와도 서로 도움을 주어 일을 완수할 수 있다는 본보기를 보여주고 싶었다. 그가 바란 대로 팀원들이 그를 바라보는 눈빛은 완전히 달라졌다. 그 영향을 설명하기 위해, 그는 다음과 같은 일화를 제공하였다.

　　　　휴가를 가기로 한 직원은 초과 근무를 했고, 휴가를 가기 전 진행하던 프로젝트 세부사항을 인수인계해주었습니다. 또한 그 직원이 진행하던 개발 업무를 검토하면서 궁금한 점이 있으면 언제라

도 연락하라고 하였습니다. 저를 바라보는 팀원들의 태도는 달라
지기 시작했습니다. 그들은 제가 한다면 하는 사람이라고 생각한
것입니다. 굳이 제가 사무실에 남아 있을 필요가 없을 때도 사무
실에서 팀원과 함께 시간을 보내면서 그들과 문제를 상의하거나
목표 달성을 돕는 일을 했습니다.

샤라다가 직면한 상황처럼 리더는 중요성이 높고, 모든 사람의 관심을 받는 일
에 대해 명확하게 소통해야 할 순간이 있다. 이 일은 소비재 제조업체에서 두 사업팀
을 합병하는 과정에서 에밀리 싱(Emily Singh)이 체험한 사례와 정확하게 일치한다.[15]
두 사업팀은 서로 경쟁 관계였고, 에밀리는 어느 곳에서도 신뢰를 받지 못했다. 그는
이 상황을 타개하기 위해 관련 당사자 모두와 지속해서 소통했다. 자주 미팅을 열어
업무와 신규 팀의 구성에 대해 구성원이 솔직하게 의견을 피력할 수 있게 장려하였
다. 신뢰를 구축하기 위해, 자기가 아는 정보와 클라이언트의 경험을 공유했고, 고객
할당을 위해 다른 팀원이 겪은 경험에 대한 피드백과 직원의 조언도 요청하였다. 팀
원 중 한 명은 "자기가 좋아하는 일만 했으면 훨씬 더 쉬웠겠지만, 그는 정공법을 택
했습니다. 그의 말과 행동은 한결같았습니다. 마침내 그의 노력은 점점 마음을 움직
여 우리는 모두 하나라고 생각하게 되었습니다"라고 말했다.

리더의 인생에서 결정적인 사건은 정해진 시나리오를 따르다가 예상치 못한 상
황에 부닥칠 때 즉흥적 기지를 발휘해야 하는 일들이다. 이러한 일들은 통제되거나
계획되지 않는다. 하지만 샤라다와 에밀리는 이러한 상황에서 공유 가치와 일관된 선
택과 행동을 보여주었고, 이는 사람들의 신임을 얻는 결과를 끌어냈다. 이렇듯 예기
치 않은 사건을 다루는 방식은 리더 자신과 구성원에게 무엇이 중요한지에 대해 많은
것을 말해준다.

스토리를 들려주어라

이야기는 중요한 것과 중요하지 않은 것, 효과가 있는 것과 그렇지 않은 것, 현재 모습
과 미래 모습에 관하여 사람들에게 가르침을 주는 강력한 도구다[16] 리더들은 이야기
를 통해 공유 가치에 대한 교훈을 전해주고, 문화를 정의하며, 사람들이 서로 하나가
되어 일할 수 있게 해준다. 프록터 앤 갬블(Proctor & Gamble)사에서 소비자 및 커뮤
니케이션 연구담당 임원을 지낸 바 있는 폴 스미스(Paul Smith)는 자신의 저서 『이야

기로 리드하라(Lead with a Story)』에서 이야기를 들려주는 것이 리더에게 왜 중요한지 다음과 같이 설명한다.

> 그 이유는 구성원의 '창의성을 더욱 높이거나', '동기를 부여하거나' 또는 '자기 일을 사랑하도록' 명령할 수 없기 때문입니다. 인간의 두뇌는 그런 식으로 움직이지 않습니다. 하지만 당신은 좋은 스토리로 사람들을 이끌 수 있습니다. 누구나 규정집을 읽는 것은 따분한 일이며 '규정을 따라야 한다'라고 사람들에게 명령할 수도 없습니다. 하지만 사람들은 규칙을 파괴하여 해고된 사람에 대한 이야기와 규칙을 지켜 연봉이 인상된 사람들의 이야기는 읽을 것입니다. 이 방법은 규정집을 읽는 것보다 훨씬 효과가 있습니다.[17]

경영 관련 저술가인 스티브 데닝(Steve Denning)은 그가 세계은행(World Bank)에서 지식경영 프로그램 책임자로 재직하던 시절, 스토리가 어떻게 한 조직의 방향을 바꿀 수 있는지 알게 되었다. 전통적 방식으로 모든 구성원의 행동을 바꾸려고 시도해서 실패를 맛본 끝에, 스티브는 단순한 이야기들이 조직 안에서 핵심 메시지를 전달하는 가장 합리적인 방식이라는 점을 알게 되었다. "다른 방식은 효과가 없었습니다." 스티브는 말했다. "차트는 따분했습니다. 긴 글은 거들떠보지도 않았지요. 대화는 너무 힘들고 효과도 느렸습니다. 큰 조직에서 관리자 집단과 현장 직원을 설득하는 과제를 맡았을 때, 다가오는 큰 변화에 대한 열정을 불어넣으려면 스토리텔링이 유일하게 효과가 있다는 점을 발견했습니다."[18] 복잡한 그래프와 차트, 긴 보고서로 이루어진 파워포인트 중심의 비즈니스 환경에서 스토리텔링은 어려운 내용을 단지 부드럽게 느껴지게 하는 접근법으로 보일 수 있다. 하지만 스토리텔링이 가진 위력은 그 이상이다. 데이터 분석 결과는 폴과 스티브의 스토리텔링 경험을 지지해준다. 연구에 따르면, 리더가 어떤 기준에 대하여 소통하려고 할 때 스토리는 훨씬 더 강력한 소통 수단으로 작용한다.[19] 구성원은 회사 정책, 성과에 대한 데이터, 심지어는 데이터가 결합한 스토리를 읽을 때보다 더 빠르고 정확하게 이야기를 기억한다.

스토리텔링은 어릴 적부터 필립 케인(Phillip Kane)의 삶의 일부가 되었고, 그는 가문의 전통을 업무수행하는 데 그대로 적용했다. 경력 초기 굿이어 타이어 & 러버

(Goodyear Tire & Rubber)사에서 근무하던 시절에, 개인적으로 직원과 관계를 맺는 방법으로 매주 금요일 팀원에게 글을 쓰기 시작했다. '이번 주'라는 단순한 제목이 붙은 이 편지는 지난 주에 있었던 중요한 업무를 요약하는 것으로 시작했다. 하지만 얼마 안 있어 이 편지는 한 주간 실시했던 일 자체보다 일하는 방식에 관해 소통하는 방식으로 변모했는데, 이 점이 자기한테 더 중요했다고 필립은 설명했다. 지금은 피렐리 인더스트리얼(Pirelli Industrial SpA)에서 핵심 시장의 마케팅영업 총괄로 재직하면서 직원 단합을 위해 인간의 공통 경험을 사용해 문화적, 언어적 차이를 연결해주는 스토리를 사용하였다. 필립은 여전히 스토리텔링이 메시지와 관련된 프레임워크, 즉 삶에서 우연히 마주쳤던 어떤 사건이 문제의 핵심과 연결되는 틀을 제공하며, 단순히 설교하는 것보다 예화를 통해 리드할 기회를 제공한다고 믿는다.

스토리를 들려준다는 것은, 필립이 아는 것처럼, 또 한 가지 지속적인 장점이 있다. 이 습관을 통해 당신은 주변에서 일어나는 일을 면밀하게 관찰할 수 있다. 다른 사람도 쉽게 알 수 있는 사람에 관한 이야기를 쓰거나 말할 때, 사람들은 자기도 그런 일을 할 수 있다고 여기는 경향이 있다. 인간은 자기가 아는 사람과 자기에 대한 이야기를 듣는 데는 별로 지치지 않는다. 이러한 이야기는 반복되며, 이런 이야기가 주는 교훈은 훨씬 멀리 그리고 넓게 퍼져 나간다.

시스템과 프로세스를 통해 강화하라

일본과 미국의 합작회사인 제록스 싱가포르(Xerox Singapore)의 CEO인 베르트 웡(Bert Wong)은 회사와 팀이 지나치게 자기에게 의존한다는 사실을 알았다. "저는 제 지휘만 기다리는 오케스트라 단원을 지휘합니다. 제가 자리에 있으면 사업이 성장했지만, 그렇지 않으면 사업이 어려움을 겪곤 했습니다. 여러 가지 변화의 시도가 성과로 이어지기도 했지만, 그 일의 시작과 추진은 항상 제가 해야만 하는 일이었습니다." 베르트는 공통 가치관에 기반을 두어 모든 사람이 공유하고 운영할 수 있는 지속 가능한 조직을 만들기 위해 몇 년간에 걸쳐 프로세스를 만들기 시작했다. 초기에 많은 사람은 그의 이러한 시도에 반대했지만, 그의 집념은 **투쟁하는 정신, 혁신과 학습, 경쟁을 위한 협업, 배려와 관심**이라는 후지 제록스 싱가포르의 4가지 핵심 가치를 수립하였다.

하지만 베르트는 이러한 가치에 대한 합의는 첫 단추를 끼우는 것에 불과하다는 사실을 잘 알았다. 다음에 해야 할 일은 이 가치를 조직 생활 방식으로 만들어 핵심 가치가 조직 구성원들의 결정과 행동을 인도하는 핵심 역할을 할 수 있게 정착하는 일이다. 그는 모든 조직의 프로세스와 시스템이 핵심 가치를 강화해야 한다고 생각했다. 예를 들어, 새로운 계약을 수주했을 때는 핵심 가치를 지켜서 가능했다고 말했고, 매일 미팅에서 핵심 가치를 이야기하기 시작했다. 그리고 회사는 구성원의 투표를 통해 후지 제록스 싱가포르의 핵심 가치를 가장 잘 구현한 사람을 인정해 시상하는 '올해 가장 영감을 준 직원에게 주는 상(The Inspirational Player of the Year Award)'을 제정했다. 또한 협업과 경쟁이라는 가치를 강화하기 위해, 각 부서에서는 비슷한 핵심 성과 지표(KPI)를 공유하기 시작했다. 예전에는 재무팀과 영업팀 사이에 이따금 충돌이 있었지만, 그들은 일부 KPI를 동일하게 구성해 협업의 가치를 강화함으로써 구체적 변화를 경험했다.

후지 제록스 싱가포르는 점차 두각을 나타내기 시작했다. 일상의 업무 활동에서 핵심 가치가 강화되면서 구성원은 핵심 가치를 그들이 하는 모든 일에 결부하기 시작했다. 베르트의 개인 리더십으로 시작된 일이 마침내 모든 구성원의 결정과 행동을 안내하는 원칙으로 자리 잡았다.

1993년 회장 겸 CEO로 부임하면서 거의 도산 상태에 빠진 IBM을 회생해 다시 경쟁력 있는 회사로 만든 공로를 인정받은 루 거스너(Lou Gerstner)는 "회사를 유지하는 데 가치의 중요성은 어느 정도라고 생각하십니까?[20]라는 질문을 받았다. 그의 대답은 다음과 같았다. "가치는 정말로, 매우 중요합니다. 하지만 가치는 대부분 말에 그칠 때가 많더군요. 상위 10개 기업의 연간 기업 보고서를 볼 때, 눈에 띄는 사실은 대부분 기업이 표방하는 가치가 크게 다르지 않다는 점입니다. 하지만 그 회사의 내부 사정을 들여다보면, 그런 구호가 실제 현실로 구현되지 않는 것을 발견하곤 합니다. 예를 들어, 회사는 팀워크의 중요성을 대외적으로 표방할 수 있습니다. 하지만 개인 성과에 따라 보상 수준을 차별화하게 되면 팀워크가 정말 중요하다고 아무리 말해도 이 성과 지표는 연말에 단 한번 평가하는 데 그칩니다. 회사의 실천 원칙과 프로세스가 가치 실천을 촉진하지 못한다면, 구성원은 가치의 중요성을 인식하지 못할 것입니다. 문제는 경영자들이 과연 그 가치를 고수하는 사람들을 위해 가치를 인정해주는 행동, 문화와 보상 시스템을 어떻게 구축할 것인가 하는 점입니다."

모든 모범적 리더는 그들이 원하는 문화를 구축하고 유지하기 위해 필수적인 근본 가치를 강화해야 한다고 믿는다.[21] 핵심 성과 지표와 보상 시스템이 이를 구현하는 방법일 것이다. 채용, 선발, 오리엔테이션, 교육훈련, 정보, 인재유지, 승진 시스템 역시 가치를 실행하고 그에 따라 의사 결정할 방법을 사람들에게 알려주는 의미 있는 기회이고 방법이다. 팀과 조직의 규범과 실천 원칙은 조직에서 중요하게 생각하는 가치와 그렇지 않은 것을 구분하는 일종의 신호다. 따라서 규범과 실천 원칙은 당신이 가르치고자 하는 공유 가치와 기준에 반드시 부합해야 한다.

실천 사항

본보기를 보여라

리더가 하는 일 중 가장 어려운 부분은, 항상 무대에 서야 한다는 점이다. 사람들은 언제나 당신을 지켜보며, 당신에 관해 이야기하며, 언제나 당신의 신뢰도를 시험한다. 바로 이 점에서 모범을 보이는 것이 매우 중요하며, 그렇게 하려면 쓸 수 있는 모든 수단을 활용하는 것이 필수적이다.

리더는 다양한 방법으로 신호를 보내며, 구성원은 그 신호를 해야 할 일과 하지 말아야 할 일을 식별하는 지표로 활용한다. 시간을 어떻게 사용하느냐 하는 문제는 리더에게 무엇이 가장 중요한지 잘 보여주는 최고의 지표다. 시간은 한 번 지나가면 되돌릴 수 없다. 그만큼 귀중한 자산이다. 하지만 시간을 현명하게 투자하면 오랫동안 수익이 보장된다. 당신이 사용하는 언어와 질문은 당신이 중시하는 사항을 인식하는 강력한 수단이다. 자기가 한 말을 실천하는지, 사람들에게 보내는 뒤섞인 메시지가 무엇인지 알고 싶다면 피드백을 요청해야 한다.

실천이 전부가 아니라는 점에 주의해야 한다. 리더는 구성원의 행동이 공유 가치와 얼마나 부합하는지에 따라서도 평가받게 되므로, 구성원에게 본보기를 보이는 방법을 가르쳐야 한다. 어느 조직에서나 발생할 수 있는 결정적 사건은 중대한 가르침을 제공한다. 이 결정적 사건은 이론 수업이나 교실에서 체험할 수 없는 실제 경험을 통해 교훈을 제공한다. 중요한 사건은 종종 스토리로 기록되며, 그러한 스토리는 학습에서 가장 강력한 도구가 될 수 있다. 강화가 필요한 사안은 사람들에게 관심을 가장 많이 받는 분야라는 점을 기억하라. 구성원의 행동 방식을 인지하고, 이를 개선하기 위해서는 평가요소로 관리할 필요가 있다. 반복적으로 옳은 행동을 하길 바란다면, 바람직한 행동에 대해서 보상해야 한다.

놀라운 변화를 만들어 내기 위해서 당신은 공유 가치와 부합하는 본보기를 보여야 한다. 이는 다음과 같은 행동을 실천한다는 것을 뜻한다.

1. 약속을 지키고 당신이 한 약속을 이행하라.
2. 업무 일정, 미팅, 인터뷰, 이메일 등에 시간을 사용하는 다양한 방식이 자기가 생각하 는 중요도를 반영한다는 사실을 명심하라.
3. 사람들이 가장 중요한 우선순위와 가치에 계속 집중할 수 있게 목적을 담아 질문하라.
4. 어떻게 행동해야 하는지 알려주기 위해 생생하고 기억에 남을 만한 이야기를 통해 모범적인 실천 행동을 전파하라.
5. 자신의 행동과 이러한 행동에 주는 영향에 대하여 사람들에게 공개적으로 피드백을 구하라.
6. 사람들로부터 받는 피드백에 기초하여 행동의 변화와 조정을 실천하라. 그렇지 않을 때, 그 들은 더 이상 피드백을 제공하지 않을 것이다.

비전으로
가슴을 뛰게 하라
(Inspire a Shared Vision)

비전으로 가슴을 뛰게 하라
(Inspire a Shared Vision)

- 가슴 벅찬 매력적인 가능성을 상상하면서 미래의 비전을 생각하라.

- 공동의 열망에 호소하면서 공동의 비전에 참여시켜라.

제5장

미래의 비전을 설계하라

늦은 밤, 미팅을 하는 안 팜(Anh Pham)의 팀원들은 매우 고무된 분위기였다. 저녁 식사는 조금 전 배달되었고, 모든 사람의 얼굴은 활기로 가득했다. 그들은 미소를 지으며 농담을 주고받았다. 안은 마치 '마법이 일어난 것' 같은 느낌이었다고 말했다. 그는 오랫동안 이러한 순간을 꿈꿔왔다.

이 즐거운 장면은 몇 달 전에는 상상할 수도 없던 광경이다. 안이 아날로그 디바이스에서 엔지니어링 관리자로 근무하던 시절, 회사는 매우 큰 조직 변화를 겪었다. 새로운 전략 실행 방안에 따라 몇 개의 사업 부문이 해체되고 최고 경영진이 교체되었다. 안이 근무하는 지사에도 대량 해고 바람이 불어 인원이 종전의 30퍼센트로 줄어들었다. 직원들의 사기는 바닥을 쳤으며, 상품 개발에 전념하기가 점점 더 어려워졌다. 직원들은 직장 문제로 고민하기 시작했고, 당장 해야 할 업무보다도 일자리와 팀의 향방에 대한 걱정이 앞서자 생산성도 내리막길을 걸었다.

안은 뭔가 새로운 활력이 필요하다는 것을 직감했다. 팀은 앞으로 가야 할 방향성을 찾았지만, 그렇다고 방향을 제시하는 일은 자신의 역할이 아니라고 생각했다.

그러한 전체적인 방향 제시는 새로 부임한 경영 총괄이 해야 하지만, 안의 눈에는 그가 '팀의 저하된 사기를 북돋우고 미래의 비전을 명확히 끌고갈' 사람으로 보이지 않았다. 그는 상황을 바로잡기로 했다. 안은 팀을 이끌 전략과 비전을 진지하게 고민했고, 이런 자신의 생각을 리더와 미팅에서 공유하였다. 그의 열정적 요청은 리더에게 깊은 인상을 주었고, 그는 다음번 분기 미팅에서 자기의 비전을 발표할 기회를 얻게 되었다.

안은 연설에 앞서 충분한 사전 소통 없이 대량 해고를 단행한 점을 직원들에게 사과했다. 회사가 핵심 역량에 집중하면서도 고객에게 가장 필요한 문제를 해결하기 위해 일부 사업 영역을 왜 매각해야 했는지를 설명했다. 그 후에 그는 자기가 생각하는 회사의 미래에 대해 열정이 가득한 메시지를 공유하였다.

> 우리는 디자인 발전소입니다. 우리 회사에서 근무하는 모든 직원은 최고의 컨버터, 가장 빠른 커뮤니케이션 시스템, 가장 스마트한 자동차 센서를 만들기 위해 이 자리에 함께하고 있습니다. 이 일이 바로 우리에게 주어진 기회라고 생각합니다. 애플(Apple), 에릭슨(Ericssons), 시스코(Cisco) 같은 세계적 기업이 차세대 제품 출시를 계획할 때마다 우리에게 연락한다고 상상해보십시오. 그들은 우리에게 최신 첨단 기술과 자기들이 안고 있는 문제를 효율적이고 멋진 방식으로 처리할 수 있는 능력을 요구할 것입니다. 회사 웹사이트에 들어가면 '모든 가능한 것을 한 발 앞서서(Ahead of what's possible)'라는 회사가 나가야 할 방향을 보게 될 것입니다. 이러한 일은 하룻밤 사이에 이루어지지 않습니다. 하지만 이는 우리의 약속이며, 우리는 모두 비전을 현실로 만들어야 합니다. 우리에게는 여러분의 재능이 필요합니다. 무엇보다도 여러분이 꿈을 위해 한 걸음 더 다가가서 꿈을 현실로 이루시길 바랍니다.

"제가 전달한 메시지는 그야말로 대성공이었습니다. 강당 전체는 걱정하는 얼굴 대신 안도감과 흥분으로 바뀐 얼굴들이 보였습니다. 긴장이 누그러졌고 즐거운 분위기로 바뀌었습니다." 안과 그의 팀은 한 번의 연설로 상황이 하룻밤 만에 변할 수 없

다는 사실을 잘 알았다. 하지만 그의 연설은 현재 상황을 직시하였고, 팀원의 경쟁의
식과 기술의 우수성을 추구하는 공동체의 목적에 호소했다.

'비전', '목적', '미션', '유산(遺産)', '꿈', '열망', '소명' 또는 '개인 아젠다' 등 무
엇이라고 부르든 간에 이러한 사항이 의도하는 목적은 같다. 모범적 리더가 되려면
안의 경우에서 보듯이, 긍정적 미래를 상상할 수 있어야 한다. 자신과 다른 사람을 위
한 미래를 상상할 때, 자신이 남기고 싶은 유산에 대해 열정을 느낄 때, 당신은 이를
향한 첫걸음을 내디딜 가능성이 커진다. 하지만 자기의 희망이나 꿈, 열망에 대해 조
금의 가능성도 생각하지 않는다면 자신이 상황을 주도할 가능성은 줄어든다. 심지어
기회가 바로 당신의 눈앞에 있어도 이를 알아보지 못할 수도 있다.

모범적인 리더는 미래를 바라보는 사람이다. 그들은 미래에 대한 비전을 생각하
며 수평선 넘어 다가오는 더 큰 기회를 응시한다. 놀라운 위업이 현실에서 가능하다
고 생각하고, 평범한 시도에서 귀중한 결과가 발생할 수 있다고 상상한다. 또한 공동
의 선을 위해 이상적이고 독특한 미래의 이미지를 만들어낸다.

하지만 그 비전은 리더만의 전유물은 아니다. 비전은 모두가 함께 공유할 수 있
어야 한다. 모든 사람은 꿈과 희망과 열망을 갖고 있다. 모든 사람은 내일이 오늘보다
더 나아지기를 원한다. 공유 비전은 더 많은 사람을 끌어당기고, 더 높은 수준으로 동
기를 유지하며, 더 많은 도전을 감당하게 할 수 있다. 당신의 눈에 보이는 것은 다른
사람들의 눈에도 보인다는 점을 인식해야 한다.

리더들은 다음과 같은 2가지 핵심 사항을 통해 미래의 비전을 설계하는 데 최선
을 다한다.

① 가능성을 상상하라.
② 공동의 목적을 발견하라.

먼저 실현하고자 하는 일을 마음속에 상상하라. 그리고 공동의 목적은 사람들에
게 비전을 현실로 이루고자 하는 열망을 불러일으킬 것이다.

가능성을 상상하라

"인간은 미래를 생각하는 유일한 동물이다." 하버드대학교의 심리학 교수이자 정서 예측(affective forecasting)으로 정평이 나 있는 대니얼 길버트(Daniel Gilbert)가 한 말이다. 인간 두뇌의 가장 위대한 업적은 실제의 영역에서 존재하지 않는 사물과 일련의 사건을 상상하는 능력이다. 이 능력은 미래를 생각하게 한다. …… 인간의 두뇌는 '미래 예측 기계'이며, 이 기계가 하는 가장 중요한 일은 '미래를 만들어내는 일'이다."[1]

리더는 꿈꾸는 사람이다. 리더는 이상주의자다. 리더는 가능성을 생각하는 사람이다. 모든 모험은 그 꿈의 크기와 상관없이, 간절히 바라는 일이 어느 순간 현실로 이루어질 것이라는 믿음에서 출발한다. 이 믿음은 어려운 시절에 리더와 구성원을 지탱해준다. 흥미로 가득 찬 가능성을 영감을 주는 공유 가치로 바꾸는 것은 모든 리더의 가장 중요한 책임 중에서도 최고 순위에 있다.

우리가 사람들에게 비전이 어디서 비롯되는지 물었을 때, 그들은 그 과정을 논리적으로 설명하는 것을 어려워한다. 그보다는 감정이나 감각 또는 직관을 주로 사용해 대답하곤 한다. 대개 명쾌한 논리는 없다. 그들은 그저 어떤 것에 강렬한 감정을 느끼는데, 이러한 직관은 충분히 탐구할 가치가 있다.[2] 미래를 상상하고 직관적으로 생각하는 것은 논리적 행위가 아니며 설명하거나 계량화하기 매우 어렵다. 《하버드 비즈니스 리뷰》의 선임 편집자이자 임원들의 의사 결정을 연구한 엘든 하야시(Alden M. Hayashi)는 "기민한 사업 감각을 소유한 것으로 알려진 최고 경영자들을 대상으로 한 인터뷰에서 그 누구도 자신이 의사 결정을 할 때 어떠한 방식으로 판단하고 논리적으로 분석하는지 명쾌하게 설명할 수 없었습니다. 그들은 방법과 이유를 정확하게 파악할 수는 없지만, 무엇인가 알고 있는 모호한 느낌을 설명하기 위해서 **전문가적 판단, 직관, 직감, 내면의 목소리, 육감** 같은 단어를 사용했습니다. 하지만 그 이상의 과정을 설명하지는 못했습니다"[3]라고 말했다.

하지만 그들은 이렇게 설명하기 어려운 능력이 성공에 매우 중요한 요인이라는 점에 모두 동의하였다. 그중에서는 이러한 능력을 가리켜 평범함과 구별되는 'X-요소'라고 부르는 경우도 있었다. 사실 직관과 비전은 사전적 정의에 의하면 직접 연결

되는데, 직관은 라틴어로 '바라본다'라는 의미를 가진 어원에서 유래한다.[4]

비전은 인간 본성, 기술, 경제, 과학, 정치, 예술, 윤리 등에 대한 근본적 믿음과 가정이 투사된 용어다. '미래에 대한 비전'이란 용어는 문학이나 음악에서 사용되는 표현에 가깝다. 이것은 사람들에게 전달하려는 중요한 메시지로 문학 작품 전반에 깃들어 있는 주제 또는 사람들의 뇌리에 남을 수 있게 자주 반복되는 멜로디와도 같다. 그 멜로디는 언제 반복되더라도 듣는 사람에게 곡 전체의 느낌을 상기해준다. 이렇듯 모든 리더에게는 조직 전체를 움직일 수 있게 하는 테마, 즉 방향을 제시하는 원칙이 필요하다. 당신의 핵심 메시지는 무엇인가? 당신이 반복하는 테마는 무엇인가? 사람들이 미래에 대해 생각할 때마다 떠오르게 하고 싶은 생각은 무엇인가?

조직 구성원에게 그들의 리더가 "조직원 모두의 성취 목표에 대한 '큰 그림'을 가졌는지" 물어보라. 또한 리더가 얼마나 자주 "앞으로 다가올 미래의 매력적인 모습을 이야기하는지" 물어보라. 이를 통해 발견할 수 있는 사실은, 이 행동에 대해 높은 실천도를 보인 리더와 함께 일하는 팀원이 직장 근무 태도에서 높은 점수를 보였다는 점이다. 예를 들어, 위의 2가지 리더십 실천 행동 진단에서 상위 10퍼센트에 속하는 리더와 함께 일하는 직원 중 73퍼센트는 업무상 필요하면 기꺼이 초과 근무에 대한 강한 의지를 보인다. 하지만 하위 10퍼센트에 속하는 리더와 일하는 직원은 겨우 15퍼센트만 초과근무에 대한 자발적 의지를 드러냈다. 또한 '이 팀에 속한 사람들은 조직에서 두각을 나타낸다'는 문항에 대하여 강력하게 동의한다는 비율이 겨우 8퍼센트에 불과하였다.

'전체적으로 나의 상사는 유능한 리더다'라는 질문에 대한 구성원의 답변은 리더가 미래를 명확하게 제시하고 큰 그림을 갖고 있다는 것이 얼마나 중요한지 그 증거가 된다. '구체적이고 명확한 미래 제시'라는 항목에 자신의 리더가 하위 10퍼센트에 속한다고 응답한 사람 중 6퍼센트만이 그들의 리더가 유능하다고 응답했다. 반면 리더가 상위 10퍼센트에 해당한다고 응답한 사람들은 13배 이상 리더가 능력 있는 사람이라고 응답했다. 이러한 결과는 앞서 "당신의 리더가 얼마나 자주 '큰 그림'을 그리며, 앞으로 다가올 미래의 매력을 묘사하는가" 하는 질문의 응답과 비슷했다. 자신의 리더가 하위 10퍼센트에 속한다고 응답한 사람들에 비해 상위 10퍼센트에 속한다고 응답한 사람들이 리더의 유능함에서 거의 1.6배 이상 더 능력 있다고 평가한다.

여기서 알 수 있는 핵심 메시지는 "모든 리더는 자기가 생각하는 비전 또는 좀 더 큰 목적을 가진 비전에 대해 소통해야 한다"는 것이다.

비전을 설계하는 능력은 무엇보다도 중요하며, 사람들에 대한 동기 부여 수준과 업무 생산성 향상에 엄청난 영향을 가져다준다. 하지만 많은 리더에게 매력적인 미래의 이미지를 그리는 일은 쉽지 않다. 다행스러운 점은 흥분되는 가능성을 상상하는 능력을 높이고, 자신과 타인의 삶에 대한 중요한 테마를 발견할 방법이 존재한다는 사실이다. 자신의 과거를 돌이켜 보고, 현재를 직시하며, 미래를 전망하면서 열정을 표출할 때, 비로소 돌파구가 생긴다.

지나온 과거를 성찰하라

모순적으로 보일지도 모르지만, 미래의 목표를 향해 전진하려면 먼저 당신이 지나온 과거를 돌이켜봐야 한다. 정면을 응시하기 전에 뒤를 돌아보면, 더 먼 미래를 바라볼 수 있다. 과거를 이해하는 일은 당신이 왜 그러한 목표나 이상을 중요하게 생각하는지, 그리고 그것을 실현하는 것이 얼마나 우선순위가 높은 일인지 문제의 핵심과 패턴, 신념 등을 파악하는 데 도움이 된다.[5] 이러한 경험은 호주의 한 헤드헌팅 회사에서 컨설턴트로 근무했던 제이드 루이(Jade Lui)가 확실하게 깨달은 교훈이었다. 그는 다음과 같이 말했다. "미래를 생각하기 전에 저는 먼저 그동안 제 삶에서 반복된 핵심적 주제나 사안이 무엇인지 살펴보았습니다. 이 일을 하다 보면 큰 그림이 명확하게 파악될 뿐만 아니라 현재의 트렌드도 이해할 수 있게 됩니다." 이와 비슷한 맥락으로 2조 원 규모의 자금을 운용하는 투자회사인 퍼스트 퍼시픽 어드바이저(First Pacific Advisors)의 CEO인 밥 로드리게스(Bob Rodriguez)는 역사를 읽는 것이 최고의 투자 전문가가 되기 위해 본인이 할 수 있는 한 가지 일이었다고 말한다.[6] "또한 저는 일반 역사만이 아니라 경제학과 재무학의 역사를 섭렵한 역사학도이기도 합니다."

한 개인의 역사는 그 사람이 선택하는 모든 여정을 함께하는 파트너다. 이제까지 살아온 발자취는 인생의 귀중한 안내자가 될 뿐 아니라, 중요한 순간에 어떤 선택을 해야 하는지 잘 알려준다. 역사가이자 윈드롭 그룹(Winthrop Group)의 동업자인 존 시맨(John Seaman)과 조지 데이비드 스미스(George David Smith)는 다음과 같은 말을 했다. "사람들이 보통 생각하는 리더의 직무는 집단의 노력에 영감을 주고, 미래에 대한 스마트한 전략을 수립하는 것입니다.[7] 그리고 이 직무를 수행하는 데 역사를 돌아보는 것은 매우 유용합니다." 역사의식을 갖고 리더십을 발휘한다는 것은 과거에 예속된 것이 아니라 '오늘 우리는 어떻게 이곳에 이르게 되었는가?'라는 질문을 통해 귀중한 교훈을 얻을 수 있다는 점을 깨닫는 것이다. 캘리포니아공과대학교의 부총장인 마이클 왓킨스(Michael Watkins)는 이렇게 과거를 돌아보는 관점이 없으면, "사람들은 울타리를 세운 이유를 알지 못한 채, 울타리를 허무는 잘못을 합니다. 통찰력을 갖고 역사를 들여다본다면, 울타리가 필요하지 않은 이유를 알게 될 것이고, 그렇게되면 허물어도 무방합니다. 이런 경우가 아니라면, 울타리는 원래 그 자리에 있어야 할 이유가 있다는 점을 알게 될 것입니다"라고 말했다.[8]

과거를 되돌아볼 때 여태까지 우리가 얼마나 충만한 인생을 살았는지 깨닫고, 자기 앞에 놓인 모든 가능성을 더욱 또렷하게 인식할 수 있게 된다. 과거를 되돌아보면 삶의 한가운데에서 오랫동안 한 가지 테마가 계속 반복된다는 사실을 이해하게 된다. 미래를 전망하기 전에 과거를 되돌아봄으로써 얻을 수 있는 또 한 가지의 이점은 열망을 성취하는 데 얼마나 오랜 시간이 걸리는지에 대한 더 큰 깨달음을 얻을 수 있다는 것이다.

이렇게 과거를 돌아보고 역사를 인식하는 것이 '과거는 곧 미래'라는 것을 의미하지는 않는다. 이는 마치 운전을 하면서 백미러로 지나쳐 가는 풍경을 바라보는 것과 같다. 자신이 지나온 과거의 인생을 깊이 돌이켜볼 때, 전혀 예상할 수 없는 흰색 도화지 같은 미래에 대한 이해가 생겨나는 느낌이 들 것이다. 실제로 한 번도 경험하지 못했던 세상으로 떠나는 일은 매우 어렵다. 미래를 탐험하기 전에 과거로 떠나는 여행은 미래로 가는 탐험을 더욱 의미 있게 해준다.

현재에 충실하라

일상의 압박과 변화의 속도, 복잡한 문제, 그리고 요동치는 글로벌 시장은 당신의 마음을 사로잡고, 미래에 대해 생각을 쏟을 시간과 에너지를 빼앗아간다. 하지만 미래를 착안한다는 것이 현재에 일어나는 일을 도외시한다는 뜻은 아니다. 그보다는 오히려 현재에 더욱 집중한다는 개념에 가깝다.

다른 사람과 우리가 직면한 환경에 정신을 집중하는 것은 어떤 일보다도 중요하며, 점점 더 많은 리더와 조직은 이런 집중이 주는 힘을 믿는다.[9] 이미 구축된 분류 시스템을 통해 세상을 보면서, 주변에서 어떤 일이 일어나는지 관심도 없고 알 필요가 있는 모든 것을 이미 다 안다고 믿게 하는 자동 조종 장치에서 탈출해야 한다. 오늘날 발생하는 문제를 새롭고 창의적으로 해결할 능력을 기르려면, 당신은 현재에 살아야 한다. 발걸음을 멈추고, 주위를 살피며, 사람들의 말을 경청해야 한다. IBM의 개발 담당 책임자 중 한 명이었던 아밋 톨마레(Amit Tolmare)는 '미래를 설계할 수 있으려면, 현재를 이해해야 한다'라고 했다. 즉 팀의 고충을 듣고 어려움을 함께 느껴야 하며 현실적으로 닥친 난관을 이해할 수 있을 때, 비로소 더 나은 내일을 상상할 수 있다는 뜻이다.

하루 중 어떤 활동도 하지 않는 시간을 따로 떼어놓아라. 일정표에 아무 일정도 없는 빈 공간을 만들어라. 또한 모든 전자장치의 스위치를 끄고 기계의 작동을 멈추어보라. 그리고 지금 주변에서 무슨 일이 일어나는지 살펴보라. 세계적으로 영향력 있는 비즈니스 사상가 중의 한 명인 게리 하멜(Gary Hamel)은 그가 저술한 『혁명을 이끄는 법(Leading Revolution)』에서 사람들은 자기 주변에서 일어나는 일을 제대로 인식하거나 이해하지 못한다는 점을 지적했다. 그 이유에 대해 그는 땅바닥에서 혼란스럽고 어지러운 데이터만 보기 때문이라고 말했다. 그리고 그는 우리에게 이런 질문을 던졌다. "천천히 뒤로 물러나서 자신에게 물어보십시오. 이런 사소한 사실들을 관통하는 거대한 담론은 무엇입니까?"[10]

시선을 주변으로 돌려 직장과 공동체를 살펴보자. 몇 년 전에는 하지 않았는데 지금 하는 일은 무엇인가? 사람들은 어떤 옷을 입고 어떤 물건을 사용하고 무엇을 버리는가? 사람들은 어떤 방식으로 서로 교감하는가? 예전과 비교할 때 직장과 공동체가 동일하게 보면서도 다르게 느끼는 대상이 있는가? 요즈음 유행하는 것은 무엇인가? 그 이유는 무엇인가?

구성원들이 나누는 대화를 들어보자. 대화에서 가장 인기 있는 화제는 무엇인가? 그들은 무엇을 원하고 무엇이 필요하다고 말하는가? 최선을 다하는 데 방해되는 것이 무엇이라고 말하는가? 바꿔야 할 부분이 무엇이라고 말하는가? 별로 언급되지 않는 약한 신호도 잘 들어보자. 전에는 한 번도 들어본 적 없는 말도 들어보자. 이 모든 것을 종합할 때, 상황이 어디로 간다고 생각하는가? 바로 코앞에서 벌어지는 일들에 대해 무슨 이야기를 해주는가?

제5장 미래의 비전을 설계하라

고탐 아가왈(Gautam Aggarwal)은 라보 아메리카(Labo America)에서 제품 담당 부서장으로 승진했을 때, 미래를 전망하기 위해서 현재에 집중해야 한다는 사실을 깨달았다고 했다. 어떤 종류의 부서가 되고 싶은지에 대한 명확한 비전을 갖고 목표를 달성하기 위해 어떻게 열중해야 하는지에 대해서 고탐은 이렇게 말했다. "저는 미래에 대한 리더의 비전이 과거와 현재 모두를 아우르는 사실들과 함께 뒷받침되어야 한다고 느꼈습니다."

그가 제일 처음으로 한 일은 공개 포럼을 열어서 모든 사람이 이제까지 올바르게 해온 일을 공유하고, 장기적 관점에서 개선이 필요한 과제는 물론 시급하게 개선해야 할 사안에 대해 피드백을 제공한 것이었다. 그는 당시 시장에서 그들의 제품이 갖는 존재감이 어떻게 형성되는지 궁금했고, 앞으로 3년 또는 5년 후에는 어떻게 바뀔지도 알고 싶었다. 그는 "그 이유는 우리가 앞으로 어디로 가야 할지 정하기 전에, 적어도 오늘 우리가 서 있는 현재 위치에 대해서는 모두가 같은 생각이어야 하기 때문입니다"라고 말했다. 이러한 토론을 통해 고탐과 그의 동료들은 장차 추구해야 할 방향을 발견하고 선택할 수 있었을 뿐만 아니라 현재 처한 상황과 그들의 강점, 그리고 닥쳐오는 도전도 냉정하게 평가할 수 있었다.

미래를 설계하려면 지금 현재 어떤 일이 일어나는지 제대로 인식해야 한다. 트렌드와 패턴을 파악하고, 전체와 부분으로 나누어 인식해야 한다. 다시 말하면 숲과 나무를 동시에 봐야 한다는 뜻이다. 퍼즐 조각을 맞춘다는 생각으로 미래를 상상해보자. 퍼즐 조각을 손에 쥔 채 당신은 어떻게 해야 조각들이 하나하나 서로 잘 들어맞을까 궁리하기 시작한다. 이와 마찬가지로, 비전을 설계할 때도 매일 축적되는 데이터를 샅샅이 살펴보고, 미래의 비전을 위해 어떻게 데이터를 조합해야 할지 생각해야 한다. 미래를 예견한다는 것은 단순히 점쟁이가 굴리는 구슬을 가만히 관찰하는 것이 아니다. 자기 주변에서 일어나는 사소한 일에 주의를 기울이며 그 사소한 일이 합쳐져서 미래로 향해 가는 패턴이 어떤 모습인지 알아내는 것이다.

미래를 전망하라

발걸음을 멈추고 주위를 살펴보며 현재가 보내는 신호를 듣는다 하더라도, 가끔은 고개를 들어 수평선 위를 쳐다볼 필요가 있다. 리더는 과학기술, 인구통계, 경제, 정치, 예술, 대중문화 그리고 조직의 안팎에서 발생하는 모든 삶의 양상을 지켜봐야 한다.

그들은 언덕 너머 또는 바로 앞에서 어떤 일이 다가오는지 예상하고, 미래를 조망할 수 있어야 한다. 퍼블릭 랜드 신탁(Trust for Public Land)에서 교육 및 조직 개발 디렉터로 있는 댄 슈왑(Dan Schwab)은 신입직원 오리엔테이션에서 다음과 같은 질문을 하면서 미래에 대한 생각을 장려했다. "앞으로 5년 후에 이 조직이 어떻게 변할 것이라고 생각합니까? 10년 후에는 어떻게 될까요?" 그는 자신이 다른 사람들에게 줄 수 있는 가장 큰 선물이 그들이 현실적으로 믿는 것보다 더 큰 생각을 할 수 있게 장려하는 것으로 생각했다. 우리와 인터뷰를 한 많은 리더가 그랬듯이, 댄은 자기 자신이 '조직의 미래부서(future department)'라고 말했다.

리더의 자리에 있다는 것은 자기가 몸담은 조직뿐만 아니라 전체 조직을 위해서 장기적 관점을 읽고, 생각하고 말하는 데 상당한 시간을 사용해야 한다는 것을 의미한다. 이 과제의 시급성은 책임지는 포지션의 범위와 책임 수준에 따라 강도가 달라진다.[11] 예를 들어, 전략적인 역할을 수행하는 CEO, 회장, 또는 비즈니스 개발 임원의 경우, 전술적 역할을 수행하는 제품 관리자나 운영 매니저가 수행하는 역할에 비해 장기적 관점과 미래 지향적인 방향성에 더 큰 관심을 보일 것이다. 리더십의 중요한 특징의 하나인 미래를 예견하는 능력에 관한 데이터를 보면, 이 특성의 중요성은 조직 내 위치에 따라 다르다. 예컨대 임원에게는 매우 중요한 특성이지만, 중간 관리자로 내려가면 그 중요도가 다소 약화될 것이며 현장 관리직에서는 매우 일부만 그 필요성을 인식할 것이다. 장기 프로젝트와 결과를 책임지는 사람들은 미래를 예견할 수 있는 가치를 점점 더 중요하게 생각한다.

현재의 문제, 임무, 과업, 프로젝트가 끝나면 무엇을 해야 할지 생각할 필요가 있다. 스스로 "그 다음에는 무엇을 하지?"라는 질문을 던져라. 장기 프로젝트를 마친 후 그다음에 할 과업을 생각하지 않는다면, 당신도 누구나 생각할 수 있는 정도의 장기 계획만 생각하는 셈이다. 다시 말하면 그렇게 하면 당신은 단지 조연에 불과하다! 리더가 할 일은 그다음 프로젝트에 대해서 생각하고, 그다음을 생각하고, 또 그다음을 생각하는 것이다. 이러한 관점을 장려하기 위해서 홍콩에 소재한 모던 터미널(Modern Terminal Limited)의 인적 자원 리더십 팀은 매년 "우리가 올바르게 하는 일은 무엇인가?"라는 질문에 대해 고민할 시간을 배정했다. 이를 좀 더 비판적인 관점으로 질문하면, "더 나은 인사팀이 되기 위해 우리가 달라져야 할 부분은 무엇인가?"[12]로 바뀐다. 그들은 모든 구성원이 큰 꿈을 꾸고, 미래에 대한 포부를 공유하는 것을 장려한다.

연구 결과, 미래에 집중하는 리더들은 어떻게 그들의 팀원을 따르게 하고, 구성원에게서 더 많은 노력과 내적 동기를 끌어내고, 그룹의 정체성을 증진하고, 단합된 행동을 끌어내고, 궁극적으로 개인 및 조직 성과지표로 설정한 기준보다 더 훌륭한 실적을 도출할 수 있었는지 보여준다.[13] 미래는 기회가 존재하는 곳이다. 리더는 미래에 대해 생각할 시간을 반드시 남겨놓아야 하고, 미래를 예견하는 데 더 능숙해야 한다. 트렌드를 읽거나 미래 학자들과 대화를 나눌 수도 있고, 팟캐스트를 듣거나 다큐멘터리를 통해 이 시대가 어디를 향해 가는지 깊이 이해하는 것은 리더가 실천해야 할 매우 중요한 임무다. 구성원은 당신이 이런 능력을 발휘하길 기대한다. 현재보다 더 나은 미래를 만들려면, 리더는 지금 이 시간에 미래를 더 많이 고민해야 한다. 아울러 과거를 성찰하고 현재에 충실하며 미래를 전망하는 과정을 통해 자신을 움직이는 동기와 자신이 관심을 기울이는 사항, 자기의 열정이 어디로 향하는지 본인의 감정과 교감해야 한다.

열정을 표현하라

자기가 하는 일에 열정을 느끼지 못하면서 미래의 가능성을 상상하기는 어렵다. 미래를 설계하는 일은 자기 안의 깊은 감정과 소통하는 것이다. 매우 중요한 일을 하기 위해서는 시간과 노력이 따르고, 그 과정에서 피할 수 없는 좌절을 겪거나 희생도 따른다. 강렬한 욕구와 진지한 관심, 파고드는 질문과 중대한 제안, 즐거운 희망과 소중한 꿈이 없다면 열망과 행동을 타오르게 할 불꽃을 일으킬 수 없다. 한발 물러서서 자신에게 물어보자. "나를 타오르게 하는 열정은 무엇인가? 무엇이 아침에 나를 깨우는가? 나를 붙잡고 가지 못하게 하는 것은 무엇인가?"

리더는 아직 아무도 해내지 못한 중대하고 특별한 성취를 이루고 싶어 한다. 이는 내면에서 우러나오는 의미와 목적의식이다. 아무도 당신에게 동기를 강요할 수 없다. 그런 점에서 앞의 가치 부분에서 언급한 것처럼, 공유 비전에 구성원을 동참시키기 전에 리더는 자신이 생각하는 미래 비전을 먼저 확신해야 한다. 〈그림 5.1〉에서 보듯이, "대체로 이 사람은 유능한 리더다"라는 진술에 동의하는 팀원의 비율은 "리더가 우리 일에 대하여 더 고차원적인 의미와 목적에 대해 진정한 확신을 갖고 말한다"고 대답하는 빈도와 비례하여 극적으로 높아졌다. 같은 리더의 동료와 상급자들을 대상으로 한 설문에서도 비슷한 결과가 도출되었다. 사람들은 단순히 '일 자체'를 이야기하는 리더보다는 '일의 목적'을 이야기하는 리더에 대해 호의적인 평가를 했다.

강한 목적의식—특히 자신을 위해서가 아니라 타인을 위한 목적—은 자신의 성과와 정신건강에 상당한 영향을 끼친다. 조직이 구성원들에게 강한 목적의식을 전달할 때, 그들은 목적의식이 결여된 상태에 비해 더 깊게 몰입하며 강력한 재무적 성과를 달성한다. 예를 들어, 삶의 목적이 뚜렷한 학생들은 목적이 뚜렷하지 않거나 돈과 같은 외적 동기를 가진 학생들보다 수업 과정을 더욱 의미 있게 평가했다. 게다가 삶의 목적이 뚜렷한 학생들은 지루한 과제를 수행할 때도 더 잘 버텼고, 결과적으로 더 좋은 성적을 냈다.[14] 학생뿐만 아니라 직장인들도 마찬가지다. 즉 삶과 직업이 의미 있다고 생각하는 사람들이 의미와 목적의식이 결여된 사람들보다 타인과 더욱 잘 소

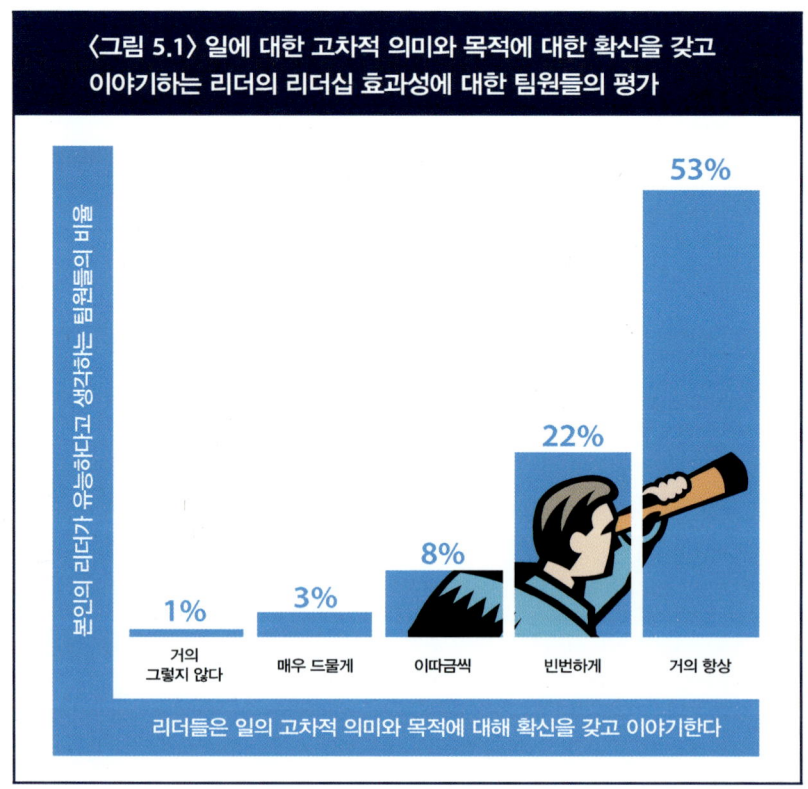

〈그림 5.1〉 일에 대한 고차적 의미와 목적에 대한 확신을 갖고 이야기하는 리더의 리더십 효과성에 대한 팀원들의 평가

통하고 심리적으로 편안한 상태를 보이며, 일할 때 더 높은 창의력과 몰입을 보이며 더 나은 성과를 도출한다.[15]

의미와 목적은 더 좋은 학점을 받으려고 할 때, 지속적으로 노력할 때, 개인적 편안함 또는 향상을 추구하거나 조직 성과를 달성하려고 할 때, 그 중요성이 커진다. 리더로서 최고의 성과를 달성하고 싶다면, 자신의 내면을 탐색하면서 삶과 일에 의미와 목적을 주는 것이 무엇인지를 발견해야 한다. 컨설팅 회사 딜로이트(Deloitte)가 실시한 조사에서는 뚜렷한 목적의식이 명확한 가치와 믿음과 병행한다는 사실을 확인하였다.[16]

이 주장은 앤드루 제파(Andrew Rzepa)가 선정한 자신의 최고의 리더십 사례와 정확하게 일치한다. 앤드루가 영국 맨체스터에서 한 달 동안 변호사 연수 과정의 위원회장을 맡았다. 이때 전국 변호사 연수 위원회는 영국 전체의 변호사 연수 과정자들을 대상으로 맨체스터에서 콘퍼런스를 개최하기로 하였다. 이 행사는 자기 담당 분야가 아니었지만, 앤드루는 전국연합조직과 밀접한 연계를 고려했을 때, 그 행사를 성공적으로 개최하기 위해 최선을 다하겠다고 결심했다. 마감일자가 3주 남은 상태에서 참가 신청자는 겨우 75명에 불과했지만, 앤드루는 동료들에게 자기가 보유한 모든 힘을 동원해 적어도 300명 이상의 참가자들을 확보하겠다고 선언했다.

"그 이벤트가 사람들로 가득 차면 얼마나 좋을지 열변을 토하면서, 우리가 그 일을 이루어냈을 때 어떨지 생각해보라고 말했습니다." 그렇게 한 후 앤드루는 위원회 구성원에게 이 목표를 실현하기 위해 전념해 달라고 부탁했다. 콘퍼런스는 위원회가 결성된 목적도 아니었고, 사람들이 여기에 참여한 동기도 아니었기 때문에 다수가 반대의견을 표시해도 전혀 놀랄 일은 아니었다. 앤드루는 다소 흥분된 목소리로 말했다. "제가 느끼는 순수한 즐거움에 뜻을 같이하는 사람들이 20명 중 16명이 모였고, 그들은 모두 이벤트를 성공시키기 위해 역할을 다할 준비가 되어 있었습니다. 또한 어느 정도 '회의론자'가 있다는 사실이 오히려 참여도를 자극했습니다. 위원회 사람들이 그렇게 열정적인 모습을 보인 것은 처음이었습니다." 결국 모든 일을 마친 후, 그들은 콘퍼런스 참가자를 316명으로 늘리는 데 성공했다. 앤드루가 보여준 열정은 자신의 추진력에 불을 붙인 것뿐만 아니라, 미래 가능성을 실현할 수 있다는 생각으로 타인의 참여를 열렬히 독려했다.

앤드루가 보여주었던 것처럼 어떤 일에 열정을 느낄 때, 좋은 결과를 기대하는 태도는 매우 중요하다. 당신이 느끼는 열정과 추진력은 다른 사람에게도 번져간다. 비전을 명확하게 하려면, 일단 강력한 믿음을 줄 대상을 찾는 것이 핵심이다. 이런 내면의 감정과 접하게 된다면, 현재의 위치가 주는 제약 조건을 벗어나 미래의 가능성을 바라보고 생각하게 된다.

공통된 목적을 발견하라

사람들은 종종 비전을 명확하게 하는 것은 리더만의 책임이라고 말한다. 미래에 집중한다는 것이 리더를 보통 사람들과 다르게 보이게 하는 점이라면, 조직의 미래를 발견하기 위해 홀로 비전 탐색에 나서야 한다는 생각은 일리가 있다.

하지만 구성원은 실제로 리더가 생각하는 비전 그 이상을 듣고 싶어 한다. 미래를 전망하는 것은 리더들이 기대하고 꿈꾸는 바이지만, 이러한 자신의 생각을 다른 사람에게 강요해서는 안 된다. 사람들은 자기 자신의 이상과 열망, 소망과 꿈이 실현되기를 원한다. 그들은 리더가 그리는 미래에 대한 큰 그림 안에서 자신을 발견하고 싶어 한다.[17] 따라서 리더들에게 가장 중요한 과제는 세상에 대한 자기의 생각을 알리는 것이 아니라 공유 비전에 영감을 불어넣는 일이다. 결과를 상상하면서 구성원들이 그 결과를 달성하는 과정에서 희망과 꿈을 실현하려는 방법을 발견할 수 있게 리더가 품은 비전을 소통하는 것이다.

IBM의 개발담당 팀장인 아밋 톨마레(Amit Tolmare)는 '어떠한 리더도 혼자서는 꿈꿀 수 없다'는 사실을 인식하게 되었다. 그는 리더가 자신의 비전을 달성하려면, 팀원도 그러한 꿈을 완전히 받아들여야 한다는 점을 깨달았다. 구성원은 리더가 품은 열정을 공유할 때, 완전히 자기 일에 전념할 수 있고 최대 성과를 달성할 수 있다. 또한 그들이 공유한 비전 속에서 자신의 야망을 그릴 수 있다는 사실은 매우 중요하다. 아밋은 구성원의 말을 깊이 있게 경청하고 그들의 진정한 소명이 무엇인지 이해하고 그들의 포부를 달성할 수 있도록 도울 때, 그들이 대의를 위해 전념하게 할 수 있다는 것을 깨달았다. 사람들은 자기가 하는 말을 누군가가 잘 들어주기 바라고 자신의 일에서 의미 있는 영향력을 끼치고 싶어 한다. 리더로서 공통된 고차원의 목적을 발견하고 뚜렷한 차이를 만들어내기 위해 사람들의 내적 욕구에 호소하는 일은 매우 중요하다.

누구도 사실의 옳고 그름과 관계없이 '무엇을 해라' 또는 '어디로 가라'라는 명령을 듣고 싶어 하지 않는다. 사람들은 비전을 개발하는 과정에 일원으로 참여하고 싶어 하며 리더 곁에서 함께 걷고 싶어 한다. 또한 리더들과 함께 꿈꾸며 새로운 창조물을 발명하고, 미래를 창조하는 일에 참여하고 싶어 한다. 알비전(RVision)사의 엔지니어링 총 책임자였던 오마르 푸알루안(Omar Pualuan)은 이 관찰 결과에서 한 발짝 더 나아가 그가 실제로 경험한 사례를 들려주었다. "사업 계획에 대한 초안은 제가 작성했지만, 팀원들이 문제에 대한 해결책을 제시하고 함께 참여하면서 제가 미처 생각하지 못했던 비전까지 확장되는 것을 보았습니다. 우리는 배우고 익히는 과정을 반복하고 다시 점검하고, 이와 같은 일을 몇 번이나 계속했습니다. 팀 전체는 깊은 열정과 헌신을 공유하게 되었고, 우리가 공유한 비전은 훨씬 더 괄목할 만한 결과를 이루어냈습니다. 제가 품었던 비전은 이제 더 이상 저만의 전유물이 아니었습니다. 그 비전은 팀 전체의 것이 되었고, 마침내 완성된 결과물의 품질이 이를 입증해주었습니다."

비전은 위에서 내려온다는 시각을 버려라. 리더는 미래를 향한 대화에 구성원을 동참시켜야 한다. 당신은 사람들이 원하지도 않는 곳으로 억지로 그들을 데려갈 수 없다. 개인적으로 꿈꾸는 이상이 원대하더라도 그곳에서 구성원이 희망과 욕구를 실현할 가능성을 보지 못한다면, 그들은 자발적으로 또는 진심으로 리더를 따르지 않을 것이다. 리더는 구성원에게 장기적인 미래의 비전을 어떻게 향유할 것이며, 그들이 원하는 욕구가 어떻게 충족될 수 있을지 보여주어야 한다. 모던 터미널(Modern Terminals Limited)의 인사 담당 총 책임자인 테레사 라이(Theresa Lai)는 이 과정을 "우리는 사람들이 공동의 비전에 동참하게 함으로써 더욱 강한 목적과 성과를 의식한다는 사실을 믿습니다. HR 비전을 수립할 때 그 과정에 팀원들을 모두 참여시키려는 이유가 바로 이런 점에 있습니다"라고 설명했다.

타인의 말을 깊이 있게 경청하라

구성원을 이해하고 그들의 이야기에 귀 기울이며 그들에게서 기꺼이 조언을 받아들임으로써 리더들은 그의 팀원들이 무엇을 느끼는지 알 수 있다. 그들은 구성원 앞에서서 자신감을 갖고 이렇게 말할 수 있다. "여러분이 원하는 사항이 무엇인지 제가 파악한 바는 이렇습니다. 바로 이 점에서 공동의 목적에 동참하는 일이 얼마나 여러분의 필요와 이익에 도움 되는지 알 수 있습니다." 어떤 점에서 리더는 거울을 들고 구성원을 향해 도로 비추어줌으로써, 그들이 가장 원하는 것이 무엇인지를 알아내기도 한다.

리더는 다른 사람이 무엇을 중요하게 여기는지 알려면, 경청하는 능력을 강화해야 한다. 어떤 비전의 윤곽도 소통이 배제된 조직의 상층부에 있는 리더에게까지 도달하지 않는다. 비전은 직원들, 업무현장, 연구실 또는 카페테리아에서 주고받는 대화 속에서 나오며 고객들과 가게에서 나누는 대화에서 생겨난다. 비전은 무심히 지나치는 복도에서, 열띤 회의장에서, 심지어는 당신의 가정에서 생겨날 수도 있다.

최고의 리더는 관심을 두고 경청하는 사람이다. 또한 다른 사람이 하는 말과 그들이 느끼는 감정을 주의 깊게 경청하고 살핀다. 그들은 예리하게 질문하며 자기와 다른 생각에 대해 열린 마음을 갖고 있으며, 공동의 이익을 위해서라면 논쟁에서 일부러 져주기도 한다. 리더는 상대방의 말을 집중해 들음으로써, 구성원이 원하고 가치 있게 생각하고 꿈꾸는 소망이 무엇인지 감지할 수 있다. 타인에 대한 이런 민감도는 사소한 기술이라고 치부하기엔 그 영향력이 너무 크다. 오히려 그것은 인간에게 매우 귀중한 능력이라고 생각해야 한다.[18]

다국적 기술 회사의 채용 팀을 이끄는 멜린다 잭슨(Melinda Jackson)은 팀의 응집력이 부족하다는 점을 파악하고, 직원의 업무가 어떻게 진행되는지 알아보기 위한 목적으로 경청하기 위해 팀원과 정기 면담을 시작했다. 면담하면서 모든 직원이 자신을 편하게 생각하지 않는다는 사실을 알자, 멜린다는 직원들에게 피드백을 요청하였다. 또 자신의 경험과 감정에 대해 정직하게 표현하려고 노력하고, 때로는 진심으로 사과하면서 앞으로 바꾸어야 할 방향에 대해 직원들에게서 의견을 수렴했다. 그는 피드백을 받고 모든 구성원의 의견을 수렴할 공간을 형성한 이 일이 지난 문제들을 해결했을 뿐만 아니라, 구성원과 관계도 재정립할 수 있었던 것은 생각지도 못했던 성과였다고 말했다. 이런 대화를 통해 멜린다와 동료들은 현재와 미래에 그들이 생각하는 가치와 욕구, 희망을 발견하는 기회를 마련하게 되었다.

멜린다는 또한 직원들이 퇴근 후나 주말에 무엇을 할 계획인지 묻고 그들의 대답을 기억했다가 어땠는지 다시 물어봄으로써, 동료들이 원하는 것이 무엇인지 상당 부분 알 수 있었다고 말했다. 그는 다른 사람들이 주위에 있을 때, 일부러 이런 식으로 질문함으로써 팀 전체에 이러한 대화를 나누는 분위기를 활성화해 팀 내 단결을 더욱 강화했다. 멜린다의 경험에서 보듯이, 리더는 직원들이 씨름하는 이해관계, 관심사, 질문을 적극적으로 경청하고 이를 어떻게 반응해야 할지 결정해야 한다.

놀라운 일은 리더가 주의 깊게 경청할 때 생겨날 수 있다. 문제를 파악하는 데 직원들을 참여시키고, 그들의 좌절과 포부가 무엇인지 주의 깊게 듣고, 그들의 관심사를 해결해줄 대안을 발견할 때 생겨난다. 직장에서 경탄을 불러일으키는 일은 직원들이 무엇을 원하고 필요로 하는지에 대해 리더들이 관심을 집중할 때 가능한 일이다.

몰입을 필요로 하는 이유를 만들어라

타인의 말을 깊게 경청할 때, 당신은 무엇이 일을 의미 있게 하는지 발견하게 된다. 연구에 의하면, 사람들은 자신이 하는 일을 좋아하고, 그 일이 도전적이며 의미 있고 분명한 목적이 있기 때문에 조직에 남길 원한다.[19] 타인의 포부를 진지하게 들어줄 때, 리더는 일과 삶에 의미를 가져다주는 공통된 주제를 발견하게 된다.[20] 사람들은 다음과 같은 사항을 갈망한다.

- 성실: 자기 생각과 부합하는 가치와 목표를 추구하는 것.
- 목적: 다른 사람들의 삶에 중요한 차이를 만드는 것.
- 도전: 혁신적인 일을 하는 것.
- 성장: 직업적으로 또는 개인적으로 배우고 개발하는 것.
- 소속감: 친밀하고 긍정적인 관계에 몰입하는 것.
- 자율: 자기만의 삶의 방향을 결정하는 것.
- 중요성: 신뢰받고, 인정받았다는 느낌.

밀레니얼 세대가 직장 내 세대 비율 중 가장 큰 비중을 차지함에 따라 의미와 목적에 대한 관심이 커졌지만, 의미를 찾고 추구하는 일은 모든 세대에서 발견되는 보편적 욕구이자 수십 년 동안 연구와 저술의 대상이었다. 시간이 지나도 사람들이 원하는 것은 크게 달라지지 않았다.[21]

일에는 돈을 버는 것보다 더 중요한 의미가 있다. 사람들은 돈을 벌기 위한 수단으로써 일이 아니라 무언가 의미 있는 목적을 따른다. 사람들에게는 저마다 차이를 만들어내고 싶은 깊은 욕구가 있다. 이 땅에서 뭔가 특별한 일을 해냈다는 것, 즉 자기가 존재하는 목적을 알고 싶어 한다.[22] 다른 사람들을 이끌고자 한다면, 무엇보다 원칙과 목적을 우선순위에 두어야 한다. 더 큰 미션은 모든 사람의 소명을 담았다. 일류 조직의 리더들은 조직의 장기적인 중요성을 소통함으로써 사람들의 동기를 높여준다. 연구자들은 소속된 조직이 강한 목적의식이 있다고 답한 90퍼센트의 응답자들이 지난 한 해 동안 재무적으로도 좋은 성과를 달성했다는 답변을 보였다고 했다. 또한 비슷한 비율로 그들의 회사가 강한 재무적 성과를 이루었다고 말했다. 이 결과는 회사가 강한 목적의식이 없다고 답변한 사람들과 뚜렷한 대조를 이룬다. 이들 중 오직 3분의 2만 조직이 지난해에 재무적으로 좋은 성과를 달성했다고 답변했다.[23] 리더들이 조직의 공유 비전을 명확하게 소통할 때, 그들은 비전을 위해 일하는 사람들을 고양한다. 그들은 인간 정신(human spirit)을 드높여준다.

의미와 목적은 조직에 몸담은 모든 세대에게 매우 중요하다.[24] 사람들은 자신이 하는 일이 사소하고 중요하지 않다고 생각하면, 그 일을 오랫동안 할 수 없다. 가장 젊은 세대의 직원들은 이전 세대보다도 이 주제가 그들에게 더욱 의미 있다고 주장한다. 트위터(Twitter)의 학습 및 조직 개발 총 책임자인 니키 루스티그(Nikki Lustig)는 이렇게 말한다. "우리가 항상 직면했던 도전 중 한 가지는 리더들과 관리자들이 팀의 존재 목적을 정의하는 것을 도와주는 일이었습니다. 팀의 목적을 그들의 일과 연계하는 관점에서 보면 어떤 모습일까? 그리고 회사의 더 큰 비전과 어떻게 연계될까?"[25] 이러한 도전에 맞서기 위해 니키는 팀이 그들의 목적을 작성하는 데 도움을 줄 수 있는 목적 선언 워크숍(Purpose Statement Workshop)을 만들었다. 이 프로그램은 개인의 목적, 팀의 독특성 그리고 팀과 조직간 관계와 연관된 9가지 질문과 관련된 예비 작업을 포함한다.

목적 선언 워크숍에 참가하기 전에 팀원들은 먼저 9가지 질문에 대한 다른 사람의 답변을 읽은 후에 교육 진행 과정에서 이를 상호 토론한다. 이 과정은 처음 동료들이 회사에 입사한 동기를 파악하면서 일체감을 형성한다. "진행 중 난관에 부딪치기도 하지만, 우리가 왜 여기에 왔고, 어떤 일을 시작하려고 했는지를 기억하고 이에 관한 이야기들을 동료들에게서 듣는 일은 매우 영감을 일으키는 일입니다"라고 니키는 말했다.

사람들은 대의에 집중하지 계획에 집중하지 않는다. 쓰나미에 휩쓸려버린 지역 사회를 재건하기 위해 자원봉사에 지원하거나, 에이즈(AIDS) 극복을 위한 기금 마련을 목적으로 샌프란시스코에서 로스앤젤레스까지 자전거를 타고 횡단하는 캠페인에 참여하거나, 지진이 발생한 후에 붕괴한 잔해에서 사람들을 구조하거나, 실패 가능성이 매우 높은데도 차세대 신제품을 만들어내려고 밤낮을 다해 연구하는 이유를 어떻게 설명할 수 있을까? 이에 대해 국제 리더십 협회(International Leadership Associates)의 운영 책임자인 스티브 코츠(Steve Coats)는 다음과 같이 설명한다. "진정한 리더들은 위대한 성과와 의미 있는 업무가 공존하는 문화를 창조합니다. 그들은 사람들이 일에서 자부심을 발견할 수 있게 돕고, 심지어는 대부분이 사소하다고 생각하는 일도 즐거운 과정으로 만드는 재주가 있습니다. 리더들은 사람들에게 그들이 중요하며 필요하다는 인식을 심어줍니다." 그는 급여나 복리후생, 또는 안락한 근무환경만으로는 팀원들의 헌신적 노력이 발휘되는 이유를 설명할 수 없다고 말했다. "그 대신 사람들이 소중하게 생각하는 대상에 차이를 만들 기회를 부여하고, 그 기회를 즐길 수 있게 하고 사람들이 마땅히 받아야 할 존중과 경의를 표하는 것입니다. 이러한 일들을 더 잘 할 수 있도록 노력하고, 그 에너지를 관찰하고 문제를 해결한다면 사람들이 따라오고 생산성이 향상할 것입니다"라고 확신에 차서 말한다.[26]

사람들은 동기와 도덕성의 수준이 더 높은 단계로 고양될 때, 더욱 에너지가 충전되고 몰입도가 높아지며 자신이 하는 일이 중요하다고 생각한다. 예를 들어, 한 연구에서 연구자들은 약 2,500여 명을 2개 집단으로 나누어 '인체 안의 작은 혹들'에 대한 의학적 분석을 해보라는 과제를 부여했다.

한 그룹에는 그 분석작업이 곧 중단될 것이라고 말했고, 다른 그룹에는 그 물체가 "암으로 발전될 수 있는 종양"이라고 말했다. 분석작업 참석자들은 분석에 대한 보수를 똑같이 받았다. 실험 관찰 결과 후자에 속한 그룹이 '중단될 것으로 생각하는' 그룹에 비해 대상별로 분석에 드는 시간이 평균 10퍼센트씩 덜 소요되었고, 실제로 업무의 질도 훨씬 높게 나타났다. 전 세계의 50개 주요 회사에 다니는 2만 명을 대상으로 이 실험 결과를 바탕으로, 린지 맥그리거(Linsay McGregor)와 닐 도시(Neel Doshi)는 공동으로 집필한 저서 『실행을 위한 최적화(Primed to Perform)』에서 "우리가 일해야 하는 이유(동기와 목적)는 우리가 얼마나 그 일을 잘할 수 있는지를 결정한다"는 결론을 내렸다.[27]

급속히 변화하는 시대에 다가오는 미래를 예견하라

사람들은 종종 이렇게 묻는다. "다음 주에 어떤 일이 일어날지도 모르는데, 어떻게 5년 또는 10년 후에 있을 일에 대한 비전을 가질 수 있겠습니까?" 이 질문은 인간의 삶 속에서 비전의 핵심적 역할과 직결되는 질문이다. 평온하고, 예측 가능하며, 단순하고 명확한 세상에 살 때보다 점점 더 불안정하고 불확실하며 복잡하고도 모호한 세상을 살아갈 때 비전은 인간의 생존과 성공에 훨씬 더 중요한 의미가 있다.

이렇게 생각해보자. 햇빛이 비치는 맑은 날에 신나는 음악을 들으며 샌프란시스코에서 남쪽으로 태평양 해안도로를 따라 달리고 있다. 바로 앞의 커브를 돌면 수백 피트의 절벽이 나타나는데, 그 아래에는 바다가 맞닿아 있다. 당신은 한 손으로 운전대를 잡고 제한속도를 지키면서 급경사 길을 달리는데, 갑자기 아무런 예고도 없이 전에 없던 안개가 담요처럼 드리워진다. 그럴 때 당신은 어떻게 하겠는가?

우리는 이 질문을 많은 사람에게 정말 여러 번 해보았고, 이 질문에 대해 사람들에게서 주로 얻은 대답들은 다음과 같다.

- 속도를 줄인다.
- 라이트를 켠다.
- 운전대를 두 손으로 꽉 잡는다.
- 긴장의 끈을 유지한다.
- 똑바로 앉거나 몸을 앞쪽으로 숙인다
- 음악을 끈다.

그리고는 도로의 다음번 커브를 돌았다. 안개는 걷혔고, 다시 날씨는 화창하게 변했다. 당신은 어떠한 행동을 취하겠는가? 아마도 좌석을 뒤로 편하게 젖히고, 속도를 내고, 라이트를 끄고 음악을 다시 켜고, 경치를 즐길 것이다.

이 비유는 비전의 명확성이 얼마나 중요한지를 단적으로 보여주는 예다. 안개가 잔뜩 낀 날씨와 화창한 날 중 언제 더 빨리 달릴 수 있을까? 짙은 안개 속에서 당신의 생명 또는 다른 사람의 생명을 걸지 않고 얼마나 빠른 속도로 운전할 수 있는가? 안개 속에서 빠르게 운전하는 사람과 같은 차에 탔다면, 당신은 과연 편안함을 느낄 수 있을까? 이에 대한 대답은 너무나도 자명하다. 시야가 명확할 때 더 빨리 달릴 수 있고, 환히 앞을 볼 수 있을 때 구불구불한 급커브길이나 도로의 과속방지턱을 더 잘 예상할 수 있다. 비유적으로 말하면, 인생에서 자신이 안개 속을 달리는 모습을 발견할 때가 있다. 이런 일이 발생할 때 당신은 긴장하게 되고, 어떤 일이 일어날지 확신할 수 없다. 그래서 속도를 늦추게 된다. 그러나 계속 길을 따라가다 보면 길은 더욱 뚜렷해지고 마침내 당신은 다시 속도를 낼 수 있다.

　　리더가 해야 할 일 중 매우 중요한 부분은 안개를 걷어내 더 멀리 앞을 내다볼 수 있게 하는 것, 가는 길에 어떠한 일이 발생할지 예상할 수 있게 도와주는 것, 그리고 도사리는 잠재적 위험에 대비할 수 있게 하는 것이다. 명확한 비전은 희망을 불어넣는 것을 의미한다. 그 희망은 안개와 폭풍우가 치는 날씨, 도로 한 곳에 돌출된 지형, 예상하지 못한 우회, 잦은 차체의 고장에도 불구하고 모든 구성원이 이상과 목적지를 향해 갈 수 있게 하는 이유다.[28]

　　칼트로닉스 비즈니스 시스템(Caltronics Business System)의 제조 및 특수제품을 담당하는 팀장인 카일 하비(Kyle Harvey)는 자신이 실리콘 밸리 반도체 회사에서 근무할 때, 정확하게 안개 속에서 운전하는 것과 같은 상황을 경험한 적이 있다. 그와 한 동료는 회사의 광범위한 제품군에 대한 마케팅 자료를 제작하는 프로젝트를 담당하였다. 카일은 "처음에는 정말 너무 혼란스러웠습니다. 같은 과제를 맡은 동료는 프로젝트에 관심이 없어 보였고, 우리는 가장 짙은 안개 속에 갇힌 것만 같았습니다. 프로젝트에 대한 비전도 없었고, 방향도 보이지 않았습니다"라고 회상했다.

　　2주가 지난 후에도 진전을 거의 보이지 않자, 카일은 이 프로젝트에 접근하기 위한 비전을 만들어냈다. 카일은 동료가 매우 예술적인 감성이 있고, 창의적으로 일하는 것을 즐긴다는 점을 파악하고 그의 재능을 이 프로젝트에 녹여낼 수 있는, 즉 그가 이 프로젝트를 좋아하게 할 방법을 생각해냈다.

　　이 계획은 그에게 발동을 걸리게 했고, 그때부터 우리는 정말로

열심히 하기 시작했습니다. 그는 자신의 창의성을 어떻게 활용할
수 있을지 10분에서 15분 정도 설명한 후, 앞으로 모습이 어떻게
나타나길 원하는지 설명하기 시작했습니다. 안개는 계속 걷혔고,
앞의 시야는 점점 더 투명하게 보였습니다. …… 프로젝트를 시작
한 지 한 달 정도가 지나자, 마침내 우리는 더 빨리 달렸고 안개는
저만치 뒤로 물러나 있었습니다.

각자는 서로 중요한 공헌을 하였고, 목표를 달성하기 위해 일에 집중하였다. 카
일은 결과가 어떻게 되었는지 알려주었다.

이 경우에 특히 안개의 비유가 저에게 강하게 다가왔습니다. 비전
이 명확하지 않았을 때, 우리는 도로 한쪽에 임시로 차를 대기 위
해 운전을 잠시 멈추었다는 것을 알았습니다. 그러나 동기를 부여
하고 영감을 불어넣는 방법을 발견한 후 우리는 다시 도로로 돌
아와 안개를 헤치고 달릴 수 있었습니다.

리더가 되려면 당신은 미래를 설계할 수 있어야 한다. 변화의 속도는 근본적 진
실을 바꾸어놓지 않는다. 사람들은 오늘의 문제를 넘어 더 밝은 미래를 볼 수 있는 사
람들을 따르고 싶어 한다.

실천 사항

미래의 비전을 설계하라

조직 생활에서 가장 중요한 비전의 역할은 조직 구성원의 에너지를 집중시키는 것이다. 모든 사람이 자기 앞에 놓여 있는 것을 더 명확하게 알게 하려면, 당신은 다가오는 미래에 대하여 흥분으로 넘치는 매력적인 비전을 준비해야 한다. 명확한 비전으로 가는 길은 과거를 성찰하고 현재에 충실하며 미래를 전망하는 것으로 시작된다. 이 길을 따라 놓인 가드레일은 당신이 마음속 깊은 곳에서 소중하게 생각하는 열정이다.

리더는 구성원들이 따라오기를 기대하기 전에 자기의 비전에 대해 뚜렷한 확신을 가져야 하지만, 사람들이 원하지 않는 장소로 이끌 수는 없다. 더 많은 사람에게 비전이 매력적으로 다가오게 하려면, 이와 관련한 이해관계 당사자에게도 호소력을 주는 특별한 것이 있어야 한다. 오직 공유 비전만이 시간이 지날수록 몰입을 유지할 수 있는 자성(磁性)을 갖기 때문이다. 구성원이 하는 말을 경청해보자. 그들의 희망과 꿈 그리고 포부를 깊이 있게 들어보자. 공유 비전은 시간이 지날수록 범위가 커지고 미래를 계속 생각하게 하기 때문에 공유 비전에는 지금 손에 잡히는 일, 과제, 직무 이상의 내용을 담아내야 한다. 공유 비전은 명분과 의미가 담겨 있어야 하며 삶을 달라지게 하는 특별한 것이 있어야 한다. 팀이나 조직의 크기와는 상관없이 공유 비전은 기업에 목적과 방향을 주는 어젠다(agenda)를 정해준다.

공유 비전에 영감을 불어넣기 위해, 리더는 희망과 흥분으로 가득한

가능성을 상상하면서 미래를 설계해야 한다. 그렇게 하려면 다음과 같이
실천해야 한다.

1. 더 나은 미래를 향해 나아가는 모습을 상상하는 것과 관련해 내가 소중
   하게 여기는 것을 발견하기 위해, 무엇이 나를 움직이게 하고 나의 열정
   이 어디로 향하는지 규명하라.
2. 삶의 주된 주제를 찾고 자신이 찾은 의미를 가치 있는 것으로 이해하려
   면, 자기의 경험을 돌이켜보라.
3. 발걸음을 멈추고 주위를 둘러보면서 지금 일어나려는 중요한 트렌드,
   대화의 주요 화제, 사회적 불만 같은 것들에 귀 기울여라.
4. 흥분 넘치는 미래의 가능성을 상상하면서 상당 부분의 시간을 미래에
   할애하라.
5. 다른 사람들의 미래에 중요한 영향을 미칠 문제들과 그들의 삶에 의미
   와 목적을 주는 것을 깊이 있게 경청하라.
6. 미래의 공유 비전을 만드는 데 구성원을 참여시켜라. 이를 하향식 프로
   세스로 진행하지 말라.

제6장

구성원을 동참시켜라

힐티(Hilti Corporation)사의 관리 본부장인 얀 패커스(Jan Pacas)는 팀이 지금까지 한 번도 경험하지 못했던 과제를 시도하고 싶었다.[1] 그는 이곳에 부임하기 전에 힐티사의 여러 지사를 거쳤다. 그가 호주 지사에 도착했을 때, 힐티사가 표방하는 국제 기준이나 호주 안의 다른 경쟁사와 비교했을 때, 호주 지사는 '매우 평범한 수준'에 머물러 있다는 사실을 알았다. 그는 우리에게 "명확한 방향을 제시해야 할 타이밍이었습니다. 회사를 하나로 만드는, 사람들에게 믿음을 주며, 한 방향으로 함께 나아갈 수 있도록 동기를 부여하는 특별한 지향점이 필요했습니다. 우리는 끊임없이 뭔가 더 크고 더 나은 것을 찾아 나서고 싶어합니다"라고 말했다.

얀은 전략적 목표만으로는 충분하지 않다는 것을 알았다. 사람들이 일하는 이유를 직관적으로 이해할 수 있는 수준으로, 구체적이고 쉽게 알아보고 설명할 수 있는 수준으로 전략을 바꿀 필요가 있었다. "호주를 빨간색으로 칠한다"라는 슬로건은 이 상황에서 나온 발상이었다. "만일 우리 채용 사이트를 방문하시면, 파란색, 노란색, 녹색으로 이루어진 큰 바다를 볼 수 있을 것입니다. 각기 다른 색깔은 우리와 경쟁하는 회사인 보쉬(Bosch), 마키타(Makita), 디월트(DeWalt), 히타치 (Hitachi) 등을 나타냅니다. 우리는 모든 채용 사이트에 힐티의 시그니처인 빨간색이 훨씬 더 큰 비중을 차지하는 그림을 그려 넣었습니다."

"호주를 빨간색으로 칠한다"라는 문구는 빠른 속도로 인기를 끌었다. 호주에서 두 번째로 큰 공구대여 업체와 큰 계약이 성사되었을 때, 모든 직원은 그러한 구호가 무슨 뜻인지 매우 구체적인 용어로 이해했다. 푸른색, 노란색, 초록색으로 되어 있던 140여 개 공구대여점 색깔들이 차츰 200개의 빨간색으로 바뀌어 갔다. 모든 직원은 이제 '호주를 빨간색으로 칠한다'는 표현이 호주 전역의 가정집과 차고, 트럭 및 고객을 위한 취업 사이트 등에서 어디서나 힐티 브랜드를 찾을 수 있다는 뜻이라는 것을 알게 되었다.

얀과 같은 리더는 비전이 사람의 마음을 끌어당겨 모든 사람이 그 의미를 이해할 수 있어야 한다는 사실을 잘 알았다. 비전이 어떤 의미를 상징하는지 구체적으로 알 수 없다면, 사람들은 그런 비전은 가치가 없다고 믿는다. 그는 다음과 같이 말한다.

> 비전은 모든 관리자와 직원이 자기가 하는 일과 관련시킬 수 있
> 도록 표현해야 합니다. 비전은 인간의 두뇌와 심장, 그리고 손에
> 호소하는 일입니다. 두뇌는 내용을 논리적으로 이해하는 것을 의
> 미합니다. 심장은 감성적으로 사람의 마음을 사로잡는 것을 의미
> 합니다. 그리고 손은 행동으로 실천하는 것을 의미합니다. 즉 자
> 신이 해야 할 일이 무엇인지 알고 이를 실천할 수 있는 권한을 위
> 임받았다는 것을 의미합니다.

'호주를 빨간색으로 칠하는' 프로젝트를 통해 모든 사람은 열광적으로 회사의 일원이 되었고, 이 프로젝트는 비전 실현을 위해 자기가 맡은 역할을 달성하려는 의지를 결집하는 계기가 되었다. 회사가 향하는 방향에 대해 많은 사람은 대개 아무런 생각이 없다고 얀은 주장한다. 그렇게 된다면 구성원에게는 '희망찬 미래'가 존재하지 않을 것이다. 그들에게 흥분할 만한 미래의 가능성을 제시함으로써, 리더는 구성원에게 그들이 무엇인가 특별한 일을 도모하는 집단의 일원이라는 생각을 품게 해야한다. 그들은 자기가 속한 조직이 여태까지 쌓아온 업적에 머무르지 않고, 새로운 변화를 모색한다는 사실에 활력을 느낀다.

제6장 구성원을 동참시켜라

우리가 수집한 개인이 경험한 최고의 리더십 사례를 보면, 사람들은 모두 비전을 이루기 위해 한배를 탈 필요가 있다고 말하며, 앞이 그랬던 것과 마찬가지로, 그 꿈을 위해 구성원을 동참시켜야 한다고 말했다. 그들은 통일된 방향으로 조직을 이끌기 위해 소통과 지지를 확보하는 일이 얼마나 중요한지 이야기했다. 이 리더들은 놀라운 변화가 현실에서 일어나기 위해, 모든 구성원이 열정을 갖고 공동의 목적에 전념해야 한다는 사실을 알았다.

구성원을 동참시키는 일 중 하나는 모든 사람이 서 있을 수 있는 공통 기반을 세우는 것이다. 또 한 가지 중요한 점은 리더가 비전을 표현할 줄 아는 감성을 갖는 일이다. 우리의 연구 결과에 의하면 구성원들은 리더가 미래를 내다보는 것 외에도 영감을 불어넣어주기를 기대한다. 멀리 존재하는 꿈에 몰입하려면, 엄청난 양의 에너지와 자극이 필요하다. 리더는 그러한 에너지를 공급하는 중요한 원천이다. 아무도 열정이 미지근한 리더를 따르고 싶어 하지는 않는다. 사람들은 꿈에 대한 열정으로 가득 찬 리더를 적극적으로 따르고 싶어 한다.

수천 명의 군중을 동원하려고 하든 직장에서 한 명의 마음을 움직이게 하든, 사람들을 동참시키기 위해서 리더는 다음과 같은 2가지 핵심 사항에 따라 행동해야 한다.

① 공동의 이상에 호소하라.
② 비전에 생동감을 불어넣어라.

사람들을 동참시킨다는 것은 목적에 대한 열정의 불씨를 일으키고, 역경을 넘어설 수 있게 마음을 움직이는 것이다. 조직에서 놀라운 변화가 일어나게 하려면, 이유를 불문하고, 구성원의 이성과 감성을 몰입시켜야 한다. 우선 그들이 의미 있고 중요하게 생각하는 강한 포부가 무엇인지 이해하면서 시작해야 한다.

공동의 이상에 호소하라

개인별 최고 리더십 사례를 살펴보면, 리더는 이상을 언급한다. 그들은 평소와 같은 비즈니스 환경에서 극적 변화를 실현하려는 욕구를 표현하였다. 리더는 크고, 위대하며, 전에는 시도하지 못한 일을 추구하였다.

비전은 희망, 꿈 그리고 염원에 관한 것이다. 단순히 좋은 것을 넘어서 무엇인가 위대하고 놀라운 것을 성취하려는 강한 욕구와 같다. 비전은 야망으로 가득 차 있으며 낙관주의로 가득한 표현이다. 리더가 어떤 일에 구성원을 동참시키려고 할 때, "다른 사람도 하는 평범한 일에 동참해주시겠습니까"라고 말하는 것을 상상할 수 있을까? 절대 그런 일은 없다. 비전은 신나고 흥미진진한 가능성을 상상하게 하고, 기술의 한계를 돌파하고, 혁명과 같은 사회 변화를 일으킨다.

이상은 한 차원 더 높은 가치를 담는다. 이상은 최고의 경제적, 기술적, 정치적, 사회적, 그리고 심미적 우선순위를 나타낸다. 세계 평화, 자유, 정의, 신나는 삶, 행복, 자기 존중과 같은 이상은 인간의 삶에서 추구하는 가장 정점에 있는 개념들이다. 이러한 가치는 장기간에 걸쳐 실천을 통해 달성할 수 있는 큰 목적의 결과물이다. 이상에 집중함으로써 사람들은 의미를 얻고, 자기가 감행하는 일에 대한 목적의식을 얻는다.

구성원과 미래 비전에 대해 소통할 때, 당신은 자기가 생각하는 비전이 세상을 어떻게 달라지게 할 수 있으며, 사람들과 발생하는 사건에 어떠한 긍정적인 영향을 줄 것인지 알려줄 필요가 있다. 공동의 비전에 참여하게 함으로써 그들에게 장기적 이익을 어떻게 실현할 것인지 보여줄 필요가 있다. 일의 목적과 고차원적 의미에 대해 대화를 나눌 필요가 있다. 사람들이 공동의 대의에 참여할 때 달라질 미래의 매력적인 모습을 설명해줄 필요가 있다.[2]

타인에게 의미를 주는 내용과 연계하라

탁월한 리더는 미래의 비전을 강요하지 않는다. 그들은 구성원의 마음속에서 이미 소용돌이치는 비전을 스스로 갖게 해준다. 마음속에 있는 꿈을 깨어나게 하여 생명을 불어넣고, 원대한 이상을 달성할 수 있다는 믿음을 일깨워준다. 공유 비전에 대해 소통할 때, 리더는 자신이 생각하는 이상을 화제로 끌어낸다. 힘들고 불안정한 시대에 앞만 보고 달리게 하는 추진력은 그들이 하는 일이 가족과 친구들, 동료, 고객 그리고 공동체에 큰 변화를 일으킬 수 있다는 가능성을 확실할 때 가능해진다. 사람들은 자기가 하는 일의 중요함을 인정받고 싶어 한다.[3] 40여 개국의 사람들을(16개의 다른 언어로) 대상으로 한 연구에서 목적을 통해 직원들이 결속할 때, 생산성과 몰입도가 높아진다는 결과를 발견했다.[4]

상당히 벅찬 사업 부문 목표를 떠안게 된 트러스트마크(Trustmark Company)사의 장애 및 장기요양 사업부의 부사장인 낸시 설리번(Nancy Sullivan)은 사업부가 직면한 도전을 이겨낼 것으로 생각했다. 하지만 그는 도전을 이겨내기 위해서 사업부 실적 달성 계획 수립에 그치지 않고, 구성원과 직접 소통해야 할 필요를 느꼈다. 그는 그들이 함께 이룰 수 있는 큰 그림을 그리고, 그 큰 그림이 어떻게 현재와 다른 차이를 만들어낼 수 있을지 이해시킬 필요가 있었다.

낸시는 4페이지에 걸쳐 비전 메시지 초안을 작성했고, 모든 사람이 모이는 탕비실에 이 메모를 붙였다. 팀 미팅을 하거나 사업부 미팅과 일대일 면담에서, 복도에서 잠깐 나누는 대화에서도 목적과 의미에 대한 진정한 믿음으로 비전에 관해 이야기했다. 사람들이 이 게시물을 볼 때, 자신들을 최고 중 최고라고 생각하는 데 어떤 도움이 될지 생각했다. 그 메시지는 그들이 사업에서 성취할 수 있는 목표였을 뿐만 아니라, 구성원의 삶 속에서 발휘할 수 있는 중요한 역할이기도 했다. 아래는 그가 작성한 메시지 내용의 일부다.

> 저는 우리 회사가 이런 곳이길 바랍니다. 영업팀은 우리 스스로 내리는 결정을 언제나 존중해주고, 우리의 결정에 대해 아무도 이의를 제기하는 사람이 없는 곳, 보험계약자는 우리가 내린 결정을 신뢰하며 진정으로 필요한 순간에 우리가 진심을 다해 헌신적으로 그들을 도와준다고 생각되는 회사, 당신이 내린 결정이 계약에 따른 결과임을 고객이 확신할 수 있고 또 더 중요한 것은 이 결정이 윤리적으로 볼 때도 올바르고 건전하다는 사실에 대해 확신을 받는 곳, 우리가 함께 일하는 동료를 소개할 때 떠올릴 수 있는 유일한 직함은 존중의 의미를 담은 동료 또는 친구라는 호칭을 쓰

는 곳입니다.

열정을 다해 시간과 에너지를 투자했기에 이곳에서 생기는 성장
과 기회는 크나클 것이고, 기회와 잠재력은 무궁무진하게 될 것이
라는 꿈을 꿉니다. 더는 보험금 청구를 관리하지 않아도 장애 등
급에 대한 결정만 관리하면 되고, 더는 장애 청구 전문가가 아니
라 장애 전문가로 인식되는 곳, 동료와 공무원이 장애에 대한 해
결책을 찾기 위해 문을 두드리는 곳. 트러스트마크(Trustmark)는
모든 장애인의 필요에 도움을 주는 최고의 회사가 되는 것입니다.

낸시는 밤낮을 가리지 않고, 흥미로운 가능성으로 가득한 미래를 강조했다. 낸시
의 메시지는 장애 보험 청구서에서 직원들을 벗어나게 해주었고, 그들이 달성해야 할
고귀한 목표가 무엇인지 일깨워주었다. 사업부 업무의 목적과 의미에 집중함으로써,
구성원들은 공동체 의식에 몰입할 수 있었다. 또 이러한 비전 때문에 그들은 연간 목
표를 10년 연속 초과 달성하였다.

낸시의 직원들이 경험한 결과는 우리가 일상적으로 하는 일에 대해서 일 자체를
초월하는 목적과 의미에 연계할 수 있을 때, 발견할 수 있는 결과들과 일맥상통한다.
이러한 결과는 연구자들이 한 달 동안 거의 400명에 달하는 개인의 삶을 추적한 연구
결과 밝혀졌다. 연구 기간에 그들에 대한 개인의 행동, 삶에 대한 태도, 금전을 대하는
태도, 관계, 시간 등 관련된 요소에 대하여 일련의 설문 조사를 하였다. 이 연구에 참
여한 사람들은 자기 삶이 얼마나 의미 있고 행복한지에 대한 질문을 받았다.[5] 연구 결
과 발견된 사실은 "개인이 이른바 의미를 추구할 때, 다시 말해서 어떤 의미와 결부시
키고 타인에게 베풀고, 더 큰 목적을 바라볼 때, 분명한 이익을 얻을 수 있으며, 심리
적 안녕을 포함하여, 창의력과 업무 성과가 증진되는 결과를 얻는다. 업무에서 의미
를 발견하는 직원들은 더욱 몰입도가 높아지며, 현직을 떠날 가능성이 줄어든다."[6] 일
에서 확연하게 의미를 느낄 때, 즉 일을 통해 다른 사람들에게 도움을 줄 수 있을 때,
구성원들은 내적 동기가 더욱 강화되는 효과를 얻는다.

이와 비슷하게, 연구 결과에 의하면 공동의 비전에 동참하는 것이 장기적 이익
을 달성하는 데 도움을 준다는 점을 항상 알려주는 리더들이 그런 리더십을 거의 보
이지 않는 리더들보다 부하 직원들에게서 16배나 더 우호적인 평가를 받은 것으로

나타났다. 이 연구는 우리에게 "우리가 왜 이 일을 하며, 이 문제가 왜 중요한가?"에서 보듯이 '왜?'를 강조하는 것이 뇌의 보상 시스템을 작동시키며, 사람들이 일에 기울이는 노력을 촉진해줄 뿐만 아니라 그들이 하는 일에 대해 느끼는 감정도 자극한다는 사실을 보여주었다.[7] 예를 들어, 콜 센터 직원 중 통화하면서 문제 해결을 위해 도움을 주려는 직원과, 상담을 될 수 있는 대로 빨리 끝내고 전화를 끊으려는 직원의 차이점을 생각해보자. 후자의 경우에는 회사가 할 수 있는 노력을 최대한 해보겠다는 사실을 이해시키려는 데 그치겠지만, 전자의 경우에는 회사가 도움을 줄 수 있는 수단을 적극적으로 찾아보려고 노력할 것이다.

　　리더는 구성원에게 그들이 하는 일이 실제 업무보다, 때로는 사업 그 자체보다

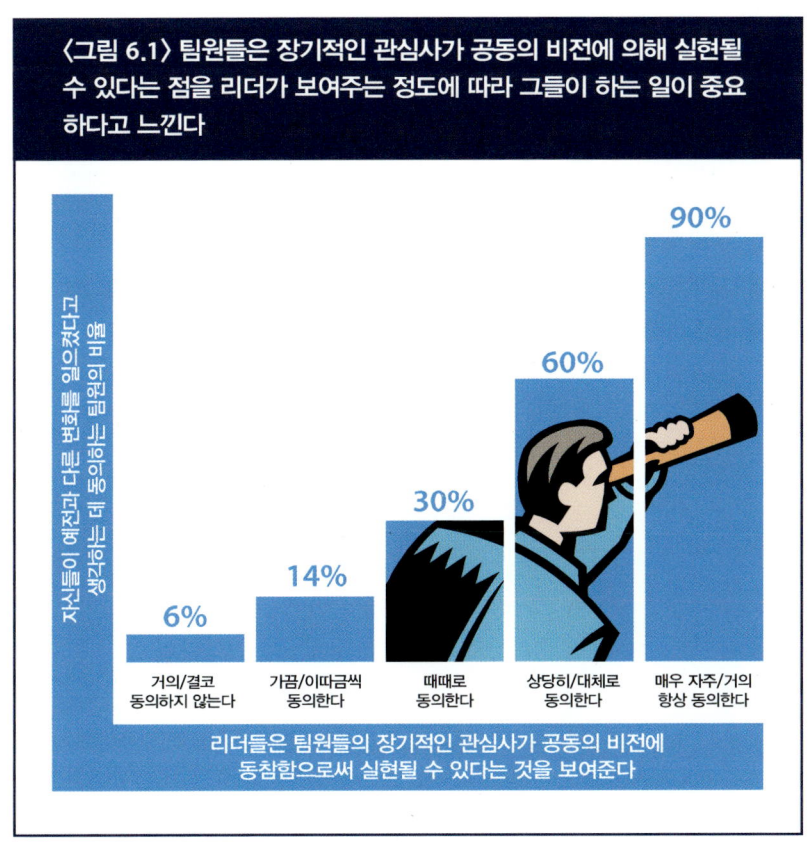

〈그림 6.1〉 팀원들은 장기적인 관심사가 공동의 비전에 의해 실현될 수 있다는 점을 리더가 보여주는 정도에 따라 그들이 하는 일이 중요하다고 느낀다

자신들이 예전과 다른 변화를 일으켰다고 생각하는 데 동의하는 팀원의 비율

6%　거의/결코 동의하지 않는다
14%　가끔/이따금씩 동의한다
30%　때때로 동의한다
60%　상당히/대체로 동의한다
90%　매우 자주/거의 항상 동의한다

리더들은 팀원들의 장기적인 관심사가 공동의 비전에 동참함으로써 실현될 수 있다는 것을 보여준다

도 더 중요한 일이라는 점을 인식하게끔 도움을 준다. 그들이 하는 일은 고귀한 것일 수도 있다. 사람들이 밤에 잠자리에 들 때, 그들은 오늘 자신이 한 일로 인해 다른 사람들이 더 나은 삶을 누릴 수 있었다는 것을 알게 된다면, 좀 더 편안하게 잠을 청할 수 있다. 〈그림 6.1〉에서 보듯이, 리더들이 공동의 비전에 직원들을 동참하게 함으로써 그들이 생각하는 장기적 관심사가 얼마나 실현될 수 있을지에 따라 조직에서 자신이 중요한 변화를 일으켰다고 느끼는 정도가 증가한다.

직원들이 예전과 다른 변화를 일으켰다는 점을 느끼는 정도는 리더들이 공동의 비전에 직원들을 동참하게 함으로써, 그들이 생각하는 장기적 목표를 얼마나 실현할 수 있을지에 따라 급격히 증가한다.

독특함에 대한 자부심을 가져라

앞에서 언급한 얀과 낸시 같은 모범적인 리더들은 또한 업무 그룹, 조직, 제품 또는 서비스를 독특하게 만드는 점이 무엇인지에 대해서도 구성원들과 소통한다. 사람들을 끌어당기는 비전은 분명히 독특한 특징이 있으며, 이는 직원, 자원봉사자, 고객, 클라이언트, 기부자, 투자자를 모집하고 유지하는 방법에서 '우리'와 '경쟁자'를 차별화 한다. 시장연구 전문가인 더그 홀(Doug Hall)은 신제품 또는 서비스에서 '극적으로 차이가 발생하는' 독특함은 성공 가능성을 350퍼센트나 높인다는 사실을 발견했다. 비전에서도 이 같은 논리가 적용될 수 있다. 비전이 더욱 독특할수록, 이 비전이 수용될 가능성은 더욱 커진다.[8]

길 건너편 또는 아래층에서 일하는 다른 회사와 똑같은 일을 하거나 물건을 사거나 투자한다는 것은 아무런 도움이 될 게 없다. 처음 출근한 직원에게, "우리 회사에 오신 것을 환영합니다. 우리 회사는 다른 회사와 별다른 차이가 없는 곳입니다"라고 한다면, 그 말을 듣는 사람은 기대감이 싹 사라질 것이다. 사람들은 그들이 진정으로 독특하고 군중 속에서도 두드러져 보인다고 생각할 때, 이를 받아들이고 에너지를 쏟아붓고 싶은 열정이 생긴다.

독특하다고 느끼는 감정은 자긍심을 높여준다.[9] 이 감정은 조직과 연관된 모든 구성원의 자존감과 자긍심을 높여준다. 이런 경우 사람들은 조직을 위해 일하는 것을 자랑스럽게 생각하고 그 목적을 위해 봉사하며, 자신이 하는 일이 의미 있다고 생각할 때, 그들은 기꺼이 외부 세계를 향한 열정적인 대사가 되길 자처한다. 마찬가지로, 고객도 당신의 제품을 소유하거나 서비스를 받는 것을 자랑스럽게 여기게 될 때, 더욱 충성도가 높아지고 당신과 사업하기 위해 사람들을 기꺼이 채용하거나 다른 사람에게 추천하게 된다. 공동체 구성원들이 당신과 같은 이웃이 있는 것을 자랑스럽게 여길 때, 최선을 다할 것이다.

아즈메나 자베리(Azmeena Zaveri)는 파키스탄 카라치(Karachi)에서 지역 공동체 서점의 영업과 재무를 담당하면서 자원봉사자로 구성된 팀을 이끌었을 때, 독특함에 대한 자부심을 갖는 일이 얼마나 중요한지 깨달았다. 그 서점은 사람들이 모여, 사교 활동을 하고 함께 배우는 지역의 상징이자, 유명하며, 사랑을 받는 곳이었다. 하지만 아즈메나가 재무 관리를 담당했을 때, 이곳은 생존을 위해 몸부림쳤다. 서점은 더 이상 수준 높은 서비스를 제공하지도 못했고, 재무 관리의 투명성도 부족했다. 더구나 직원들에게는 조금 더 노력하려는 열성이 부족했다. 서점의 쇠퇴 이유를 아즈메나는 이렇게 설명했다. "팀이 무능하거나 일을 수행할 능력이 부족해서가 아니었습니다. 주된 원인은 조직의 비전과 방향이 없었기 때문입니다. 고객들이 잘 갖추어진 장서 때문에 들르는 장소가 아니라 고객을 반기는 분위기와 훈훈한 공동체 분위기로 사람을 끌어당기는, 찾고 싶은 장소를 만들기 위해 팀에게 용기를 불어넣는 것이 제 목표였습니다."

아즈메나는 자원봉사자들에게 회계 실력을 향상하는 방법을 가르쳤다. 서점의 부족한 자원을 더 잘 활용하는 방법에 대해 의견을 나누고, 단골손님이 삶의 일부로서 이 서점에 얼마나 많이 의존하는지에 대해서도 이야기했다. 이 과정을 통해, 그는 자원봉사자들이 단순히 서점에 봉사하는 역할에 그치지 않고, 자랑스러운 유산을 가진 지역 사회의 상징을 유지하는 영예로운 일에 기여함을 강조하였다.

독특함을 강조하는 것은 큰 조직 안의 작은 부서나 대도시의 작은 이웃 공동체들이 자기만의 비전으로, 자기 조직이 속한 큰 공동체의 비전 달성에 기여할 수 있게 한다. 기업이나 공공기관, 종교 단체, 학교 또는 자원봉사단체 같은 조직도 조직 전체가 지향하는 비전과 일치해야 하지만, 개별 조직은 더 큰 전체 안에서 자기만의 특성을 나타내면서 특특한 특징을 강조할 수 있다. 단위 조직은 그들이 가진 비전이 더 큰 조직의 미래에 기여할 때, 이상적인 미래의 이미지에 대해 자부심을 느낄 것이다.

하지만 컴퓨터 화면을 보면서 찰나에 버튼 한 번만 눌러도 많은 것을 얻을 수 있는 오늘날의 세상에서, 차별화는 더욱더 어려운 일이 되어간다. 현실의 삶은 점점 더 획일화되어가고 있다. 오늘날 세상은 거대한 동일성의 바다와 같다. 사람들은 전보다 더 빠르고 쉽게 지루해한다. 조직은 신구의 차이를 막론하고 제품과 서비스를 차별화하기 위해 더욱 열심히 노력해야 한다. 리더는 짙은 안개를 헤치고 사람들에게 올바른 방향을 제시하는 횃불이 되는 방법을 찾기 위한 노력을 게을리하지 않아야 한다.

자신의 꿈을 구성원들의 꿈과 일치시켜라

이상에 호소하는 방법을 학습할 때, 사람들의 영혼을 움직이고, 정신을 고양할 때, 자기도 고양된다는 사실을 느낀다. 「나에게는 꿈이 있습니다(I Have a Dream)」라는 연설로 유명한 킹 목사(Martin Luther King Jr.)에게서 그러한 예를 찾아볼 수 있다. 미국 탄생을 기념하는 국경일에 한 그의 연설은, 남녀노소를 불문하고 명확하고도 희망에 찬 미래의 비전이 주는 힘을 또 한번 상기해준다.[10]

매우 덥고 습한 날에 그 현장에 있다고 상상해보자. 1963년 8월 28일, 25만 명의 군중이 운집한 워싱턴 D.C. 링컨 기념관 제단에 서서, 킹 목사는 자신의 꿈을 전 세계에 공포한다. 군중은 손뼉을 치고, 박수를 보내고, 고함을 지르는 가운데 킹 목사의 연설을 듣는다. 이 상황에서 당신은 기자이며 지금 이 킹 목사의 연설이 왜 그토록 많은 사람의 마음을 강력하게 움직이는지 이해하기 위해 이 자리에 있다고 가정해보자.

우리는 지난 몇 년 동안 이 같은 실험을 수천 명을 대상으로 실시했다. 그의 연설을 듣고, 그들이 들은 내용은 무엇이며, 그들에게 어떤 느낌을 주었는지, 이 연설이 오늘날까지도 그토록 감동을 주는 이유가 무엇 때문인지 생각해보는 것이다.[11] 아래는 연설을 듣고 관찰한 느낌을 일부 적은 것이다.

- "공동의 이익에 호소했습니다."
- "가정과 교회, 국가의 전통적 가치에 관해 말했습니다."
- "연상할 수 있는 이미지와 그림을 보는 듯한 생동감 있는 표현을 풍부하게 사용했습니다. 그런 기법은 매우 친근했습니다."
- "인용한 예들이 매우 신뢰가 가더군요. 헌법이나 성서에 대해서 옳다 그르다고 주장하기는 어렵지요."

제6장 구성원을 동참시켜라

- "자기 아이들과 그가 겪은 고초를 언급하는 개인적 접근이 마음에 들었습니다."
- "전 지역과 모든 연령, 남녀 모두와 종교를 가리지 않고 모든 사람을 포용했습니다."
- "여러 번에 걸쳐 같은 말을 반복했습니다. 예를 들면, '나에게는 꿈이 있습니다'와 '자유의 종이 울리게 합시다' 같은 표현은 여러 번 반복했습니다."
- "같은 생각을 여러 번 말했지만, 그때마다 다른 방식으로 표현했습니다."
- "그가 주는 메시지는 긍정과 희망으로 가득 차 있었습니다."
- "긍정적이었지만, 이루기 쉽다고 장담하지는 않았습니다."
- "삶의 초점을 '나'에서 '우리'로 바꾸었습니다."
- "감성과 열정을 갖고 말했습니다. 이러한 모습에서 진심이 느껴졌습니다."

이러한 내용은 리더가 동참을 촉구하는 데 가장 중요한 핵심이 무엇인지 잘 보여준다. 사람들이 당신의 꿈에 열광하게 하려면, 의미와 목적을 분명하게 말해야 한다. 당신은 그들에게 그들의 꿈을 실현할 방법을 보여주어야 한다. 당신이 전달할 메시지를 그들의 가치와 포부, 경험과 삶에 연계해야 한다. 이런 꿈이 이를 강조하는 사람이나 조직을 위해서가 아니라 그들의 필요에 따른 것이라는 점을 보여주어야 한다. 미래에 대해 영감을 주는 비전과 개인의 열망, 그리고 그 비전을 실현하는 대상자의 마음속에 불타오르는 열정의 연결고리를 만들어야 한다.

펜실베이니아대학교의 교수인 앤드루 칼튼(Andrew Carton)은 비전 소통에서 **이미지 중심의 단어**를 사용해야 할 중요성을 강조한다.[12] 킹 목사가 잘 짚은 대상('아이들, 할렘가의 흑인'과 같은)과 관찰 가능한 행동('몽고메리 언덕 위에서 흑인과 백인 소년소녀들이 손에 손잡고…' 같은)을 인용하여 묘사한 방식이 정확하게 여기에 해당한다. 앤드루는 다음과 같이 기록했다.

> 이미지를 상징하는 단어들은 상상력을 자극해 미래에 대해 생생한 그림을 그릴 수 있도록 감각적 정보를 전달합니다. 이런 맥락에서, 이미지를 상징하는 단어들은 **비전**이라는 단어가 가진 본래의 의미와 일관성을 더 갖게 됩니다. 리더가 소통할 때, 생생한 이미지를 동반하면, 향후 전개될 꿈에 부푼 이야기에 매료되어 조직 구성원들은 아직 펼쳐지지 않은 미래에서 일어날 일들을 동경하

게 됩니다.

그의 연구는 이미지를 상징하는 단어가 사람에게 영감을 불러일으킨다는 사실을 발견했다. 한 예로, 어떤 팀에게 인형의 원형을 개발하라는 과제가 부여되었다. 이때 이미지를 상징하는 단어를 사용해 소통한 비전은("우리가 만든 인형은 놀라움으로 눈이 휘둥그레진 아이들을 웃게 하고, 부모들의 입가에는 자부심의 미소를 띠게 할 것입니다") 같은 내용을 시각적 이미지를 사용하지 않았을 때보다 ("우리가 만든 인형은… 모든 고객에게 즐거움을 줄 것입니다") 훨씬 더 강력한 효과를 보였다.[13] '결과가 어떤 모습으로 보여지며 느껴지도록 할 것인가'라는 관점에서 당신은 추상적 열망을 이미지화할 필요가 있다. 이러한 이미지를 통해, 구성원은 자신의 열정과 확신을 리더의 비전에 대한 생각과 동일시하기 시작한다.

이미지를 연상하는 언어를 사용해 개인의 열망과 공유 비전 사이의 연계성을 창조하는 것은 사회 운동을 하는 리더들이나 제품 개발팀에만 해당하는 일은 아니다. 이러한 일들은 당신이 일하는 직장에서도 얼마든지 적용될 수 있다. 켄트 크리스텐슨(Kent Christensen)은 대학 졸업 후 첫 직장에 입사했을 때, 이와 같은 현상을 경험했다. 몇 달간 시스코에서 공급망 운영팀의 일원으로 일할 때, 그는 방향을 잃은 느낌이 들었다. 관리자가 여러 번 바뀌었고, 팀 구성원들도 이동이 더 잦아졌다. 켄트는 사업 분석가(Business Analyst)로서 자신의 일상적인 일에 대한 책임을 인식했지만, 자신의 직무가 더 큰 사업 계획 차원에서 어떤 의미가 있는지는 알 수 없었다.

그러나 내부 후보자 한 명이 부사장으로 발탁되자 상황은 완전히 달라졌다. 새로 임명된 부사장은 전사 직원 미팅을 개최하면서, 모든 직원에게 자신을 소개했고 회사 안에서 공급망의 중요성을 설파했다. 신임 부사장은 켄트가 조직과 조직 안에서 자신이 수행하는 역할에 대해 느끼는 회의감에 변화를 가져올 프레젠테이션 슬라이드 화면을 띄웠다. 슬라이드에는 비전(Vision), 전략(Strategy), 실행(Execution), 평가 요소(Metrics)를 의미하는 V-S-E-M이란 네 글자가 적혀 있었다. 그 부사장은 시스코가 고객의 사업성과를 최적화해주고, 조직의 전 구성원에게 권한을 위임할 수 있게 하고, 행동의 청사진을 제공할 수 있게 하는 것이 공급망 부문의 비전이라고 설명했다. 그는 모든 구성원 한 명 한 명이 중요한 역할을 담당하며, 조직 안에서 협업을 증진해야 할 필요성을 강조했다. 전사 직원 미팅이 끝날 무렵, 켄트의 마음속에는 변화가 찾아왔다.

　　직무를 수행하는 방법에서 저는 완전히 다른 접근 방식을 택했습니다. 이 공유 비전이 제 머릿속에서 공명하면서, 주변이 온통 칠흑 같은 어둠으로 가득했던 저에게 한 줄기 빛이 내리는 것 같았습니다. 전사 직원 미팅을 마치고 나오면서, 주변의 분위기는 달라져 있었습니다. 소속감을 느끼기 시작하자, 여기저기에서 이런저런 말소리가 퍼져 나왔습니다. 그동안 사람들의 마음을 뒤숭숭하게 한 혼란이 끝났다는 사실에 사람들은 기뻐했지만, 좀 색다른 점이 있었습니다. 모든 사람에게 마치 새로운 목적이 생긴 것처럼 보였습니다. 비전을 갖게 되자 중간 리더들과 그들의 팀은 영감으로 고무되었고, 공동의 목표를 위해 몰입할 수 있었습니다.

　사람들에게 일이 좀 더 큰 목적과 어떻게 연계되는지 보여주고, 개인의 열망과 조직의 목표를 일치시킴으로써, 당신은 사람들이 소속감을 느끼고 공동의 목표를 위해 함께 노력하도록 영감을 불어넣을 수 있을 것이다.

비전에 생동감을 불어넣어라

동기를 부여하는 방법 중 한 가지는 그들의 이상에 호소하는 것이다. 또 한 가지는 킹 목사가 "나에게는 꿈이 있습니다"라고 말했던 것처럼 비전에 생명력과 생기를 불어넣는 일이다. 구성원을 동참하게 하려면, 그들의 관심사와 포부가 비전과 같은 방향으로 가는지 실제로 보고 느낄 필요가 있다. 당신은 미래에 대해 매력적인 그림을 그릴 필요가 있고, 구성원이 미래에 대한 기대감으로 부푼 상태에서 살고 일하고 싶다는 마음이 과연 어떤 것인지 경험하게 해주어야 한다. 구성원이 내적으로 충분히 동기 부여될 수 있는 유일한 방법은 개인이 가진 에너지를 비전 실현을 위해 집중하게 하는 것이다.

　어떤 사람은 이런 식으로 말할 수도 있다. "하지만 나는 킹 목사가 아닙니다. 그분이 했던 일은 제가 할 수 있는 일이 아니죠. 그분은 목회자였습니다. 저는 그렇지 않습니다. 그분이 이끄는 구성원은 항의 시위행진을 했습니다. 제 임무는 맡은 일을 제대로 마무리하는 것입니다."

많은 사람은 들뜨는 기분을 느끼지 못하며, 대부분 조직에서는 아무도 이런 식으로 행동하라고 독려하지 않는다. 명확하게 소통하고 마음을 끌어당기는 비전의 위력을 인정하더라도, 우리의 연구 결과에 의하면 사람들은 나머지 4가지 리더십 원칙보다도 가슴속에 비전에 대해 영감을 불러일으키는 것을 더 어렵게 생각한다. 그러한 불편함은 자신의 감정을 표현해야 하는 데서 온다. 많은 사람은 강렬한 감정을 전달하는 것을 어려워한다. 하지만 그렇게 할 수 있는 자신의 능력을 너무 섣불리 깎아내릴 필요는 없다.

영감이 불러일으켜지지 않는다는 인식은 그들이 개인적으로 최고의 리더십 경험을 이야기하거나 이상적인 미래를 이야기할 때, 스스로 이룬 성과와는 극명한 대조를 보인다. 자신의 놀라운 업적이나 주요한 성공을 이야기할 때, 사람들은 거의 언제나 그러한 감정을 열정적으로 표현한다. 더 나은 미래를 향한 강렬한 욕망을 이야기할 때, 이를 표현하고 싶은 욕구는 자연스럽게 생겨난다. 이때 사람들이 사용하는 언어가 무엇인지는 중요하지 않다. 어떤 대상에 대해 열정을 느낄 때, 사람들은 자기감정을 그대로 드러낸다.

대부분 사람은 영감을 주는 데는 뭔가 신비로움이 있을 것으로 생각한다. 그들은 이를 초자연적인 것으로 보거나 그들에게 부여된 은총이나 마력 같은 것으로 생각한다. 이런 능력은 종종 카리스마로 불리기도 한다. 이런 생각은 영감을 주는 타고난 재능이 부족한 것보다도 오히려 우리가 영감을 주는 것을 훨씬 더 방해한다. 공유 비전으로 영감을 주는 데는 리더가 카리스마를 가져야 할 필요는 없다. 다만 당신은 군건한 신념을 갖고 있어야 하고, 그러한 자기신념을 전달할 수 있는 기술을 개발해야 한다. 열정은 삶에 비전을 가져다준다. 다른 사람들을 이끌려고 한다면, 자신에게 내재한 열정을 인식하고 이를 적극적으로 표현함으로써 사람들에게서 몰입을 끌어내야 한다. 당신이 가진 재능을 절대로 과소평가해서는 안 된다.

상징적인 언어를 사용하라

"이 그림은 직원 역량 개발에 대한 제 비전을 나타내고 있습니다." 셰릴 존슨(Cheryl Johnson)이 우리에게 한 말이다. 산타클라라대학교의 인사담당 이사 셰릴이 보여준 사진은 시장에서 좋아하는 각종 과일을 사려고 몰려든 사람들로 바글거리는 농산물 시장의 모습이었다. 그는 설명을 계속 이어갔다.

> 이 시장은 지역 사회의 활기를 보여주는 한 단면입니다. 시장이 장기적으로 성공하려면, 지역 사회의 요구에 맞게 사람들이 원하는 각종 농산물의 신선도를 유지하며, 사람들이 원하는 상품을 다양하게 갖추어야 합니다.
>
> 저는 직원 개발 업무를 항상 변화하는 품목과 제공 범위를 다양하게 선택할 수 있도록 갖추는 일로 보고 있습니다. 고객 중 일부는 너무 서두르는 바람에 우리가 제공하는 서비스를 못 보고 지나칠 때가 있을 것입니다. 한편, 어떤 이들은 주변을 맴돌다가 우리가 제공하는 서비스를 즐기고 활용할 수도 있습니다. 장기적으로 우리는 도움과 안내, 자원과 지식을 제공하는 시장을 만들 것입니다.
>
> 여느 점포와 마찬가지로, 우리는 고객이 원하고 필요로 하는 것이 무엇인지 면밀하게 살펴봐야 합니다. 우리는 혁신해야 하며, 새롭고 다른 일을 시도해야 합니다. 이미 오래되었거나 활용도가 낮은 과정은 계속 솎아내야 합니다. 시장이 지역 사회의 건강을 위해 노력하듯이, 우리는 캠퍼스를 위한 자양분을 제공할 것입니다. 이 자양분은 고객이 활용하기 위해 선택할 개인적, 전문가적 성장 기회를 제공하기 위해 창의적이고 신선한 아이디어의 형태로 작용할 것입니다.

시장 분위기를 활용한 셰릴의 비유는 마음을 움직이는 언어를 통해 비전에 생명을 불어넣는 방법이 어떤 것인지 생생하게 보여준다. 셰릴과 같은 리더들은 정체성을 공유하고 비전에 생명을 불어넣기 위해 상징적 언어가 가진 힘을 이용한다. 그들은 은유와 비유를 사용해 예를 들고, 스토리를 들려주며, 일화를 연관시킨다. 글자를 그림처럼 그리고 공감을 주는 인용문과 슬로건을 제공한다. 구성원들이 가능성을 직접 듣고, 느끼고 인식하게 만든다.

하버드대학교 니먼 재단의 부수석 큐레이터이자 은유적 언어 사용의 전문가로 정평이 나 있는 제임스 기어리(James Geary)는 사람들이 10단어에서 25단어를 사용할 때, 그중에 하나 또는 1분에 6번의 은유를 사용한다는 보고서를 제출했다.[14] 은유는 예술, 게임과 스포츠, 전쟁, 공상과학, 기계, 종교 및 영성 등 곳곳에서 발견할 수 있다. 은유는 사람들이 사고하는 것과 상상하고 발명하는 방식에 영향을 끼치며, 사람들이 먹고 마시는 것, 구매하고 소비하는 것 그리고 누군가를 위해 투표권을 행사하고 집회를 하는 것에도 영향을 끼친다. 이러한 형태의 연설을 사용하는 법을 알면, 미래를 위한 공동의 비전에 동참시키는 능력이 엄청나게 향상된다.

예를 들어 생각해보자. 실험을 통해 인간에게 주는 언어의 흥미로운 영향을 알아보기 위해 연구자들은 참가자들에게 커뮤니티 게임이나 월 스트리트 게임을 시켜보았다.[15] 게임의 이름은 달랐지만, 양쪽 사람들은 같은 규칙으로 같은 게임을 하였다. 차이가 있었다면, 실험하는 같은 게임에 2개의 다른 이름을 붙였을 뿐이다. 커뮤니티 게임을 하는 사람 중에서 70퍼센트는 협조적으로 게임을 시작해서 시종일관 이러한 흐름을 유지했다. 월 스트리트 게임을 하는 사람 중에서는 정반대의 현상이 발생했다. 구성원 중 70퍼센트는 협조적이지 않았고, 협조적이었던 30퍼센트 사람도 다른 이들이 협조적으로 굴지 않자 나중에는 태도를 바꾸었다. 다시 한번 기억하라! 본질적으로 다른 점은 게임 자체가 아니라 게임의 이름에 불과했다는 사실을.

이 실험은 사용하는 언어에 얼마나 면밀하게 주의를 기울여야 할 필요가 있는지 강력하게 시사한다. 당신은 단순하게 과제를 부여하거나 팀에 행동을 환기하는 이름을 부여함으로써 사람들의 행동에 영향을 줄 수 있다. 사람들이 커뮤니티로 활동하길 바란다면, 커뮤니티라는 느낌을 불러일으키는 언어를 사용하라. 만일 금융시장에서 금융상품 전문가처럼 행동하려면, 그 이미지를 연상하는 언어를 사용하라. 당신이 속한 조직의 어떠한 비전에 대해서도 이와 같은 원리를 적용할 수 있다.

미래에 대한 이미지를 창조하라

비전은 마음속에 있는 이미지다. 비전은 사물에 대한 인상이나 이를 형상화한 것이다. 비전은 리더가 이를 구체적 형태의 이미지로 구성원에게 표현할 때 현실이 된다.

건축가가 설계도면을 그리고, 엔지니어가 제품 모델을 만드는 것처럼, 리더는 미래를 향한 집단의 희망을 표현하는 방법을 찾는다.

미래를 이야기할 때, 사람들은 전형적으로 **선견지명, 집중, 예상, 미래 시나리오, 관점** 또는 **전망** 같은 용어를 사용한다. 이 표현들이 갖는 공통점은 시각적으로 '본다'는 뜻을 담았다는 점이다. 비전이란 단어는 '본다'는 동사의 어원에 뿌리를 두었다. 그렇다면 비전 선언문(Vision Statement)은 선언문이라고 볼 수가 없다. 이것은 그림에 가깝다. 단어로 표현된 그림인 것이다. 비전을 공유하는 사람들은 마음의 눈으로 그것을 볼 수 있어야 한다.

우리는 워크숍과 수업을 할 때, 종종 간단한 연습을 통해 이미지가 가진 힘을 보여주곤 한다. 우리는 사람들에게 파리나 프랑스란 단어를 들을 때, 마음속에서 연상되는 단어를 소리쳐 보라고 말한다. 이때 즉석에서 나오는 대답들을 들어보면, 에펠탑, 루브르, 개선문, 센강, 노트르담, 맛있는 음식, 와인 그리고 낭만처럼 실제 장소와 감성에 대한 이미지들이다. 누구도 파리의 총면적, 인구, 국내 총생산(GDP) 등을 이야기하지 않는다. 그 이유는 무엇 때문일까? 기억에 남는 사건이나 장소를 떠올릴 때, 사람들은 대부분 감각을 통해 연상되는 장소, 소리, 맛, 냄새, 촉감과 느낌을 연계시킨다.[16]

그렇다면, 이런 것들은 리더에게 무엇을 의미할까? 구성원을 동참시키고, 공유비전에 영감을 불어넣기 위해서는 이미지를 창출하는 매우 자연스러운 심적(心的) 프로세스를 끌어낼 수 있어야 한다. 미래를 이야기할 때, 그 여행의 마지막이 어떤 모습일지 사람들이 이미지를 형성할 수 있게 단어로 된 그림을 그려낼 필요가 있다. 가보지 않은 장소를 이야기할 때, 그곳에서 연상되는 느낌이 어떠할지 상상할 수 있어야 한다. 즉 가능성을 상상할 수 있어야 한다.

휴스턴 커뮤니티 칼리지(Community College)의 직원 학습 및 조직 개발(ELOD) 팀장인 데비 샵(Debbie Sharp)은 조직을 위한 비전 선언문을 매우 생생한 이미지로 그려냈다.[17]

커뮤니티 칼리지는 어느 고등교육 기관보다도 변화의 중심에 서 있습니다. 우리는 학생들을 만나고 그들이 목표를 세우고 달성할 수 있게 돕습니다. 학생들이 잠재력을 실현할 수 있도록, 빛을 발할 수 있게 우리는 도와줍니다.

예전에는 날이 어두워져 밤이 되면 어김없이 점등원이 거리에 등불을 켰습니다. 직원 학습 및 조직 개발(ELOD)에 종사하는 우리는 고객들이 불확실한 어둠과 의심을 떨쳐버릴 수 있도록 배움의 등불을 켭니다.

이 평범하고 반복적인 일을 왜 그토록 열심히 하느냐고 질문한다면, 그 점등원은 이렇게 대답합니다. "제가 켜 두고 가는 등불을 위해서지요."

교육 및 인력개발 전문가인 우리가 하는 일은 새로운 아이디어와 관점을 촉진하는 환경을 조성한다는 점에서 점등원이 하는 일과 참 비슷한 것 같습니다.

기운을 북돋우고, 신중한 질문을 하고, 실험에 필요한 안전한 장소를 제공함으로써, 우리는 혁신적인 생각에 불을 붙이고 스스로 발견하는 과정을 느끼게 합니다.

우리가 놓고 간 등불은 우리가 지나간 길을 비출 것이며, 대학 전체에 그 불빛이 퍼지도록 하는 것입니다.

구성원이 공통된 미래를 보게 하는 데 꼭 특별한 힘이 필요하지 않다. 데비와 마찬가지로 이런 능력은 누구에게나 있다. 당신은 휴가를 갈 때마다 휴양지에서 찍은 사진을 친구들과 공유한다. 그림처럼 생생한 이미지를 그리는 데 자신이 없다면, 친한 친구 몇 명과 자리에 앉아 자기가 보낸 가장 기억에 남는 휴가에 대해 들려주는 장면을 생각해보자. 휴가지에서 만났던 사람들, 그 장소에서 본 풍경과 소리, 먹었던 음식의 맛과 향을 설명해보자. 여행지에서 찍은 사진과 영상을 보여주며 사람들의 반응을 관찰하면 당신의 멋진 설명을 듣고 사람들은 대체로 "말씀을 들으니, 저도 언젠가 거기에 가보고 싶어요."라는 반응을 보인다. 미래의 비전에 관해 설명할 때 당신도 구성원에게 이런 대답을 듣고 싶은 것 아닌가?

긍정적인 커뮤니케이션을 실천하라

팀 의식을 고취하고, 낙관주의를 키우고, 회복 탄력성을 증진하고, 믿음과 자신감을 회복하기 위해, 리더는 긍정적인 부분만을 바라본다. 그들은 희망이 살아 숨 쉬게 한다. 구성원에게 인생에서 겪는 치열한 투쟁이 더욱 희망찬 미래를 만든다는 믿음이 굳게 뿌리내리게 해준다. 그런 믿음은 친밀하고 협력적인 관계에서 생겨나며, 그러한 관계는 기존 프로세스를 새롭게 만드는 과정에 서로 동참하면서 나온다.

구성원들은 자신들의 의지를 강하게 해주고, 성취할 수 있는 수단을 제공하고 미래에 대한 낙관을 표현하는 즉, 타인의 능력에 대한 열정적이고 진정한 믿음을 보여주는 리더를 고대한다. 그들은 장애와 난관에도 불구하고 열정을 보여주는 리더를 원한다. 오늘날처럼 불확실한 시대가 진정으로 원하는 리더는 삶에 대해 긍정적인 시각이 있고, 자신감과 할 수 있다는 생각을 가진 사람들이다. 비관론자들은 진보를 위한 행보를 내딛지 않는다. 그들은 시작조차 하지 않는다.

발린(Valin Corporation)사의 재무 담당 아리 아쉬케나지(Ari Ashkenzi)는 2명의 리더를 통해 대조적인 경험을 했다. 그의 말에 따르면, 첫 번째 리더는 어떠한 상황에서도 기운을 북돋우고 긍정적인 측면만을 보려고 노력했다. 프로젝트가 성공적으로 진행되지 못했을 때도, 스마트하게 일하고 최선을 다한다면 향후 프로젝트에서는 결과가 좋아질 것이라고 구성원에게 기운을 주는 말을 하곤 했다.

> 이런 격려는 리더에 대해 무한한 신뢰가 생기는 계기가 되었고, 일이 잘 진행되지 않을 때도 좌절하지 않을 수 있었습니다. 새로운 소식을 전하거나 새로운 일을 시도할 때도, 그런 내용을 전달하면서 리더가 무안을 주지 않을 것을 잘 알기에 심적으로 훨씬 더 편하게 느껴지는 효과가 있었습니다.

두 번째 리더는 짜증이 나면 쉽게 화내거나, 감정을 직설적으로 표현하곤 했다. 오로지 리더가 신경 쓰는 것은 숫자와 실적밖에 없었고, 처음에 생각했던 대로 일이 되지 않으면 사람들을 아래로 보는 느낌이 들었다. 그런 부정적 방식의 커뮤니케이션 때문에 본인은 될 수 있는 한 리더를 피하게 되었고, 리더가 알아야 할 정보라 할지라도 안 좋은 사실은 자신에게 돌아올 후환이 두려워 말하고 싶지 않았다고 고백했다.

신경망을 연구하는 학자들은 사람들이 퇴짜를 맞거나 도외시된다고 느낄 때, 뇌는 물리적 고통을 저장할 장소를 마련하는 경향이 있다고 말한다.[18] 리더가 구성원을 위협하거나 비하하는 말을 할 때, 공포 분위기를 조성하고 문제점을 집중해서 말할 때, 구성원은 비난을 피하고 싶은 공간을 뇌의 한 부분에 마련한다는 것이다. 게다가 기를 죽이는 말은 기운을 북돋우는 말보다도 훨씬 자주, 더욱 자세하게, 높은 강도로 기억에 남는 경향이 있다고 한다. 부정적 표현에 온통 신경을 집중하다 보면, 그 사람은 본래의 뇌가 가진 효율적 기능을 상실한다. 이와 반대로, 노스캐롤라이나대학교 심리학과 교수인 바버라 프레드릭슨(Barbara Fredrickson)의 말에 의하면, 삶에 대한 긍정의 시각은 미래의 가능성에 대한 상상을 넓혀주며, 이러한 흥분되는 선택은 각자에게서 나온다고 한다. 그가 발견한 사실은 긍정적 시각은 사람의 마음을 열어주며, 결과적으로 더 많은 기회를 보게 되고, 더욱 혁신적인 생각을 일으킨다는 사실이었다. 긍정의 상황을 경험하는 사람들은 역경에 더 잘 대처하며, 심각한 스트레스에 직면하더라도 더욱 강한 회복 탄력성을 보인다.[19]

감정을 표현하라

어떠한 리더에게 사람을 끌어당기는 마력이 있다고 할 때, 사람들은 종종 이 매력을 카리스마라고 표현한다. 하지만 카리스마라는 표현은 아주 많이 사용되고 오용되어, 더는 리더의 특성을 표현하는 용어로 쓸모가 없어졌다. 카리스마가 있다는 표현은 마법이나 영적 능력에 대한 표현이 아니라, 영감을 주는 인간의 행동에 관한 특성을 서술한다.

카리스마를 개인적 특성으로 정의하는 대신, 일부 사회과학자는 어떤 행동을 가리켜 카리스마가 있다고 말하는지 조사해보았다.[20] 카리스마가 있다고 생각되는 사람들은 그렇지 않은 사람들보다 훨씬 더 활력이 넘치는 것으로 나타났다. 그들은 미소를 잘 짓고, 말을 빠르게 하며, 단어를 더욱 정확하게 발음하고, 머리와 몸을 좀 더 자주 움직이는 특성을 보였다. 에너지가 넘치고 표현이 많다는 사실은 카리스마가 있다는 것을 보여주는 핵심적 근거다. '열정은 전염된다'는 옛 속담은 리더에게도 해당하는 말이다.

감정을 불러일으키는 능력은 리더가 지녀야 할 또 한 가지 장점이기도 하다. 감정은 상황을 더욱 잘 기억나게 만든다. 말과 행동에 감정을 담으면, 사람들의 기억 속에 더 잘 기억될 가능성이 커진다. 캘리포니아대학교 어바인캠퍼스의 신경생물학 교수이자 기억 생성 분야에서 독보적 전문성을 자랑하는 제임스 맥거프(James

McGough)는 '정서적으로 큰 영향을 준 사건들은 강력하고, 오래 지속하는 기억을 만든다'는 연구 결과를 발표했다.[21] 의심할 여지 없이, 정서적으로 중요한 일, 사고로 인해 심각한 트라우마를 겪었거나 경진대회에서 상을 받은 것과 같이, 놀랍고도 즐거운 일을 경험했다면, 그 감정을 더 오래 강력하게 기억한다고 말할 수 있다.

그 사건들은 기억에 남기 위해 꼭 실제여야 할 필요는 없다. 이야기도 기억에 남을 수 있다. 한 예로, 실험에서 제임스는 12장으로 구성된 슬라이드를 보여주었다. 계속되는 슬라이드 프레젠테이션은 한 가지 이야기를 연속된 슬라이드로 구성한 것이다. 어떤 그룹에는 이 이야기를 사실 위주로 전달했고, 다른 그룹에는 정서적으로 공감을 얻을 수 있는 내용을 전달했다. 참가자는 슬라이드를 보는 자신이 실험 대상이라는 사실을 전혀 알지 못했다. 2주일이 지나서 그들은 다시 같은 장소에 초대되어 각각 슬라이드를 얼마나 잘 기억하는지 검사했다. 두 그룹으로 나뉘어 참가한 사람들은 처음과 마지막 몇 장을 기억하는 데 별 차이를 보이지 않았다. 하지만 슬라이드의 중간 부분에서는 현격한 기억력의 차이를 보였다. 감정을 일으키는 스토리들은 참가자들은 중립적 관점으로 전달된 이야기를 들은 사람들에 비해 일부 슬라이드에 대해서는 세부 내용까지 기억했다.[22]

정서적 각성(emotional arousal)은 더욱 강력한 기억을 형성한다. 이야기(또는 슬라이드)를 완전히 듣지 않아도, 몇 개의 정서적 각성을 주는 단어만으로도 충분히 효과가 발생한다. 한 연구에서 연구에 참여한 참가자에게 학습을 위해 어떤 주제에 대해 연관되는 단어를 짝짓기해보라고 했다. 강력한 정서적 반응을 일으키는 몇 가지 단어들의 짝이 지어졌다. 일주일이 지난 후, 사람들은 정서적 각성을 일으키는 단어를 그렇지 않은 단어보다 더욱 잘 기억했다.[23] 이야기를 듣거나 한마디 말을 들을 때도, 정서적 각성을 일으키는 내용이 첨가될 때, 핵심 메시지에 대한 기억력이 더 높아질 가능성이 크다. 사람들은 자기한테 흥분과 두려움을 주는 대상에 더 집중하는 경향을 보인다.

게다가 명확한 실례를 보여주는 것이 추상적 원리를 설명하는 것보다 훨씬 좋은 효과가 나타난다. 예를 들어, 연구에 따르면 말리에 사는 7세 여아의 굶주린 모습에 대한 이야기가 "말라위의 식량 부족은 잠비아에 사는 300만 명의 어린이들이 겪는 고통보다 더욱 심각하다"라는 메시지보다 2배 이상 모금에 동참하게 하는 효과를 발

생하였다.[24]

　당신이 설명하려는 내용을 사람들이 경험할 수 있게 하라. 그렇게 되면, 그들은 더욱 깊게 이를 이해할 수 있다. 예를 들어, 자원봉사자들을 교육하는 사람들은 호스피스 센터에서 말기 환자를 떠나 보내는 환자의 가족을 이해하는 실습을 한다. 실습 진행자는 지원자들에게 카드를 나누어 준다. 그다음 그들이 사랑하고 만일 잃게 된다면 가슴이 무너지는 것 같은 침통함을 겪게 될 대상을 카드에 적으라고 했다. 그 대상에는 가족(배우자, 부모, 자녀, 형제, 애완동물 등)과 활동(걷기, 음악 연주, 여행) 또는 경험(독서, 음악 감상, 맛있는 음식 먹기, 석양 감상)이 포함되었다. 어느 정도 시간이 흐른 뒤에, 실습 진행자는 지원자들에게서 무작위로 카드를 회수하였다. 어떤 사람은 카드 2장을 빼앗겼다. 또 한 사람은 카드를 모두 뺏겼다. 카드 2장을 빼앗긴 사람이 2장을 더 뺏겼다. 그 효과는 정말 극적이었다. 사람들은 카드를 쥔 채 뺏기지 않으려고 몸부림쳤다. 카드를 모두 내놓아야 하는 순간이 되자, 참가자들의 흥분은 극도에 달했다. 그중에서는 바닥에 쓰러져 우는 사람도 있었다.[25]

　이 가슴 아픈 실험은 리더가 사람들의 감정에 호소할 때, 단순히 어떤 행위와 감정에 대해 지시를 내리는 것보다 더 강력한 영향을 줄 수 있는 방법이 무엇인지에 관해 많은 시사점을 준다. 만일 진행자가 사실만을 공유했더라면, 자원봉사자들은 호스피스 당사자들이 겪는 상실감을 감정이 이입되는 방식이 아니라 개념으로만 이해할 수 있었을 것이다. 그들은 이 실험을 통해, 절대 잊지 않을 방식으로 짧게나마 똑같은 상실감을 체험한 것이다.

　전자기술을 사용하는 빈도가 급격히 증가함에 따라, 메시지를 전달하는 방식에도 큰 변화가 생겨났다. 점점 더 많은 사람이 정보와 연결을 위해 팟캐스트에서 웹캐스트, 페이스북에서 유투브까지 디지털 서비스와 소셜 미디어에 의존한다. 사람들은 고도의 정서적 콘텐츠를 보유한 매개체를 기억하기 때문에, 소셜 미디어는 이메일이나 메모, 파워포인트 프리젠테이션보다도 사람을 몰입하게 하는 잠재력이 있다. 이제는 글을 잘 쓰는 것만으로는 충분하지 않다. 내용을 시각적으로 잘 보여주는 능력도 중요해졌다.

　하지만 한 가지 명심할 사실은 그런 시각적 콘텐츠가 주는 메시지는 오랫동안 지속하지 않는다는 것이다. 중요한 점은 사람의 감정에 얼마나 잘 호소하는지에 달려 있다. 자발적으로 변화하려면, 특별한 감정이 느껴져야 한다. 생각하는 것만으로는 움직이게 할 수 없다. 리더가 할 일은 구성원에게 변화에 대한 동기를 부여하는 것이고, 감정을 표현하는 것은 이 목적을 이루는 데 도움이 된다.[26]

진심을 다해 말하라

자신이 하는 말에 진정한 믿음이 없으면, 표현에 관한 100가지 조언도 아무런 소용이 없다. 비전이 자신의 생각이 아니라 다른 누군가의 것이라면, 이 비전에 구성원을 동참시키기 위해 당신은 매우 힘든 시간을 보내야 한다. 비전에서 그리는 미래의 자신을 상상하기가 힘들 것이며, 그 비전을 현실로 이루기 위해 확실하게 이해시킬 수 있는 자신감도 없을 것이다. 가능성에 대해 스스로 흥분하고 있지 않다면, 다른 사람에게도 그런 감정을 기대할 수 없다. **공동의 비전에 사람들을 동참하게 하기 위해서 가장 필요한 것은 진정성이다.**

캐서린 메이어(Cathryn Meyer)는 작은 콘퍼런스 룸에서 20명 남짓 되는 자원봉사자와 함께 부대끼며 페닌슐라 휴메인 소사이어티(Peninsula Humane Society, PHS)의 야생동물 재활 부서가 주관하는 2시간의 의무 오리엔테이션 교육을 받았을 때, 이와 비슷한 경험을 하였다. 그의 말에 따르면, 야생동물 부서장이자 이 미팅을 주관하는 리더인 패트릭(Patrick)은 잘난 척하지 않는 부드러운 음성의 소유자였다. 그가 몸에 새긴 피어싱과 문신은 그가 입고 있던 PHS 유니폼의 딱딱함을 상쇄해주었다.

> 패트릭은 어떻게 이 단체에서 일하게 되었는지 설명하면서 오리엔테이션을 시작했습니다. 또한 이 일이 왜 그토록 의미 있는 일인지도 말해주었습니다. 그는 채식주의자 음식 요리사였던 자신이 어떻게 야생동물 재활의 길로 들어섰는지 동물보호 운동가로서 자신의 경력을 소개했습니다. 인간이 야생동물의 서식처의 상당 부분을 파괴한 이 세상에서도 그들과 공존할 방법이 있다는 자신의 깊은 믿음을 전해주었습니다. 우리 인간이 자연에서 데려온 야생동물을 다시 자연으로 돌려보내야 할 책임을 느낀다고 했습니다. 매년 많은 동물을 야생 상태로 되돌아갈 수 있게 돕는 자

원봉사자의 중요한 역할에 대해서도 말했습니다.

패트릭의 말투는 생기가 넘치는 편은 아니었지만, 그는 자신이 하는 일에 대한 깊은 열정을 전달하면서 자기의 생각을 진정성 있게 표현했습니다. 그는 야생동물 재활 부서와 그곳에서 일하는 자원봉사자의 노력으로 야생동물이 인간과 나란히 함께 공존하는 미래의 긍정적인 그림을 그렸습니다. 자원봉사자가 수행하는 업무의 의미와 영향을 더욱 굳게 만들어준 것입니다.

캐서린은 패트릭과 만남을 통해 배운 매우 중요한 교훈에 대해서도 주목했다. 카리스마에 대한 교훈이었다. "그전에는 외향적 성격과 누구에게도 구애받지 않는 에너지가 성공적인 리더십에 필요한 자질(또는 적어도 이러한 성격이 매우 도움이 된다고)이라고 생각했습니다. 이제는 반드시 그렇지는 않다는 사실을 잘 압니다. 조용한 자신감도 효과를 발휘할 수 있습니다. 패트릭이나 저와 같이 내향적인 사람들도 유능한 리더가 될 수 있습니다. 다만 이때 필요한 것은 자기 확신과 성실함 그리고 열정입니다."[27]

가장 신뢰할 수 있는 사람들은 패트릭처럼 깊은 열정이 있는 사람들이다. 장차 일어날 수 있는 마법 같은 현실에 대해 기대감으로 흥분할 수 있는 사람들과 함께하는 것보다 더한 즐거움은 없을 것이다. 이상을 열정적으로 믿는 사람보다 더 결단력 있는 사람들은 없을 것이다. 당신도 과연 그런 사람에 속하는가?

실천 사항

구성원을 동참시켜라

리더는 공동의 이상에 호소한다. 그들은 공유 비전에서 가장 의미 있는 부분을 연계한다. 더 높은 수준의 동기 부여를 통해 사기를 드높이고, 세상을 위해 남다른 변화를 이루어낼 수 있다고 끊임없이 격려한다. 모범적인 리더들은 조직의 독특하고 특별한 점을 이야기하며, 놀라운 변화를 이루어내는 일원이라는 자부심을 느끼게 한다. 뛰어난 리더들은 자기들의 개인적 관점이 중요한 것이 아니라는 사실을 이해한다. 가장 중요한 것은 구성원들의 포부를 끌어안는 것이다.

비전이 지속성을 띠려면, 사람들의 마음을 사로잡고 기억에 남는 것이어야 한다. 리더들은 삶을 비전으로 숨 쉬게 해야 하며, 비전에 생명을 불어넣어 이상적이고 독특한 미래에서 살고 일한다는 느낌이 어떤 것인지 경험할 수 있게 해주어야 한다. 그들은 추상적 비전을 구체적으로 만들기 위해 다양한 형태의 표현을 사용한다. 은유와 상징, 그림을 보듯 생생한 묘사, 긍정적 언어, 개인의 에너지를 효과적으로 사용하여, 리더들은 공동의 비전을 위한 열정과 흥분을 일으킨다. 무엇보다도, 리더들은 공유 비전의 가치를 이해해야 하며 그 진정한 믿음을 구성원과 소통해야 한다. 그들은 자기가 하는 말에 대해 믿음이 있어야 한다. 진정성은 확신을 가능할 수 있는 진정한 척도이며, 구성원들은 리더의 믿음에 확신이 갈 때, 그들을 기꺼이 따를 것이다.

공유 비전으로 가슴을 뛰게 하려면, 리더는 그들이 공유하는 열망에 호소하여 공동의 비전에 동참시켜야 한다. 그 일을 위해서는 다음과 같은 점을 실천해야 한다.

1. 구성원과 대화를 통해서 그들이 품은 미래에 대한 희망과 꿈 그리고 포부가 무엇인지 파악하라.
2. 구성원들에게 그들의 제품과 서비스를 독특하고 특별하게 하는 방법이 무엇인지 깨닫게 하라.
3. 공동의 비전에 동참하는 일이 장기적 관심사를 어떻게 실현할 수 있는지 구성원에게 보여주어라.
4. 조직의 미래를 이야기할 때, 그 이야기가 긍정적이고, 낙관적으로 그리고 에너지가 넘쳐나게 하라. 또한 은유와 상징, 예와 스토리를 자유롭게 사용하여 대화의 소재를 풍부하게 만들어라.
5. 사람들에게 내재한 감성을 인정하고, 그러한 감성이 또한 중요하다는 타당성을 보여주어라.
6. 당신이 누구인지 진정하게 나타낼 수 있는 방법으로 자신의 열정을 보여주어라.

새로움에
도전하라
(Challenge the Process)

새로움에 도전하라
(Challenge the Process)

• 열린 마음으로 새로운 기회를 찾고, 개선할 수 있는 혁신적인 방법을 찾아라.

• 계속해서 작은 성공을 이루고, 경험을 통해 배워 가면서 실험하고 위험을 감수하라.

제7장

기회를 찾아라

아리스토텔레스 베르단트(Aristotle Verdant)는 스토리지 네트워킹 회사의 마케팅 프로젝트 매니저가 되었을 때, 회사의 프로젝트 관리 프로세스에 심각한 결함이 있다는 사실을 발견했다. 장단기 목표가 불완전하게 정의되어 있었고, 프로젝트 단계별로 도출해야 할 결과물이 기한 내에 마무리되지 않았다. 자원과 인력 할당량도 프로젝트 규모를 초과하였다. 그 결과, 전체 프로젝트 실행 상태는 '패닉, 혼돈, 시간 초과, 예산 초과'로 표현할 수밖에 없는 지경에 이르렀다.

다른 사업부 업무 담당자와 대화를 나누면서, 아리스토텔레스는 이 문제가 자기가 관리하는 프로젝트에 국한된 현상이 아니라는 점을 알았다. 다른 부서에서도 비슷한 일이 벌어졌다. "프로세스를 수정해야 한다는 말이 여기저기서 나왔습니다. 하지만 무관심이 깊어 아무도 직접 나서서 이런 현실을 개선하려는 의지를 보이지 않았습니다." 그는 비슷한 프로세스 문제로 어려움을 겪는 동료에게 다가가서 업무 진행을 가로막는 회사에 만연한 문제점을 파악하는 데 동참해달라고 요청했다. 그 후, 그들은 망가진 시스템 수정 방향에 대한 의견을 모았다. 아리스토텔레스는 다음과 같이 말했다. "우리가 직면했던 문제점은 우리 회사에만 있는 문제는 아니었습니다. 전문성 확보를 위한 가장 나은 방법은 조직 바깥에서 어떠한 일이 벌어지는지 살펴보는 것이었습니다."

아리스토텔레스는 예전 직장에서 과거에 비슷한 문제를 겪었던 전 직장 동료에게 자문을 구했다. 그에 의하면 그들은 가장 적합한 실천 사례를 채택하기 위해 기존 프로세스를 하나씩 고쳐갔다. 프로젝트팀은 회사에서 지금 실행하는 새로운 프로세스에 접목할 수 있는 특별 교육을 받았다. 이러한 통찰에 고무되어, 아리스토텔레스는 회사로 돌아가 상급자에게 배운 내용을 보고했다. 조직의 프로세스상 회사 전체에 결함이 만연해 있다는 사실을 인정한 관리자는 마케팅 프로젝트 관리팀을 대상으로 특별교육을 할 수 있게 예산 사용을 승인했다.

"교육은 아주 많이 도움이 되었습니다." 아리스토텔레스는 자신 있게 대답했다. "모든 직원은 신규 프로세스를 도입하는 것이 회사에 도움이 되고 생산성이 향상되어 프로젝트에서 발생하는 불확실성에 더 잘 대처할 수 있다고 확신하게 되었습니다." 하지만 팀이 창안한 신규 프로세스를 실행하기 전에, 해결해야 할 사항들이 많았다고 말했다.

> 신규 프로세스의 효과가 우리 환경에서도 제대로 작동하는지 실험할 필요가 있었습니다. 실험은 학습 효과를 유발할 것이고, 그 과정에서 수정할 부분이 발생하고 변화 관리도 더 수월해질 것입니다. 통제된 환경에서 이 결과를 달성하는 제일 나은 방법은 소규모의 시범 프로젝트를 실행해보는 것이었습니다. 동료 중 2명이 시범 프로젝트에 참여해서 관리 업무를 해보겠다고 자청했습니다. 이 시범 프로젝트를 통해, 우리는 각 단계를 진행할 때마다 진행 상태를 점검하면서, 문제점을 발견하였고, 신규 프로세스를 우리 환경에 적응시키기 위한 세부적인 해결책을 끊임없이 조정하였습니다.

아리스토텔레스는 이 놀라운 성과를 이렇게 기억했다. "프로젝트 스케줄이 지연되는 현상이 현저하게 감소했고, 비용이 20퍼센트나 줄어들었습니다. 이 개선 프로젝트에 참여한 모든 직원의 사기는 매우 높아졌습니다. 이제 모든 동료는 신규 프로세스를 도입하는 것을 열렬하게 찬성하고 있습니다."

　　때때로 도전은 리더를 찾게 하고, 리더들도 도전을 찾기도 한다. 아리스토텔레스가 그랬던 것처럼, 그런 일들은 실제 흔히 발생한다. 그가 한 일은 모범적인 리더라면 당연히 했을 일이다. 그는 외부에서 답을 찾으려 했고, 바뀌는 트렌드를 따라잡으려고 했고, 외부 현실에 민감하게 대응했다. 그는 사람들을 설득해서 당면한 도전과 기회를 진지하게 받아들이게 했다. 그는 변화를 일으키는 촉매 역할을 담당했다. 일을 진행하는 방식을 바꾸고, 더 큰 성공을 이루기 위해 새로운 방법을 도입하게 설득한 것이다.

　　아리스토텔레스의 일화처럼, 개인이 경험한 최고의 리더십 사례는 과거에서 유래한 의미 있는 출발점이 존재한다. 이는 마치 한 번도 하지 않은 일을 시도하거나 미지의 장소로 떠나는 여행과 비슷하다. 변화는 리더들이 감당해야 할 몫이다. 오늘날 세상은 평범한 사고를 반기지 않는다. 뛰어난 리더는 일하는 방식을 바꾸어야 한다는 점을 잘 안다. 기대를 뛰어넘는 결과를 도출하는 일은 선량한 의도만으로는 달성할 수 없다. 사람, 프로세스, 시스템, 전략을 모두 바꿔야 한다. 게다가 모든 변화는 더 나은 삶을 위해 리더가 성장과 혁신, 개선에 대한 방법을 적극적으로 추구하길 요구한다.

　　모범적 리더는 놀라운 일이 일어날 수 있도록 기회를 찾기 위한 구성원들의 몰입을 끌어내고 그들 스스로 다음과 같이 2가지 사항에 몰입한다.

① 주도적으로 변화를 모색하라.
② 통찰력을 발휘하라.

　　리더는 때때로 변혁을 가져온다. 그들은 평소에 자신을 둘러싼 불확실성을 이용한다. 환경에 상관없이, 리더는 변화를 일으킨다. 익숙한 환경의 경계를 넘어 혁신적 아이디어를 찾기 위해 적극적으로 외부의 통찰력에 의존한다.

주도적으로 변화를 시도하라

사람들이 이룬 최고의 리더십 경험 사례를 떠올릴 때, 그들은 언제나 도전과 격변 그리고 역경의 시절을 생각한다. 그 이유는 무엇 때문일까? 개인적 고난을 겪거나 사업하면서 어려움을 겪으면 사람들은 자신과 마주하게 되며, 자신이 무엇을 할 수 있는지 깨닫게 되기 때문이다. 도전은 인간을 시험한다. 고난은 가치와 욕구, 열망, 역량과 능력을 시험한다. 역경은 새롭고 어려운 상황을 다루는 혁신적 방법을 요구한다. 시련 또한 인간이 가진 최고의 지혜를 끌어낸다.

새로운 도전은 언제나 현재와는 다른 상태를 요구한다. 예전의 낡은 방식으로는 도전에 대응할 수 없다. 최고의 리더십 경험 사례에서 실천했던 것처럼 낡은 상태에 변화를 주어야 한다. 아리스토텔레스가 난관을 아주 절묘하게 극복한 것처럼 그들은 '변화를 동반하는 도전'을 만난 것이다.

하버드대학교의 고위 리더십 과정 책임자인 로자베스 모스 캔터(Rosabeth Moss Kanter) 교수는 혁신을 촉진하거나 저해하는 기업의 특성을 알아보기 위해 인사관리 실행 원칙과 혁신을 추진하는 조직을 연구했다. 우리의 연구와 그녀의 연구는 각각 다른 시기와 지역에서 이루어졌다. 하지만 결과는 거의 비슷했다. 새로운 아이디어나 방법, 해결책을 만들어 활용하는 **리더십은 혁신 프로세스와 불가분의 관계가 있다는 사실이 밝혀졌다.** 로자베스 교수가 설명한 것처럼, 혁신은 변화를 의미하며, 변화의 중심에는 리더십이 존재하며…. 리더십은 전략적 의사 결정을 실행하는 '최고의 동인'으로 작용한다는 것이다.[1] 그녀의 연구와 우리의 연구는 그 이론을 입증해주었다.

우리는 최고의 리더십 경험을 연구하면서 그들이 일으킨 '변화'를 말해달라고 부탁하지 않았다. 최고 리더십을 발휘한 경험을 선택할 자유는 그들에게 있었다. 그들 스스로가 도전에 대응하기 위해 일으킨 '변화'를 논의 주제로 선택했을 뿐이다. 그들이 과도기에 이룬 변화를 토의 주제로 삼은 이유는 리더십은 일상적 상황에 머물지 않고 새로운 변화를 요구한다는 점을 강조하기 위해서였다.

도전과 변화 사이에는 명확한 상관관계가 있다. 도전과 유능한 리더 사이에도

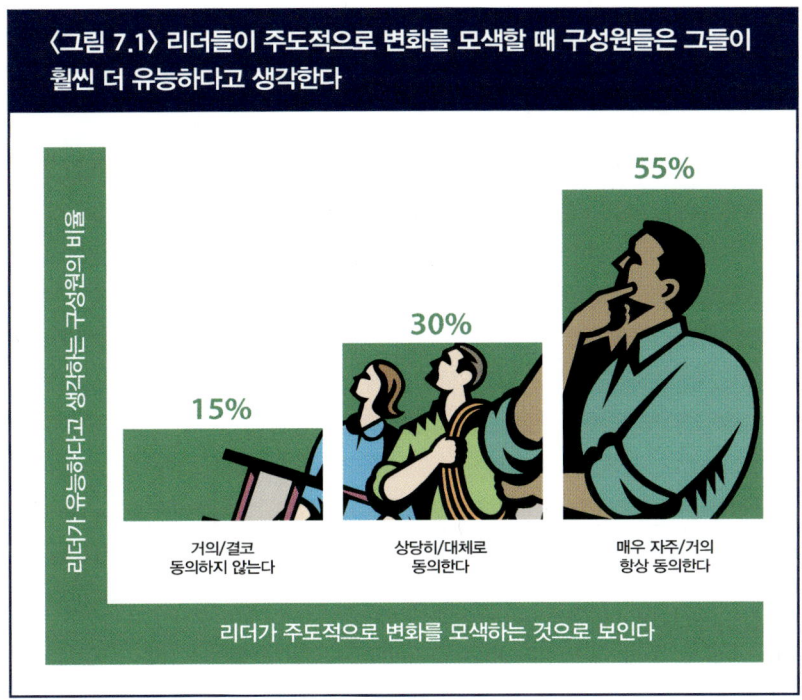

〈그림 7.1〉 리더들이 주도적으로 변화를 모색할 때 구성원들은 그들이 훨씬 더 유능하다고 생각한다

리더가 유능하다고 생각하는 구성원의 비율

15%

거의/결코
동의하지 않는다

30%

상당히/대체로
동의한다

55%

매우 자주/거의
항상 동의한다

리더가 주도적으로 변화를 모색하는 것으로 보인다

명확한 관계가 있다. 리더가 현 상황을 혁신하려는 방법을 찾기 위해 조직 경계를 넘나드는 장면을 자주 목격하면, 직원들은 그런 리더의 유능함에 더욱 강하게 동의한다. 〈그림 7.1〉에 나타난 것처럼, 구성원이 관찰했을 때 리더가 혁신적인 개선 방법을 찾아 적극적으로 나설 때 리더가 유능하다고 인정하는 비율은 더욱 높아진다.

리더십에 대한 연구는 리더가 어떻게 역경과 불확실성 그리고 다른 중요한 도전을 극복하도록 안내하는지 알아보기 위한 것이다. 이 연구는 엄청난 역경을 이겨내고 승리한 사람에 관한 연구이자, 타성에 젖은 환경을 극복하기 위해 솔선수범하고, 기존의 질서에 도전하고, 강한 저항을 무릅쓰고 조직과 구성원을 움직인 사람들에 관한 연구다. 안정된 현 상태에 머무르지 않으며, 새로운 기회를 찾도록 구성원을 일깨우고 답보 상태에 적극적으로 변화를 일으키려고 했던 사람들에 대한 연구다. 리더십과 도전, 그리고 기회 포착은 서로 연관되어 있다. 따분한 상황으로는 상을 받을 만한 성과와 연계될 수 없다.

이러한 행동은 글로벌 헬스케어 회사의 품질 관리팀에서 로빈 도나휴(Robin Donahue)가 수많은 제품의 품질 부적합 문제를 다룰 때 보여준 것과 일치한다. 개선이 필요한 일반 분야들에 대해서는 무엇을 해야 할지 정해졌지만, 품질 부적합 비율을 20퍼센트 감소시키는 것은 완전히 그들의 능력에 달린 문제였다. 로빈과 팀 동료들은 이 목표가 기존 시스템 전체에 변화를 줄 수 있다고 생각했지만, 이 정도로는 부족하다고 생각했다. 로빈의 표현에 따르면, 그들의 목표는 '기존 원칙을 따르지 말고 상자 밖으로 생각의 폭을 넓히자, 새로운 아이디어를 실험하자'는 것이었다. '만일 모든 일이 가능하다면 정말 바꿔야 할 것은 무엇일까'에 대해서 그들은 브레인스토밍을 시작했다. 그들이 직면한 현안에 대해 새로운 관점을 얻기 위해 조직 안팎과 다른 현장을 벤치마킹하였다. 그해 연말에, 팀은 품질 부적합 보고서 수를 애초 목표 수준의 거의 3배가량 줄일 수 있었다. 적극적으로 개선할 수 있는 대상을 찾고, 아이디어를 찾아 회사 내부 뿐 아니라 다른 현장까지 검토하는 일은 '궁금증을 확인하고, 혁신과 학습을 장려하는 문화를 촉진한다'고 로빈은 느꼈다.

이 경험을 통해 로빈은 리더가 할 일은 변화를 일으키는 점이라는 사실을 새롭게 깨닫게 되었다. 그는 자신이 깨달은 바를 다음과 같이 정리했다. "규정만으로는 변화를 일으킬 수 없습니다. 프로세스를 개선할 방법은 언제나 존재하며, 리더는 그 기회를 활용해야 합니다."

새로운 변화가 일어나게 하라

뭔가 높은 성과를 달성한다는 것은 직무 기술서에 작성된 내용을 뛰어넘는 수준으로 일하며, 사람들이 미처 보지 못하는 기회를 포착하는 것을 의미한다. 예를 들면, 어떠한 표준 원칙, 정책, 절차는 생산성과 품질 보증에 매우 중요하다. 하지만 많은 사람은 그냥 단순하게 이제까지 해온 방식을 중요하게 생각한다. 글로벌 재무 서비스 기업의 고객 지원부에서 근무하는 에밀리 테일러(Emily Taylor)는 자신이 경험한 최고의 리더십 사례를 여기에 연관시켰다.

저는 제 상사처럼 성실하고 이성적인 사람조차 누구나 알 수 있는 결함을 보지 못하고, 자기만의 방식에 푹 빠져 기존 방식을 고수하는 것을 곁에서 지켜보았습니다. 그는 현재 시스템의 비효율성을 전혀 인식하지 못했고, 주먹구구로 처리하는 업무 방식이 향후 어떠한 재앙을 가져올지 알고 싶어 하지 않았습니다.

이 통찰력을 통해 리더가 잘 운영되지 않는 시스템의 문제점을 발견하고, 끊임없이 개선할 기회를 찾고, 모든 사람이 새로운 아이디어를 공유하는 분위기를 조성하는 일이 얼마나 중요한지 인식하게 되었습니다.

에밀리가 성찰을 통해 깨달음을 얻은 것처럼 새로운 직무와 과제는 일하는 방식에 의문점을 제기하고, 문제를 재검토할 이상적 기회를 제공한다. "왜 우리가 이 일을 합니까?"라고 물어봐야 할 때가 그 기회다. 하지만 일을 새로 맡았을 때만 이 질문을 해서는 안 된다. 문제를 제기하는 이러한 행동을 당신의 일상적인 리더십의 일부로 받아들여라. 사람들의 가정을 시험하는 질문을 하고, 다른 방식으로 생각을 자극하여, 새로운 탐색의 길을 열어주어라. 질문은 개선이 요구되는 부분을 끊임없이 발견하고 혁신의 분위기를 조성하는 것이다. 곤경에 빠진 사업을 돌파한 사례를 살펴보면 문제점이 왜 존재했으며, 이 문제를 어떻게 돌파할 것인지에 대한 질문으로 시작되었다.[2] 적극적으로 사람들의 가정을 시험하고, 다른 방식으로 생각하도록 자극하고, 새로운 탐색의 길을 열어주어라.

연구 결과를 살펴보면, 상급자에게서 적극성(proactivity)에 대해 높은 평가를 받은 관리자가 더 유능한 리더로 평가되는 사실을 알 수 있다. 동료에게 적극성에 대해 높은 평가를 받은 사람 또한 더 능력 있는 리더로 평가받는다.[3] 적극성과 성과 사이의 상관관계는 기업가, 관리직원 그리고 취업준비생에게서도 비슷하게 나타났다.[4] 적극성은 타인의 행동에 반응하거나 전혀 활동을 보이지 않는 것보다 더 나은 결과를 지속해서 보여준다.[5] 다양한 나라들의 경우를 살펴보면, 기존 프로세스를 개선하는 관리자들이 그렇지 않은 사람들보다 리더십 행위에서 적극성을 보이며, 이 경향은 성별이나 국가별 문화적 특성과는 무관하게 공통적으로 나타난다. 변화에 대한 책임감을 가질 때, 성과는 개선된다.[6] 농구를 할 때, 골대에 공이 들어갈 확률이 100퍼센트라고 해도 공을 던지지 않으면 아무 소용 없는 것과 마찬가지다.

리더들은 일을 벌이고 싶어 하지만, 그들은 종종 '망가진 상태가 아니면 고칠 수 없다'는 생각의 함정에 빠지기도 한다. 현재 상태를 질문하고, 혁신적 생각을 끌어내게 장려하고, 구성원들이 제안하는 변화를 실행하고, 그 과정에서 피드백을 받고, 구성원이 저지르는 실수를 이해하고, 실패에서 배울 때, 리더는 구성원에게 존경을 받을 수 있다. 주도적 변화시도의 중요성은 마리나 이아토마세(Marina Iatomase)가 HP사의 글로벌 비즈니스 서비스 파이낸스 그룹에 합류하면서 매우 광범위한 과제를 맡았을 때 얻은 교훈이었다. "팀원들은 제가 삶을 편하게 해주고, 일하기 편한 환경을 조성해줄 사람으로만 생각했습니다. 반면 제 리더는 어려움이 있더라도 현 상황을 타개하려는 제 의지를 높게 보았습니다. 저는 팀에 새로 합류한 가장 최연소 직원이었지만, 리더로 한 단계 올라설 수 있었고, 변화를 일으켰습니다."

뛰어난 리더는 새로운 일에 뛰어들기 전에 지시나 지침을 기다리지 않는다. 일이 제대로 진행되지 않으면, 그들은 직접 일을 벌인다. 문제를 해결하려는 방법을 마련하고, 구성원에게 동의를 얻어 바람직한 결과를 실행한다. 스타벅스 프라푸치노는 고객이 찬 혼합 음료를 마시기 위해 옆 매장으로 옮겨가는 것을 망연자실하게 지켜봐야 했던 지역 매니저 다이너 캠피언(Dina Campion)의 아이디어로 시장에 출시되었다. 스타벅스는 처음에 커피 혼합 음료를 판매하지 않았고, 본사는 혼합 음료를 메뉴로 등록해달라는 현장의 요청을 번번이 거절했다. 하지만 다이너는 여기에 주저앉지 않고, 매장에서 자기의 아이디어를 시도해보려는 생각으로 가득 차 있었다. 그는 자신의 취지에 동조하는 시애틀 매장 직원 한 사람을 설득했고, 그는 아이디어 실험에 필요한 혼합기를 매장에 사다 주었다. 그들은 허락을 구하지 않고 변화를 주도했다. 매장에서 직접 제품을 만들어 고객을 대상으로 시음회를 실시했다. 점점 더 많은 사람이 이 음료를 찾자, 회사도 마침내 신제품 음료 개발에 자금을 투자하기로 했다. 여러 번의 연구 끝에 이 제품은 더 큰 시장에 출시될 수 있었다. 프라푸치노는 스타벅스 역사상 가장 성공한 신제품으로 기록되었다.[7]

변화를 시도할 수 있도록 구성원을 격려하라

변화는 리더십을 필요로 하지만 조직의 가장 말단에서 일하는 젊은 직원을 포함한 누구나 팀 프로세스를 개선하기 위한 혁신과 개선을 추진할 수 있다. 비자 카드의 상품 매니저인 존 왕(John Wang)은 대학 졸업 후 첫 직장에서 이 원칙의 중요성을 알게 되었다. 리더는 실험과 혁신을 지원하는 분위기를 조성했는데, 이로 인해 존과 동료들은 기존 프로세스를 개선하고 과업을 좀 더 빠르고 효율적으로 완수하는 방법을 발견했다. 그 분야는 장비의 노후화로 인해 미처리 업무가 발생하는 메인 파일 서버의 주간 백업 프로세스를 처리하는 문제였다. 존과 동료들은 여러 대안을 주도적으로 연구하였고, 상당히 비용이 들어가는 방안을 리더에게 보고했다.

　리더는 백업 프로세스 개선 방안에 매우 만족하며 이를 자신의 임원에게 보고하였다. 그 임원도 역시 그들의 노고를 높게 평가했다. 존은 이 경험을 이렇게 기억했다. "격려는 우리에게 확실하고 긍정적인 피드백이 되었고, 이러한 칭찬에 고무되어 향후 몇 년간 부서 프로세스를 개선하고 싶다는 용기가 생겼습니다. 이 사례를 통해 모든 직원은 제안이 진정으로 받아들여진다고 확신하게 되었습니다." 존이 마음에 새긴 교훈은 리더는 깊게 생각해야 한다는 사실이었다. 모든 팀 구성원에게 변화를 시도할 기회를 부여하여 미처 기대하지 않았던 긍정적 변화를 일으키는 것이다. 존은 이 점을 이렇게 말했다. "이제까지 살면서 진정으로 실행하기 위해 노력했던 원칙은 다름 아닌 함께 일하는 사람들에게 제가 생각하는 방식과 다르게 처리할 기회를 주는 것이었습니다."

　아즈메나 자베리(Azmeena Zaveri)는 일상의 압박과 직장의 요구 때문에 전해내려온 전통이 혁신 의지와 새로운 아이디어에 대한 반응속도를 떨어뜨리게 한다는 사실을 경험했다. 그는 노스캘리포니아 지역 센터에서 자원봉사자 단체와 함께 일하면서, 이런 함정에 빠지는 것이 얼마나 쉬운 일인지도 인정했다. 그는 자신이 물류 업무를 하면서 '점점 더 단조로워지는 활동을 정확하게 처리하고 예측할 수 있게 하려는' 사무들로 정신을 빼앗겨 새로운 생각을 할 여력이 충분하지 않다는 사실을 깨달았다.

　이 패턴을 깨기 위해, 아즈메나는 행사가 끝난 후 다음 행사를 더 잘할 방법을 찾기 위해 새로운 포럼을 조직했다. 그는 이 포럼에 프로그램을 개선하는 데 의견이나 제안을 줄 수 있는 사람들을 초청했고, 그들이 책에서 읽었거나 다른 행사에서 경험한 사실을 공유하도록 장려했다. 또한 팀원이 참여할 수 있는 디지털 다이어리를 만들어서 봉사자들이 새로운 아이디어를 공유하고, 새롭게 실행하기로 한 상세 내용을 기록하는 일지를 작성했다. 아즈메나와 팀은 모든 일이 성공할 수는 없지만, 적어도 언제나 변하는 세상에서 프로그램 개선을 위해 필요한 조치를 취하는 것이 필요하다는 점을 이해하였다.

　뛰어난 리더는 스스로 기회를 포착하며, 다른 사람도 새로운 시도를 할 수 있게 권장한다. 개선을 위해 구성원이 목소리를 높이고, 새로운 제안을 제출할 수 있는 환

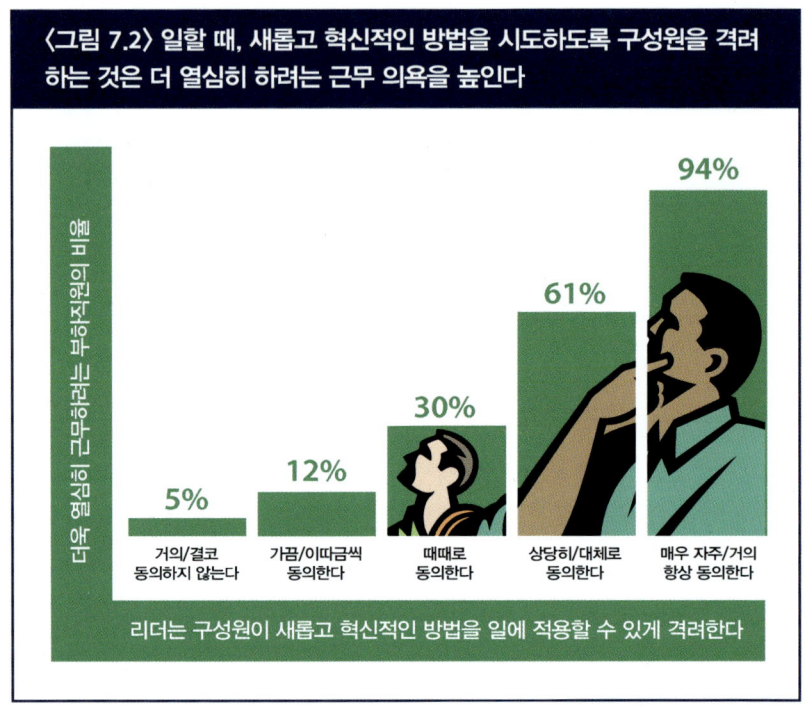

〈그림 7.2〉 일할 때, 새롭고 혁신적인 방법을 시도하도록 구성원을 격려하는 것은 더 열심히 하려는 근무 의욕을 높인다

경을 만들어 주며, 건설적 비판에 솔직한 모습을 보인다. 구성원이 리더에 대해 "새롭고 혁신적으로 일을 시도할 수 있게 격려한다"는 피드백을 더 자주 할수록 팀원들의 "차이를 만들어내고 있다"는 성취감과 믿음은 더욱 강해졌다. "만일 업무상으로 필요하다면 더 늦게까지 남아 열심히 일하시겠습니까"라는 질문에 대한 대답은 〈그림 7.2〉에서 볼 수 있듯이 리더가 구성원에게 변화를 시도할 수 있는 기회를 제공한 정도와 직접 관련되어 있다.

경험적 분석 결과도 얼마나 자주 리더들 스스로 자신의 기술이나 능력을 시험할 수 있는 도전 기회를 제공했는지에 대해 팀원들이 관찰한 결과와 비슷했다. "구성원의 몰입, 동기 부여, 생산성 수준은 그들이 리더의 유능함에 대한 평가에서 밝힌 것처럼 리더들이 스스로 새로움에 도전한 횟수에 비례해 증가하였다.

리더는 평화로운 시기뿐 아니라 격동기를 보낼 때도, 구성원이 준비하고 주도적으로 행동할 수 있는 환경을 만들어야 한다. 우선 주어진 과제에 대해 한 번에 한 단계씩 변화나 개선을 도모할 수 있게 기회를 제공함으로써 할 수 있다는 태도를 심어주어야 한다. 교육은 일상에서 닥치는 곤란한 상황에 효과적으로 대처하고 이를 개선하는 능력과 자신감을 형성하는 데 매우 중요하다. 게다가 전력을 다할 수 있는 방법을 찾게 해준다. 기준을 조금씩 더 높이 올리되, 사람들이 성공할 수 있다고 생각하는 수준까지 높여라. 기준을 너무 높이면, 결국에는 실패할 가능성이 커진다. 실패를 너무 자주 하면, 더는 도전하고 싶은 의욕도 꺾이고 만다. 기준을 한 번에 조금씩 올려라. 그리고 구성원이 점점 더 그 상황에 적응하게 되고, 이에 따라 도전을 지속할 수 있는 자신감이 붙으면 그 기준을 더 높여라.

특히 동료 사이에서 도전을 슬기롭게 극복한 역할 모델과 교류할 수 있는 기회를 부여함으로써 변화시도를 장려할 수 있다. 연구 데이터에 의하면, 주도적으로 변화를 시도하고, 자신의 기술과 능력을 시험하고, 경험을 통해 배울수록, 구성원은 직장에 대해 더욱 호감을 느낀다는 결과가 나타났다. 모범적인 역할 행동을 관찰하다 보면, 자신이 습득하려는 역량이나 기술에 대한 통찰력을 얻을 수 있다. 부정적 모델을 기반으로 타인을 능가한다는 것은 불가능에 가깝기 때문에 긍정적인 역할 모델들이 필요하다. 수백 가지 하지 말아야 할 일을 제대로 안다고 해도, 마땅히 실천해야 할 한 가지 방법을 모르면, 그 일을 제대로 처리할 수 없다. 배우고 싶어 하는 한두 가지 기술에만 집중하도록 하고, 이 방면에 뛰어난 달인을 찾아 비결을 배우고 따라 해보게 하라. 배움에 목마른 사람들에게 가르침을 줄 수 있는 역할 모델을 소개해주고, 그들처럼 뛰어난 기술을 발휘할 수 있다는 이미지를 심어주도록 도와주고, 이 역량을 기르는 것이 왜 중요한지 체득할 수 있게 도와주어라.

목적을 가지고 도전하라

목적은 동기 부여에서 강력한 힘의 원천이며, 누구도 목적 없이 오랜 시간 동안 버틸 수 없다.[8] 결론적으로 말하면, 리더는 도전을 위한 도전을 하지 않는다. 도전은 사람들의 긴장을 늦추지 않기 위해 상황을 흔드는 것이 아니다. 세태에 대해 불평하는 사람들은 일이 제대로 풀리지 않는 것에 투덜거리고, 새로운 생각과 사고를 비난하고, 아무런 대안도 없이 다른 사람의 아이디어에 문제점을 지적한다. 이런 태도는 프로세스 개선에 전혀 도움이 되지 않으며 누군가를 이끌 수도 없다. 모범적인 리더들은 도전에 대한 의미를 부여하고 상황 개선을 위해 추진력을 가지고 도전한다. 리더들은 대체로 열정을 갖고 도전한다. 그 이유는 사람들이 더 나은 삶을 살기를 희망하기 때문이다. 프로세스, 제품, 서비스, 시스템, 관계가 끊임없이 개선될수록 자기와 이해관계가 있는 사람들의 삶이 개선될 것이라고 강렬하게 믿기 때문이다. 하지만 도전에 완전히 몰입하려면, 사람들은 그렇게 해야 할 이유를 알 필요가 있다. 조직이 추구하는 목적과 자기의 임무를 이해할 때, 그 의미는 깊어진다.

일과 삶의 도전과 불확실성을 다루는 가장 강력한 동기 부여는 인간의 내면에서 나오지 밖에서 나오지 않는다. 누군가 면전에서 당근이나 채찍을 내민다고 생기는 것이 아니다.[9] 우리가 실시한 연구는 물론, 다른 많은 연구에서도 입증된 사실은, 도전적 상황에 직면할 때 최상의 성과를 보이기 위해서는 내적으로 충분히 동기 부여된 상태에서만 가능하다는 점이다. 과업이나 프로젝트는 내적으로 몰입을 일으키는 것이어야 한다. 예를 들어, 인센티브를 부여하거나 인센티브 금액을 늘리는 것과 같이 더 많은 금전을 부여하는 행위가 성과 향상에 상당한 영향을 준다는 가정에 대하여 많은 학자는 의문을 제기했다. 현재 생각으로는 일시적 보상(예를 들어, 성과에 대한 보상)은 실패로 끝날 수 있다.[10] 연구에 따르면 외부 요소에 의존하는 것이 실제 성과를 떨어뜨리고, 분열과 이기주의를 조장하는 문화를 초래한다는 설득력 있는 증거를 보여주었는데, 그 이유는 외적 요소는 내적인 목적의식을 감소시키기 때문이다.[11] 탁월성에 대한 효과를 생각한다면, 보상받는 액수 자체보다는 보상받는다는 인식이 더 중요하다.

제품과 서비스, 지역 사회, 가정 또는 순이익을 생각한다면 아무리 많이 보상해 주어도 충분하지 않다. 결국 놀라운 일을 일어나게 하려고 사람들이 자신의 한계까지 밀어붙이는 이유는 무엇일까? 또한 비슷한 이유로, 많은 사람이 아무런 보수 없이 그렇게 많은 일을 하는 이유는 무엇일까? 왜 사람들은 스스로 자원해서 불을 끄고, 가치 있는 일을 위해 기금을 모으고, 곤경에 처한 어린이들을 도와줄까? 자기 경력을 걸고 새로운 사업에 도전하고, 자신의 안위에 위협이 되는데도 사회적 조건을 바꾸는 일을 마다하지 않는 이유는 무엇 때문일까? 다른 사람을 구하거나 자유를 지키기 위해 자신의 목숨을 거는 이유는 무엇 때문일까? 사람들은 급여, 주식, 복리후생, 영예를 주지 않는데도 일에서 만족을 찾을 수 있을까? 외적 보상(extrinsic reward)은 분명 이렇게 행동하는 이유를 제대로 설명할 수 없다. 진정한 리더들은 사람들의 손과 지갑을 채우는 데 급급하지 않고, 그들의 가슴과 마음속을 파고든다.

제7장 기회를 찾아라

알린 블럼(Arlene Blum)은 목적을 갖고 도전해야 하는 중요성을 경험을 통해 알게 되었다. 생명물리화학 박사 학위를 취득한 알린은 자신의 성년기 대부분을 산악활동을 하는 데 보냈다. 그가 성공한 등정 기록은 300회가 넘는다. 가장 중요했던 도전이자, 그를 가장 유명하게 한 등정은 그가 오른 가장 높은 산 때문이 아니라 그가 전원 여성으로 팀을 이루어 세계에서 10번째로 높은 안나푸르나 제1봉에 도전하여 정복했기 때문이다. 일반인이 등반가에게 가장 궁금하게 여기는, 도대체 산에 오른 '이유'가 무엇 때문이었는지를 알린은 다음과 같이 설명한다.

> 등반이라는 도전 과정에 수반되는 길고도 어려운 준비 과정이 필요하다는 것을 알게 되었을 때, 사람들은 산에 오르는 이유가 도대체 무엇 때문이냐고 집요하게 물었습니다. 정답은 '산이 그 장소에 존재하기 때문'이라고 대답하는 것 이상의 의미가 있었습니다. 우리는 모두 환호성과 기쁨을 만끽했고, 정상에서 뜨거운 동지애를 나누었습니다. 그리고 이제 우리는 등반가들이 꿈꾸는 목표인 세계에서 10번째로 높은 봉우리에 올랐습니다. 하지만 여성이라는 이유로 우리는 산 자체보다 더 큰 도전에 직면해야 했습니다. 여성이라는 이유로 위험하고 높은 산에 오를 수 없다는 사회적 관습과, 200년이라는 등반 역사에도 불구하고 우리가 이런 위대한 시도를 하는 데에는 남성보다 더 강한 자신에 대한 믿음이 필요했습니다.[12]

알린은 등반의 성공과 실패를 구분하는 선은 열정이라고 주장한다. "자기가 하는 일이 의미 있다고 믿는다면, 인간은 두려움과 피로를 극복하고 다음 단계로 전진할 수 있습니다."[13]

열정과 목적이 있는 리더십은 특히 극도로 불확실한 상황에서 더욱 중요성을 발휘한다. 위험과 복잡성이 증가할 때, 구성원은 방향과 지침이 더 필요하다. 그들은 등반을 계속해야만 하는, 계속 노력해야 하는, 계속 분투해야 할 이유가 필요하다. 그 이유는 단기적 보상으로는 충족될 수 없다. 이보다 더욱 지속적인 이유가 필요하다. 성장과 혁신, 개선을 위해 도전을 촉구할 때, 이 노력이 고객과 가족과 지역 사회에 어떠한 혜택을 가져올지 설명하라. 도전을 더 큰 목적과 연결하라. 그 목적을 소중히 해야 하는 의미를 부여하라.

통찰력을 발휘하라

노스캐롤라이나의 구불구불한 해안선을 지나가다 보면, 우리는 리더를 위한 중요한 조언을 발견한다. 길게 뻗은 태평양을 설명하는 안내판의 맨 윗부분에는 다음과 같은 경고문이 쓰여 있다. "태평양을 등진 채 서 있지 마시오." 이 경고문이 작성된 이유는 도시의 경치를 보기 위해 육지를 바라볼 때, 거친 파도가 몰려와 해안을 등진 사람이 파도에 휩쓸려 바다로 떠밀려갈 수 있기 때문이다. 실제로 이를 전혀 예상치 못한 여행자들이 사고를 당할 때가 종종 발생한다. 이 경고는 여행자에게만 해당하는 것이 아니라 리더에게도 의미 있는 조언이 될 수 있다. 외부 현실에 눈을 감고 자기가 속한 조직의 우수함만 찬미하다 보면, 예상치 못한 변화의 소용돌이에 휘말릴 수 있다.

혁신도 마찬가지다. 리더는 언제나 외부 현실을 분석해야 한다. 혁신을 위해서는 통찰력을 사용할 필요가 있다. 사물의 내재적 속성을 인식하는 능력인 내부 통찰력(Insight)의 형제자매 격인 외부의 힘을 인식하고 이해하는 외부 통찰력(Outsight)은 개방성에서 나온다. 이는 바로 연구가들이 장소를 불문하고 어디에서나 혁신이 일어날 수 있다는 점을 발견한 점과 같다.[14] 전 세계의 CEO들을 연구한 결과, 가장 혁신적인 아이디어의 원천은 조직 밖에서 발견되는 것으로 나타났다.[15] 아이디어는 때로는 고객에게서 나오고, 영향력 있는 사용자에게서 나오기도 하고, 공급업체에서 나올 때도 있고, 다른 회사의 연구개발 조직에서 나오기도 한다.

리더는 지평선 너머 출현할 새로운 세상을 기대하면서, 매우 약한 신호에도 강렬하게 귀 기울이며 언제나 어렴풋한 신호를 찾아 적극적으로 움직여야 한다. 주변에서 어떤 일이 발생하는지 알 수 있게 아이디어와 정보가 움직이는 통로를 계속 열어두는 것이다. 외부에서 얻을 수 있는 통찰력 없이 내부의 통찰력만으로는 눈가리개를 하고 세상을 보는 것과 같다. 이러한 상태로는 완전한 그림을 볼 수 없다.

경험하지 못한 외부로 시야를 돌려라

일루미오(Illumio)에서 디지털 마케팅 임원으로 근무하는 앤 웡(Anne Wong)은 자기 주변에서 일어나는 일들에 대해 언제나 개방적이었고, 끊임없이 궁금해했다. 그는 엄청나게 질문을 많이 하는 것으로 잘 알려졌다. 직원 중 한 명은 그가 토의하는 내용을 완전하게 이해할 때까지 질문을 멈추지 않는다고 말했다.[16] 앤은 그렇게 하는 이유가 다른 사람들의 관점에서 상황을 명확하게 이해하려는 노력 때문이라고 말한다.

고위 임원을 연구하는 사람들에 따르면, 가장 성공하는 기업체의 임원은 정보가 그들에게 오기까지 기다리지 않고, 직접 밖으로 나가 스스로 실태를 파악해 그다음에 무슨 일을 해야 할지 판단한다고 말한다.[17] 예를 들어, 그들은 조간신문을 확인하고 동료의 사무실에 들러 짧게 진행되는 상황을 파악하고, 사무실 복도나 공장을 지나가거나 커피를 마시거나 동료들과 식사하기 위해 구내식당으로 향하거나, 비공식적 모임 또는 축하파티에 참석하거나, 교육 프로그램이나 콘퍼런스에 참가하기도 한다. 그들이 몰두하는 일 중 하나는 '조직 안에서 어떤 일이 일어나는지에 촉각을 세우는' 것이다. 그들은 "어떻게 내가 모르는 사이에 이런 일이 발생할 수 있었지"라고 물으며 또 다른 게 있는지 경계를 늦추지 않는다.

여기저기를 돌아다니고 질문을 던지면 리더는 자신이 경험할 수 있는 세계의 밖을 볼 수 있을 뿐 아니라, 혁신의 기회를 발견할 대화를 들을 수도 있다. 또한 조직에서 경험하는 자부심과 충성심에도 강한 영향을 미쳐, 그들이 추진하는 프로젝트가 성공할 수 있도록 한 걸음 더 노력하게 된다. 그 예로, 조사 결과에 따르면 리더가 '지금 하는 일을 혁신적으로 개선할 방법을 적극적으로 찾는' 모습을 더 많은 사람이 관찰할수록, 구성원은 자신들이 하는 일에서 변화를 이룬다고 느끼는 정도도 더 커진다.

뇌가 정보를 처리하는 과정에 대한 연구를 살펴보면 사물을 창의적인 눈으로 다른 각도에서 보기 위해서, 뇌가 한 번도 경험하지 못한 새로운 자극을 주어야 한다는 사실이 알려졌다. 에모리대학교 신경과학자인 그레고리 번스(Gregory Berns)는 이런 새로움이 매우 중요하다고 말한다. 그 이유는 뇌는 효율적으로 진화되어 에너지를 아끼기 위해 개념상 일정한 지름길을 선택하기 때문이다. 이미 존재하는 관점을 강제로 제거할 때만 뇌는 정보 카테고리를 다시 분류한다. 습관적 사고 패턴을 넘어서는 것은 새로운 대안을 상상하는 출발점이다.[18]

인간의 정신은 세상을 보는 고정된 관점을 지지하는 데 놀라울 정도로 익숙해져 있어 여기에 반하는 원치 않는 증거는 걸러내는 경향이 있다. 맥킨지 앤 컴퍼니(McKinsey & Company) 연구원들은 개인의 직접적 경험이 이에 대한 해독제라고 말한다. "직접 무엇인가를 보고 경험하는 것은 콘퍼런스 룸 탁자에서 추상적 토론으로는 할 수 없는 방식으로 사람의 마음을 움직인다. 사람들의 암묵적 또는 명시적 가정에 직접 대응할 목적으로 개인 경험을 쌓기 위해 사무실 밖으로 나가 창의성을 기르는 연습을 하거나 아이디어 창조 연습을 하는 것이 대단히 중요한 이유다."[19] 예전부터 사무실 책상에 앉아만 있어서는 주변에서 무슨 일이 일어나는지 제대로 이해할 수 없다고 말해왔다.

코트니 발라(Courtney Ballagh)가 영업 매장에서 근무하던 시절, 모든 영업팀이 판에 박힌 습관에 빠져 실적을 내지 못할 때, 그는 이 사실을 깨달았다. 많은 조직과 마찬가지로 소매업에서는 특별하게 바꿀 이유가 없는 한, 기존에 효과를 본 방식을 계속 고수하는 경향이 있다. 그 매장은 꽤 잘 운영되었다고 그는 말했다.

> 우리가 고수하던 방식이 더는 효과가 없다는 사실을 알 때까지는 아무도 영업 방식을 바꾸기 위해 새로운 아이디어를 생각하지 못했습니다. 그래서 저는 막내 직원들을 시켜 쇼핑몰을 돌아다니면서 2, 3개 매장을 관찰하게 했습니다. 저는 그 직원들이 어떻게 제품을 판매하고 새로운 아이디어를 제시하는지 집중적으로 지켜보면서 팀에 새로운 영감과 도전을 부여하고 싶었습니다. 직원들은 고객 만족에 중점을 두는 덜 공격적인 스타일의 중급 브랜드 갭(Gap)부터, 수수료 지급조건 매장으로 운영되어 판매만 하면 되는 호화 매장인 루이비통(Louis Vuitton)까지 돌아다녔습니다. 그들이 모두 돌아와 수집한 정보를 공유하자, 우리는 고정관념에서 탈피할 수 있었고, 다른 매장에서 성공적으로 운영되는 방식이 우리에게도 가능성이 있다는 점을 알게 되었습니다. 이런 새로운 판매 기법은 타성에 젖은 습관에서 벗어나 정상으로 돌아오는 데 도움이 되었습니다.

코트니는 설명을 계속 이어갔다. "오로지 자기 주변 사람과 대화하고 새로운 관점을 생각하지 않는다면, 새로운 방식은 전혀 탄생할 수 없습니다. 새로운 일은 언제나 도전과 흥미로움으로 가득 차 있습니다. 그리고 이를 경험하려면 자기가 안주하는 울타리를 벗어나야 합니다.

리더는 일상적인 일보다 혁신에서 훨씬 더 많은 소통과 경청이 필요하다는 사실을 이해한다. 성공적 혁신은 본사 건물의 52층에서 생겨나거나 시청 공무원의 책상에서 나오지 않는다. 관계와 네트워크를 구축하고 사람들과 인맥을 쌓으려면, 안팎으로 돌아다녀야 한다. 주변 세상과 접촉해야 할 필요성은 인도 농촌 지역에 수질정화 시스템을 처리하는 비영리 법인에서 프리야 사우가다란(Priya Saugadaran)이 겪은 경험과 정확하게 일치한다. 그는 경영진이 수질처리 시스템을 폐쇄한다는 결정을 내려 마을 주민이 더는 깨끗한 물을 사용할 수 없게 되는 결정을 이행해야 하는 곤경에 처해 있었다. 회사의 재무 상황 악화에 따른 결정임을 알았지만, 프리야는 이 결정이 회사의 사명과 배치된다고 생각했다. 그는 리더를 찾아가 마을 주민들이 돈을 내고 물을 사서 마시지 않는 이유를 알아볼 기회를 달라고 했다. 그는 또한 자기 조직을 뛰어넘어 외부 세계를 바라보기 시작했고, 이와 비슷한 사업 상황에서 다른 경쟁업체는 어떻게 대응하는지 조사하면서 비교대상이 되는 비영리조직과 대화를 나누었다.

프리야는 사무실에서 나와 논으로 가서 '일정 기간 안에 제대로 운영되지 않으면 사업을 접는 기존 방식을 고수하는 대신 문제가 무엇인지' 알고자 했다. 그의 발견과 분석의 결과로, 그들은 마침내 마을 공동체의 참여를 끌어냈고, 사업 모델을 변경해 12달 만에 적자 사업부를 수익이 발생하는 부서로 회생시켰다. 그 후, 다른 여러 지역도 이 사업 모델을 따라 했다. 그녀의 경험은 경청을 통해 다양한 관점을 수렴, 통합해야 할 필요성에 대한 근거를 제공한다.

다양한 관점에 귀를 기울이고 추진하라

변화를 위한 요구는 조직 안팎에서 생겨날 수 있다. 만일 모든 일이 완벽하게 돌아간다면, 지금과 다른 변화를 시도할 필요가 없을지도 모른다. 하지만 현재보다 더 나은 미래를 꿈꾼다면, 상황이 더 망가지기 전에 변화를 단행해야만 한다. 업무 진행을 위한 표준업무절차는 현상 유지에 도움을 주지만, 격동적 변화, 불확실성 또는 더 나은 결과를 위한 요구를 다루는 데에는 적합하지 않다.

리더십 챌린지

루이스 자벨레타(Luis Zaveleta)는 웰스파고 은행(Wells Fargo Bank)에서 금융 애널리스트로 근무하던 초창기 시절, 회사로부터 부서 내에서 필수적으로 준수해야 할 표준업무절차에 대한 교육 경험을 들려주었다. 일일, 주간, 월간 단위의 보고는 표준업무절차 진행에 부합했지만, 나머지 업무는 더욱 창의적인 사고가 필요했다고 그는 말했다. 도전적인 과제의 수가 늘어갈 때, 그는 회사 표준업무절차에 맞춰 일을 진행하는 것이 더욱 힘들게 느껴졌다.

> 경험이 쌓이고 일에 대한 관리 기술이 더 축적될수록, 일이 이루어지는 방식에 회의를 느끼기 시작했습니다. 부서 내 선임자나 관리자에게 모든 문제를 해결하기 위해 표준업무절차를 사용해야 하는 이유가 무엇 때문인지 묻기 시작했습니다. 얼마 안 있어, 표준업무절차에 의존하는 이유가 대안 부족 때문이라는 사실을 알게 되었습니다. 지난 10년간 모든 직원은 표준업무절차를 사용하여 업무를 처리하도록 교육받았고, 이를 개선하거나 문제 해결을 위해 다른 방법을 사용할 생각을 하지도 않았습니다.

새로운 어려움이 닥쳤을 때, 루이스는 예전처럼 비효율적인 표준업무절차를 고수해야 할지 아니면 이제까지 고수한 기존 프로세스에 내재한 문제점을 제기해야 할지 사이에서 선택해야만 했다. 리더는 프로세스를 개선하기 위해 밀려오는 파도를 거스를 수 있는 용기를 가져야 한다는 생각과 또 한편으로는 현재 자기가 알고 있는 지식이 부족하다는 생각이 들어 새로운 아이디어를 적극적으로 탐색하기로 했다. 그는 다양한 각도에서 의견을 수렴하기 위해 동료와 다른 부서의 관리자와 몇 명의 임원을 대상으로 인터뷰했다. 그의 말에 따르면, 예상과는 전혀 다르게 최고의 조언은 당시 한 은행 지점의 창구 직원에게서 나왔다고 한다. 루이스는 이렇게 말했다. "아이디어는 누구에게서나 나올 수 있다는 것을 안다면, 리더는 혁신의 기회를 놓치지 않을 겁니다. 저는 회사 내 모든 사람에게 제가 당면한 문제점을 극복하기 위해 도움을 요청했고, 아이디어를 얻기 위해 부서를 가리지 않고 모든 사람의 의견에 귀 기울였습니다."

루이스가 보여준 새로운 아이디어를 향한 적극적 수용 자세는 효과적으로 프로세스를 개선하려는 리더가 지녀야 할 필수 자질이다. 한 사람이 문제에 대해 타당한 견해를 갖고 있더라도, 다양한 배경을 가진 사람들이 같은 문제에 대해 다양한 의견을 개진할 수 있다는 사실을 인식해야 한다. 추가 정보와 다양한 관점은 더 나은 해답을 찾아 노후화된 시스템을 개선하는 데 매우 유용하다. 성공하는 리더는 모든 이해관계자에게 정보 공유를 장려할 필요가 있으며, 정보의 원천을 불문하고 다른 의견을 수용하고, 집단적 지식을 활용해 어떠한 문제에 대해서도 효과적인 해결책을 찾아낼 수 있게 해야 한다.

학자들은 외부와 소통을 적극적으로 장려해 다양한 관점을 받아들이려고 노력하지 않는다면, 외부와의 교류가 점점 더 줄어들고, 새로운 아이디어가 차단된다는 사실을 발견했다. 고전적 방식의 연구 조사를 통해 집단의 다양한 발전 단계별로 특정 프로젝트 영역에서 함께 일해온 기간과, 3가지 형태의 의사소통 방식(프로젝트 내부의 의사소통, 조직적 의사소통, 전문적 의사소통) 사이의 관계를 조사하였다. 또한 부서장과 연구실장들을 대상으로 그룹별로 기술적 성과도 조사하였다.[20]

연구 결과, 고성과 그룹은 연구실을 뛰어넘어 마케팅이나 제조와 같은 조직 단위에 영향을 받지 않고 외부 전문기관과도 적극적으로 소통한다는 사실을 발견했다. 흥미로운 점은 가장 오랜 기간 함께 동고동락한 그룹은 위에서 언급한 3가지 영역에서 소통 수준이 저조한 것으로 나타났다. 그 그룹은 다른 조직 부문이 이룬 기술적 진보와 이에 대한 정보로부터 상당히 격리되어 있었다.[21] 오랫동안 유지해온 조직은 새로운 아이디어를 도출하는 데 필요한 정보를 차단했다. 그 결과 시간이 지나면서 성과가 감소하는 현상이 나타났다. 오랫동안 함께 공존하면서, 그들은 외부와 소통할 필요를 느끼지 않는 것처럼 보였다. 자기끼리 생각을 공유하는 데 안주했던 것이다.

다양한 방면으로 의견을 구하고 타인의 의견을 듣는 것을 두려워하는 한 가지 이유는 그 행위가 자신들이 무능하고 이미 당연히 알아야 하는 사실을 제대로 모르고 있다고 여겨지는 것 때문이다. 하지만 연구 결과에서는, 그 두려움이 잘못된 인식으로 입증되었다. 의견을 구하는 사람들이 묻지 않은 사람들보다 더 유능하다고 인식되며, 이 믿음은 문제가 쉬울 때보다 어려울 때 더욱 강하게 나타났다.[22] 곤란한 상황을 겪을 때 질문하고, 확신에 찬 사람에게 조언을 구함으로써, 리더는 타인으로부터 자신의 능력에 대한 평가를 높일 수 있다. 이런 행위를 통해 얻을 수 있는 한 가지 장점은 타인에게 확신을 심어준다는 것이다. 특히 곤란한 문제에 직면했을 때, 이와 비슷한 상황을 경험한 적이 있는 사람과 주저 없이 이 문제를 의논해보라. 그렇게 한다면 당신이 문제를 대처하는 능력은 더 높게 평가될 가능성이 있다.

새로운 정보를 받아들이는 한 가지 방법은 다양한 관점을 고려하는 것이다. 현 상황을 좀 더 확장해서 볼 수 있는 관점을 갖기 위해 어떻게 해야 할까? 학자들은 이에 대한 3가지 접근법을 제안하였다.[23]

① 당신을 짜증 나게 하거나 좌절감을 주는 사람들의 관점을 받아들이고, 그 사람에게서 배울 수 있는 점이 무엇일지 고려해보라.
② 사람들이 하는 말에 귀 기울여보자. 다시 말해서, 그들의 관점을 바꾸려고 하기보다 그들이 하는 말을 그대로 들어보는 것이다.
③ 자기의 안전한 울타리를 벗어나, 교류가 적은 사람에게서 다양한 의견을 구하라.

질문하고, 타인에게 조언을 구하는 과정을 반복하면, 자연스럽게 조직 전체에 대한 지식을 공유할 수 있다. 이 행위를 통해 대인 관계는 강화된다. 세상 밖으로 귀 기울이고 좋은 질문을 하는 것은 매우 중요하다. 훌륭한 아이디어가 어디에서 오는지는 누구도 알 수 없다. 따라서 모든 일을 모험으로 받아들이는 태도가 필요하다.

모든 일을 모험으로 생각하라

직접 경험한 최고의 리더십 사례를 수집할 때, 그들이 선택했던 프로젝트를 누가 처음 추진했는지 알려달라고 요청하면서, 우리는 대다수가 본인을 가리키리라고 생각했다. 뜻밖에도 우리 예상은 빗나갔다. 프로젝트 추진자는 우리가 인터뷰하는 리더들이 아니라, 대체로 그들의 직속 상사일 때가 많았다. 그들이 수행한 과제 대부분이 실제로 나중에 그 사람에게 배정되었다는 사실을 알고 나서 우리는 놀라움을 금치 못했다. 이는 조직 생활의 한 단면을 보여준다. 완전한 무(無)에서 시작할 때는 거의 없다. 결과를 놓고 본다면, 프로젝트를 자발적으로 추진했는지, 누구의 지시를 받은 것인지는 중요하지 않다. 차이를 만드는 것은 그 프로젝트를 끌어안은 개인의 그 과제에 임하는 관점이다. 사람들은 이 과제를 마무리해야 하는 하나의 직무나 과업으로 인식할 수도 있다. 이 프로젝트가 놀라운 결과가 발생할 수 있는 모험으로 인식할 수도 있다. 명백한 사실은, 모범적인 리더는 모험을 선택한다는 점이다.

제7장 기회를 찾아라

조직에서도, 개인 생활에서도 사건은 언제나 예기치 않게 발생한다. 내가 그런 도전 과제를 찾아내었는지 그러한 도전 과제가 나를 찾아왔는지는 중요하지 않다. 그 도전에 대처하는 당신이 발견한 목적이 중요하다. 문제는 "기회가 문을 두드릴 때 당신은 준비가 되어 있는가?, 문을 열고 나가 그 기회를 찾아 나설 것인가?"이다.

클레이 암(Clay Alm)이 원렌트(OneRent Inc.)사에서 고위 운영직을 담당했을 때, 그에게는 크고 작은 위기가 연속해서 다가왔다. 그는 영업 담당 임원 측에서 영업 쪽의 잘못이 아니라고 계속 주장하는 데 매우 낙담했다. 클레이는 영업부문의 관심을 끌기 위해 다른 각도에서 문제에 접근할 필요가 있다고 생각했다. 그는 "답답한 상태에 변화를 주기 위한 제안을 할 때, 치명적 공격을 받을 가능성이 있고, 여러 번 거절 당할 가능성이 있다는 점을 알게 되었다. 하지만 훌륭한 리더는 역경에 부딪힐 때 단순히 포기하지 않는다. 그 역경을 극복하기 위한 대책을 세우고, 이 역경이 극복될 때까지 쉬지 않고 계속 해결책을 내놓는다"고 말했다.

몇 년 동안 같은 일을 했더라도, 마치 오늘 처음 시작하는 자세로 임해보자. 자신에게 물어보자. "만일 이 일을 지금 막 시작했다면, 어떻게 할까?" 그 일을 지금 처음 시도한다고 생각해보자. 조직을 개선하는 방법을 찾으려면, 한시도 경계를 늦추지 말아야 한다. 항상 추진하고 싶었지만 하지 못했던 프로젝트를 발견하는 것을 게을리하지 말라. 팀에게도 이와 똑같은 사항을 당부하라.

모험가가 되고 탐험가가 되어보자. 조직에서 아직까지 담당해보지 못한 업무는 어떤 것이었나? 커뮤니티에서 여태까지 담당하지 못한 역할은 어떤 것이었나? 가보지 못한 장소를 찾아 나설 계획을 세워라. 공장, 창고, 물류 센터 또는 소매 점포에 대한 현장 답사를 나서라. 사람들과 함께 관심을 끄는 사업 부문, 담당 부서, 지점 또는 고객사를 방문해보라.

주변에서 일어나는 일을 알기 위해서 반드시 조직에서 수장이 되어야 할 필요는 없다. 어디에 있든지, 새로운 아이디어를 수집하기 위해 촉각을 세워라. 혁신을 홍보하고 조직 밖에 있는 사람의 의견을 듣는 데 관심이 있다면, 새로운 아이디어를 수집하는 것을 과제의 가장 우선순위에 넣어라. 사람들이 눈을 뜨고 조직 밖에서 일어나는 일에 귀 기울이게 하라. 포커스 그룹, 자문단, 제안함(suggestion boxes), 조찬 미팅, 브레인스토밍, 고객 평가서, 미스터리 쇼핑(고객을 가장한 자사 제품 쇼핑), 경쟁사 방문을 통해 아이디어를 수집하라. 온라인 채팅방도 외부 세계와 아이디어를 교환하는 중요한 장소가 될 수 있다.

아이디어 수집을 매일, 주간, 월간 스케줄에 포함해라. 아직 당사의 서비스를 경험하지 못했거나 최근에 구매 경험이 있는 3명의 고객에게 전화를 걸어 우리 상품을 구매한 이유가 무엇인지 물어봐라. 이메일도 방법이 될 수 있지만, 이런 일에는 인간의 음성이 더 적합하다. 사람들에게 회사에 대해 좋은 점과 그렇지 않은 점이 무엇인지 물어보라. 경쟁사 매장에서 물건을 구매하거나 익명으로 자기 회사의 제품을 구매하면서 영업 직원이 제품을 어떻게 설명하는지 들어보라. 직장에 전화를 걸어 직원들이 어떻게 전화를 응대하고 질문에 답하는지 살펴보라. 주간 스태프 미팅에서 적어도 25퍼센트는 프로세스나 기술 개선과 제품 및 서비스 개발에 필요한 외부의 아이디어를 듣는 데 시간을 할애해라. 스태프 미팅이 단순히 일과성 과제나 주간 업무 또는 안에서 일어나는 현상 보고로 이루어지지 않게 관리하라. 고객, 공급업체, 타부서 직원 및 외부인을 미팅에 참석시켜 당신이 관리하는 부문이 더 나아질 수 있는 의견을 제시할 수 있게 하라. 어디에 있는지 항상 촉각을 예민하게 세워라. 당신은 어느 곳에서 언제 새로운 아이디어를 찾아낼 수 있다고 장담할 수 없다.

이러한 방법은 새로운 아이디어를 받아들일 수 있게 눈과 귀를 열어줄 것이다. 더 넓은 시각에 자신을 노출하고 이러한 견해를 받아들여라. 회사 밖의 자료나 정보를 통해 새로운 아이디어를 듣고, 진지하게 고민한 후 이를 수용하라. 조직의 경계 밖에서 일어나는 일에 등을 돌리지 않는다면, 굽이치는 변화의 파도도 갑작스럽게 당신을 덮치지 못할 것이다.

실천 사항

기회를 찾아라

놀라운 일을 만들어내기 위해 몰입하는 리더는 누구에게나, 어떤 장소에서도 새로운 아이디어를 찾는 데 개방적인 태도를 보인다. 그들은 외부에 대한 새로운 아이디어를 찾기 위해 통찰력을 이용해 기술, 정치, 경제, 인구통계, 예술, 종교 및 사회 풍토를 조사하는 데 능숙하다. 그들은 조직 환경에 끊임없는 변화를 주기 위한 기회를 찾을 준비가 되어 있다. 게다가 적극적인 성격 덕택에, 단순히 변화의 파도를 타는 데 그치지 않고 타인을 위한 파도를 일으키기도 한다. 그들은 끊임없이 변화하는 조직 환경에 대응하기 위한 기회를 확보할 태세가 되어 있다.

역사를 바꿀 필요는 없지만, 늘 평소처럼 생각하는 습관은 바꿀 필요가 있다. 리더는 끊임없이 새로운 기회를 적극적으로 받아들이고 만들어내야 한다. 그럴듯한 이유로 리더와 구성원을 안심시켜 오판을 유발하는 대상을 항상 경계하라. 변화와 혁신 그리고 리더십은 거의 같은 뜻으로 쓰이는 용어다. 리더와 구성원이 잘못된 경계심에 빠지게 하는 요소를 항상 경계하라. 이 말은 대부분 일상적으로 돌아가는 일보다는 검증되지 않고 시도하지 않은 일들에 집중해야 한다는 사실을 의미한다. 가장 혁신적인 아이디어는 자신이나 자기가 속한 조직에서 나오지 않는다는 사실을 명심하라. 혁신적 아이디어는 곳곳에 존재하며, 최고의 리더는 난관을 돌파하는 아이디어가 숨어 있는 장소를 찾아다닌다. 그들은 질문하고 조언을 구한다. 모범적인 리더십은 자신의 내적 탐구를 통한 통찰력과 더불어 외부를 관찰함으로써 기회를 발견하는 통찰력을 필요로 한다.

리더십 챌린지

변화를 추구하는 탐험은 모험이다. 이 모험은 리더의 의지와 기술을 시험한다. 어려운 일이지만, 이 일은 자극을 준다. 역경은 진정한 자기와 만나게 해준다. 자신과 타인에게서 최고의 결과를 얻으려면, 당신은 일에 목적과 의미를 부여하는 것이 무엇인지 이해해야 한다.

기존 프로세스에 도전하기 위해, 당신은 주도적으로 기회를 찾으며 개선을 위한 혁신적 방법을 찾아 외부를 지향해야 한다. 이 일을 위해서 당신이 해야 할 일은 다음과 같다.

1. 어제보다 나은 자신이 되기 위해 매일 새로운 일을 시도하라.
2. 자신이 편안하게 생각하는 상태와 기술 범위를 넘어서는 경험을 지향하라.
3. 자기를 위해서가 아니라 자기 주변 사람들을 위해 항상 질문하라.
   "새로운 일은?", "그다음에 할 일은?", "더 나은 것은?"
4. 도전적이고 가장 어려운 과제를 다루기 위해 중요한 목적을 발견하라.
5. 질문하고, 조언을 구하고, 다양한 각도에서 의견을 경청하라.
6. 모험하라. 일상이 틀에 박힌 생활로 굳어지지 않게 하라.

제8장

실험과 위험을 감수하라

피보탈 소프트웨어(Pivotal Software)는 오랜 기간에 걸쳐 소프트웨어 개발 프로세스로 사용하는 애자일 방법론(agile methodology, 정해진 계획만 따르기보다 개발 상황에 맞춰 유연하게 대처하는 방식—옮긴이)을 채택했지만, 이 방법론을 다른 조직에서 활용한 적은 거의 없었다. 애자일 개발과 린(lean) 스타트업 원칙에 대한 교육 훈련을 받고, 캐서린 메이어(Cathryn Meyer)는 이 개념을 실전에 활용하고 싶어서 담당했던 새로운 프로젝트에 애자일 방법론을 적용하기로 했다.

그의 도전 과제는 회사에서 사용되는 직무 명칭을 더욱 일관성 있고 단순한 구조로 표준화하는 프로젝트였다. 과거에도 이와 비슷한 프로젝트가 진행된 적이 있었고, 몇 명의 인사 담당자가 현황 파악과 해결안 도출, 실행 계획 추진까지 진행한 바 있었다. "보통 그동안의 해결안은 탁상공론 상태에서 개발되었습니다. 그리고 이를 실행했을 때 완벽하지 않다면, 그때는 바꾸는 것도 매우 어려웠습니다."

이 프로젝트에서 시도했던 린 방식(lean approach, 아이디어를 바탕으로 빠르게 최소 기능 제품을 만든 다음 고객의 반응을 통해 제품을 발전시키는 방식—옮긴이)은 종전과는 매우 달랐습니다. 최종 목적을 정하고 이 목적에 도달하기 위한 가설을 설정하고, 이 가설을 시험하려고 몇 가지 작은 실험을 하고, 실험을 통해 얻은 피드백을 바탕으로 해결안을 찾기 위해 과정을 수정하는 작업을 반복했습니다. 프로젝트팀은 초기에 구성원 중 누구도 문제에 대한 이상적인 해결안을 알지 못한다고 생각했습니다. 우리는 좋은 아이디어를 찾는 데 도움이 될 수 있는 실험 방식을 디자인했고, 활용할 수 있는 다양한 가능성을 수집하였습니다.

캐서린과 팀은 직원 의견과 아이디어를 구하기 위해 간단한 설문조사를 실시하고 문제를 좀 더 심층적으로 알아보기 위해 직원들과 개별 면담을 했다. 그들은 외부에서 실시한 개선 사례들도 찾아보았고, 린 방법론으로 유명한 전문가에게 전화를 걸어 피드백을 구했다. "다양한 경로를 통해 얻은 피드백을 기반으로 여러 번 수정을 반복하면서 우리는 자신감을 갖게 되었습니다. 우리가 수집할 수 있었던 정보를 토대로 한 가장 나은 선택을 제안서에 담았습니다." 궁극적으로 캐서린이 주도한 프로젝트팀은 그들이 이행한 철저하고 심도 있는 프로세스를 통해 이해관계자에게 인정받게 되었다.

그들의 다음 도전 과제는 조직 전체에 새로운 직책을 적용하는 일이었다. 캐서린은 직능(Job Function)을 기반으로 실행 프로세스를 작은 단위로 나누었다. "직무 중심으로 새로운 직능을 한 번에 적용하는 방식은 우리가 세운 목표를 점진적으로 개선하는 데 효과적이었을 뿐 아니라, 우리의 접근법에 대해 지지도 얻었습니다."

그런 초기 단계의 실험에서 얻은 깨달음을 통해 캐서린은 직군(Job Family)을 일원화하고 통합하는 작업에 대해 용기를 얻었다. 더 나아가 회사 전체의 직무 체계를 현실에 맞게 조정해보려는 포부도 생겼다. "이 프로젝트는 항상 변화가 필요하다고 생각했던 분야였습니다. 초기에 제출했던 제안에 힘입어, 주도권을 갖고 필요한 변화를 실행할 수 있는 자신감이 생겼습니다."

처음 프로세스를 시작했을 때, 사람들은 우리가 맡은 과제가 불가능하며 모든 이의 요구를 만족하는 해결안을 절대 도출하지 못할 것이라고 말했습니다. 하지만 우리는 열정을 갖고 도전했고, 당장 성과가 나오지 않는다고 해서 중도에 포기하지 않았습니다. 최적의 결론을 도출할 수 있을 때까지 계속 실험을 통해 방식을 변경하고, 이를 통해 배웠습니다. 이제는 역경에 부딪혀도 기존의 관습에 도전하고, 새로운 방식을 시도함으로써 자신 있게 팀을 이끌 수 있다는 점을 알게 되었습니다.

놀라운 성과를 이루려면, 캐서린처럼 이제까지 한 번도 시도한 적 없는 일에 적극적으로 도전하려는 의지가 있어야 한다. 모든 개인의 최고의 리더십 사례는 대담한 아이디어를 갖고 위기를 감수했던 일화를 언급한다. 기존과 같은 방식으로는 새롭고 놀라운 결과를 성취할 수 없다. 리더는 용기를 갖고 검증되지 않은 전략을 시험해야 한다. 관습의 틀을 과감히 박차고 나와 자신을 둘러싼 한계를 넘어 도전을 감행하고, 새로운 일과 모험을 시도해야 한다.

리더들은 여기에서 한 단계 더 나아가야 한다. 그들은 과감한 아이디어를 시험하고 미리 계산된 위험을 감수해야 할 뿐 아니라, 불확실한 상황에서도 이러한 모험에 따라나설 사람들을 모집해야 한다. 미지의 세계로 홀로 여행을 떠나는 것과 리더를 전적으로 믿고 그 어둠의 심연 속으로 따라오게 하는 것은 또 다른 일이다. 모범적인 리더로 남는 사람과 개인적으로 위험을 감수하는 사람을 보면, 리더는 어려움이 있더라도 사람들이 기꺼이 함께하고 싶어 하는 환경을 만든다는 데 그 차이가 있다.

역설적으로 들릴지도 모르겠지만, 리더는 위험한 도전을 안전하게 만들어야 한다. 그들은 실험을 배우는 기회로 만들어야 한다. 그들은 과감한 도전에 전부를 걸거나 한 번만의 도약을 꿈꾸지 않는다. 그들은 종종, 시범 프로젝트처럼 작게 시작해서 변화를 주고, 큰 변화에 대한 원동력을 얻는다. 비전은 원대하고 저 멀리 있는 것처럼 보여도, 비전에 도달할 방법은 한 걸음씩 내딛는 것이다. 이러한 작고, 눈에 보이는 과정은 초기에 성공과 후원자들을 얻을 가능성이 크다. 물론 실험에서 모든 일은 의도했던 대로 흘러가지 않는다. 실수가 있을 수도 있고, 시작부터 잘못될 수도 있다. 이 모든 것은 다 혁신 과정의 일부다. 여기에서 중요한 점은, 리더들은 이러한 경험을 통해 계속 학습하고, 그 경험을 꾸준히 축적해야 한다는 것이다.

모범적인 리더들은 **실험과 위험 감수**를 위해 헌신한다. 리더들은 놀라운 성과를 얻기 위해 다음 두 가지 사항에 주목한다.

① 작은 성공을 만들어내라.
② 경험을 통해 학습하라.

이 두 가지 핵심 사항은 리더들이 도전을 탐색으로, 불확실성을 모험으로, 두려움을 결단으로, 위험을 보상으로 바꾸는 데 도움을 준다. 또한 멈추지 않고 진보하기 위한 핵심적 비결이기도 하다.

작은 성공을 만들어내라

'두 발로 물의 깊이를 가늠하지 말라'는 아프리카 속담이 있다. 무엇이든 새로운 일을 시도할 때마다 현자들은 조언한다. 리더들은 꿈은 크게 꾸되 시작은 작게 해야 한다. 컴캐스트(Comcast)의 실리콘 밸리 혁신센터의 총괄 책임자로 근무하는 개리 재미슨(Gary Jamieson)이 다국적 네트워킹 회사에 근무하면서 수행했던 프로젝트에 대해 어떤 이야기를 들려주었는지 함께 들어보자.

> 프로젝트를 처음 시작할 때, 이 과제는 절대로 완수할 수 없다는 일반적 통념이 있었습니다. 프로젝트 초창기에 팀 전체를 대상으로 이 프로젝트를 성공적으로 수행할 수 있다는 사실을 증명하는 것이 중요했습니다. 그렇게 하기 위해서, 저는 프로젝트 단위를 핵심 단계로 구분하고, 단계별로 중요하고도 명확한 결과물이 도출될 수 있게 구성하여 어려운 상황에서도 명확한 성과를 보여줄 수 있게 구조를 설계했습니다. 프로젝트 초기에 단계별 중간 목표를 설정함으로써 팀원은 결과물을 도출할 수 있다는 자신감을 갖게 되었습니다. 그리고는 큰 프로젝트 관점에서 볼 때 중간 단계에서 도출되는 작은 성과를 발표하게 함으로써, 각 단계를 마칠 때마다 얻을 수 있는 효과를 보여주었습니다. 이러한 방식은 프로

젝트에 대한 열정과 더불어 자신감도 심어주었습니다.

캐서린과 개리의 경우에서 본 것처럼 전에 시도하지 않았던 일을 시도하게 하려면, 리더는 그 과정을 단계별로 진행해야 한다. 긴 여정을 이정표로 세분하는 것이다. 미시간대학교의 명예교수를 지낸 칼 웨이크(Karl Weick)가 '작은 성공(small wins)'이라고 부른 것처럼 단계별로 차근차근 이행하면서 진행 과정에서 탄력을 받게 하는 것이다. 작은 성공이란 표현은 '적정한 중요성을 갖는 명확하고 완전하게 실행된 결과'를 뜻하는 표현으로 해석된다.[1] 이는 출발점을 제시해준다. 다시 말해서, 작은 성공은 기존의 자원과 기술 한도 안에서 프로젝트를 수행할 수 있게 해준다. 이 방식을 채택하면 시행착오를 통한 비용과 실패의 위험을 최소화할 수 있다. 이 과정이 특별한 것은 일단 작은 성공을 거두면 그동안 뒤처진 부분을 회복하려는 자연의 힘을 확보한다. 한 그루의 나무를 심는다고 해서 지구 온난화를 멈추게 할 수는 없겠지만, 100만 그루의 나무를 심는다면 결과는 달라질 수 있다. 일을 만들려면 일단 한 그루의 나무를 심어야 한다. 구글(Google)의 '달사냥 공장(moonshot factory)'은 그 거대한 포부와 영감으로 상당히 유명세를 얻었지만, 실제 구글을 위대한 혁신으로 이끈 동인(動因)은 잘 알려지지 않은 작은 성공들에 있다. 해마다 출시되는 상품들이 더 좋아지는 것은 일관성 있게 지속하며, 점진적으로 발생하는 '루프샷(roofshots)'을 통해 가능하다.[2](moonshot은 달성이 불가능할 정도의 멀고 높은 목표이지만, roofshot은 조금 노력하면 닿을 수 있는 작고 가까운 목표다—옮긴이).

〈그림 8.1〉은 리더가 유능하다는 사실에 팀원이 '동의하거나/강력하게 동의하는' 비율이 개인적으로 이룬 작은 성공을 얼마나 잘 활용하는지에 따라 극적으로 증가한다는 사실을 보여준다. 유능함의 정도는 최하 19퍼센트에서 최고 5배인 97퍼센트까지 올라간다. 팀원을 몰입하게 하는 핵심 요소는 이와 비슷한 양상을 보여준다. 예를 들어, 리더들이 '매우 자주/거의 언제나' 작은 성공의 과정(small wins process)을 이용할 때, 거의 90퍼센트 이상은 직무를 수행하면서 높은 성과를 내고 있으며, 직무에서 기대되는 사항과 직무 요건을 확실하게 이해하고 충족하는 것으로 나타났다.

셀 수 없이 많은 사람의 공헌이 마침내 해결책을 발견한 것처럼, 언제나 수많은 연구원의 업적을 통해 혁신의 돌파구가 생겼다는 사실을 과학 공동체는 이해했다. 산업에 상관없이 과학 기술의 '작은' 진보는 훌륭한 발명가가 세상에 선보인 위대한 발

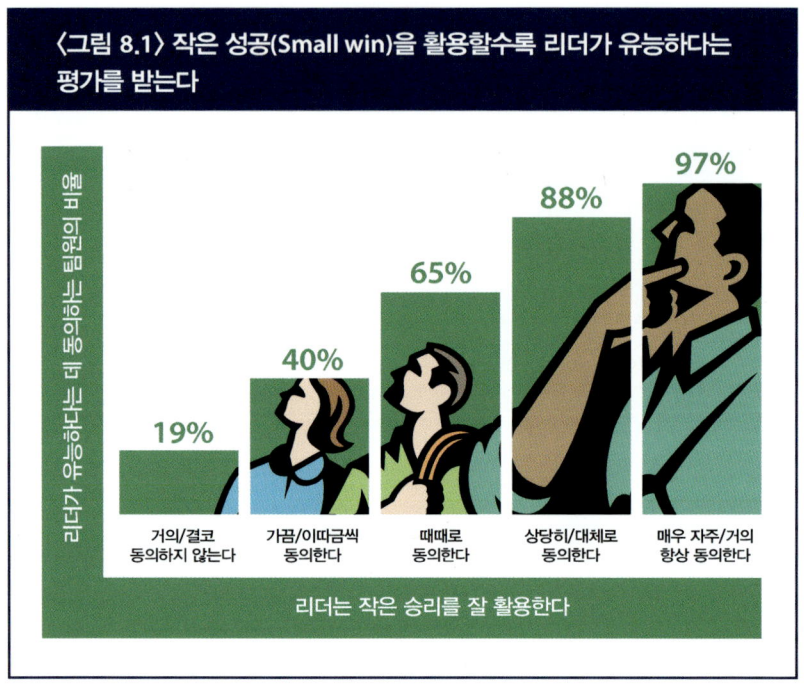

〈그림 8.1〉 작은 성공(Small win)을 활용할수록 리더가 유능하다는 평가를 받는다

명품보다도 조직의 생산성 향상에 더 크게 기여했다.[3] 신속한 시제품 만들기와 수많은 작은 성공을 통해 고품질의 제품들이 더욱 빠르게 시장에 출시되었다.[4] 연구 결과에 의하면 다양한 직업과 분야에서 활동하는 사람들은 처음에 가능하다고 예측했던 것보다 더 많은 아이디어를 도출할 수 있다고 한다.[5]

지식 근로자를 더욱 유능하게 만드는 요인이 무엇인지에 대한 광범위한 조사를 통해, 하버드 비즈니스 스쿨 교수인 테레사 아마빌(Teresa Amabile)과 독립 연구자인 스티븐 크레이머(Steven Kramer)는 다음과 같은 사실을 발견했다. "사람들은 마음속에서 직장 생활이 긍정적일 때, 더욱 창의력을 발휘하게 되고 생산성이 높아진다. 행복을 느낄 때, 일 자체에 대한 만족감으로 내적 동기가 부여되지만, 함께 일하는 동료와 조직에 대해서도 긍정적인 인식을 하게 된다."[6] 이런 감정은 의미 있는 일이 진척되도록 도울 때 생기기도 한다. "진보를 생각할 때, 우리는 종종 장기 목표를 성취하거나 확실한 돌파구를 발견할 때 느끼는 짜릿함을 상상하기도 한다. 이러한 커다란

성공은 실로 대단하지만, 실제로 아주 드물게 발생한다. 좋은 소식이 한 가지 있다면, 아무리 작은 성공도 직장 생활에 엄청난 활력을 부여한다는 것이다.[7] 작고, 점진적이며, 지속적인 진보는 인간의 동기 부여에 큰 영향을 끼친다. 조사에 의하면, 조직의 성공을 위한 구성원의 동기 부여 수준과 몰입도 외에도, 프로젝트에서 얻고자 하는 뚜렷한 목표 성과를 제시할 수 있는 리더의 능력과 팀원들의 직무 기대치 사이에는 직접적인 상관관계가 있다는 사실을 보여준다.

리더가 요구하는 업무 수준이 구성원의 능력으로 충분히 감당할 수 있다고 생각된다면, 구성원은 그러한 과제에 성공할 수 있다는 자신감이 생길 것이다. 과제가 주는 무게에 압도되지 않는다면, 그 일을 어떻게 해낼 수 있을지 반문하지 않고, 일을 제대로 마무리하기 위해 노력할 것이다. 모범적인 리더들은 똑같은 과제도 다른 방식으로 처리할 수 있다는 자신감을 부여하여, 일에 대한 참여도를 높이고, 관심을 계속 유지하게 해야 할 것이다.

심리적 강인성(강단)을 길러라

문제가 너무 광범위한 규모로 발생하면 문제 자체에 압도되어 당장에 직면한 일은 물론, 앞으로 무엇을 할 수 있을지 생각하게 하는 능력마저 위축된다. 위험천만한 목표에 도전할 때, 추락에 대한 공포감 없이 높은 고지까지 오르게 하고 싶어 하기 때문에 리더도 딜레마에 빠진다. 리더는 구성원이 도전 의욕을 느끼되 이에 압도되지 않고, 호기심은 느끼지만 방향성을 잃지 않고, 신나서 들뜨더라도 스트레스를 받지 않길 원한다. 인텔(Intel)의 비즈니스 운영 애널리스트였던 커스틴 콜(Kirstyn Cole)은 처음으로 막중한 책임이 따르는 리더 역할을 맡았을 때, 자신이 느꼈던 '흥분과 전율'을 회상했다. 그는 리더가 된다는 것은 때로는 겁나는 일이었다고 말했다. 새로운 일을 막 시작해서, 예전 방식대로 하며 굳이 판도를 흔들거나, 기존방식을 바꾸기 위해 노력할 필요도 없지만, 더 나은 세상을 만들기 위해서는 결단과 체력, 열정이 필요하다는 것을 알았다.

엄청난 스트레스를 겪으면서도 이를 긍정적으로 대처할 수 있는 사람에 대해 심리학자들은 이른바 '심리적 강인성(psychological hardiness)'이라고 부르는 독특한 태도를 지녔다는 사실을 발견했다.[8] 기업의 관리자, 사업가, 학생, 간호사, 법률가, 전투 군인, 죄수 등 직업과 상관없이 강단 있는 사람들은 심각한 도전에 맞서 싸우며 실패를 극복할 가능성이 훨씬 높다.[9] 이런 자질을 가진 사람은 도전을 배우는 기회로 활용하고, 리더는 그런 구성원을 지원한다.

강단을 키우려면 3가지 요소가 필요한데 이는 다름 아닌 **'집념'**과 **'통제'** 그리고 **'도전'**이다. 역경을 기회로 바꾸려면, 우선 일어나는 일에 집중해야 한다. 주변에서 일어나는 일에 관심을 두고 관여하고, 몰두해야 한다. 뒤로 물러나 팔짱을 끼고 있으면 안 된다. 자신의 삶을 통제해야 한다. 주변에서 일어나는 일에 영향을 주기 위해 노력해야 한다. 시도하는 일이 성공 가능성이 작더라도, 패배감에 젖어서는 안 된다. 긍정적이든, 부정적이든, 도전을 학습 기회로 삼아야 한다. 델라 드소자(Della Dsouza)는 IT회사에서 근무할 때 사람들과 거의 교류하지 않고 지내다가 다른 회사로 이직하면서 고객들을 직접 상대하는 영업을 담당하였다. 이 새로운 직무는 경력에 새로운 장을 여는 것이나 마찬가지였고, 이를 위해서는 '기존의 사고의 틀에서 벗어나야' 했다.

> 이 변화에는 3가지 측면이 있습니다. 저는 제가 살던 나라를 벗어나 다른 지역에 있었습니다. 영어는 제 모국어가 아니었고, 저는 영업을 해본 경험도 없었습니다. 처음 3주 동안은 하루에 간신히 1건의 실적만 올렸습니다. (달성해야 하는 최소 실적은 4건) 전 저 자신에게 매주 최소 1건씩 판매 실적을 늘리기로 다짐했습니다. 이러한 목표는 평균 판매 실적에 도달하는 데 좀 더 시간이 필요하다는 것을 뜻했습니다. 전 마음속에 더 큰 그림을 그리며 반드시 목표를 달성하겠다고 다짐했습니다. 전 작은 성공을 이루기 위해 집중해야 했습니다.

어느 정도 시간이 흐른 후, 델라는 고객들을 상대하는 데 좀 더 자신감이 붙었다. 영업 실적은 상승하기 시작했고, 작은 목표를 세우는 일이 전체적인 실적을 향상하는 데 도움이 되었다고 말했다.

> 실적이 1건씩 올라가면서 점점 자신이 붙자, 그다음 목표에 박차를 가했고, 얼마 안 있어 달성해야 하는 최소 실적은 이제 저에게 부담스럽지 않았습니다. 매일매일 접하는 새로운 상황을 학습 기회로 생각했습니다. 1년이 지나자 영업 분야에서 영업력이 급격

히 상승했습니다. 저는 어느새 수줍고 연고가 없는 새내기에서 자
신감 넘치는 영업 사원이 되어 있었습니다. 목표를 향해 나아가기
위해서는 할 수 있다는 집념과 실패에 굴하지 않는 용기가 필요
했습니다.

델라는 장애물을 극복하고 끊임없이 성장하는 데 필요한 심리적 강인성을 기르
면서, 스스로 집중하고 동기 부여하기 위해 작은 성공의 원칙을 활용했다. 그의 경험
이 보여주는 것처럼, 변화와 스트레스에 대처하는 능력은 문제를 바라보는 관점에 달
려 있다. 새로운 프로젝트를 시작하고, 그 프로젝트에 첫발을 떼려면, 자신이 결과에
영향을 끼칠 수 있다는 신념이 있어야 한다. 자신의 주변에서 일어나는 일에 대해 호
기심을 갖고, 모든 과정 하나하나를 배우는 기회로 활용해야 한다. 강인한 태도를 통
해, 리더는 스트레스를 주는 사건을 성장과 재생의 기회로 변환시킬 수 있다. 더 중요
한 것은 당신이 느꼈던 그 기분을 구성원도 경험할 수 있다는 사실이다.

과제를 세분하고 진척도를 관리하라

델라 같은 리더들은 커다란 문제들을 세분하여 실천 가능한 행동들로 만들 수 있다는
사실을 인식하였다. 그들은 뭔가 새로운 일을 시작할 때, 일이 제대로 되기 전에 많은
작은 일을 시도할 필요가 있다는 것도 안다. 모든 혁신이 다 효과가 있는 것은 아니지
만, 성공을 보장할 수 있는 제일 나은 방법은 많은 아이디어를 실험해보는 것이다. 모
범적인 리더들은 구성원이 여정을 측정할 수 있는 이정표들로 세분할 수 있게 하여,
계속 앞을 향해 나아갈 수 있게 도와준다.

지타 라마크리쉬난(Geeta Ramakrishnan)은 뉴델리에 있는 일류 개인 병원에 미
생물학 부문을 책임지는 직책을 맡았다. 그곳에서 그는 현재 진행하는 방식을 개선해
야 할 필요성을 절감했다. 그가 보기에도 기존 시스템을 바꾸는 일은 복잡하면서도
위험했다. 변화가 필요한 일을 세분하고, 이를 방법적으로 실행할 수 있다면, 위험성
이 줄어들 것이고 긍정적인 결과를 이루어낼 수 있다고 생각하기도 했다. 그러한 본
인의 생각을 제안하기 전에, 지타는 전국의 상위 연구소를 벤치마킹해 본인이 세운
계획과 조사 과정의 실행 가능성을 집중적으로 연구했다.

그는 엄청난 시간과 높은 오류율이 발생하는 부서의 수작업 검사를 비롯해 변화

가 가능한 부분에 대한 우선순위 리스트를 작성하였다. 검사 과정의 자동화에 필요한 장비를 구매하면 인건비와 대기 시간, 오류 발생률을 현저하게 줄일 수 있다는 관점으로 연구소 총책임자를 설득했다. 결과적으로 우선 그가 담당하는 부문에서 그 변화를 시도했고, 프로젝트 추이에 따라 이런 변화를 연구소 전체에 적용할지를 결정하기로 했다. 병원 경영진에 제출된 제안은 초기 장비 투자, 인건비 축소, 신규 장비에 대한 교육, 남는 연구 인력의 타 부서로 배치, 향후 시간 및 비용 및 오류 발생률 감소를 통한 배상 책임 위험의 감축 등 그가 작성한 상세한 연구가 포함되었다.[10]

모든 일이 다 그렇듯, 지타는 개인이 경험한 최고 리더십 사례에서 공통으로 등장하는 가설인 '큰일들은 엄청나게 많은 작은 일들로 이루어진다'는 점을 목격했다. 자기가 시도하는 실험에 대해 모델 사이트, 파일럿 연구, 데모 프로젝트, 실험실 테스트, 현장 실험, 시장 체험 등 무엇이라고 부르든 간에, 이런 방식은 더 큰 목표를 위해 소규모로 시도해 결과를 시험해보는 방법이다. 이런 방식은 작은 성공이 무수하게 일어날 가능성을 내포한다.

연구소에서 실험을 진행하는 목적은 새로운 시도를 해보고 이를 통해 학습하는 데 있다. 이는 또한 시각적으로도 큰 도움을 준다. 실험한 '작은 일'을 보여줌으로써, 구성원에게 성공의 느낌이 어떤 것인지 경험하게 하고, 이를 통해 사기가 높아지고 자신감이 커진다. 작은 성공을 이루면 더 큰 성과를 이루어내는 일도 가능하다는 자신감이 생긴다. 다른 방식으로는 해결하기 어려운 문제를 해결할 수 있는 방안을 찾게 된다.

중국 초상은행(China Merchant Bank)에서 팀장이었던 저스티나 왕(Justina Wang)은 다국적 기업의 글로벌 영업을 담당했던 자신의 리더십 경험을 들려주었다. 그는 일부 해외 프로세스에 문제가 있다는 사실을 발견했고, 시스템에 변화가 필요하다고 느꼈다. 하지만 이러한 프로세스가 규모가 크고 너무 복잡한 데다가 지점이 산재해 있어 이 문제의 해결 방법은 요원해 보였다. 그는 글로벌 영업망 소속 직원들의 의견을 수렴한 후, 문제를 여러 부분으로 세분해서 한 해외 계열사를 대상으로 이 아이디어를 실험하였다. 이 실험을 통해 상당히 좋은 결과를 얻었고, 이에 고무되어 6대륙에 있는 30개의 계열사에 이 방법론을 빠르게 적용하였다. 자신의 경험을 돌이켜보며, 저스티나는 이렇게 말했다. "어떠한 변화도 한 번의 성공만으로는 이룰 수 없습니다. 작은 성공이 많이 모여야만 큰 성공을 이룰 수 있죠.”

　개인이 경험한 최고의 리더십에는 한 가지 암시적이면서도 확실한 ‘학습 프레임’이 있었다. 모범적인 리더들은 항상 예상한 대로 되지 않을 때, “우리는 무엇을 배울 수 있을까?” 하고 질문한다. 〈그림 8.2〉에서 리더의 유능함에 관해 팀원들이 평가할 때, 이 간단한 질문을 하는 리더십 행동의 사용 정도에 따라 얼마나 결과가 가파르게 올라가는지 확인할 수 있다. 적당한 수준에서 질문을 해도 팀원들이 리더의 유능함을 평가할 때 상당한 영향을 줄 수 있다.

　인간은 부정적 결과에 집중하는 경향이 있지만, 리더는 진보에 집중해야 한다. 염원하는 이상과 현실 사이의 차이가 어느 정도인지에 대해서가 아니라, 얼마나 발전할 수 있는지에 집중해야 한다. 부정적 생각은 전염성을 띠어 급속도로 퍼져 나가며, 결국 성과를 저해한다. 자신이 통제할 수 없는 상황에 영향을 미치는 외적 요인이 있다는 점을 인식하라. 결과를 재해석하고, 그 과정에서 구성원이 성취할 수 있고 배울

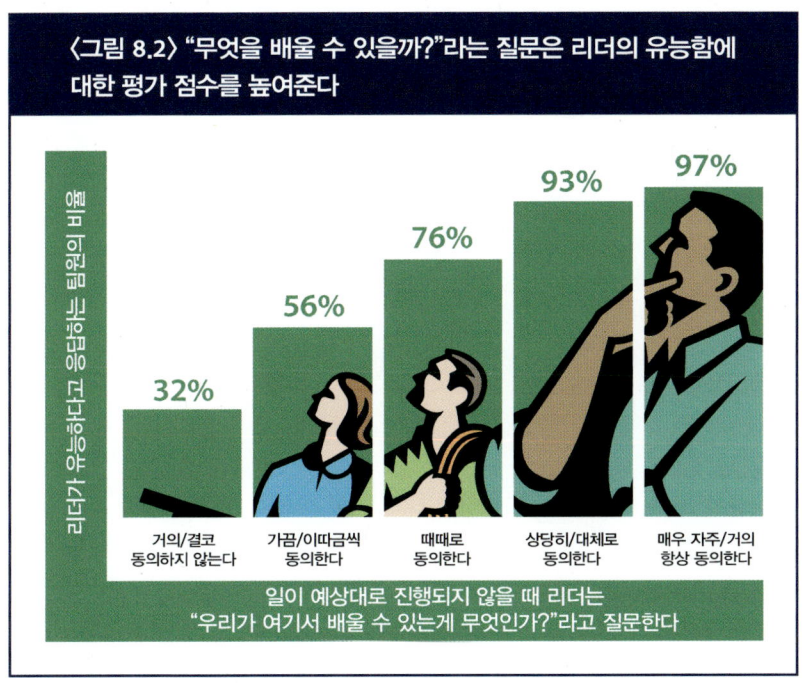

〈그림 8.2〉 “무엇을 배울 수 있을까?”라는 질문은 리더의 유능함에 대한 평가 점수를 높여준다

리더가 유능하다고 응답하는 팀원의 비율

32%　56%　76%　93%　97%

거의/결코
동의하지 않는다

가끔/이따금씩
동의한다

때때로
동의한다

상당히/대체로
동의한다

매우 자주/거의
항상 동의한다

일이 예상대로 진행되지 않을 때 리더는
“우리가 여기서 배울 수 있는게 무엇인가?”라고 질문한다

수 있는 것이 무엇인지 강조하라. 실수를 계속해서 반복하는 것을 방치한다면, 실수를 통해 배울 수 있는 점은 아무것도 없다. 모범적인 리더들은 실수를 교정하는 데 필요한 일을 하며, 실수가 일어난 사건을 학습을 위한 최적의 교재로 활용한다. 경험을 통해 배우고 긍정적인 면에 집중한다면, 똑같은 실수가 다시 발생할 가능성은 줄어든다. 함께 일하는 직원들은 다음 기회나 도전에는 더 잘 준비해서 대응할 것이다.

긍정적 측면을 강조하는 리더들은 자신들과 구성원이 미래에 대한 모험을 시도하면서 이를 통해 배우고 성공하는 데만 그치지 않을 것이다. 연구에 따르면, 긍정적 전망을 유지하는 사람들은 더욱 창의적이고 혁신적인 경향이 있다고 한다. 그 이유는 그런 사람들은 좌절과 실망감에 젖어 있지 않기 때문이다. 그들은 계속해서 새로운 기회를 추구하며, 변화에 대하여 열린 시각을 갖는다. 개인 관점에서 보면, 그러한 사람들은 건강 상태에서도 우울증이나 심장질환에 걸릴 확률이 낮고, 결국 더 오래 살게 된다.[11]

모범적인 리더들은 현실을 받아들이지만, 실패를 쉽게 인정하지 않으며, 자기 연민이나 슬픔에 사로잡히지 않는다.[12] 그들은 다시 앞으로 나아가려고 전열을 정비하고, 실패한 원인을 재평가한다. 의견 차이를 극복하기 위해 자신이 내린 결정을 공유함으로써 상대방의 마음속에 영향을 준다. 가장 존경하는 스승이 '그래 할 수 있어'라는 마음가짐이라고 말했다는 콜롬비아의 오르미곤 레포르사도(Hormigon Reforzado)사의 선임 프로젝트 매니저 카롤리나 로하스 살세도(Carolina Rojas Salcedo)의 사례를 들어보자. "긍정적 전망을 갖고 있다고 해서 문제를 사라지게 할 수는 없지만, 미래가 더 나아질 수 있다는 희망을 품는 데는 도움이 됩니다. 게다가 이런 긍정적인 생각을 하면, 우리 안에 내재한 놀라운 능력을 발견할 수 있습니다." 좌절을 기회로 바꾸려면, 긍정적 전망을 갖고 경험을 통해 배우는 데 집중해야 한다.

경험을 통해 배워라

현상을 돌파하려고 할 때마다, 오히려 때때로 실패할 수 있다. 도전을 확실한 기회로 보고, 집중하며, 성공을 위해 몰입하더라도, 좌절을 겪을 수 있다. 새롭고 다른 일에

제8장 실험과 위험을 감수하라

몰입할 때, 실수가 발생한다. 실험의 생리가 바로 그런 것이며, 과학자들도 잘 알듯이, 새로운 개념이나 방식을 시험할 때 시행착오는 언제나 발생할 수 있다.

구성원들의 평가에 따르면, 가장 유능한 리더들은 〈그림 8.2〉에서 보는 것처럼 상대방에게 손가락질하거나 책임을 전가하기 전에 "일이 계획대로 되어가지 않을 때, 우리가 어떤 것을 배울 수 있을까?"라고 질문하는 사람들이다. 해당 리더의 상사나 동료들도 리더의 유능함에 대해 경험을 통해 배우게 하는 리더의 행동이 그를 유능하다고 인식하게 한다고 말한다. 게다가 이러한 질문을 자주 하는 리더들이 질문을 자주 하지 않는 리더들보다 회사가 구성원들의 수행에 대해 가치 있게 여긴다고 응답한 팀원이 2배 이상 많았다.

다시 말하지만, 연구에 참여한 사람들은 실수와 실패가 얼마나 개인적으로나 직업적으로 성공에 큰 영향을 끼치는지 알려주었다. 실수하지 않았다면, 그들은 자신들이 무엇을 할 수 있고, 할 수 없는지를 알지 못했을 것이다. 응답자들은 때때로 실수하지 않았다면, 그들의 열망을 달성하지 못했을 것이라고 말했다. 언뜻 역설적으로 들릴지도 모르지만, 많은 사람은 실패할 기회가 있을 때, 전반적으로 성과물의 품질이 향상된다고 생각한다. 이러한 사례는 도자기 전문가인 한 미술 교사가 수업 시간에 직접 실험을 통해 얻은 교훈이었다. 학기 초에 그는 학생들을 두 그룹으로 나누었다. 그는 첫 번째 그룹에 품질과 상관없이 도자기를 더 많이 만들면 더 좋은 성적을 주겠다고 했다(예를 들어 30개를 만들면 B를 주고, 40개를 만들면 A를 주는 식으로). 두 번째 그룹에는 그들이 만드는 도자기의 품질에 따라 성적을 주겠다고 말했다. 말할 것도 없이, 첫 번째 그룹에 속한 학생들은 될 수 있는 대로 많은 도자기를 만들려고 노력했다. 이에 비해, 두 번째 그룹의 학생들은 최상의 도자기를 만들기 위해 심혈을 기울였다. 교사는 품질보다는 양에 따라 점수를 받는 첫 번째 그룹 학생들이 최고 품질의 도자기를 만들어낸 것을 발견했다. 많은 도자기를 만들었던 학생들이 오히려 더 나은 품질의 도자기를 만들었다. 이 학생들은 가마가 지닌 미묘한 특성에 익숙해졌고, 다양한 불길의 위치가 제품의 심미적 특성에 영향을 준다는 점을 알게 되었다.[13]

이 실험에서 가장 많은 실패를 경험한 학생들은 가장 많은 도자기를 만든 학생들이었는데, 그들은 혁신 프로세스의 연구 결과와 전적으로 부합하는 결과를 나타냈다. 나사(NASA)의 사례에서, 우주선 프로그램에 참여한 직원들의 연구를 살펴보면 그들은 성공보다는 실패를 통해 많은 것을 배웠고, 여기서 얻은 교훈을 잊지 않고 이후에 진행한 프로젝트에 적용했다.[14] 학자들은 성공이 또 다른 성공을 낳지 않는다는 결론을 내렸다. 성공은 실패를 낳는다. 성공을 잉태하는 것은 실패다. 물론 실패는 노력이 추구하는 목표가 절대 아니다. 하지만 성공을 위해서는 언제나 어느 정도의 학습이 필요하며, 이와 마찬가지로, 학습도 언제나 실수와 오류, 잘못된 계산을 할 가능성을 내포한다.

적극적으로 학습하라

리더십과 학습 사이의 관계에 대한 호기심으로 일련의 연구를 수행하면서, 우리는 학습 전략의 범위와 깊이가 리더십 행동에 어떠한 영향을 미치는지 살펴보았다. 학습을 시작하는 방법이 사람마다 다양한 선호도를 갖는다는 사실을 인식하면서 리더들이 얼마나 학습에 몰입하는지 조사하였다. 우리가 발견한 사실은 리더들이 선호하는 학습 방식과는 별개로 학습에 몰입도가 높은 사람일수록 모범적 리더십의 5가지 원칙을 최대한 활용했다는 점이다.[15] 학습 지향성이 높은 리더들은 실험에 따르는 모호성과 복잡성, 패러다임의 전환에 대하여 포용력을 갖고 기꺼이 받아들일 준비가 되어 있었다.

또 다른 연구자들은 학습과 리더십 효과성 사이에 강력한 상관관계가 있다는 사실을 발견했다. 자신의 경험을 성찰함으로써 새로운 행동에 잘 적응하고 몰입할 수 있다면, 그는 새롭게 어떠한 관리직을 맡아도 성공할 가능성이 커진다.[16] 리더는 자신의 가치와 행동을 꾸밈없이 검토할 필요가 있으며, 피드백을 구하고, 개방적 태도로 제안을 받아들이며, 새로운 행동을 실험하는 데 주저하지 않아야 한다. 이러한 과정은 스콧 드레넌(Scott Drennon) 대령이 아프가니스탄 칸다하르 공군기지에서 의료기동대 사령관으로 재직했을 때 경험했던 사례와 유사하다. 부임 초기에 본부 여단장은 이제까지 생각하지 못한 제안을 했다. 칸다하르 해군 외과 병원 사령관을 설득해서 실제로 미국에서 열리는 육해군 시합과 같은 날에 여기서도 풋볼 경기를 해보자는 것이었다. 이 아이디어를 승낙하기 전, 스콧은 잠시 이 경기로 인한 위험과 기회를 생각하였다. 전쟁터에서 주어진 임무를 망각한 채, 풋볼 경기를 한다고 눈살을 찌푸리는 사람들도 있을 것이다. 그중에 누군가 다치기라도 하면 인력 운영에 차질이 생긴다. 게다가 해군 병원 인원이 육군 병원보다 2배 이상 많아서 육군이 질 가능성이 높았고, 시합에서 진다면 부대의 사기는 떨어질 게 분명했다. 장단점을 고민한 후, 스콧은 시합을 하기로 했다. 위험을 감당하는 것은 쉽지 않았지만, 시합을 통해 얻을 수 있는 혜택이 위험을 훨씬 능가한다고 생각했다. "설사 경기에서 우리 팀이 지더라도, 부대원들이 경기를 함으로써 전쟁에 대한 생각을 잠시라도 떨치게 하는 것만으로도 의미 있는 경험이 될 것으로 생각했습니다." 그는 이 도전을 감행했고, 해군 사령관도 이 제안을 열렬하게 받아들였다.

시합에 대한 소식은 빠르게 퍼져 나갔고 애초에 소수의 관심을 끄는 육해군 간의 시합으로 생각했던 경기는 이제 경기 규모를 떠나 큰일이 되어버렸다. 이 경기를 개최하는 것이 조금 부담스럽게 느껴지기 시작했을 때, 칸다하르 군인들의 사기, 복지, 오락을 총괄하는 부서에서는 경기에 대한 소식을 듣고 심판과 아나운서, 경기 운영 및 국가 제창에 필요한 사운드 시스템을 지원해주기로 약속했다. 이 정도로는 충분하지 않았던지, 미군방송(AFN)에서도 기지를 방문해 이 시합을 텔레비전으로 생중계해주겠다고 약속했다.

마침내 경기 일자가 다가오자, 경기를 예고하는 광고가 거창하게 방송되었다. 시합이 열리는 아스트로퍼트 경기장은 보드워크(Boardwalk)라고 부르는 칸다하르 베이스캠프의 한 가운데 위치해 있었고, 경기장 주변은 먹을거리를 파는 가판대와 판매대들로 쭉 들어찼다. 이 경기를 보러 미군이 주둔하는 전역에서 군인들이 몰려들었고, 합동연합 기지에 주둔하던 다른 나라의 군인들도 시합을 보려고 방문했다. 보드워크는 역사적인 풋볼 경기를 관람하기 위해 모여든 사람들로 가득 찼다. 경기의 마감을 알리는 마지막 휘슬이 울리자, 육군은 해군을 39대 22로 이겼다.

스콧이 이 경험을 통해 배운 교훈은 무엇이었을까? 처음에 그는 우리에게 이렇게 말했다. "저는 큰 틀에서 볼 때 이러한 작은 성공이 우리 조직에 미칠 수 있는 영향을 충분히 인식하지 못했습니다."

> 그다음 날 근무처로 돌아왔을 때, 그리고 몇 달 동안 저는 사람들의 얼굴에 감도는 미소와 자신감, 의료기동대의 일원이라는 자부심과 적극적 태도를 확인할 수 있었습니다. 모든 분야에서 업무 성과는 현저히 향상되었고, 징계 발생 건수는 줄었습니다. 사실 우리 부대의 사기는 너무 높아져서, 그들은 마치 우리가 칸다

하르 비행장을 점령했다고 생각하는 것 같았습니다. 게다가 방송 (AFN)에서는 경기가 끝난 후에도 몇 달 동안이나 매일 승리한 팀의 경기와 인터뷰를 계속 재방송해주었습니다. 부대원들이 조금이나마 고향에 대해 그리움이 사무칠 때마다, 그들은 AFN에서 경기를 보면서 승리감을 재확인했습니다. 정말로 잊지 못할 선물 같은 경험이었습니다.

학습은 종합적 기술이다. 학습에 몰두할 때, 전심을 다 해 실험에 몰두하고, 성찰하고, 무엇을 읽거나 코칭을 받을 때, 당신은 전보다 향상되는 전율과 성공의 맛을 경험할 것이다. 학습이 필연적으로 실수를 동반한다는 것을 그들은 잘 알고 있지만 모범적인 리더들은 배우고자 하는 열정으로 새롭고 낯선 경험들을 기꺼이 찾아 나선다.

피앤지(P&G)사의 회장이자 CEO였던 A. G. 래플리(A.G. Lafley)의 경우를 살펴보자. "저는 CEO로 재직하던 시절, 성공보다는 오히려 실패를 통해 더 많은 것을 배웠다고 생각합니다. 저는 실패를 선물로 생각합니다. 그런 관점으로 생각하지 않는다면, 실패를 통해 배울 수 없고, 전보다 더 향상될 수 없습니다. 회사도 마찬가지입니다."[17] 이 관점은 홈런왕인 행크 애런(Hank Aaron)의 생각과도 상당히 유사하다. "제 좌우명은 언제나 타격을 연습하는 것이었습니다. 슬럼프를 겪거나 기분이 울적할 때, 또는 필드에서 있었던 고민을 털어버리고 싶을 때, 제가 할 수 있는 일은 오로지 타격 연습에 집중하는 것이었습니다." 『해리포터』의 작가인 조앤 롤링(J. K. Rowling)의 관점도 이와 다르지 않다. "실수로 이 세상에 태어나 생명을 유지하는 것만 해도 다행이라는 듯 조용하게 살지 않는 한, 어떠한 일도 실패하지 않고 살아간다는 것은 불가능한 일입니다."[18] 기업 근무자를 대상으로 한 연구를 살펴보면 새로운 시도를 하기 위해 자영업이나 개인 사업을 시도해본 사람이 경력기간 중 실패를 전혀 겪어보지 않은 봉급생활자들보다 경제적으로 더 윤택하다는 결과가 나타났다.[19]

이 교훈은 주의를 기울일 필요가 있다. 실수를 통해 배울 수만 있다면, 그 누구도 실패를 비난하지 않을 것이다. 하지만 실패가 너무 두려워 다른 시도를 해보지도 않고 조용하게 살려고 한다면, 세상은 그런 사람을 좋게 기억하지 않을지도 모른다. 후대에 지속하는 유산을 남긴 위인은 실수와 실패를 경험하고 다시 일어선 사람들이다. 그 마지막 시도가 중요한 차이를 만든다. 이들이 속한 분야와 상관없이, 실패의 가능

성 없이는 성공도 존재할 수 없다.[20]

　　적극적으로 배우기 위한 능력을 기르는 것은 스탠퍼드대학교 심리학과 교수인 캐롤 드웩(Carol Dweck)이 주창한 '기본적 자질은 노력을 통해 연마할 수 있다는 믿음에 바탕을 둔 **성장 사고방식**(growth mindset)에서 비롯된다. 그는 이 사고방식을 **고정된 사고방식**(fixed mindset)과 비교하는데, 후자의 생각은 '본인의 자질이 이미 돌에 새겨져 있다'고 생각하는 방식이다.[21] 성장 사고방식을 지닌 사람은 배움을 통해 더 나은 리더가 될 수 있다고 생각한다. 고정된 사고방식을 옹호하는 사람은 리더는 타고나는 것이며, 교육 훈련을 위해 엄청난 시간을 투자하더라도 이미 리더십 자질을 보유한 사람들보다 나아질 수 없다고 생각한다. 학자들은 비즈니스 문제를 시뮬레이션할 때, 고정된 사고방식에 사로잡힌 사람들은 성장 사고방식을 지닌 사람들보다 문제가 발생할 때 더 쉽게 포기하고 성과도 낮다는 결과를 보여주었다. 수업을 받는 아이들, 필드에서 뛰는 운동선수들, 교실에서 수업하는 교사들, 관계가 진행 중인 연인의 관계에서도 우리는 이와 같은 결과를 찾아볼 수 있다.[22] 도전적 상황을 마주할 때, 큰 차이를 만드는 것은 기술이 아니라 사고방식이다.

　　성장 사고방식을 개발하고 타인에게 이러한 생각을 키워주려면, 삶에서 직면하는 문제들을 온전히 끌어안을 필요가 있다. 바로 이것이 배움을 통해 얻는 깨달음이다. 인생을 살다 보면 수없이 좌절하게 되며, 우리는 이를 이겨내야 한다. 우리의 노력과 다른 사람들의 노력이 이 고난을 정복하는 힘이라는 점을 인식해야 한다. 순전히 재능이나 행운만으로는 최고가 될 수 없다. 힘든 노력만이 당신을 최고가 되게 한다.[23] 지금 하는 일에 대해 피드백을 구하라. 타인의 건설적 비판을 수용하고 이를 통해 깨달음을 얻어라. 계속해서 배움을 통해 얻을 수 있다고 믿으면, 그렇게 될 것이다. 더 나아질 수 있다고 믿는 사람들은 그렇게 되기 위한 노력을 아끼지 않는다.

학습 환경을 만들어라

225명의 리더십 교육가, 개발자와 코치를 대상으로 한 설문 조사에 따르면 학습을 촉진하고 성장 사고방식을 함양하는 데 가장 중요한 가치는 신뢰로 나타났다.[24] 리더들이 성장하고 번영을 누리려면, 구성원들을 서로 신뢰해야 한다. 그들은 서로에 대해 안전하다는 느낌과 함께 개방적이고 정직하다는 믿음을 가져야 한다. 그들은 서로의 성장을 지지해주어야 하며, 등 뒤에서 상대방을 밀어주고, 장애물에 걸려 넘어지거나 실패할 때, 일어날 수 있게 끌어올려주어야 한다. 그들은 서로 협업을 즐기면서 모든 사람의 기운을 북돋아주어야 한다. 차이를 존중하는 자세를 보여주어야 하며, 대안적 관점과 배경에 대해 개방적인 태도를 지녀야 한다. 최고의 성과자들을 대상으로 한 연구 자료에서는 최고가 되기 위해 인간에게는 협력적 환경이 필요하다는 점을 강하게 시사하였다. 직장에서 고품격의 인간관계가 존재할 때, 구성원은 그러한 행동을 학습하기 위해 더욱 몰입한다는 사실이 발견되었다.[25] 게다가 협력적 행동을 지원하는 환경에서는 내부 경쟁이 치열하고, 승자독식으로 사람들을 선별해서 승진시키는 환경보다 리더 양성에 더욱 우호적인 결과를 보인다고 한다.

노벨리스(Novelis)에서 최고 경영자를 지낸 필 마틴즈(Phil Martens)는 초창기에 얻은 리더십 교훈이 신뢰의 중요성이었다는 점에 주목했다.[26] 그는 사소한 일까지 하나하나 감독하는 관리자는 성공의 길에 이를 수 없음을 깨달았다.

> 중대한 실수가 아니라면 이를 흘려보내고 실수할 기회를 주어야 합니다. 제가 할 수 있는 가장 중요한 일은 안전하게 운전할 수 있는 고속도로를 만들고, 과속방지턱이 무엇인지, 즉 행동 방침이든 의사 결정 방식이든 간에 이를 명확하게 정의하는 것입니다. 그 고속도로 경계 안에서 사람들이 운전하는 동안에는, 최대한 빨리 달리는 것을 허용해주십시오. 하지만 그들이 과속방지턱에 부딪히면, 그들을 잡아당겨 그 과속방지턱이 무엇이며, 왜 그 자리에 있는지 상기시켜주십시오.

『일하고 싶은 최고의 직장: 놀라운 직장을 만드는 과학과 기술』이라는 책을 저술한 론 프리드먼(Ron Friedman)은 위대한 직장에서는 '실수가 거의 일어나지 않는다'는 근거 없는 믿음을 배격한다. 그는 최고의 직장이라 해서 실수가 더 적게 발생하지 않고, 오히려 더 많이 일어난다는 점에 주목한다. 이러한 일이 발생하는 이유는 구성원들이 주도적으로 실수에 대한 책임을 지는 데 위험을 느끼지 않기 때문이다.[27] 실수는 위대한 아이디어와 혁신으로 이끄는 통로이며 리더의 협조가 있으면, 구성원들은 자기만의 안전지대에서 나와 실험과 모험을 강행하면서 이를 통해 배울 기회를 얻는다. 연구 결과를 보면, 간호 부서의 성과를 검토할 때, 리더와 구성원 사이의 관계가 가장 좋은 부서가 직관적으로 생각했던 것과는 반대로, 가장 실수가 잦은 것으로 나타났다. 하지만 그러한 실수가 효과가 없었던 것은 아니었고, 이 부서에 근무하는 직원들은 발생한 실수를 기꺼이 인정하고, 똑같은 실수가 다시 일어나지 않도록 조치하는 방법을 알아냈다.[28]

학습 환경을 조성하는 데 관심이 많은 조직은 그러한 학습이 가능할 수 있게 체계적인 기회를 제공한다. 여기에는 멘토링과 코칭은 물론이고, 교실 수업 중심의 학습 프로그램, 온라인 학습 기회, 외부 세미나 등을 통해 공식 및 비공식적인 개발 기회를 제공한다. 직무 순환이나 특별한 프로젝트도 자기계발에 대한 도전 기회를 부여한다. 글로벌 컨설팅 기업인 에이온 휴잇(Aon Hewitt)은 리더를 개발하는 주체에 대하여 보통 기업들이 66퍼센트에 그치는 데 반해, 일류기업들은 100퍼센트 수준으로 '조직 내부 인재를 직접 양성한다'는 사실을 발표했다.[29]

게다가 학습과 혁신을 장려하는 조직은 공식적인 책임 외에도 프로젝트에 대한 참가기회를 제공한다. 그러한 환경은 호기심을 자극하며, 이는 고정된 사고방식에서 벗어나게 하는 가장 큰 계기가 된다. 캘리포니아대학교 신경과학센터에서는 호기심이 뇌를 자극해 새로운 내용을 받아들이게 한다는 사실을 발표했다. 이 연구에 따르면, 학습은 보상과 즐거움과 연관되어 뇌의 회로를 자극함으로써 더욱 만족스러운 경험을 선사한다고 주장했다.[30] 자기 주변에서 일어나는 일에 대해 강한 호기심을 갖는 것은 앞으로 다가올 일을 알아차리고 이해하는 선행 조건으로 작용한다.

브라이언 그레이저(Brian Grazer)는 가장 성공적인 영화 제작자 중 한 명이었다. 그가 제작한 주요 작품으로는 〈아폴로 13호〉, 〈뷰티풀 마인드〉, 〈스플래시〉, 〈페어런트후드〉 등이 있다. 그가 엄청난 성공을 거둔 비결은 무엇일까? 그의 대답은 단순했다. "말 그대로 호기심이 제 성공의 핵심이었고, 행복의 원천이었습니다. 호기심은 제가 하는 모든 일에 에너지와 통찰력을 줍니다. …… 저에게 호기심은 가능성과 더불어 제가 하는 모든 일에 스며듭니다."[31] 그의 말에 따르면 질문하는 것은 브라이언이 자기만의 호기심을 표현하는 방식이며, 그의 호기심은 흥미로운 생각을 떠오르게 하고 협조적 관계를 형성해준다.

브라이언이 말하는 '호기심 대화(curiosity conversation)'를 조직 안팎에서 어떻게 적용할지 생각해보자. 예를 들어 이런 말로 시작할 수 있다. "귀하가 경력(조직에서 담당했던 직책이나 전문직종에서의 역할)을 어떻게 쌓아왔는지 궁금합니다. 현재 위치에 오기까지 본인을 현재의 자신으로 이끈 계기, 다시 말해 경력의 전환점에 이르게 한 핵심이 무엇인지 20분 동안 말씀해주실 수 있을까요?"[32] 이런 대화에서는 그들이 경력 기간에 직면했던 큰 도전을 물어볼 수도 있고, 특정 업무를 왜 그런 방식으로 처리했는지, 또는 그러한 어려운 상황에 어떻게 대처했는지, 특정한 아이디어를 어떻게 생각했는지 등을 질문할 수 있다.

《포브스》의 칼럼니스트인 마지 워렐(Margie Warrell)은 자신의 저서 『때로는 과감하게 모험하라(Stop Playing Safe)』에서 학습 분위기를 조성해주면 구성원이 위험을 얼마나 현실적으로 인식하는지 잘 설명해준다.[33] 그는 뇌 영상 기술의 진보가 인간이 하는 인식의 위험에 대해 과대평가하고, 그 결과를 과장해 위험에 대처할 수 있는 인간 능력을 얼마나 과소평가하는지에 주목한다. 그 결과, 원치 않는 일이 발생하지 않길 바라는 마음은 자기가 원하는 결과만 일어나도록 선택을 몰아간다. 쿼드시(Quidsi)사의 선임 상품 기획 팀장이었던 라이언 디머(Ryan Diemer)는 자신이 경험했던 최고 리더십 사례에서 마지의 관점을 재확인해준다. "위험을 감수한다는 것은 절대 쉽지 않으며, 때로는 두려운 일입니다." 하지만 그는 다음과 같은 사실을 인식하였다. "때때로 위험을 감수하는 것이 필요한 이유는 이러한 과정을 거치면서 당신과 동료들은 현재 하는 일은 물론이고, 일하는 방식에 대해서도 고민할 기회가 주어지기 때문입니다. 때로는 위험이 득이 되기도 하며, 그렇지 않을 수도 있습니다. 하지만 위험을 감수하지 않으면, 어떠한 결과도 얻을 수 없다는 것은 확실한 사실입니다."

사람들은 어떤 일을 시도할 때, 일이 언제나 잘 될 수 없다는 것을 처음부터 잘 안다. 새로운 일을 배우는 것은 약간의 두려움이 따라온다. 그들은 동료 앞에서 당황하거나 윗사람들 앞에서 멍청한 모습을 보이고 싶지 않을 것이다. 학습할 수 있는 환경을 만들려면 새로운 일을 걱정 없이 시도하고, 궁금한 사실을 거리낌 없이 질문할 수 있어야 하고, 이러한 경험을 통해 배운다는 목표로 실패에 관대해져야 한다.

회복 탄력성과 그릿(Grit)을 강화하라

삶의 역경과 리더십에 대처하려면 결단력과 강인함이 필요하다. 실패 때문에 낙담하거나 장애물 때문에 방해를 받아서는 안 된다. 일이 계획대로 되지 않을 때, 지나치게 낙담할 필요는 없다. 저항이 커지거나 경쟁이 치열해진다고 해서 포기해서는 안 되며, 다른 사람들이 당신의 관심사나 초점을 흐리게 하는 것을 내버려둬도 안 된다.

이 관점은 전국 프로농구 연합회 올랜도 매직의 수석 부사장인 팻 윌리엄스(Pat Williams)를 통해 배울 수 있다.[34] 마이너리그 야구팀에서 프로농구 프랜차이즈 공동 설립까지 거의 50년 동안 스포츠계에 몸담아 중역으로 활동하면서, 그는 많은 우여곡절을 겪었다. 그가 초기에 배운 교훈 한 가지를 소개하고자 한다.

> 힘든 시기를 낭비하지 마십시오. 어려운 시기가 오고, 실패와 실망이 찾아올 때, 오히려 더 많은 것을 배울 수 있습니다. 그러한 실망과 실패를 기회로 삼지 않았더라면, 오늘 저는 여기에 있지 않을 것입니다. …… 그러한 실패와 어려운 시절을 지낼 때 보다 더 많이 배웠고, 한 단계 더 진보하는 계기가 되었습니다.

경력 기간 내내 리더십을 공부하는 학생의 자세로 임한 팻은 역사상 가장 위대한 리더들은 하나같이 엄청난 장애물에 직면했다는 사실을 일깨워주었다. 30번 정도 포기할 뻔했던 적이 있었지만, 위대한 리더가 된 사람들은 절대 포기하지 않았다. 팻은 다음과 같은 말을 했다.

> 월트 디즈니가 말한 것처럼, 위대한 리더들은 '역경을 견디는 힘'을 갖고 있었습니다. 그들은 하나같이 지독하게 힘든 시절을 싸워 이겨냈고, 우리가 이러한 리더들을 존경하는 이유는 그들이 포기하지 않았기 때문입니다. 리더십은 항상, 어김없이 최종적으로 마무리할 수 있는 사람들에게 달려 있습니다.

회복 탄력성은 팻이 설명하는 능력이다. 즉 실패로부터 신속하게 회복하고 미래의 비전을 계속 추구할 수 있는 능력이다. 이는 펜실베이니아대학교 심리학과 교수인 안젤라 더크워스(Angela Duckworkth)가 '그릿(Grit)'이라고 부르는 특성과 유사하다. 그와 함께 연구했던 동료들은 그릿을 매우 단순하게 '장기적 목표를 향한 인내와 열정'이라고 정의하고, 실패와 역경, 성장의 정체에 굴하지 않고 도전에 대응하며 몇 년에 걸쳐 노력과 관심을 유지하는 특성을 나타낸다고 설명한다.[35] 그릿을 보여주는 행위는 아이디어나 프로젝트에 몰입되어 목표를 설정하고, 집중력을 유지하고, 완성하는 데 오랜 시간이 걸리는 일에 집착하고, 좌절을 극복하는 것 등을 포함한다. 학생, 사관생도, 전문인력, 예술가, 학자들을 대상으로 한 경험적 연구를 보면, 가장 강한 그릿을 보유한 사람들이 긍정적 결과를 성취할 가능성이 높다는 설득력 있는 증거를 보인다. 더 강한 그릿을 보여주는 사람일수록 더 좋은 성과를 실현할 수 있다.[36]

회복 탄력성과 그릿은 성장 사고방식과 마찬가지로 개발할 수 있고 강화될 수 있다. 연구가들에 따르면, 포기하지 않는 사람은 실패를 일시적이며, 부분적이며, 변화하는 성질을 지닌 것으로 해석한다.[37] 일하면서 실패하거나 좌절을 겪을 때, 자신이나 프로젝트에 참여하는 사람들을 비난하는 데 몰두하지 말라. 그 대신 실패로 이끈 상황을 생각해보고, 이러한 상황은 영속적인 것이 아니라 일시적이라는 믿음을 가져라. 실패나 실수는 이 한 가지 경우에 발생하는 문제이며, 모든 상황에 해당하는 문제가 아니라는 점을 알아두자. 스트레스가 심하고, 극한 역경의 시절에도 회복 탄력성이 강한 사람들은 자기에게 발생한 일이 영원히 지속하지 않으며, 그 결과에 대해 자신들이 할 수 있는 일이 있다고 생각하며 미래를 향해 몰두한다.

목표한 이정표에 도달해 성공을 이루었을 때, 이러한 성공을 집단에 속한 개인들의 피땀 어린 노력의 결과라고 여기면서 성장 사고방식을 키워라. 성공이 멀지 않은 곳에 있고, 큰 행운이 당신의 팀과 오랫동안 함께할 것이라는 낙관적 믿음을 전달하라. 도전적이지만, 사람들의 기술 수준으로 감당할 수 있는 과제를 부여함으로써, 회복 탄력성을 강화하고 처벌보다는 보상에 초점을 맞추고, 변화를 가능성으로 가득 찬 기회로 바라볼 수 있게 하라.[38]

개인별 최고의 리더십 경험 사례는 이러한 리더의 삶에서 변화와 스트레스로 찬 사건들을 포함하며, 그러한 경험을 겪은 본인의 사례를 소개했던 사람들은 하나같이 심리적인 강인함과 회복 탄력성, 그리고 그릿의 관점에서 이를 설명했다. 그들은 소외감보다는 몰입을, 무기력보다는 통제를, 위험보다는 도전을 경험했다. 그들에게는 열정이 있었고 힘든 시기를 인내했다. 그들은 실패와 좌절에도 굴하지 않았다. 심지어 가장 힘든 시절에도, 그들은 용기와 자기 통제력을 경험했다. 그들은 엄청난 역경을 이겨내고, 앞으로 나가며, 상황을 변화시킨다.

실천 사항
실험과 위험을 감수하라

변화는 리더의 몫이다. 그들은 언제나 현실을 개선하고, 성장하고 혁신할 방법을 찾는다. 오늘 처리하는 방식으로는 그들이 상상하는 내일을 위해 사람들을 끌어들일 수 없다는 사실을 알기에, 그들은 실험을 감행하고 문제를 만지작거리고, 변화를 일으킨다. 그들은 묻는다. "무엇을 실험하고, 어떻게 개선할 수 있을까요?"

하지만 변화는 사람을 압도하고, 겁먹게 하고, 그 자리에 주저앉게 할 수도 있다. 모범적인 리더들은 변화는 스스로 극복할 수 있는 도전이며, 개인이 자신의 삶을 통제하고 결과에 영향을 줄 수 있다는 믿음을 갖고 있으며 다른 사람들도 이러한 믿음을 갖게 한다. 그들은 모두가 변화의 의미와 목적을 명확하게 이해하며, 자신들이 그러한 임무에 대한 강한 몰입감을 형성할 수 있다고 생각한다.

일이 올바른 방향으로 진행될 수 있도록 작은 성공(small wins)을 이용함으로써 그들은 과제를 세분하고, 단기적 목표를 설정한다. 실험 환경을 조성하고, 베타 테스트를 하고, 시범 프로젝트를 시행함으로써 사람들을 이 과제에 참여하게 하고, 이를 통해 개선되는 방향에 대해 상상하게 하고 일에 대한 몰입과 가속도가 붙는다.

크든 작든, 새로운 일을 시도할 때마다, 문제는 필연적으로 일어나기 마련이며, 그에 따른 실수와 때로는 실패가 발생한다. 처음에는 절대 제대로 할 수 없다. 두 번째 또는 세 번째 시도에서도 마찬가지일 수 있다. 바로 모범적인 리더들이 학습에 도움이 되는 환경을 만드는 이유다. 실험과 위험 감수를 시도하는 사람들을 벌하지 않으며, 경험을 통해 배울 수 있다는 안도감을 심어주고, 그러한 교훈을 새기게 한다. 사실 최고의 리더들은 경험을 통해 가장 잘 깨달음을 얻는 사람들이다. 성장 사고방식이 필요하며, 모든 사람은 배우기 위해 노력할 때 개선할 수 있다는 믿음을 가져야 한다. 즉 마음속에 신뢰감을 가지며, 역경에도 불구하고 이를 계속하기 위해 서로 격려하고 성공과 실패를 공유하며, 일상적으로 일하는 방식을 개선하기 위해 계속 노력하며, 긍정적인 역할 모델과 교류하는 기회를 가지는 것 등이다.

기존의 낡은 프로세스에 도전하려면 실험과 위험 감수를 통해 끊임없이 작은 성공을 이루어내고, 경험을 통해 깨달음을 얻어야 한다. 이를 위해서는 다음과 같은 사항을 실천해야 한다.

1. 작은 성공을 이루기 위한 기회를 만들고 의미 있는 개선을 촉진해야 한다.
2. 점진적인 목표와 이정표를 정하고, 큰 프로젝트를 달성 가능한 단계로 세분해야 한다.
3. 구성원들을 자신이 담당하는 업무에서 통제할 수 있는 것에 집중할 수 있게 하고, 삶에서도 이에 전념해야 한다.
4. 편안한 마음으로 실험을 단행하고 위험을 감수할 수 있게 하여, 경험을 통해 배우고, 성공과 실패를 분석하고, 이를 통해 얻은 교훈을 전파해야 한다.
5. 개인적 성취가 개선을 향한 끊임없는 도전에서 비롯된다는 사실을 강조해야 한다.
6. 작은 도전을 통해 새로운 아이디어를 끊임없이 실험해야 한다.

스스로 행동하게 만들어라
(Enable Others to Act)

스스로 행동하게 만들어라
(Enable Others to Act)

- 신뢰를 형성하고 관계를 촉진함으로써 협력하게 만들어라.

- 자기 결정력을 높이고 구성원의 역량을 강화하라.

제9장

협력하게 만들어라

푸남 자드하브(Poonam Jadhav)는 처음 직장 생활을 했던 시절을 이렇게 회상했다. "기업에 첫걸음을 내디뎠을 때, 조직 성과는 협력과 신뢰의 환경을 창조하는 리더에게 달려 있고, 그런 환경에서 아이디어와 정보가 원활하게 흐른다는 사실을 경험하게 되었습니다."

뭄바이 시티 테크놀러지 서비스(Citi Technology Service)의 기술직으로 근무하던 시절, 푸남은 프로젝트 수행을 위해 2개의 팀에 소속되어 두 군데 지역에서 6개월간 교대 근무를 하였다. 처음에 만난 리더는 팀원들을 신뢰하지 않는 사람이었다. 팀원들은 자기 직무 분야에서 뛰어난 사람들이었음에도, 그는 팀원들의 업무를 사사건건 감독했다. 직원들은 그러한 리더 밑에서 일하는 것에 불만스러워했고, 능력을 제대로 발휘할 수 없었다. 그 이유는 팀장이 팀원들이 결정할 수 있는 권한을 전혀 부여하지 않았기 때문이었다.

문제가 있거나 고쳐야 할 문제가 있을 때마다, 팀장은 팀원들이 스스로 조치를 취하는 것을 허용하지 않았습니다. 모든 문제점을 보고하면, 그는 사안별로 자신의 의견을 주었고, 문제 처리는 그 후에나 가능했습니다. 이런 방식으로 20명의 팀원이 일을 처리하다 보니 문제 해결에 시간이 오래 걸렸습니다. 팀원들은 자율과 신뢰가 없는 팀장의 업무 방식에 심한 좌절감을 느꼈습니다.

이 리더의 업무 방식은 팀의 생산성과 성과를 저해했다. 쉬는 시간에도 팀원들은 자기들을 불신하고, 능력을 깎아내리고 팀 사기를 저하한다고 팀장에 대한 불평을 늘어놓았다. 푸남의 말에 따르면, 팀장은 거의 한 번도 팀원과 일대일로 대화를 나눈 적이 없었고 커뮤니케이션은 모두 이메일로만 처리했다. "팀의 목표나 조직의 목표에 대해서 결속도, 신뢰도, 몰입도 찾아볼 수 없었다"고 그 당시를 평가했다.

하지만 또 다른 팀과 함께 프로젝트를 수행하면서, 그는 완전히 다른 경험을 했다고 말했다. 이 팀장은 팀원들을 신뢰하고 존중했다. 그는 팀원 대상으로 개인별 면담을 했고, 각자가 스스로 결정할 수 있는 권한을 부여했다. 문제에 대한 해결책을 스스로 고안할 수 있게 촉구했고, 실수에 대한 불안감을 떨쳐버릴 수 있게 자신감을 주었다. 팀장은 질문을 통해 해결 방안을 생각할 수 있게 도움을 주었고, 이러한 방식을 통해 팀원들은 비판적 사고력을 향상했다. 결과적으로 이 리더가 이끄는 팀은 다른 팀보다 소프트웨어 오류를 훨씬 더 빠르게 수정할 수 있었다. 팀원은 리더와 문제를 공개적으로 토론하였고, 일과 관련된 문제만이 아니라 개인사에 관해서도 거리낌 없이 상의했다. 팀장은 팀원의 걱정을 열심히 경청하면서 도움이 될 만한 조언을 해주었다. 그런 행동은 감정이입과 공감을 불러일으켰고, 팀에 신뢰의 분위기를 만들었다. 예를 들어, 휴가를 가더라도, 자기가 담당하는 업무 관련된 문제가 발생하면, 팀원들은 집이나 멀리 떨어진 휴가지에서도 기꺼이 일했다. 팀장의 행동은 팀을 더 강하게 만들었고, 놀라운 성과를 이루는 데 도움이 되었다고 했다.

팀장은 팀원이 보유한 지식과 기술을 적용해 최상의 판단을 할 수 있게 기회를 부여함으로써 팀원의 자기 결정력을 강화했습니다. 스스로 책임감을 갖게 선택권과 자유를 주었습니다. 그는 팀원에게 책임감과 자신감을 고취했습니다. 팀은 자기 확신에 가득 차 혁신하려는 생각과 책임감으로 똘똘 뭉쳐 있었고, 그들이 맡은 직무에 전념했습니다. 우리에게는 유능하고 자신감 넘치는 팀장이 있었기에 목표 초과 달성은 어렵지 않았습니다.

푸남의 사례에서 볼 수 있듯이, 리더십은 관계이며, 리더는 구성원의 행동 변화를 끌어내기 위해 협력을 촉진하도록 행동한다.[1] 개인별 최고 사례를 기억하거나 존경하는 리더에 대해 말할 때, 특히 도전적이고 긴급한 상황에서, 사람들은 성공으로 향하는 대인 관계의 통로로 팀워크와 협력의 중요성을 열정적으로 토로한다. 전 세계에서 활동하는 전문가 집단 또는 경제 부문의 리더들은 "혼자서는 아무것도 할 수 없다"는 점을 인식한다. 협력의 분위기를 조성하기 위해, 모범적인 리더들은 그 집단이 해야 할 일이 무엇인지를 결정하고, 공동의 목적과 상호 신뢰를 위해 팀을 형성해야 한다는 사실을 안다. 리더는 신뢰와 팀워크를 최고의 우선순위로 생각해야 한다.

함께 만들어가고 함께 책임진다는 강한 의식 없이는 놀라운 성과를 기대할 수 없다. 모범적인 리더들은 다음 2가지 핵심 사항에 몰입함으로써 **협력적인 분위기를 조성**하는 데 전념한다.

① 신뢰의 분위기를 조성하라.
② 관계를 촉진하라.

협력은 고성과를 달성하고 유지하는 데 중요한 역량이다. 조직이 점점 더 다원화하고 글로벌하게 확장할수록, 이해 관계의 상충이나 긴장감을 해결하기 위해 협력 스킬은 필수적으로 요구된다. 경험론에 입각한 연구 결과를 살펴보면, 함께 일하는 사람들과 협력적 관계를 형성하는 데 대부분 시간과 에너지를 사용한 리더는 구성원에게서 가장 유능한 리더로 평가받으며, 그러한 리더와 일하는 팀원은 높은 업무 몰입도를 보여준다. 구성원이 공동으로 성과를 달성해야 하는 일에서는 협력 능력을 기르고, 관계를 촉진하기 위해 신뢰가 필요하다.

신뢰의 분위기를 조성하라

인간관계에서 신뢰는 중요한 문제다. 신뢰 없이는 구성원을 이끌 수 없다. 신뢰가 없다면, 구성원은 리더를 믿지 않을 것이고, 그들 간에 믿음도 사라진다. 신뢰 없이는 놀라운 성과를 이룰 수 없다. 타인의 신뢰를 얻지 못하는 사람들은 리더로 성장할 수 없다. 다른 사람들이 하는 말과 업무에 의존할 수 없기 때문이다. 그렇게 되면 결국 혼자서 일해야 하거나 다른 사람의 일까지 일일이 검토하게 되어 결국에는 사소한 일까지 챙기는 관리자가 된다. 타인에 대한 신뢰가 결여되면, 마찬가지로 자신에 대한 상대방의 신뢰감도 사라진다. 사회적 관계를 형성하고 유지하기 위해서, 서로 신뢰하고 실생활에서도 이를 나누어야 한다. 신뢰는 단지 머릿속에만 존재하는 것이 아니라 마음속에도 존재하는 것이다.

신뢰에 투자하라

연구 결과에 따르면, 신뢰는 개인, 팀 및 조직 성과에 영향을 준다는 사실을 보여준다.[2] 세상을 의심과 불신의 눈초리로 바라보는 사람들보다 신뢰가 있는 사람들은 더 행복감을 느끼며, 심리적으로도 안정되었다고 한다. 신뢰를 받는다고 느끼는 사람들은 친구로 더 인정받고, 사람들은 그들이 하는 말을 더 귀담아듣고, 결과적으로 사람들에게 더 영향을 미친다.[3] 7,700개의 팀을 대상으로 한 112개의 연구에서 나온 결과를 통해 연구자들은 팀 구성원들의 상호 신뢰도가 팀 성과에 큰 영향을 미쳤다는 사실을 발견하였다.[4] 언스트 앤 영(Ernst & Young)의 글로벌 다양성 및 포용 총책임자인 카렌 트와로나이트(Karen Twaronite)의 의견도 이와 다르지 않다. 브라질, 중국, 독일, 인도, 멕시코, 일본, 영국과 미국에서 근무하는 약 9,800명의 정규직 근로자를 대상으로 한 설문 조사에서 '신뢰는 직원들이 몰입해 성과를 달성하고, 끊임없이 혁신하는 직장을 만드는 초석'이라는 결론을 도출하였다.[5]

게다가 신뢰도가 높은 기업은 고객 충성도, 직원 근속, 경쟁 시장 포지션, 윤리적 행동, 사업 성과 예상치 및 이익 증가 등 핵심 사업 목표를 측정하는 수치에서도 경쟁 기업을 훨씬 능가한다.[6] 예를 들어, 신뢰가 있는 공개 기업의 주가 상승은 S&P가 선정한 500대 기업의 1.8배의 수준을 보였다.[7] 영국에서는 특별한 조건이나 배상 조건을 달지 않은 신뢰를 기반으로 한 아웃소싱 계약은 40퍼센트 이상 높은 가치가 창출되는 것으로 나타났다.[8] '신뢰'라는 변수는 《포춘(Fortune)》에서 일하기 좋은 100대 직장을 선정하는 중요기준이다. 여기에 선정된 기업은 결근율, 산재 발생 비율, 자발적 퇴직률 감소 등과 더불어 재무적 성과에서도 경쟁 기업을 지속해서 압도한다.[9] 더 나아가, 전 세계인을 대상으로 실시한 설문 조사에서 거의 3분의 2는 신뢰가 결여된 기업에서 만든 제품을 구매하지 않겠다고 답변했다.[10]

팀원이 서로 신뢰할 때 리더십이 가장 효과적으로 발휘된다. 신뢰가 기본 규범으로 자리 잡을 때, 조직 안의 의사 결정은 효율적이고 신속하게 이루어지며, 혁신은 가속화되며, 수익성도 증가한다. 한 역할극 실습에서는 관리자를 2개의 경영자 그룹과 2개의 조직 구성원 그룹으로 나누어 결정하기 어려운 제조, 마케팅에 관한 정책을 결정하는 과제를 부여하였다. 그들에게는 모두 같은 정보만을 제공하고, 이 정보를 근거로 문제를 해결하라는 지침을 내렸다. 조직 구성원 그룹 중 절반에게는 경영진이 정직하게 행동할 것이라는 사전 정보를 주었다(과거 경험상 경영진을 신뢰할 수 있고, 그들에게 감정과 의견차이를 기탄없이 표현할 수 있다는 관점). 다른 절반에게는 경영진에게 정직한 행동을 기대하지 말라는 지침을 주었다. 30분 동안 토의한 후, 모든 팀 구성원은 간단한 설문지에 실습 중에 경험한 내용을 작성하였다.[11]

사전에 경영진들을 신뢰해도 된다는 지침을 받은 구성원은 경영진을 신뢰하지 못하는 집단보다 훨씬 긍정적인 결과를 얻었다. 신뢰도가 높은 구성원은 더욱 개방적으로 감정을 표현했고, 그룹이 안고 있는 근본적 문제와 목표를 더욱 명확하게 인식하였고, 적극적으로 대안을 마련하였다. 그들은 또한 결과에 대해 높은 수준의 영향력을 서로에게 주고받았으며, 회의에 대한 만족감과 결정을 이행하겠다는 동기 부여와 경영진에 대한 친근감을 보였다고 말했다.

다른 그룹의 경우, 이와는 반대로 마음의 문을 열고 정직하게 대하려는 경영진의 진정성이 오히려 무시되거나 왜곡되었다. 자신의 진정성이 거절당한 경영진 역할을 맡은 참가자는 이런 반응을 보였다. "멍청한 사람들 같으니. 진심으로 대했는데, 우리에게 전혀 협조하지 않더군요. 실제에서 이런 일이 발생했다면, 모두 다 해고되었을 것입니다." 구성원의 역할을 맡은 사람들의 대답도 이와 다르지 않았다. "같이 일한 시간이 겨우 10분밖에 되지 않았는데도, 정말 경영진 역할을 맡은 양반한테 질려버렸습니다." 신뢰도가 낮은 구성원 그룹의 3분의 2 이상이 실제 상황이었다면, 다른 일자리를 알아보는 것을 심각하게 고려하겠다고 한 것도 무리는 아니었다.[12]

하지만 이것은 모의실험이었다는 사실을 기억하라. 참가자 중 실제로 현직에 임원으로 재직 중인 사람도 역할극에서 경영진을 믿지 말라는 지침을 받았기 때문에 그렇게 행동했다고 대답했다. 이 실험은 신뢰 또는 불신의 감정이 누군가 제안 때문에 단 몇 분 만에 달라질 수 있다는 사실을 보여준다. 실험이 끝난 후 참가자를 대상으로 그들이 작성한 설문에서 두 집단 간 감정과 결과의 차이가 난 이유가 어떠한 요소 때문이라고 생각하는지 물어보았다. 그중 신뢰가 결정적 변수라고 인식하지 않는 사람은 한 사람도 없었다.

신뢰의 분위기가 조성되었을 때, 누구나 자유롭게 기여할 수 있고, 혁신을 일으키는 환경을 조성한다. 생각을 자유롭게 공유하고 문제를 솔직하게 논의하는 분위기를 조성하게 되며, 규범을 준수하는 데 그치지 않고 더 나아가 최고의 성과를 이룰 수 있게 영감을 불어넣는다. 리더에게 의지하며 모든 사람의 최대의 관심사에 몰두할 수 있는 믿음을 형성하게 된다. 이러한 결과에 도달하려면, 신뢰라는 게임에서 먼저 선수를 잡아야 한다. 다른 사람들이 하는 말을 경청하고, 배우며, 정보와 자원을 공유해야 한다. 신뢰가 가장 먼저다. 나머지는 그다음이다.

먼저 다가가 신뢰하라

구글의 공급망 프로그램 관리자였던 제이콥 필폿(Jacob Philpott)이 개인 최고의 리더십 사례에서 얻은 교훈은 '타인의 신뢰를 얻으려면, 자신이 먼저 믿음을 줄 수 있어야 한다'는 사실이었다. 그는 다음과 같이 설명하였다. "사람들을 믿을 수 없는 사람은, 다른 사람이 하는 말과 업무를 믿을 수 없기 때문에 리더로 성장하지 못할 것입니다. 혼자서 그 많은 업무를 다 처리해야 하고 세부적인 일까지도 하나하나 관리할 것이므로, 구성원들은 그러한 리더를 경멸하게 될 것입니다." 그는 자신이 한 회사에서 함께 근무한 어떤 관리자의 실패 사례를 예로 들려주었다.

이 관리자(AJ)는 처음 부임했을 때, 팀원들이 업무를 스스로 수행할 것이라고 믿지 못했지만, 그래도 성공할 수 있다는 점을 경영진에게 보여주고 싶어 했다. 그가 보기에는 아주 많은 일이 결과와 직결되어 있어 팀원들에게 자율권을 줄 수 없었다.

제9장 협력하게 만들어라

AJ는 구성원들에게 자기만의 기법과 방법을 강요했고 직원들이 이를 따르지 않을 때, 직원들 뒤에 서서 자기가 원하는 결과가 어떤 모습인지 지시했다. 그렇게 되자 일은 끝났지만, 그 일은 대부분 부하 직원의 책상에 앉아 있는 AJ가 한 것이나 마찬가지였다. 구성원은 그의 방식을 견딜 수 없었다. 그들은 AJ에게 존경심이나 신뢰를 갖지 않았고, 그의 등 뒤에서 언제나 험담을 했다.

AJ의 방식은 모범적인 리더들이 하는 방식과는 정반대였다. 신뢰는 기꺼이 마음을 열고, 경계의 담장을 낮추고 무방비 상태로 다가갈 때 생겨난다. 리더들은 먼저 솔선해야 한다. 신뢰와 협업을 통해 높은 수준의 성과를 달성하고 싶다면, 당신을 신뢰해 달라고 부탁하기 전에 당신이 먼저 그들에게 신뢰를 보여주어야 한다.

먼저 다가서기는 쉽지 않은 일이다. 이는 운에 맡기는 것이다. 본인의 순수한 의도가 이용당하지 않을 것이며, 서로 소통하는 정보와 자원, 공유하는 감정을 상대방이 오용하지 않을 것이라는 데 확신이 있어야 한다. 다른 사람들이 당신을 이용하지 않을 것이라는 믿음으로 그들을 믿고 그렇게 하는 것이다. 이렇게 하려면 상당한 자신감이 필요하지만, 이를 통해 얻는 실익은 크다. 신뢰는 강력하게 전염된다. 다른 사람들을 믿을 때, 다른 사람들도 당신을 믿을 가능성이 매우 크다. 하지만 신뢰와 마찬가지로, 불신도 상대방에게 똑같이 전염된다. 불신감을 드러내면, 상대방도 당신에 대해 신뢰감을 보이는 데 주저할 것이다. 본보기를 보이고 완벽하게 하고 싶은 욕구를 기꺼이 버리는 것은 본인의 선택에 달려 있다. 미군 특수부대 요원으로 활동했던 경험을 회상하면서 케니 토마스(Keni Thomas)는 "신뢰는 발급되는 것이 아니라 노력으로 얻는 것입니다"[13]라고 말했다.

자신을 드러내는 것은 먼저 다가가는 한 가지 방법이다. 자신이 지지하는 가치와 욕구, 희망과 자신에 대해 보여주고 싶은 정보를 알려주는 것이다. 다른 사람이 당신의 진심을 알아줄지, 당신의 포부에 뜻을 같이할지, 당신이 의도하는 말과 행동을 제대로 해석할지 확신할 수 없다. 하지만 일단 자신을 드러내는 위험을 선택한다면, 다른 사람도 상호 이해를 위해서 이와 비슷한 위험을 감수할 것이다.

이는 세메솔 컨설팅(Semedsol Consulting)의 경영 총괄이었던 마주드 파하자드

(Mazood Fakharzdeh)가 해외 제품 개발부에 근무할 때 겪었던 최고 리더십 사례와 정확하게 일치한다. 마주드는 팀의 힘을 하나로 모으면서 초창기부터 구성원 모두에게 도움을 요청했다. 그는 이렇게 말했다. "이런 프로젝트를 맡은 적이 처음이라 성공을 위해 모든 구성원의 전문성이 필요하다고 했습니다. 저는 도움을 요청하면서 그들을 전적으로 믿는다는 사실을 보여주고 싶었습니다." 구성원에 대한 신뢰를 보여주니, 그들은 마음의 문을 열고 엄청난 정보를 교환하게 되었다. 팀원들은 일에 완전히 몰입되었고, 주인의식을 갖게 되었다.

신뢰는 강요할 수 없다. 만일 누군가 당신을 이해하지 않고, 당신의 선한 의도나 유능함을 인정하지 않는다면, 그들의 인식과 행동을 바꿀 방법은 거의 없을 것이다. 하지만 다른 사람들에게 신뢰를 준다는 것은 대부분 보통 사람에게는 안전한 베팅이라는 점을 명심하라. 인간에게는 믿음이라는 가치가 내장되어 있다. 이러한 가치가 없다면, 세상은 원활하게 돌아가기 어려울 것이다.[14]

타인에 대한 관심을 보여주어라

신뢰감을 형성하는 데 가장 확실한 방법은 다른 사람에 대한 관심을 보여주는 것이다. 자기 일보다 타인의 일에 우선하는 사람에게 믿음을 주는 것을 주저할 사람은 없다. 하지만 사람들이 리더의 행동에 주목하는 부분이 있다.[15] 다름 아니라, 리더가 구성원의 말에 경청하고, 그들의 아이디어와 관심사에 집중하고, 그들이 주는 영향을 받아들이느냐 하는 것이다. 그들의 아이디어에 열린 시각을 보여주고, 그들의 관심사에 흥미를 느낄 때, 그들은 당신에게 더욱 개방적인 태도를 보일 것이다.

앞서 언급했던 것처럼 리더가 구성원의 다양한 관점에 관심을 기울이는 개방성과 구성원이 자신의 직장에 대해 느끼는 충성도 사이의 상관관계를 생각해보라. '강력한 팀 공동체 의식'을 갖고 있다고 생각하는 팀원은 리더가 적극적으로 그들의 말을 경청한다는 데 강력하게(거의 100퍼센트) 동의한다. 리더가 구성원의 말을 거의 경청하지 않는다고 대답했을 때, 그들 중 강력한 팀 공동체 의식을 느낀 사람은 3분의 1도 채 되지 않았다. 팀원의 동기 부여 수준과 생산성에 대한 평가 결과는 리더가 보여주는 적극적인 경청에 대한 측정 결과와 직접적 상관관계가 있다.

적극적 경청은 단순히 관심을 기울이는 것 이상을 의미한다. 코칭 스킬 개발 프로그램에 참여한 약 3,500명의 참가자를 대상으로 한 연구에 따르면, 경청 기술이 뛰어난 사람들은 다른 사람들이 대화할 때 잠자코 침묵을 지키는 모습으로 일관하지 않는다.[16] 그들은 '발견과 통찰력을 촉진하기 위한' 질문을 통해 상대방의 말에 경청한다는 사실을 보여주었다. 적극적인 경청의 모습은 대화를 나누는 형태로 나타난다. 이는 상대방이 하는 말을 단순히 듣는 것 이상의 노력이 필요하다. 대화를 적극적인 경험으로 만드는 방법에 몰입하게 함으로써 말하는 상대방이 스스로 지지를 얻고, 존중받는다는 느낌을 주는 것을 의미한다. 다른 사람의 독특한 관점을 인정하는 태도는 그 사람들과 그들의 머릿속 아이디어를 존중하는 모습으로 나타난다. 다른 사람의 머릿속에 흐르는 생각에 민감하게 반응하면, 그들의 안내와 충고를 더욱 쉽게 받아들이는 유대감을 형성한다. 경청의 기술이 뛰어난 사람들은 여러 가지 좋은 제안을 하는 경향이 있으며, 이들을 통해 아이디어가 다시 떠오른다는 점에서 이들은 '트램펄린' (스프링이 달린 사각형 또는 육각형 모양의 매트 위에서 뛰어오르거나 공중회전을 하는 체조경기 등에 쓰는 도구―옮긴이)으로 묘사되어 왔다.[17]

이런 행동은 상호 공감과 이해를 형성하며, 더 나아가 신뢰감을 형성한다. 캐나다의 크리스티 디지털 시스템(Christie Digital System)의 글로벌 공급 매니저였던 시니사 류직(Sinisa Ljujic)은 이 현상을 다음과 같이 설명했다. "당신이 이끄는 사람들을 위해, 다른 사람들을 그 자체로 받아들여야 합니다. 우리는 모두 같은 인간이며, 서로를 존중해야 합니다. 저는 사람들이 하는 말을 유심히 들으면서, 그들의 머리와 가슴속에 어떤 일이 일어나는지 파악합니다. 그러한 상태에서 함께 일할 때, 성과가 개선될 수 있습니다."[18] 그가 다른 사람들의 말을 경청하고, 그들이 원하는 것을 헤아려주는 모습은 생활에서도 매일 확인하게 나타난다. 먼저 결론을 내리지 않고, 스스로 문제를 해결할 수 있게 용기를 북돋울 때, 일찍 출근해서 사람들에게 잘 지내냐는 안부 인사를 할 때, 시간을 내서 새로운 직무와 책임을 맡은 사람들에게 코칭해줄 때도 이 점을 확인할 수 있다.

공감을 표시하면 신뢰 형성에서 지속성이 유지된다.[19] 오라클(Oracle)의 소셜 클라우드 부문의 부사장인 메그 베어(Meg Bear)는 "공감은 매우 중요한 21세기 기술입니다.[20] 공감은 첨단 기술회사의 중역에게 기대할 수 없는 자질일지도 모르지만, 과학 기술로 인해 직무가 점점 더 자동화할수록, 모든 직원, 특히 모든 리더는 점점 더 관계 기술 역량을 갖추는 것이 필수적 요소가 되고 있습니다"라고 말했다.

리더십 챌린지

팀원들에게 공감을 보여주는 리더는 윗사람에게 뛰어난 성과자로 인식된다는 연구 결과가 발표되었다.[21] 다른 사람에게 관심을 보이고, 그들의 마음을 세심하게 헤아려주고, 그들을 향한 연민을 전달하면 리더와 구성원의 직무 수행 능력이 향상된다. 10년 넘은 연구 끝에, 로만 크르즈나릭(Roman Krznaric)은 자신이 저술한『공감: 왜 중요하며, 어떻게 얻을 것인가?(Empathy: Why It Matters and How to Get It)』란 책에서 다음과 같이 표현했다. "공감은 단지 사물을 다른 사람의 관점에서 보는 것만이 아니다. 공감은 현명한 리더십의 초석이다. 직장인의 진정한 경쟁력은 관계를 형성하는 능력에 있다. 이는 공감이 경험보다 더 중요하다는 사실을 의미한다."[22]

애플(Apple)의 재무 관리자인 마크 앤더슨(Mark Anderson)은 신임 영업 이사가 행동으로 보여준 인간에 대한 관심과 공감 능력에 대해 말했다. 출근 첫날부터, 영업 이사는 자기주장을 펴기 전에 구성원들이 제공하는 안내 사항과 제안을 경청함으로써 팀 안에 신뢰의 분위기를 형성하였다.

> 그는 우리가 분석한 내용과 관점을 신뢰한다고 믿었기 때문에 그가 보여주는 이런 작은 행동은 그를 바라보는 우리의 시각에 큰 영향을 끼쳤습니다. 그뿐만 아니라, 그는 시간을 내어 구성원 한 사람 한 사람과 점심 약속을 잡으면서 우리가 회의에서 만나는 파트너가 아니라 서로 더 알고 싶어 하는 한 사람의 개인으로 대한다는 생각이 들었습니다. 그가 보여준 인간적 관심과 배려는 개인적으로 관계를 발전시키는 계기가 되었습니다. 그가 초기에 보여준 이러한 행동은 리더에 대해 생각했던 선입견을 불식시켰고, 강력하게 형성된 관계로 인해 우리는 그의 생각을 서서히 경청하고 그에게 조언을 구하기 시작했습니다.

타인에 대한 관심을 보여주는 이러한 행동은 협력을 촉진한다. 마크가 말한 것처럼 구성원들은 리더를 단순히 지시를 내리는 상사가 아니라 함께 일하는 동료로 인식하게 되었기 때문이다.

모범적인 리더들은 세상을 다른 사람들의 시각으로 볼 필요가 있다는 사실을 알며, 대안적 관점에 대해서도 생각해볼 기회를 준다. 이는 애플(Apple)의 월드와이드 제품 마케팅 책임자였던 앤디 쳉(Andy Cheng)이 깨달은 교훈과 정확하게 일치한다. "공감은 매우 중요한 요소입니다. 리더는 구성원의 성공에 어떤 도움을 줄 수 있는지 그들이 느끼는 감정과 결정을 이해해야 합니다. 저는 팀원의 보필을 받는 리더가 아니라 그들에게 봉사하는 리더로 기억되고 싶습니다." 앤디는 리더가 형성하는 관계의 질에 따라 결과가 달라질 수 있다는 자신의 견해를 피력했다. 구성원은 그들이 시도하는 도전을 자유롭게 의논할 수 있어야 한다. 그들이 자신들의 아이디어와 좌절, 꿈에 대해 리더와 터놓고 공유할 수 있게 하려면 그들이 생각하는 최대의 관심사를 배려해준다는 느낌이 들게 해야 한다.

친구라고 생각하는 사람 사이에서 경청 기술이 어떠한 모습으로 나타나는지는 흥미롭다. 모든 성공적인 리더십 관계는 어느 정도는 그런 친밀함이라는 요소를 가지고 있다. 모든 사람의 친구로 인식되길 기대하지는 않더라도, 다양한 환경의 직장에서 친구처럼 가깝게 상사와 친근한 관계를 맺는 것이 건강하고 생산적인 직장을 만드는 데 크게 기여한다는 점은 연구를 통해 밝혀졌다.[23] 그 예로, 경영 시뮬레이션에 참여해 CEO 역할을 맡은 사람들은 재무담당 부사장이 친구가 될 수도 있고, 그렇지 않을 수도 있다는 것을 알게 된다. 모든 경우에서 회사의 문제 해결에 도움이 되는 정보를 CEO에게 제공했음에도 CEO가 친구라는 생각을 하지 않게 될 때, 그 부사장의 영향력은 위축되었다.[24] 이처럼 리더가 자신들의 관심사를 염두에 두고 있다고 믿을 때, 리더의 영향력은 더 잘 발휘될 수 있다.

지식과 정보를 공유하라

역량은 리더에게 신뢰와 자신감을 주는 가장 중요한 요소다. 연구에서 나타난 것처럼, 구성원은 자기가 하는 말과 일을 파악하는 사람을 자기의 리더라고 생각한다. 리더의 능력을 보여주는 한 가지 방법은 자기가 아는 사실을 공유하며, 다른 사람도 똑같이 공유하도록 장려하는 것이다. 당신은 자신의 통찰력과 노하우를 전달할 수 있고, 경험을 통해 얻은 교훈을 공유할 수도 있다. 또한 팀원에게 중요한 자원과 사람들을 연결해줄 수도 있다. 지식을 축적하는 역할을 담당하는 리더들은 팀원들이 서로에게 어떻게 행동해야 하는지 본보기를 보여준다. 그 결과 팀원들이 리더에 대한 신뢰도가 높아지며, 성과도 자연히 따라온다.[25]

이러한 경험은 보상 컨설턴트인 캐서린 메이어(Cathryn Meyer)가 피보탈 소프트웨어(Pivotal Software)에서 처음으로 하계 인턴을 감독했을 때 알게 된 방식이었다. 캐서린은 일일 직무체험 과정을 만들어 인턴이 자신을 따라다니며 여러 직무를 체험할 수 있게 하였다. 이러한 프로그램을 기획한 이유는 인턴에게 인사관리의 여러 분야를 보여줌으로써 인사관리의 여러 영역에 대한 핵심 지식과 스킬을 향상시키는 한편, 다양한 인사 영역이 어떻게 상호 보완될 수 있는지 알려주기 위해서였다. 캐서린은 정기적으로 건설적인 피드백을 주었고, 마찬가지로 인턴에게서 유익한 조언도 들었다. 캐서린은 이러한 과정이 서로의 관계를 강화하고 신뢰를 구축하는 데 도움이 되었다고 말했다.

지식과 정보를 공유할 때 팀 구성원 간 신뢰도가 높아지며, 성과가 향상된다는 점은 리더들이 팀의 욕구에 관심을 집중하는 것이 얼마나 중요한지 다시금 인식하게 해준다. 자발적으로 리더가 자기의 개인적 정보와 업무 정보를 공유하면, 구성원도 자기가 아는 정보를 거리낌없이 공유할 것이다. 하지만 자기 영역을 지키는 데 지나치게 신경 쓰고, 신뢰를 주는 데 인색하게 굴고, 정보를 독점하려 들거나, 자기 영역을 지키는 데 전전긍긍한 나머지 혼자서 일을 독차지할 경우, 구성원의 신뢰도 잃고 성과도 당연히 저하된다. 불신의 환경을 조성하는 관리자는 방어적 자세를 취하는 경향이 있다. 그들은 지시를 내리는 데 익숙하며, 권력의 고삐를 쥔 채 놓으려 하지 않는다. 그런 관리자 밑에서 일하는 직원들은 정보를 감추거나 왜곡함으로써 불신을 이어간다.[26] 이러한 현상은 정보 공유에서 리더가 먼저 손을 내미는 것이 왜 중요한지를 잘 보여준다.

관계를 촉진하라

사람들은 서로 신뢰할 때 가장 효과적으로 함께 일할 수 있다. 신뢰가 형성되면 도움을 요청하고, 정보를 공유하는 것은 자연스럽게 뒤따르는 행동이다. 공동의 목표를 설정하는 것은 거의 본능처럼 자연스러운 일이 된다. 크리스티앙 누네즈(Cristian Nunez)가 칠레 울트라마(Ultramar)에서 사업개발 차장으로 있었을 때, 경험을 통해 이런 것들을 배웠다.

제9장 협력하게 만들어라

주요 항구를 따라 산재한 18개의 영업 지사들은 상당히 자율적으로 운영되었기 때문에 지사들끼리 서로 치열하게 경쟁함으로써 회사의 성장이 정체되고 기업 마진은 하향세를 겪었다. 더구나 본사의 느슨한 경영 스타일은 영업 지사 간 불신을 낳았고, 회사의 이익 개선을 위해 노력하지 않는다는 불신감을 초래했다.

크리스티앙은 지사 간에 좀 더 협력적인 관계가 필요하다는 점에 착안해 사업 부문 간 공동의 목표와 협력을 증진할 수 있는 커뮤니케이션을 시작했다. 그는 상급자와 함께 영업 지사를 방문하여 관계자들을 만났다. 이러한 과정에서 매일 전화로 통화하는 사이라고 할지라도, 서로 만나서 얼굴을 맞대고 대화를 나누는 것이 얼마나 중요한지 알게 되었다고 그는 말했다. 직접적인 상호 작용이 주는 힘과 지속적인 효과 측면에서 이보다 더 좋은 커뮤니케이션 방식은 거의 찾아볼 수 없을 것이다.

곧이어, 그들은 각 지사의 대표를 불러 모아 문제점에 대한 의견을 나누고 해결안을 제시하게 했다. 그들은 곧 사업을 하는 공통된 방식을 지원하는 인센티브를 일원화할 필요가 있다는 사실을 깨달았다. 또한 각 지사 대표는 모든 영업 사원이 자기의 영역 및 다른 영역에서 사업기회를 공유하도록 하기 위해 주간 회의에 참여하기로 동의했다. 새로운 차원의 협력이 성립되자, 매출액은 상향 곡선을 그렸다.

디브야 파리(Divya Pari)가 인도 중앙은행에 합류했을 때, 그녀는 얼마 안 되어 관계의 중요성을 인식하였다. 처음에 디브야는 걱정이 앞섰다. 이전에 은행 경험이 없었고, 지역 공동체와 언어도 낯설었기 때문이다. 하지만 출근 첫날 새로운 매니저와 인사를 나누면서 그 걱정은 사라졌다.

> 리더는 새로운 직무에 부임한 것을 축하한다고 말하면서, 회사에서 제공한 잠자리가 편안했는지, 앞으로 포부와 관심사 등 새로운 직장과 역할을 어떻게 생각하는지 물었습니다. 의사소통은 문제되지 않을 것이라고 안심시키면서, 함께 근무할 동료들은 저와 대화할 때 영어를 사용할 것이라고 말했습니다. 또한 여러 측면에서 사업 부문이 안고 있는 중요한 이슈가 무엇인지 사업부에서 이루어지는 일과 정보를 공유했습니다. 그러한 친절한 첫 만남을 통해 리더는 필요한 정보를 공유하였고, 문제에 대한 관심을 보여주

었고, 사업부에서 담당할 역할을 편안한 마음으로 이행할 수 있게 배려했습니다. 이를 통해 리더는 신뢰하는 마음을 실천으로 보여 주었고, 저도 제가 담당할 업무에 대해 잘할 수 있다는 긍정적 자세와 낙관적 생각을 하게 되었습니다. 또한 이를 통해 마음의 문이 열렸고, 리더에 대한 신뢰도 생겼습니다.

디브야의 경험은 관계를 촉진하기 위해 리더가 팀 안에서 신뢰의 분위기를 어떻게 형성하는지 잘 보여준다. 타인의 문제와 그들의 포부에 관심을 보여주고, 그들이 하는 말을 집중해서 들으면 신뢰가 생겨나고 협력이 증진한다고 그녀는 말한다.

크리스티앙과 디브야의 사례에서 본 것처럼, 협력을 위해서 구성원은 서로 의존할 수 있어야 한다. 그들은 각자 성공하기 위해 서로 필요하다는 점을 인식하였다. 사람들이 서로 의지할 수 있는 환경을 만들려면, 리더는 협력적 목표와 역할을 개발하고 호혜(互惠)성에 입각한 규범을 지원해야 하며, 공동의 노력을 촉진하기 위한 프로젝트를 구성하고 직접적인 상호작용을 장려해야 한다.

협력적인 목표와 역할을 개발하라

스포츠, 헬스케어, 교육 또는 경영, 공공 또는 민간 기관에서 긍정적인 경험을 한 팀은 반드시 공동으로 달성해야 할 목표를 공유했던 경험이 있었다. 혼자 힘으로는 자녀를 교육하기 어렵고, 고급 차를 조립할 수도, 영화를 제작할 수도 없으며, 세계적 수준의 고객 서비스를 제공할 수도, 고객에게 클라우드를 연결할 수도 없으며, 질병을 근절할 수도 없다. 공동의 성취를 위해 가장 중요한 요소는 공동의 목표를 설정하는 것이다. 공동의 목표는 이를 이루기 위해 협력하도록 구성원을 하나로 만든다. 공동의 목표에 참여하는 사람들에게 누군가의 기여 없이는 성공할 수 없고, 성공을 위해서는 서로가 노력을 분담해야 한다는 상호의존성을 환기해준다. '우리는 모두 하나'라는 의식, 즉 누군가의 성공이 다른 사람의 성공에 달려 있다는 생각이 없다면, 긍정적인 팀워크를 형성하는 환경을 만들 수 없다. 개인 또는 집단이 협력적으로 일하게 하려면, 리더는 그들이 그렇게 해야 할 명분을 부여하고, 함께 노력했을 때 달성할 수 있는 목표를 제시해야 한다.

세계적인 성과관리 서비스 공급업체의 프로젝트 매니저였던 새라 발두치(Sara

Balducci)는 위에서 말한 내용과 비슷한 자기의 경험을 최고 리더십 사례로 떠올렸다. 조직이 개편된 후 그는 사업 부문의 수장으로 승진했다. 그 후 얼마 안 있어, 조직 규모는 2배로 커졌다. 새로운 직책이 생겨나고 새로운 사람들이 합류하면서, 직원들의 업무와 활동이 조직 전체에 어떠한 영향을 미치는지 명확하게 파악할 필요가 있었다. 하지만 새라는 모든 직원을 불러 그들에게 각자가 관리하는 직책이 얼마나 중요한지 설명하느라 시간을 허비하지는 않았다.

> 저는 영업 직원들에게 그들이 얼마나 뛰어난 역량을 갖추었는지 다시 한번 일깨워주었습니다. 우리가 어떻게 협력하여 고객들에게 계속 탁월한 서비스를 제공할 것인지 예전에 토의했던 내용을 다시 반복했습니다.
>
> 이는 신뢰하는 풍토를 만들고 직원들과 유대를 촉진하는 중요한 첫 단초가 되었습니다. 제가 직원들에게 얼마나 관심을 기울이는지, 그들이 보유한 기술을 얼마나 신뢰하는지 보여주는 것이었습니다. 이러한 행동은 팀 구성원들의 자신감을 높여주었습니다. 그리고 동료들이 서로 의지하고 있으니 서로가 지닌 힘을 합쳐 효율적으로 수준 높은 마무리를 해달라고 당부함으로써 서로서로 의지한다는 상호성의 규범을 강조했습니다.

새라는 서로의 연관성을 강조하면서 사업 부문의 과업을 세분하였고, 구성원의 전문성에 따라 각 분야에 1명에서 6명에 이르는 직원을 배치하였다. 예를 들어, 해외권 직원은 영어권 및 미국 밖 비영어권 고객들을 응대하게 하였다. 선적 담당 직원은 선적과 관련해 궁금증이 가득한 고객을 상대하게 했다. 환급 담당 직원은 반품을 원하는 고객에게 신속한 서비스로 도와주게 했다. 리더십 기술을 발휘하고 개발할 수 있는 기회를 부여하면서, 이 직원들을 총괄하는 책임자 자리를 신설했다. 새로운 책임자에 임명된 사람들은 지점별로 업무가 균등하게 분산되어 제시간에 마무리되고, 품질 기준에 부합할 수 있게 프로세스를 관리하였다. 새라는 총괄 책임자들을 통해 중요한 정보를 나머지 직원에게 전파하게 하였다. 그들은 또한 직원들에게서 입수한 정보를 전달받아 새라에게 보고하는 연락책 역할을 담당하였다. 이런 구조를 통해 그들은 한 팀이며 고객들에게 최고의 서비스를 제공하기 위해 하나가 되어 일한다는 생각이 강화되었고, 업무의 효율성도 향상되었다.

다른 리더들과 마찬가지로, 새라는 구성원들에게 개인 목표에 집중하게 하기보다는 공동의 목표에 계속 집중하게 하면, 더욱 강력한 팀워크를 촉진할 수 있다는 사실을 깨달았다. 협력이 성공하려면, 역할이 설계되어 모든 사람의 기여가 결과에 부가되어 축적되어야 한다. 자신의 기여가 반영되지 않으면 팀이 무너진다는 사실을 명확하게 인식해야 한다. 고깃배에 탄 두 사람 중 한 사람이 다른 쪽에게 "자네가 있는 쪽은 기울고 있지만, 내가 있는 위치는 괜찮네"라고 말할 수는 없을 것이다.

오라클에서 소프트웨어 개발 매니저로 있는 슈바감 굽타(Shubhagam Gupta) 밑에는 유능한 2명의 개발 직원이 근무했는데, 서로 상대방에 대해 비판적인 두 사람의 관계가 항상 문제였다. 슈바감은 한 사람이 나머지 사람에게 결과물을 제공해야 하는 공동 프로젝트에 배정했다. 그는 공동의 목표를 위해 두 사람이 함께 일했을 때, 상호

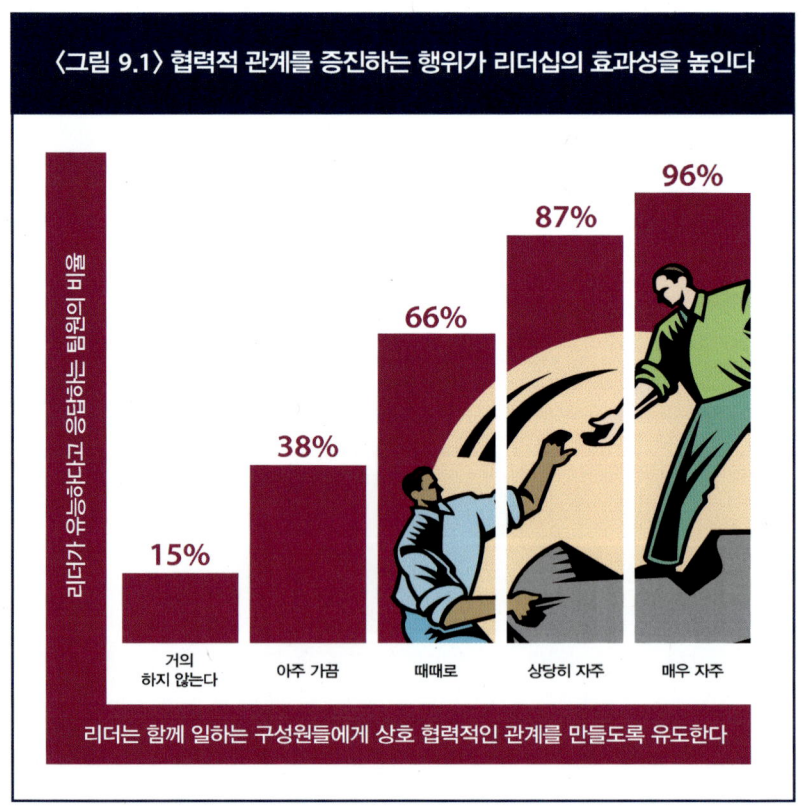

〈그림 9.1〉 협력적 관계를 증진하는 행위가 리더십의 효과성을 높인다

96%

87%

66%

38%

15%

거의
하지 않는다   아주 가끔   때때로   상당히 자주   매우 자주

리더가 유능하다고 응답하는 팀원의 비율

리더는 함께 일하는 구성원들에게 상호 협력적인 관계를 만들도록 유도한다

존중이 싹트고, 서로의 강점을 인식하게 되며, 서로서로 얼마나 필요한지 인식하게 된다는 사실을 발견했다. 리더는 공동으로 이룰 수 있는 목표를 주고 이를 달성하는 데 장애가 되는 방해요소를 제거해주며 팀 안에서 협력을 장려할 수 있는 기능을 제공해야 한다는 사실도 깨달았다. 〈그림 9.1〉에 나와 있는 것처럼 팀원이 평가한 리더의 전체적인 리더십 효과성에 대한 점수는 구성원 사이에 협력적 관계를 증진하는 정도와 직접 연관되었음을 보여준다.

호혜주의 규범을 지원하라

효과가 지속해서 유지되는 관계에서는 반드시 호혜주의(互惠主義)가 존재한다. 한 사람은 언제나 주는 입장에 있고 상대방은 받으려고만 한다면, 주는 사람의 입장에서는 이용당한다는 느낌이 들 것이고 받는 쪽은 상대방에게 우월한 감정을 느낄 것이다. 그런 환경에서는 협력이 거의 불가능해진다. 미시간대학교 정치과학자이자 국가과학훈장을 수여 받은 로버트 악셀로드(Robert Axelrod)는 '죄수의 딜레마' 이론을 비롯해 일련의 연구를 통해 호혜주의가 가진 힘을 극적으로 보여주었다.[27] 죄수의 딜레마 내용은 다음과 같다. 개인 또는 그룹의 양쪽은 협력해야 할지 말지를 선택해야 하는 상황에 직면한다. 그들은 상대편이 어떠한 행동을 취할지 미리 알 수 없다. 협력 또는 경쟁이라는 두 가지 기본 전략이 존재하며, 참가자들은 그들의 선택에 따라 4가지 결과(승-패, 패-승, 패-패, 승-승)를 얻을 수 있다.

최대로 개인적 이익이 되는 상황은 한쪽이 먼저 경쟁을 선택하더라도, 다른 쪽이 협력을 선택할 때다. '본인은 이기고, 상대방은 지는' 접근법은 상대방을 희생해 자신이 이득을 얻는 것이다. 만일 양쪽이 개인적 이익을 위해 협력하지 않기로 했다면, 결국 양쪽 모두 진다. 만일 양쪽이 모두 협력을 선택한다면, 경쟁을 선택할 때보다 단기적으로 얻는 개인적 이익은 적을지 몰라도 결국 두 사람 모두 이기게 된다.

로버트는 전 세계의 과학자들을 초청하여 이러한 승-승 또는 승-패 전략 시험에 대한 컴퓨터 시뮬레이션에서 그들이 생각하는 전략을 제출하게 요청했다. "놀랍게도 승자는 가장 간단한 전략 방안을 제출했습니다. 처음에 협력하는 방안을 제시하고, 그다음에는 상대방이 무엇이었든 간에 처음 선택한 협력 방안을 계속 선택하는 것입니다. 이 전략은 상대방에게 경쟁이 아닌 협력을 끌어냄으로써 성공할 수 있었습니다."[28] 간단히 말해서, 개인적 이익을 극대화하려는 참가자들보다 상호 협력을 도모하려는 쪽이 성공한다는 것이다.

이 죄수의 딜레마는 상호 협력에 기반을 둔 전략에 의해 성공적으로 해결될 수 있었다. 비슷한 위험 상황이 매일 발생한다. 개인적 이익을 극대화하려 한다면, 내가 부담해야 하는 금액은 얼마인가? 다른 사람을 위해 내가 조금 포기해야 할까? 내가 협력한다면, 다른 사람은 나를 이용하려고 들지 않을까? 등에 대해 생각하게 된다. 호혜주의는 그런 일상의 결정을 할 때, 가장 성공적인 접근법이라는 사실이 판명되었다. 왜냐하면 이 전략은 협력에 대한 의욕을 보여줄 뿐만 아니라, 이용당하고 싶지 않은 마음도 보여주기 때문이다. 호혜주의는 장기적 전략으로서 위험이 고조되는 현상을 최소화한다. 당신이 친절하게 대답할 것이라는 사실을 아는데, 그들이 왜 문제를 일으키려고 하겠는가? 당신이 협조할 것이라는 점을 안다면, 그들은 당신과 일하는 제일 나은 방법은 협력을 통해 혜택을 누리는 것이라는 점을 알게 될 것이다.

호혜주의는 관계에서 예측 가능성과 안정성을 높인다. 다시 말해서, 신뢰를 낳는다. 특히 협상이나 불일치 상황에서 상대방이 어떻게 행동할지 이해할 수 있을 때, 함께 일하면서 받는 스트레스가 줄어든다.[29] 하버드대학교 공공정책학 교수인 로버트 퍼트넘(Robert Putnam)은 다음과 같이 설명한다. "일반화된 호혜주의는 문명 생활에서 근간이 되는 원칙으로 황금률과 비슷한 원칙을 포함한다."[30] 내가 상대방에게 바라는 대우를 그들에게 베풀어라. 그리하면 그들도 몇 번이나 당신이 베푼 만큼 갚을 것이다. 성공을 돕고, 성취를 인정하고, 그들을 빛나게 한다면, 그들은 자기가 받은 도움을 잊지 않을 것이다. 호혜주의 규범이 작동하면, 사람들은 그들이 받은 호의에 보답하려고 하며, 당신의 성공을 위해 자기들이 할 수 있는 최선을 다할 것이다. 협력의 보상이 유형적이든 무형적이든, 협력을 통해 현실이 더 개선된다는 것을 이해할 때, 사람들은 상호이익 증진을 위한 노력에 기울이는 타인의 관심을 인정하게 될 것이다.

공동의 노력을 촉진하기 위한 프로젝트를 구상하라

함께 일하면서 얻는 이익이 혼자 일하면서 얻는 이익보다 크다고 생각할 때, 협력할 가능성은 커진다. 개인적 또는 경쟁적 성취를 강조하는 서구 국가에서 성장한 사람들은 모든 구성원이 자기의 개인적 성취에 근거하여 보상받는다고 생각할 때, 더 나은 성과를 이룰 수 있다고 인식한다. 하지만 이 생각은 옳지 않다. 소수의 인력으로 많은 성취를 이루어야 하는 세상에서, 경쟁 전략은 협업을 촉진하는 전략에 지게 되

어 있다.[31]

　보상이 단순히 개인의 노력에 기인하지 않고 최종 결과에 따라 결정된다는 사실을 이해할 때, 조직 전체의 목표를 염두에 두면서 자기 일을 꾸준하게 집중할 수 있는 동기가 생겨난다. 그 예로, 대부분 이익 공유제는 개별 부서나 단위 조직의 성과 달성보다는 회사의 전체 실적을 달성하는 것을 기본 전제로 한다. 조직에서 개인이 담당하는 역할이 있지만, 세계적인 기업 조직의 구성원은 자기가 맡은 부분을 제대로 수행하더라도 조직 전체의 목표를 달성할 수 없다는 점도 이해한다. 결국 혼자서 할 수 있다면, 왜 팀이 필요하겠는가?

　협력적 행위는 함께 일함으로써 혼자서 이룰 수 없는 성과를 이룰 수 있다는 점을 알게 해준다. 중국 광저우에 있는 피닉스(PHNIX)사의 CEO인 앤드루 종(Andrew Zong)은 모기업 산하에 새로운 독립 회사를 두고 운영하는 기업 분사(spin-off) 방식을 통해 원칙을 실천으로 옮겼다. 훌륭한 아이디어가 있는 모든 매니저나 직원은 누구나 새로운 스타트업(start-up)을 만들 수 있다. 모든 스타트업은 피닉스의 투자를 받으며 모기업의 직원들로 충원되고 운영된다. 다시 말해서, 그들은 계속 확장되는 시장에서 위험과 보상을 공유한다. 스타트업은 초기에 모기업에서 노하우, 인프라, 사무실, 연구실 같은 형태로 인프라를 제공받지만, 곧이어 독립 기업으로서 신규 투자를 받고 새로운 주주를 확보한다. 스타트업 관리자들은 완전한 의사 결정 권한을 갖게 되며, 기업의 소유주로서 자기 선택에 전적으로 책임진다. 10년이 지나자, 10개의 기업들이 생겨났다. 그중에서 이제까지 문을 닫은 기업은 하나도 없다. 그들은 피닉스의 제품 포트폴리오를 확장하거나, 후방 통합 공정을 담당하거나, 외부 공급업체가 공급했던 부품을 제조하는 역할을 담당하였다. 이 기업을 총괄하는 포스 주오(Forth Zuo)는 전략의 성공 비결이 모기업과 중첩되는 목표를 가진 신생회사에게 상호의존적 기업으로서의 역할을 맡게 함으로써 사업파트너로 전환시킨 데 있다고 믿는다.[32]

　와튼스쿨의 교수인 애덤 그랜트(Adam Grant)는 자신의 저서 『주고받기: 성공을 향한 혁명적인 접근법(Give and Take: A Revolutionary Approach to Success)』에서 타인을 돕는 '기버(giver)'로 가득 찬 조직은 상대방에게 받으려고만 하는 '테이커(taker)'로 가득 찬 조직보다 훨씬 지속적인 효과를 나타낸다고 주장한다. 사람들이 서로 얼마나 도우려는지 아는 것은 팀의 효과성을 측정하는 정확한 예측 변수다.[33]

그 예로, 일련의 연구에서, 상대방에게 주는 것을 중요하게 생각하는 팀은 구성원이 협력을 촉진하면서 전체적으로 최고의 성과를 이룬 데 대해 보상을 받은 데 비해, 받는 것을 더 중요하게 생각하는 문화에서는 각 팀에서 최고의 성과를 이룬 개인에게 보상이 돌아갔다. 경쟁을 핵심 가치로 여기는 팀들은 협력을 중시하는 팀들보다 담당한 과제를 훨씬 더 빨리 끝냈지만, 구성원은 서로 중요한 정보를 공유하지 않았기 때문에 결과적으로 정확도가 떨어졌다.[34]

경쟁적인 팀의 정확도를 높이기 위해, 연구자들은 참가자들에게 협력적인 보상 구조를 기반으로 두 번째 과제를 완수하게 하였다. 즉 고성과를 달성하면 팀 전체를 보상하는 방식이었다. 결과는 어떻게 되었을까? 정확성은 향상되지 않았고 속도도 떨어졌다. 그 이유는 경쟁에서 협력 구도로 전환하는 데 어려움을 겪었기 때문이다. 다시 말해 받는 입장에서 주는 입장으로 전환하기가 어려웠기 때문이었다. 일단 사람들이 동료들을 경쟁자로 인식하면, 동료들을 신뢰할 수 없었던 것으로 보인다. 주는 쪽보다 받는 쪽을 보상하는 구조에서는 한 가지 과제를 완수하는 것도 승패의 사고방식으로 귀결되었고, 그러한 구조가 사라진 후에도 그런 사고방식은 남아 있었다.

공동의 노력은 협력의 중요성과 구성원의 협동 정신을 강화한다. 최소한의 노력으로 어떻게 최대한의 결과를 얻을지 궁리하는 것은 그 반대의 효과를 낳는다. 공동의 노력을 통해 얻는 장기적 이익이 혼자서 하거나 타인과 경쟁을 통해 얻는 단기적 이익보다 더 크다는 점을 확실하게 인식할 필요가 있다. 리더는 구성원에게 자기만의 생각으로 누군가를 비난하거나, 현실을 불평하고, 부족한 자원을 얻기 위해 타인과 경쟁에서 이겨서 얻는 단기 이익을 생각하기보다 공동 작업을 통해 프로젝트를 더 빨리 완수할 수 있다는 인식을 깨닫게 할 필요가 있다.

얼굴을 맞대고 지속적으로 상호작용하라

집단의 목표와 역할, 공유 정체성, 상호성, 공동의 노력을 촉진하는 행위는 협력 창출을 위해 필수적이다. 긍정적인 대면 상호작용 또한 중요하다. 서로 어느 정도 얼굴을 마주 보는 시간이 있을 때, 팀은 결속력을 갖는다. 이 사실은 지역에서 형성되는 관계에서만 해당하지 않고, 세계 곳곳에 분포하는 사람들과 관계를 맺을 때도 통용되는 원칙이다. 누군가를 안다는 것은 신뢰를 형성하고 협력을 이루는 데 필수적이다. 문제가 복잡해질수록 이러한 대면 소통의 필요성도 증가한다.[35] VMware사의 제품 책임

제9장 협력하게 만들어라

자인 윌슨 추(Wilson Chu)는 '누군가의 얼굴을 직접 대하기 전까지, 그들은 진정한 존재감을 가진 인간으로 다가오지 않는다'는 사실을 깨닫게 되었다.

이 점은 해외 개발팀을 관리하는 윌슨이 서로 얼굴을 볼 수 있도록 모든 직원에게 웹 카메라를 켜고 미팅에 참석하게 지시한 이유이기도 하다. 그의 말에 따르면 이 방식은 상호 간에 이루어지는 교류를 더욱 개인적으로 느끼게 해주었기에, 모든 직원은 자기 아이디어를 표현하는 데 더욱 편안함을 느꼈다고 한다. 우리는 모두 이름이 다를 뿐만 아니라 생긴 모양도 같지 않다. 윌슨이 지적한 것처럼, 서로 다른 부서와 여러 대륙에 산재한 팀원이 공통된 규율을 통해 서로 연관을 맺고, 하나로 묶어주는 일은 리더가 해야 할 의무다. 정보 교환, 의사 결정, 분쟁 해결을 위해 비행기를 타고 가서 세상 어느 곳에서 만나야 한다면, 어느 조직도 잘 돌아가지 않을 것이다. 글로벌 경제에서는 가상적으로 접속할 방법이 풍부하다. 과학기술과 소셜 미디어가 의사소통을 향상하는 것은 분명한 사실이지만, 그렇더라도 키보드를 누르고, 마우스를 클릭하고, 스위치를 켜는 행위 자체만으로 친밀하고 인간적인 대화로 연결될 수는 없다. 가상 현실에서 형성되는 신뢰에는 한계가 있다. 또 다른 한 사람과 맺는 직접적인 경험은 정체성을 창조하고, 적응력을 높이며, 오해를 줄이는 방식이다.[36]

가상 현실과 마찬가지로, 가상 신뢰는 현실에서 한 걸음 물러나 있다. 인간은 사회적 동물이다. 누군가와 교류를 원하고, 몇 장의 사진이나 이미지로 미약하나마 사회적 토대를 형성하려는 생각은 인간의 본성에 내재한 욕망이다.[37] 오늘날 글로벌 경제는 업무 수행을 위해 점점 더 많은 전자 장치에 의존하고, 실제 근무 '장소'도 가상 현실의 성격을 띨 때가 있다. 그럼에도 우리는 신뢰가 형성될 때 서로에 대해 더 깊게 알게 된다는 사실을 알고 가상 조직 현실과 타협해야 한다. 이메일, 인스턴트 메시지, 원격 전화회의, 화상 회의에만 의존하지 말고, 자전거, 승용차, 기차, 비행기 등과 같이 관계를 결속하는 수단을 사용해보자.

일회성에 그치지 않는 교류를 원하는 사람들은 앞으로도 계속 교류를 지속할 것으로 생각하며, 현재에도 더욱 협력할 가능성이 크다. 내일, 다음 주 또는 내년에도 계속 상대하게 될 것이라는 것을 안다면, 서로 상대방을 어떻게 대해왔는지 쉽게 잊지 않을 것이다. 내일의 거래에 영향을 미치는 관계의 지속성은 오늘 취하는 행동에 따라 결정된다. 또한 사람들 간의 잦은 접촉은 상호 간에 긍정적인 느낌이 들게 한다. 팀과 팀 사이에 구성원의 이동을 장려하면, 동류(同類) 문화와 실행 방식에 대한 친숙함이 높아진다. 이러한 지속적 상호작용의 개념은 속도가 경쟁력이고, 충성심이 더 이상 미덕이 아닌 이 시대의 글로벌 경제 환경에서는 구식이고 시대착오적 생각으로 들릴지도 모른다. 그렇더라도 현실은 현실이다. 리더십의 효과성을 극대화하려면, 미래의 언젠가에 이 사람과 다시 접촉할 수 있다는 가정에서 시작하라. 이 관계는 서로의 성공을 위해서도 매우 중요하다.

실천 사항

협력하게 만들어라

"혼자서는 아무것도 할 수 없다"는 말은 모범적인 리더들이 외우는 주문이다. 여기에는 그럴 만한 이유가 있다. 혼자서는 놀라운 변화가 일어나게 할 수 없다. 기업, 지역 사회, 심지어는 가상 교실도 효과적으로 작동하려면, 구성원의 공동 노력이 필요하다. 신뢰의 풍토를 조성하고 구성원들과 장기적 관계를 촉진함으로써 협력하게 만들어라. 집단의 모든 구성원이 다른 사람들의 성공을 위해 적극적으로 지지한다는 느낌, 즉, 상호 의존성을 촉진하라. "우리는 모두 하나다"라는 의식이 없이는 팀워크를 효과적으로 유지할 수 없고, 외부의 기회를 찾아 나서도록 자극할 수 없으며, 팀 전체의 성공을 위해 구성원들이 최선의 노력을 기울이는 것도 불가능하다.

신뢰는 협력에 없어서는 안 될 필수적 가치다. 장기적으로 지속하는 관계를 만들고 지속하기 위해서는 상대방에게 신뢰감을 주어야 한다. 신뢰 없이, 당신은 놀라운 변화를 이루어낼 수 없다. 구성원들과 정보와 지식을 자유롭게 공유하고, 그들의 필요와 관심사를 이해한다는 사실을 보여주어라. 그들이 주는 영향을 받아들이고, 그들의 능력과 전문성을 현명하게 사용하라. 무엇보다도 그들의 신뢰를 요구하기 전에 당신이 먼저 그들을 신뢰하는 모습을 보여주어라.

관계를 촉진하는 데 가장 어려운 점은 사람들이 서로 얼마나 필요한지, 서로서로 얼마나 의존하는지 인식하게 하는 것이다. 협력적 목표와 역할은 협력적 목적의식을 갖게하는 데 기여하며, 공유 목표를 달성하는 데 최고의 인센티브는 상호 교류를 통해 서로서로 돕는 것이다. 신뢰가 신뢰를 낳듯이, 도움은 도움을 낳는다. 상호성의 규범을 지지하고, 협력을 보상하는 프로젝트를 구성함으로써, 협력하는 것이 최대의 이익이라는 점을 이해하게 하라. 관계의 지속성을 강화하기 위해 가능하다면 구성원들의 상호 소통과 대면 접촉을 장려하라.

모범적인 리더들은 신뢰를 형성하고 관계를 촉진함으로써 협력을 촉진한다. 이를 위해서 당신은 다음과 같은 사항을 실천해야 한다.

1. 사람들이 당신에게 먼저 손을 내밀지 않더라도 먼저 다가가 신뢰를 보여주어라.
2. 구성원을 파악하기 위해 시간을 할애하고 그들을 움직이게 하는 동인을 찾아내라.
3. 구성원이 갖는 문제와 포부에 관해 관심을 보여주어라.
4. 경청하고, 경청하고, 더욱 경청하라.
5. 협력이 필요한 공동의 목표가 존재하며, 구성원들이 목표 달성을 위해 얼마나 상호 의존하는지 확신할 수 있게 프로젝트를 구성하라.
6. 구성원들이 얼굴을 맞대고 만날 방법을 찾고 관계의 지속성을 증가시켜라.

제10장

구성원들의 힘을
길러주어라

글로벌 운송 및 물류 기업의 공급망 전략 및 변화 책임자인 케이시 모크(Casey Mork)는 여러 기업에서 근무하면서 리더의 행동이 조직의 성과를 좌우하는 사례를 많이 보았다. 그는 자기가 누구보다도 더 현명하다고 믿었던 전임 관리자를 단숨에 뛰어넘은 후임관리자의 사례를 공유해주었다.

새로 부임한 그는 처음부터 팀과 정보를 공유하고, 토론과 고민의 과정에 참여해 팀원에게 결정에 대한 재량을 허용했고, 그들의 영역을 창조할 충분한 자유를 부여하였다. 그 결과 이제 케이시와 팀은 성공과 실패에 대한 새로운 책임을 인식하기 시작했다. 그들은 전보다 훨씬 자기 결정권이 강해졌다고 케이시는 말했다.

이러한 의사 결정권의 이전으로 갑자기 우리 팀은 전보다 훨씬 강력해진 걸 느꼈습니다. 프로젝트가 환상적이라고 후임관리자가 칭찬했을 때, 누군가의 지시를 실행에 옮겼다는 생각보다는 우리가 특별한 일을 창조한 것 같은 느낌이 들었습니다. 그는 자기가 가진 힘을 나누어 주었고, 실행에 필요한 능력과 욕구를 상승시켰습니다. 자기 주도로 선택하고 결정할 기회가 늘어나자, 역량과 자신감에 대한 새로운 의식을 갖게 되었습니다. 왜냐하면, 성공과 실패가 우리 자신에게 달려 있다는 사실을 알게 되었기 때문입니다.

이 경험을 되돌아보면서, 케이시는 세세하게 감독하지 않고 구성원에게 진정한 자유를 부여하는 것이 가장 효율적인 수단임을 다시금 깨달았다. 새로 부임한 관리자는 구성원에게 자기가 가진 권한을 이양하면, 그들에게 힘과 더불어 신뢰를 높여주며, 이는 또한 더 나은 업무 결과물을 도출하는 결과를 가져온다고 생각했다. 가장 유능한 리더는 구성원에게 힘을 실어주며, 자기 힘으로 세상을 바꿀 수 있다는 자신감을 부여한다.

케이시의 경험은 모범적인 리더들이 **구성원들에게 힘을 실어주기 위해** 실행하는 모습을 보여준다. 그들은 구성원의 역량과 자신감을 향상시키며, 그들의 아이디어를 듣고 이를 실천하게 도와주며, 중요한 의사 결정에 참여시키는 한편, 그들이 이룬 성과와 공로를 인정함으로써 조직의 성공을 위해 오너십과 책임감을 발휘하게 한다.

구성원들이 전적으로 몰입하며, 자신의 삶을 책임지게 하는 문화를 창조하는 것은 구성원들을 강하게 하는 데 핵심 사항이다. 모범적인 리더들은 과제 수행과 자신감 강화를 위해 스스로 능력을 개발하는 문화를 형성한다. 구성원은 역량과 자신감이 공존하는 풍토에서, 결과에 대해 스스로 책임지는 것을 주저하지 않으며, 자기들이 이룬 성취에 깊은 주인의식을 느끼며, 놀라운 성과를 만들어내기 위해 최선을 다해 노력한다.

구성원들의 힘을 길러주기 위해, 모범적인 리더는 다음 2가지 사항을 실천한다.

① 스스로 결정하게 하라.
② 역량과 자신감을 길러주어라.

모범적 리더들은 뚜렷한 차이를 만들어낼 수 있다는 믿음을 높여준다. 그들은 구성원들을 **통제하는(in control)** 방식에서 **통제권을 주는(giving over control)** 방식으로 전환하며, 그들의 코치가 된다. 구성원이 새로운 스킬을 습득하는 것을 돕고, 보유한 재능을 더욱 계발하게 해주며, 지속적인 성장과 변화에 필요한 제도적 지원을 아끼지 않는다. 리더는 결국 구성원을 리더로 변화시킨다.

스스로 결정하게 하라

리더는 권력에 내재한 모순적 속성을 받아들이고 이에 따라 행동한다. 다시 말하면, 리더는 자신이 가진 권력을 구성원에게 부여하면서 더욱 강해진다. **임파워먼트(empowerment)**라는 용어가 주요 사전에 등장하기 훨씬 전에, 모범적인 리더들은 구성원들이 스스로 자신을 강하고, 능력 있고, 뛰어나다고 느끼게 하는 것이 얼마나 중요한지 이해했다. 스스로 약하고 무능하며 보잘것없다고 생각하는 사람들의 성과는 늘 부진하기 마련이다. 몰입도가 떨어지며, 조직에 대한 환멸과 이탈을 생각하고 변화를 생각한다.

조직에서 개인의 지위와 위치에 상관없이, 자신의 힘을 느끼지 못하는 사람은 자신이 가진 조금의 영향력이라도 쌓아 두려는 경향을 보인다. 무기력한 관리자는 속이 좁고 독재적인 스타일을 자기 방식으로 특화하는 경향이 있다. 무기력은 또한 정치적 스킬이 필수적인 조직 시스템을 만들고, '문제가 생길 것에 대비하거나', '다른 사람에게 책임을 전가하는 방식'은 부서 간 알력을 유발하는 방식이다.[1]

우리는 지난 30년이란 세월 동안 수만 명에게 스스로 강하다고(powerful) 느꼈던 순간과 무기력하다고(powerless) 느꼈던 순간의 감정이 어떠했는지 물어보았다. 당신 스스로 무기력하다는 감정을 느끼게 되었거나 나약하거나 하찮다거나 장기에서 졸이 된 것처럼 느껴지게 하는 행동이나 상황이 어떠했는지 생각해보라. 다른 사람들이 느낀 행동/상황과 유사한가?

무기력함을 느끼게 되는 대표적인 행동과 조건

"제 의견이나 질문에 아무도 관심을 두지 않았고, 제 말을 들어주거나 주목하지 않았습니다."

"제가 일하는 방식에 영향을 끼친 중요한 결정에 정작 제 의견은 조금도 반영되지 않았습니다."

"상사는 동료들 앞에서 저와 논쟁했습니다. 심지어는 욕설까지 하면서."

"상사는 저를 지원해주겠다고 말했지만, 제가 한 의사 결정은 지지를 받지 못했습니다."

"사람들은 제가 한 일과 결과를 당연하게 생각했습니다."

"제 일을 하는 데 필수적 정보가 숨겨져 있었고, 저는 그런 정보의 원천에서 배제되어 있었습니다.

"저는 책임은 있었으나, 구성원들에 대한 권한이 없었습니다."

이제 스스로 강력하다고 느꼈던 감정이 어떠했는지 생각해보자. 당신이 회상하는 과거는 다른 사람들이 떠올리는 과거와 비슷하게 느껴지는가?

스스로 강하다고 느끼게 되는 대표적인 행동과 조건

"모든 중요한 정보와 데이터가 저에게 공유되었습니다."

"제가 처리해야 할 상황에 대한 재량권을 행사할 수 있었습니다."

"프로젝트의 핵심적 국면에서 의사 결정을 내렸습니다."

"조직은 제가 학습할 수 있게 자원을 투자했습니다."

"경영진은 공개적으로 제 능력에 큰 신뢰를 표명했습니다."

"리더는 제가 이룬 업무 성과를 다른 사람들에게 알렸습니다."

"리더는 제가 업무를 잘하는지 점검하고 개선할 점을 알려주기 위해 시간을 할애했습니다.

제10장　구성원들의 힘을 길러주어라

사람들이 무기력하다고 느꼈거나 강하다고 느꼈던 순간에 대한 내용을 살펴보면, 한 가지 명확하고 일관된 메시지가 나타난다. 강하다는 느낌, 문자 그대로 '무엇이든 할 수 있다는' 느낌은 **자기 삶을 통제할 수 있다는 깊은 의식에서 나온다.** 사람들은 어디에서나 이러한 근본적 욕구를 가지고 있다. 자신의 운명을 결정할 수 있다고 느낄 때, 과제를 수행하는 데 필요한 자원을 동원할 수 있다고 믿을 때, 그들은 이를 성취하기 위한 노력을 계속할 것이다. 그러나 다른 사람에게 통제받는다고 느낄 때, 충분한 지원이나 자원을 제공받지 못한다고 생각할 때, 그들은 남보다 탁월해지기 위해 전념하는 모습을 보일 수 없을 것이다.

구성원들을 강하게 만들기 위해, 리더는 구성원들이 문제 해결을 할 만큼 현명하고, 그럴 능력이 있다고 확신하는 모습을 보여주는 게 필요하다. SAP사의 석세스팩터(Success Factor) 사업에서 제품 매니저와 엔터프라이즈 설계를 겸직했던 리테쉬 메타(Ritesh Mehta)는 자신의 경험을 회상하면서 이렇게 말한다.

> 처음으로 리더십 역할을 맡았을 때, 저는 이를 단순히 힘 있는 직위로만 생각했습니다. 저는 독재적인 스타일을 고수했으나, 이런 방식으로는 팀원의 신뢰를 얻기 매우 힘들다는 사실을 알게 되었습니다. 여기저기에서 불만이 터져 나오는 것을 보았습니다. 저는 곧 제가 저지른 실수를 깨달았고, 제가 가진 권한을 나눠주기 시작했습니다. 그 결과, 팀은 저의 행동을 신뢰하기 시작했고, 팀 실적은 조직 안에서 두드러진 상승세를 보여주었습니다. 저는 이런 고성과 팀의 리더가 된 덕택에 특별한 인정을 받게 되었습니다.

퀴스크(Quisk)의 소프트웨어 엔지니어링 리더인 킨잘 샤(Kinjal Shal)가 보는 리더십 관점도 이와 크게 다르지 않다. 즉 '권력을 더 가지려 하지 않고, 권한을 위임해 구성원들이 리더가 될 수 있게 돕는 것'이 중요하다. 구성원들은 실제로 결과에 영향을 미치는 의사 결정권이 자신에게 있다고 생각할 때, 더욱 힘을 느낀다고 한다. 신규 소프트웨어 디자인을 개발할 때 모든 팀원의 아이디어를 표현하게 하며, 그중 어느 팀원이라도 궁금한 점이 있거나 문제점을 지적하면, 개발 단계로 넘기기 전에 이 문제에 대해 충분한 검토 과정을 거친다. 킨잘의 관점에 따르면, 이렇게 하는 데에는 2가지 목적이 있다. "모든 팀원의 의견을 고려하면, 팀원들은 자신에게 권한이 부여되었다고 느끼고, 퀴스크 시스템의 다른 부문에서 발생하는 문제도 파악하게 되며, 개발 과정이 어떻게 이루어지는지 알게 됩니다. 결과적으로 팀원은 전체적으로 시스템에 대해 더욱 책임감을 느끼게 됩니다. 그들은 스스로 강력한 권한을 가졌다고 느끼기 때문에 본인에게 기회가 주어진다면 기꺼이 책임지고 다른 조직을 이끌 준비가 되어 있습니다."

리테쉬와 킨잘의 사례에서 알 수 있듯이, 모범적인 리더는 선택과 자유, 개인적 책임이라는 핵심 원칙에 근거해 자기에게 주어진 권한을 위임함으로써 구성원들에게 의사 결정권을 부여한다. 그들은 곧 자기 결정권, 자신감, 개인의 효과성을 높이는 리더십 행동이 구성원들에게 힘을 실어주어 그들이 발산하는 에너지와 집중도를 높여준다는 사실을 깨닫는다.[2]

선택권을 제공하라

자유는 선택할 수 있는 능력이다. 어떠한 선택도 할 수 없다고 인식하는 사람들은 함정에 빠지고, 어떠한 대안도 남아 있지 않을 때 미로에 빠진 쥐처럼 더는 움직이지 않으며 결국 모든 것은 끝난다. 리더는 직원들에게 진정한 자율권을 부여함으로써, 그들이 느끼는 무기력감과 스트레스를 줄여주고, 능력을 최대한 발휘할 수 있는 의욕을 높여준다. 루트거대학교(Rutger University)에서 사회 및 감정신경과학을 연구하는 델가도 연구소(Delgado Lab) 학자들은 선택의 폭이 커진다는 인식은 그 자체로 두뇌의 보상 회로를 작동시켜, 사람들에게 더 편안함을 느끼게 해주며, 자기의 울타리를 탈피해 실험과 모험을 감행할 의욕을 높여준다는 연구 결과를 발표하였다.[3] 고성과 조직은 직무 기술서에 작성된 내용을 뛰어넘어 업무에 매진한 사람들이 이루어낸 결과이며, 이는 그들이 담당하는 업무와 업무 방식을 선택할 자유와 권한이 있기 때문이다.

우리는 리더들이 '구성원들에게 자기네 업무 방식에 대한 자유와 권한을 어느 정도 부여하는지' 물어보았다. 그리고 이런 리더십 행동이 직장에 대한 태도에 어떠한 영향을 미치는지를 검토하였다. 〈그림 10.1〉의 구성원이 얼마나 자부심을 느끼며 다른 사람에게 자기 조직에 대해 자랑할 수 있는지 보여주는 연구 결과를 살펴보자. 리더들이 '거의 또는 절대로' 자유와 권한을 부여하지 않을 때, 1퍼센트 미만의 직원들만이 조직에 대해 자부심을 느끼며 자랑할 수 있다는 데 동의한다. 이 의견은 리더

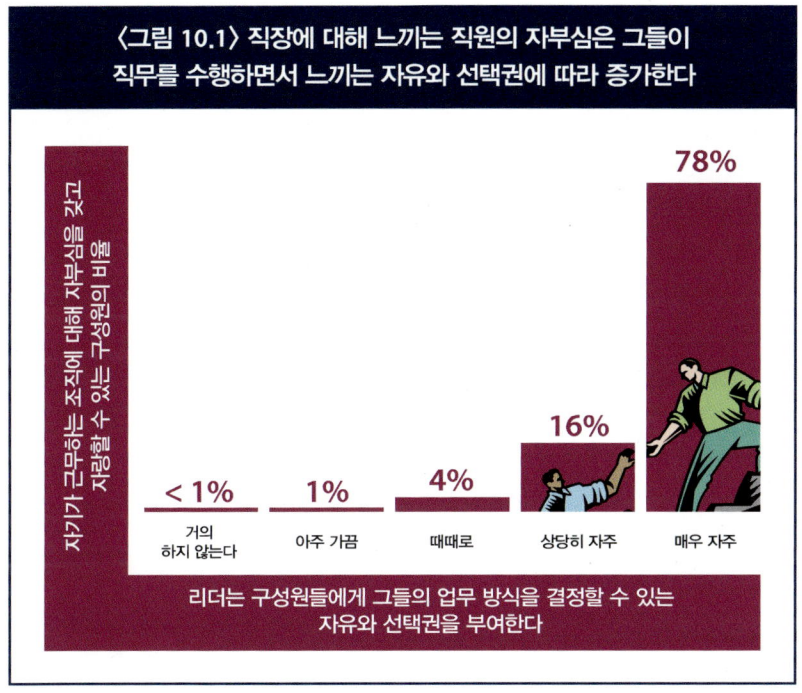

〈그림 10.1〉 직장에 대해 느끼는 직원의 자부심은 그들이
직무를 수행하면서 느끼는 자유와 선택권에 따라 증가한다

들이 자유와 선택 권한을 주는 리더십 행동을 '상당히 자주 또는 보통' 보여줄 때도
거의 향상되지 않았다. 자부심에 관한 극적 변화는 (거의 80퍼센트 이상) 리더가 '매
우 자주' 또는 '거의 항상' 자유와 선택을 부여할 때 발생하였다. 이러한 곡선 형태는
구성원들이 응답한 몰입, 동기 부여, 생산성과 관련된 감정을 느낄 때 발생하는 수준
과 유사한 것으로 나타났다.

또한 구성원이 전체적으로 리더의 유능함을 어떻게 평가하는지는 리더가 얼마
나 빈번하게 직원들에게 자유와 선택권을 부여하는지와 깊은 연관성이 있다. 연속선
상의 아래 좌측 지점에서 구성원들의 경우 20퍼센트가 리더가 유능하다는 점에 대해
동의했지만, 리더가 매우 자주 또는 거의 항상 자유와 선택권을 부여하는 리더십 행
동을 보여준다고 했을 때, 이 비율은 거의 95퍼센트까지 극적으로 높아졌다.

팀 하운(Tim Haun)은 거의 30여 년 동안 산타 클라라베이 클럽(캘리포니아 주

소재)에서 근무한 척추지압사이며 수석 트레이너다. 그는 경영진이 제시한 수많은 변화를 경험하였고, 그중 일부는 다른 조치들보다 효과가 있었다.[4] 그는 고성과를 기대할 때 선택 기회를 주는 것이 얼마나 중요한지 자신이 직접 경험한 구조조정 사례를 들려주었다.

최초의 조직 변화 중 하나는 월별 근무시간에 대한 그룹의 목표를 설정하되 트레이너들에게 개인 목표를 설정하고, 고객 유지를 위한 방법은 각자 스스로 정할 수 있도록 한 것이다. 월별 미팅에서 트레이너의 목표와 실제로 개인이 결정해 실시한 내용이 공유되었고, 이런 조치는 회사에서 각자의 운명은 각자에게 달려있다고 생각하게 했다. 그들은 큰 사업체에서 독립적으로 개인사업을 운영하는 것 같은 느낌이 들었고, 이러한 생각은 통제와 권한에 대한 의식을 바꾸었다. 게다가 회사는 연중 몇 번에 걸쳐 교육 워크숍을 무료로 진행하였다. 트레이너들은 개인의 의사에 따라 이 교육에 대한 참여 여부를 결정할 수 있었는데, 대부분 직원은 교육에 참여했다.

그 결과, 직원들이 급여를 청구할 수 있는 근무 시간이 전체적으로 늘어났을 뿐 아니라, 트레이너에게 본인의 책임으로 선택할 수 있는 권한을 부여함으로써 그들의 몰입도와 생산성이 높아졌다. 이 사례는 리더가 어떻게 자율권을 행사할 수 있는지 보여준다. 그들은 기준을 정하고 모든 구성원이 공유 가치와 비전에 대해 책임지게 하면서, 이러한 기준을 실천하는 방법을 선택할 수 있는 기회를 부여하였다.

리더는 구성원이 변화를 주도하고 자발적으로 움직이길 바랄 것이다. 자신의 힘으로 알아서 생각하고, 누군가에게 "어떻게 해야 하나요?"라고 물어보면서 계속 의존하지 않기를 바랄 것이다. 리더가 방법을 하나하나 알려준다면, 구성원이 능력을 개발할 기회는 사라진다. 어느 정도 선택권을 행사하지 않으면, 스스로 행동하는 법을 배울 수 없다. 오로지 조직에서 명시한 대로만 행동한다면, 방침에 나와 있지 않은 방식으로 고객이나 직원이 행동할 때 어떻게 대응할 것인가? 처리 방법을 알고 있으며 스스로 해결할 수 있다고 생각하면서도 '리더'에게 어떻게 해야 하냐고 질문해야만 한다면, 그들은 조직 전체의 의사 결정 속도를 늦출 것이다. 게다가 리더도 방법을 몰라서 이 문제를 상부에 보고해야 할 경우, 질문의 사다리는 점점 위로 올라간다. 조직의 효율성과 효과성을 확보하는 유일한 방법은 구성원에게 그들이 가진 지식과 기술을 활용하여 최선의 판단을 내릴 기회를 부여하는 것이다. 이는 또한, 그들에게 이러한 선택을 할 수 있도록 대비하게 했고, 조직의 기본 방침에 대한 교육을 했다는 사실을 시사한다.

구성원에게 선택권을 부여하고 스스로 결정할 수 있게 한다면, 그들은 생각한 대로 일이 되지 않거나 일이 진행되는 모습이 마음에 들지 않더라도 막무가내로 '회사' 또는 '경영진'을 비난하지 않을 것이다. 결국 일이 진행되는 방식을 좋아하지 않더라도, 적어도 그들은 일에 관여할 수 있다. 주도권을 갖는 것은 리더들의 틀림없는 권리다. 하지만 선택권을 제공함으로써, 당신은 구성원이 스스로 이끌어갈 기회를 줄수 있다.

자율권을 제공하기 위해 직무를 구조화하라

구성원에게 더 높은 수준의 성과와 원대한 계획을 기대한다면, 그들에게 선택과 자율권을 허용할 수 있는 업무가 무엇인지 더 적극적으로 고민해야 한다. 업무에 대한 통제권을 스스로 갖고 있다는 것을 실감하기 위해서는, 누군가의 확인을 받지 않으면서 평소와 다른 계획을 실행하고, 독립적으로 판단하며, 업무 방식에 영향을 미치는 의사 결정을 내릴 수 있어야 한다.[5] 이는 또한 업무의 표준이 되는 기본적 방침, 절차, 일정에서 벗어나 창조적이고 유연하게 판단할 수 있다는 것을 의미한다. 이를 실현함으로써 얻을 수 있는 이득은 막대하다.

글로벌 운영 체계를 통합하는 과제는 많은 회사에 어려운 도전이다. 기안 패트라(Gyan Patra)가 월마트닷컴(Walmart.com)에서 소프트웨어 개발 매니저로 재직하면서 겪었던 경험도 예외는 아니었다. 그는 독자적 연구를 통해 성공적인 해외업무 팀의 성공 사례는 성공적인 여느 팀이 보여주는 사례와 다르지 않다는 사실을 밝혔다. 그 예로, 모든 직원이 역할과 책임을 명확히 하고 그들이 도출해야 할 결과물을 명확하게 정의할 수 있다면, 구성원은 처음부터 끝까지 책임지게 될 것이다. 그는 자신이 주장하는 근거를 다음과 같이 설명했다.

> 디자인 단계에서 해외업무 팀원들은 언제나 어깨너머에서 다른
> 사람이 하는 일을 지켜보는 대신 직접 연구를 통해 빈틈없는 디
> 자인을 구현할 수 있었습니다. 해외업무 팀원들은 그들이 개발한
> 상품에 대한 오너십과 창작의 자유가 있다는 사실을 느꼈습니다.

해외업무 개발자들은 상품 개발을 할 수 있는 자유가 그들의 기술력을 최적의 수준까지 끌어올려줄 수 있다고 느꼈습니다. 그들은 더 이상 잘못을 남의 탓으로 돌리지 않았고, 자기가 한 일에 대해 높은 책임감을 느끼게 되었습니다. 해외업무 팀원들은 이제 더 이상 이래라저래라 지시하지 않습니다. 그들은 재택근무자들과 다투기보다는 기술적인 문제를 고치는 데 많은 시간을 할애하고 있습니다.

구성원들이 고객의 요구(내부적 또는 외부적)에 대응할 수 있는 재량권이 있고 고객의 욕구를 충족하는 조치를 취할 수 있는 충분한 권한이 있을 때, 기민하게 대응할 수 있다.

구성원을 신뢰하고 판단에 대한 자율권을 부여하는 조직과 직원을 단순히 기계의 톱니바퀴로 생각하며, 구성원에 대한 신뢰와 존중이 결여한 조직 사이에는 근본적 차이가 있다. 물론 구성원에게 중요한 결정을 내릴 수 있는 자유를 부여하기 위해서는 어느 정도 위험을 감수해야 하지만, 구성원에게 더 큰 신뢰를 부여하면, 일에 대한 만족감이 커지고 수익성도 높아져 그들은 조직에 더 큰 책임감으로 보답한다. 연구자들은 예를 들어 구매 의사 결정을 하는 데 구매 담당자의 재량이 더 높아지면 업무의 효과성도 높아지며, 또한 의사 결정을 회피하는 관리자들의 조직 성과에 미치는 부정적 영향도 발견하게 된다는 사실을 보여주었다.[6]

오직 적응력이 뛰어난 개인과 조직만이 오늘날처럼 역동적인 글로벌 환경에서도 살아남을 것이다. 이 말은 고객과 공급업체 그리고 이해관계자의 변화하는 요구에 부합하기 위해서 리더는 개인에게 더욱 큰 재량을 부여해야 한다는 점을 의미한다. 재량권이 커지면 개인이 자신의 재능과 교육, 경험을 활용하고 확장할 수 있는 능력도 향상된다. 성과 개선은 이 때문에 생기는 이득이다.

책임감을 느끼게 하라

"대여한 차를 반납하기 전에 세차해야 합니까?"라고 질문한다면, 사람들은 웃으면서 질문한 사람이 미쳤다고 생각할지도 모른다. 사람들은 "절대 그러지 않죠"라고 대답할 것이다. 그 이유는 무엇 때문일까? 그들은 그 차가 자기 소유가 아니고, 단지 돈을 주고 빌렸기 때문이다. 차를 반납하면, 렌트카회사는 알아서 세차할 것이다. 똑같은 사람에게 만약 그 차가 자기 차라면 세차할 것인지 묻는다면 거의 모든 사람은 당연히 '직접 세차한다'고 대답할 것이다. 그 이유는 무엇 때문일까? 그것은 자기 소유이기 때문이다. 사람들은 어떠한 대상을 소유한다고 느낄 때, 자기 것에 대한 애착을 보인다. 하지만 그 물건을 빌려왔다고 느낄 때는, 자기 것에 들이는 것만큼 세심하게 신경 쓰지 않을 것이다. 사람들은 자기들이 소유하지 않고 책임질 필요가 없다고 느끼는 대상에 대해서는 유지, 보호, 책임지기 위해 노력하지 않는다.

당신이 속한 조직에서는 자기 것이 아니라는 이유로 책임지지 않겠다고 말하는 사람들이 얼마나 많은가? 비유적으로 말해서, '세차 또는 안전 예방, 소프트웨어 고장'에 대한 책임이 없다고 말하는 구성원이 얼마나 되는가? 직원들이 근무 공간을 그냥 빌리는 직원이 얼마나 되는가? 그렇게 느끼는 사람들의 조직 몰입도 결과는 매우 부정적일 수밖에 없다. 공식적 또는 법적으로는 업무에 대한 소유권이 없지만, 구성원들이 심리적 오너십을 느낄 때, 직원들은 조직에 대해 전념할 가능성이 상당히 높아진다는 연구 결과가 나타났다.[7] 모범적인 리더는 놀라운 일을 이루기 위해서 이러한 심리적인 오너십을 창조해야 된다는 것을 인식한다.

저스틴 데펜하트(Justin Depenhart)는 처음으로 관리자가 되었을 때, 책임감 고취의 중요성을 인식하지 못했다는 사실을 인정했다. 그는 다음과 같이 고백했다.

> 저는 팀원에게 필요한 사항을 말하고 그들의 어깨너머로 일이 정확하게 되어가는 방향을 지켜보곤 했습니다. 저는 이렇게 하는 것이 팀을 지원하고 회사의 가치를 지키는 최선이라고 생각했습니다. 팀원 대부분이 경력이 부족하여 처음엔 그들도 이 방식을 좋아했습니다. 그러나 경험이 좀 쌓이자, 그들은 제 스타일에 좌절감을 느끼기 시작했습니다. 그들에게 직무를 수행하고 역량을 개발할 자유를 제한한다는 사실을 깨닫게 되었습니다. 신입이 6개월 정도 경력을 쌓으면, 방식을 바꿀 필요가 있었습니다.

개인적인 책임을 지며 자신의 행동에 책임감을 느낄 때, 일에 대한 의욕이 강해졌고 협력에 대해 동기가 부여된다. 개인적 책임은 함께 일하고 싶은 노력을 일으키는 매우 중요한 요소다. 모든 사람은 조직이 효과적으로 운영되기 위해 자기가 맡은 역할을 다해야 한다.

필리핀 시티은행에서 프로세스 개선 프로젝트를 지휘했던 애나 어보이티즈 델가도(Ana Aboitiz Delgado)는 프로젝트 성공을 위해 최대한 많은 사람을 동원해야 한다는 사실을 알게 되었다. 하지만 과업을 나누고 책임을 지정하는 일이 쉽지 않았다고 그는 말했다. "저는 프로젝트의 성공에 대한 총 책임을 졌고, 저에게 직접 보고하지 않는 팀원에게 이런 책임의식을 어떻게 부여해야 할지 몰랐습니다. 그들이 잘못할지도 모르고, 그 영향이 저에게 미칠지 모른다는 생각에 겁이 났습니다." 그는 일을 시작하면서 자신이 통장 입출금 내역에 대한 명도 프로세스에 관한 지식이 부족함을 인정했고, 팀원이 보유한 기술력을 인정했다. 결론적으로, 그는 자신이 안내자의 역할과 함께, 식스 시그마(Six Sigma) 교육을 담당하고, 프로젝트를 진행하면서 팀원이 부딪치는 장애물을 제거해주는 역할을 하기로 하였다. 자기의 역할을 이렇게 제안하면서, 팀원에게도 그들의 전문성과 관심사를 토대로 그들이 가치 창조에 기여할 수 있는 책임감을 발견할 기회를 부여하였다. 이로써 팀원들은 프로젝트에 더 몰입할 수 있게 된 것이다.

애나는 자신이 가진 권한(여기에서는 그의 지식)을 팀원과 공유하였고, 그들이 전문가라는 점을 강조함으로써 자신의 논리에 대한 타당성을 입증했다. 그는 이 프로세스의 이해 당사자들인 그들에게 책임에 대한 자유와 선택권을 부여하였다. 그는 팀원이 낸 아이디어를 실행단에서 진행하겠다는 약속을 지킴으로써 그들에게 권한을 부여하였다. "책임감을 촉진하기 위해서, 팀원에게 권한을 위임하고 그들이 책임질 기회를 부여해야 한다는 사실을 배웠습니다. 책임감과 신뢰를 동시에 부여함으로써, 그들을 믿는다는 사실과 그들이 그 목표를 성취할 수 있다는 자신감을 알려주는 것입니다."

애나는 구성원의 역량 강화에 대한 매우 근본적인 사항을 이해했다. 선택에 대한 권한은 책임지려는 의욕과 무관하지 않다. 구성원이 선택에 대한 자유가 더 커지면, 이를 받아들여야 하는 개인의 책임도 더 커진다. 이에 따른 부수적 효과도 있다. 모든 구성원이 프로젝트에서 자기가 맡은 부분에 책임진다고 믿고, 이렇게 할 역량이 있다면, 그들은 서로서로 더욱 신뢰하고 협력할 것이다. 다른 팀원이 그들의 역할에 책임을 다한다고 믿을 때, 그들은 자기가 맡은 일에 더욱 자신감을 갖게 될 것이다. 이러한 선택과 책임 사이의 상호연관성은 가상적으로 연결된 글로벌 업무 환경에서 더욱 중요해진다. 또 한 가지 장점은, 구성원이 더욱 책임감을 강하게 느낄수록, 리더는 다른 분야에 더욱 에너지를 쏟을 수 있고, 자신의 영향력을 확장하여, 추가로 얻은 자원을 팀에 환원할 수 있다는 점이다.

어떤 사람들은 팀 또는 다른 협력적 노력이 개인 책임을 최소화한다고 믿는다. 그들은 "만일 구성원의 협업을 장려한다면, 사람들은 타인과 경쟁하거나 스스로 해결하려고 노력할 때보다 어떠한 이유로든 자신의 행동에 대한 책임을 덜 지려고 할 것이다"[8]라고 주장한다. 하지만 우리가 발견한 사실은 그들이 주장하는 것과는 좀 다르다. 그룹으로 일할 때, 다른 사람이 대신 일하는 동안 일부는 태만하게 굴 수도 있다. 하지만 이런 행태는 오래가지 못한다. 동료들은 그 결과로 자기가 떠맡는 추가 업무에 급속도로 질리기 때문이다. 팀에 공유 목표와 책임이 존재한다면, 게으름뱅이 직원이 자기의 책임을 지지 않을 때, 팀은 성과에 저해되는 팀원을 배제하고 싶어 할 것이다.

자기 결정권을 향상하는 일은 구성원에게 자기 삶에 대한 통제권을 주는 것이나 마찬가지다. 이는 그들에게 책임질 수 있고 통제할 수 있는 실질적 권한을 부여하는 것을 의미한다. 개인의 책임감을 고취할 수 있는 방법에 대하여 아래의 예를 살펴보기 바란다.

- 어떠한 과제에도 고객이 있다는 사실을 모든 구성원이 명심하게 한다.
- 모든 직급의 직원이 서명할 수 있게 전결권을 높인다.
- 불필요한 승진 절차를 생략하거나 과감하게 줄인다.
- 직무를 폭넓게 정의한다(과업 단위로 하지 말고 프로젝트 중심으로).
- 수직적으로 또는 수평적으로, 조직의 안팎에서 접근할 수 있는 더 큰 자유를 부여한다.

구성원이 자율적으로 업무를 수행하는 데 필요한 자원(물자, 금전, 시간, 인력, 정보 등)을 제공하는 것을 잊지 말라. 일과 상관없는 책임을 엄청나게 지우는 것은 업무 권한을 빼앗는 것이나 마찬가지다. 구성원의 더 커진 영향력의 범위는 시급성이 필요한 관심사와 사업의 핵심 기술에 적합해야 한다. 복도에 페인트를 어떤 색깔로 칠할지 결정하는 것부터 시작할 수도 있다. 하지만 곧이어 실질적인 문제에 발휘할 수 있는 영향력을 구성원에게 부여해야 한다. 예를 들어, 품질이 최고로 중요한 우선 순위라면, 품질 관리와 프로세스 개선을 위해 그들이 발휘할 수 있는 영향력과 재량권을 늘릴 방법을 찾아라.

역량과 자신감을 길러주어라

선택과 자유에 따르는 책임은 무기력감을 떨쳐버리게 하고, 삶을 지배할 힘을 준다. 자기 결정력을 향상하는 것도 필요하지만, 이 정도만으로는 충분하지 않다. 직무를 전문적으로 수행하기 위한 지식과 기술, 정보, 자원 그리고 선택한 일을 능숙하게 실행할 수 있다는 자신감이 없다면, 일이 주는 압박감에 압도되어 일에 대한 차질이 생길 것이다. 자원과 기술이 있어도, 이를 활용할 수 있다는 자신감이 부족하거나 일이 예상했던 대로 되지 않을 때 지원받을 수 있다는 확신이 들지 않을 수 있다. 해야 하는 일이 무엇인지 알면서도 자신감이 부족할 때도 있다.

역량을 개발하고 자신감을 기르는 일은 조직이 한 약속을 지키고, 리더와 구성원에 대한 신뢰를 유지하는 것이다. 놀라운 성과를 도출하려면, 조직에서 모든 구성원의 역량과 의지를 강화하는 데 투자해야 한다. 이렇게 하는 것은 특히 불확실성이 크고 중대한 변화의 시기에 중요하다.

당신이 직면했던 도전이 그때 자신이 가진 역량보다 더 컸던 시기를 생각해보라. 어떤 느낌이었는가? 대부분 사람과 크게 다르지 않다면, 그러한 상황에서 당신은 불안과 초조감, 공포감을 느꼈을 것이다. 이제 당신이 보유한 역량이 직무에서 감당해야 하는 도전보다 더 큰 경우를 생각해보자. 이제는 어떤 느낌이 드는가? 지루하거나 별로 관심이 가지 않을 것이다. 불안하거나 지루하다는 느낌이 들 때 일에 최선을 다할 수 있을까? 물론 그렇지 않다. 당면한 과제가 현재 보유한 기술 수준보다 약간 더 높을 때 보통 그 일에 뛰어든다. 바로 스트레스를 받기 직전까지 목표 수준을 높이는 방식이다.

제10장 구성원들의 힘을 길러주어라

사람들은 경험의 난이도에도 불구하고 힘들이지 않고 전문가처럼 업무를 수행한다고 느낄 때, '몰입 상태(in the flow)'에 있다고 말한다. 목표가 약간 부담스러운 수준이라도, 자기가 보유한 기술로 주어진 도전을 충분히 감당할 수 있을 때 자신감이 든다. 클레어몬트대학원 심리학과 교수이며 삶의 질 연구소 설립자이자 공동 소장인 미하이 칙센트미하이(Mihaly Csikszentmihalyi)는 최적의 성과를 위한 도전과 기술의 관계를 연구하는 데 평생을 바쳤다. 그는 고난도의 도전이 고난도의 기술과 결합하면, 평소의 삶에서도 깊은 몰입 상태가 나타날 수 있다고 말한다.[9] 〈그림 10.2〉는 이러한 관계를 그래프로 보여준다.

비록 몰입이 모든 상황에서 어떤 일을 할 때마다 발현되는 특성은 아니지만, 이는 최고의 성과(peak performance)가 보이는 특징을 잘 설명해준다. 모범적인 리더들

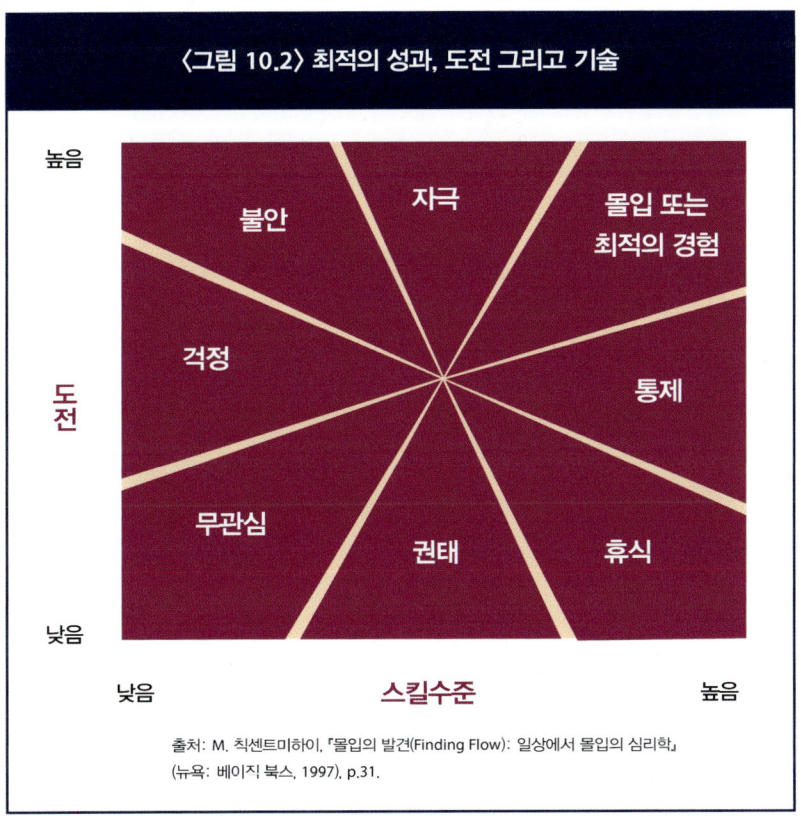

〈그림 10.2〉 최적의 성과, 도전 그리고 기술

출처: M. 칙센트미하이, 『몰입의 발견(Finding Flow): 일상에서 몰입의 심리학』
(뉴욕: 베이직 북스, 1997), p.31.

은 몰입이 가능한 조건을 창조하기 위해 노력한다. 이는 구성원이 직면하는 도전 상황에서 그들이 발휘하는 역량을 끊임없이 평가할 필요가 있다는 뜻이다. 그러한 평가를 위해서는 그들이 리드하는 각 개인의 의지력과 역량에 집중해야 한다. PW 엔터프라이즈의 운영 담당 이사인 제프 앨리슨(Jeff Allison)은 회사 운영 센터를 노스다코타주 파고(Fargo)에서 캘리포니아주 산타크루즈 연구개발센터로 이전했을 때, 정확히 이러한 상황에 직면했다. 그 변화는 다름 아니라 파고에서 운영을 담당하던 직원이 더는 그와 연락을 매일 주고받을 필요가 없어진 것이었다. 그리고 제프가 설명한 대로, 운영직원들은 자신뿐만 아니라 서로 신뢰하는 방법을 배워야 했고, 독자적 문제 해결을 위해 더 독립적으로 되어야만 했다. 만일 그가 그들의 역량을 미리 개발하고 운영에 대한 주인의식을 심어주었다면, 자신감이 상승해서 그들은 훌륭하게 직무를 수행할 수 있었을 것이다. 제프는 이런 조치를 미리 취했으므로 직관적으로 '몰입'의 패러다임을 활용한 것이었다.

정보를 공유하고 교육하라

일하는 방법을 모르면 일할 수 없다. 구성원에게 자유와 재량을 부여할 때, 교육과 개발에 대한 지출도 늘려야 하는 이유다. 구성원이 중대한 과제를 수행하는 방법에 확신할 수 없거나 실수를 두려워할 때, 그들은 스스로 판단력을 행사하는 것을 주저할지도 모른다. "직원들에게 필요한 교육을 제공하고 그들의 업무에 영향을 주는 의사 결정에 참여시키면 역량과 집중력이 생겨난다." 이 문장은 '마이클 버첼(Michael Burchell)과 제니퍼 로빈(Jennifer Robin)이 수행한 위대한 일터'에 대한 연구에서 발췌한 표현이다. 그러한 조직은 사업이 계속 성장하는 데 따라 직원들에게 대충 그때그때 필요한 기술을 개발하거나, 외부에서 사람을 뽑아오거나, 시장 기회를 그냥 놓치기보다는 즉시 현업에 바로 투입할 수 있는 직원을 미리 육성할 필요가 있다는 점을 이해한다.[10]

제프 앨리슨(Jeff Allison)의 경우를 살펴보자. 그는 거의 한 달 동안 파고의 직원들과 함께 지난해에 제기되었던 20가지에서 30가지 개선 과제를 검토하였다. 이 과정을 통해 미래에 유사 상황이 발생할 때, 문제 해결을 위한 핵심 역량을 확보하고자 했다. 한 예로, 제프는 직원들에게 문제를 해결할 더 좋은 방법을 생각해내거나, 적어도 똑같은 문제가 되풀이되지 않도록 방법을 마련할 것을 요청했다.

제10장　구성원들의 힘을 길러주어라

　　목표는 문제 해결을 위해 구성원이 적극적으로 참여하고 아이디
어 제안을 장려하는 것이었습니다. 프로세스에 대해 더 고민하면
할수록, 그들의 프로세스에 대한 이해도는 더 높아질 것입니다.
사업 운영은 회사의 가장 중요한 핵심이며, 저는 구성원들이 서로
신뢰하고 어떤 일이든지 할 수 있다는 자신감을 갖기를 바랐습니
다. 그들이 가진 어떤 아이디어도 회사에 소중하며, 우리는 그러
한 그들의 의견을 원한다는 사실을 일깨워주고 싶었습니다.

　　일단 구성원들이 핵심 역량을 개발하고 지식을 통해 자신감이 생기는 것을 발견
하게 되자, 제프는 여기서 한 단계 더 나아가 교육 프로그램을 시행하였다. 그는 개인
별로 가상의 문제를 부여하고, 각자에게 문제 해결에 대해 책임지게 했다. 그는 교육
을 통해 얻은 자신감과 역량을 활용하길 바랐다고 말했다.

　　문제 해결을 통해, 자신이 보유한 기술을 사용하고 운영 방식 개
선에 필요한 새로운 아이디어를 개발할 수 있었습니다. 자신감이
붙고, 문제를 해결하자, 그 문제 해결 방법을 팀 전체에 전파하게
했습니다. 이 훈련은 제가 시도한 활동 중 최고의 방법으로 판명
되었고, 실제로 생각한 것보다도 훨씬 효과가 컸습니다. 팀과 함
께 문제를 검토하는 동안, 구성원의 몰입도가 높아지며 자신감이
커지는 모습을 보게 된 것입니다. 그들은 팀원이 서로 의존해야
한다는 사실을 알았으며, 자기에게 던져진 문제를 해결할 수 있다
는 것을 알고 있었습니다.

　　제프의 경험에서 알 수 있듯이, 구성원들의 역량을 개발하고 자신감을 기르기
위해서는 선행 투자가 필요하다. 그런 투자는 수익을 발생시킨다. 연구에 따르면, 교
육훈련에 평균 이상의 비용을 사용하는 기업들은 평균 미만을 사용하는 기업보다 투
자 대비 높은 이익을 얻었다는 결과가 나타났다. 직원 교육훈련비를 평균 이상으로
사용하는 회사들은 직원의 참여와 몰입도가 훨씬 높아지며, 고객 서비스 기준이 높아
진다. 아울러 회사의 비전과 가치에 대한 이해의 폭이 더 커지며, 회사의 비전과 가치
에 부합하려는 경향이 높아진다.[11] 연구에 따르면 교육을 부실하게 받았다고 보고한
직원의 40퍼센트는 1년 안에 회사를 그만둔 것으로 나타났다. 교육훈련 부족이 그들

이 밝힌 퇴사의 결정적 원인이었다.[12]

　　정보 공유는 교육적으로 활용할 수 있는 또 하나의 중요한 전략이다. 설문 조사 결과에 따르면 정보 공유는 곧 자신에게 권한이 부여되었다는 느낌을 주는 뚜렷한 요인으로 작용한다. 정보 공유가 제대로 이루어지지 않을 때, 사람들은 무기력감을 느낀다. 실리콘밸리의 작가이자 글로벌 전략가인 닐로퍼 머천트(Nilofer Merchant)는 이런 생각을 다시 일깨워준다. "최대한 정확한 정보를 통해 왜 그런 의사 결정이 이루어졌는지 알게 되면, 모든 사람은 기분이 좋아집니다. 모든 단계에서 검증을 거치며 끊임없이 균형 잡힌 정보를 제공받기 때문에 구성원은 무엇이 중요한지 알게 됩니다. 결정의 이면에 있는 이유가 공유되지 않으면, 그러한 결정은 자의적이고 자기의 이익만 챙기려는 목적으로 인식될 것입니다."[13]

　　리더는 구성원에게 역량과 자신감을 길러주어 더욱 합당한 자격을 갖게 도와주고 일에서 능력을 발휘하게 해야 한다. 그렇게 된다면 구성원도 그 역할에 맞는 자격과 능력을 갖추고 효과적으로 일하게 된다. 또 자신을 재량권을 가진 리더라고 생각할 것이며, 혼자의 힘으로는 놀라운 성과를 이룰 수 없다는 점을 인식할 것이다. 모든 구성원을 더 현명하게 만드는 것은 모든 리더의 의무다. 요즘 같은 세상에서 성장이 정체되고 일을 통해 배우지 못한다면, 직원들은 더 좋은 기회를 찾아 직장을 떠날 가능성이 커진다.

역량과 오너십을 기르기 위해 업무를 체계적으로 정비하라

개인별 최고의 리더십 사례를 연구하다 보면 종종 심각한 조직 문제에 부딪힌 사례를 발견한다. 그런 심각한 문제를 성공적으로 해결하는 데 그들의 노력이 필수적이라고 생각하면 최선을 다하는 것이 당연하지만, 이런 사실을 종종 일상에서 업무를 설계할 때 잘 잊어버린다. 모범적인 리더들이 과제를 수행하는 방식으로 활용하는 것처럼 구성원이 그들의 업무가 시급한 사업 문제에 긴요하다고 느끼게 하라. 또한 구성원들이 과제를 수행하면서 다양한 경험을 하게 하고, 일이 진행되는 과정에서 의미 있는 결정을 내릴 기회를 부여하라. 태스크포스, 위원회, 팀, 중요한 기능과 이슈에 대한 문제 해결을 위한 그룹에 팀원들을 포함해 기회를 발견할 수 있게 하라. 업무 성과에 직접적 영향을 주는 프로그램, 미팅, 의사 결정에 참여시켜라. 이러한 행동은 역량을 길러주고, 주인의식과 책임감을 고취한다.

조직이 운영되는 방식에 대한 근본적 이해가 결여되면, 구성원들은 주인처럼 행동할 수 없고 리더십을 발휘할 수 없다는 점을 기억하라. 구성원들이 중대한 조직 이슈와 과제를 완전하게 이해하려면, 다음과 같은 질문에 답할 수 있어야 한다. "우리에게 가장 소중한 고객, 공급업체, 이해관계자는 누구인가?" "그들은 우리를 어떻게 생각하는가?" "우리는 성공을 어떻게 측정하는가?" "지난 5년간 실적은 어떠했는가?" "향후 6개월 후 어떤 신제품과 서비스를 출시할 것인가?" 구성원들이 이러한 질문에 답할 수 없다면, 공유 가치와 공통 목적을 실현하기 위한 일을 그들과 어떻게 도모할 수 있을까? 그들의 성과가 다른 팀과 조직, 부문, 궁극적으로는 기업 전체의 성공에 영향을 줄 수 있다는 점을 알 수 있을까? 윗사람들이라면 다 잘 아는 질문들에 대한 답을 모르고서 그들이 어떻게 자신들의 능력에 확신을 가질 수 있을까?[14]

페니 마요(Penny Mayo)는 서비스를 총괄하는 지방 정부 기관의 회계 관리자다. 페니는 책임을 더 맡아야 했으나, 급여 업무 때문에 어려움을 겪었다. 급여 계산에 실수가 없게 전념하다 보니, 이 업무는 배워서 처리하는 데 매우 시간이 드는 업무라고 생각하였다. "문제는 팀이 아니라 저에게 있었습니다." 그가 말했다. "직원 중 몇 명은 이런 책임을 맡을 만한 역량이 충분했습니다. 업무를 끌어안는 것은 제가 팀원들에 신뢰를 보여주지 않는 행동이라고 생각했습니다." 마침내 그는 이 기회가 바로 협업을 통해 역량을 강화할 때라고 생각했고, 단계별로 업무 분담을 설계했다. 그는 급여 업무를 배우려는 지원자를 모집했다. 그 직원이 업무를 배우고 향상할 수 있게 교육과 코칭을 제공했다. 새 직원이 급여업무에 대해 책임감을 느끼고 급여 시스템을 돌릴 수 있게 되기까지는 그리 오랜 시간이 걸리지 않았다.[15]

페니처럼 모범적인 리더들은 구성원들이 직무를 어떻게 수행하는지 유심히 살펴보며, 그들의 과제와 직책 중 어떤 부분을 강화해야 하는지 알아낸다. 또한 충분한 정보를 제공함으로써 구성원들이 의사 결정을 할 때, 주인의식을 가질 수 있게 하고, 결과적으로 역량과 자신감을 향상해준다.

자신감을 길러주어라

일하는 방법을 알아도 자신감이 결여되면, 그 일을 제대로 할 수 없다. 구성원의 역량을 강화하는 것은 자기 결정이라는 고유한 욕구에 영향을 미치는 심리적 과정의 필수 단계다. 인간에게는 삶에서 일종의 질서 의식과 안정성을 경험하기 위해 타인이나 발생하는 사건에 영향을 미치고 싶은 내적 욕구가 있다. 사건과 상황에 충분히 대처할 수 있다는 자신감을 느낄 때, 그 사람은 리더십을 발휘할 준비가 된 것이다. 충분히 자신감이 없다면, 힘든 도전을 감당할 수 있는 확신도 줄어든다. 자신감이 결여되면 무기력감과 자기 회의와 같은 감정을 표출한다. 리더는 자신에 대한 믿음을 바탕으로 전인미답의 장소로 향해 갈 수 있는 내면의 힘을 키우고, 자신의 기술과 의사 결정 능력을 믿기 때문에 반대를 무릅쓰면서도 힘든 결정을 할 수 있다.

자신감은 구성원의 성과에도 영향을 미친다. 두 집단을 대상으로 고전적 방식으로 실시한 연구에서는 의사 결정에 대한 정의를 각각 다르게 표현했다. 어떤 관리자 집단에게는 의사 결정이 연습을 통해 개발된 기술이라고 말했다. 최적의 결정을 하기 위해 더 노력하면 할수록, 더 좋은 결정을 내릴 수 있다는 것이 이론적 근거였다. 한편 다른 관리자 그룹에는 의사 결정은 기본적으로 지적 적성을 반영한다고 말했다. 잠재된 인지능력이 높을수록, 의사 결정 능력이 향상된다는 주장이다. 실험을 위해 만든 가상 조직에서, 두 집단의 관리자들은 인력 배치와 여러 가지 성과 목표를 수립해야 하는 생산 주문에 대한 다양한 의사결정을 해야했다. 높은 성과 기준을 요구받자 의사 결정이 습득한 기술이라고 믿었던 관리자 집단은 계속해서 도전적 목표를 세웠고, 훌륭한 문제 해결 전략을 활용해 조직의 생산성을 향상하였다. 의사 결정이 타고난 능력(어떤 이는 갖고 있지만, 어떤 이에게는 없는)이라고 생각했던 상대편 집단은 어려움에 부딪혔을 때, 어떻게 해야 할지 몰라 한동안 자신감을 잃었다. 그들은 조직 성과에 대한 기대치를 낮추었고, 문제 해결 능력이 떨어졌으며, 조직 생산성도 저하되었다.[16]

이와 관련 있는 또 다른 실험을 살펴보자. 연구자들은 관리자들을 2개 집단으로 나누어 한 집단에는 직원의 근무 습관이 쉽게 바뀔 수 있다고 말했고, 다른 집단에는 '훌륭한 지침을 주어도 쉽사리 바뀌지 않을 수도 있으며, 작은 변화가 반드시 전체적인 결과 향상을 가져오지는 않는다'고 말했다. 실험 결과에 따르면, 관리자의 행동을 통해 조직 성과에 영향을 줄 수 있다는 자신감을 가진 관리자 집단은 변화를 이룰 방법이 별로 없다고 생각하는 관리자 집단보다 높은 성과 수준을 유지했다.[17] 초급 회계담당자를 대상으로 한 또 다른 실험에서도 자신감이 가장 높은 회계담당자는 10개월 후 상사로부터 최고의 성과자로 인정받았다. 그들의 자신감 수준은 채용 전 그들이 실제로 습득한 기술이나 교육보다 직무 성과를 예측할 수 있는 강력한 변수였다.[18]

이와 같은 개념을 10대 청소년들에게 적용했을 때, 터키에서 열리는 내셔널 필드하키 챔피언십 경기에서 자신감이 가장 컸던 선수들이 고강도의 훈련을 견디면서도 가장 높은 동기 부여를 보여주었다.[19]

이러한 연구는 일할 때 경험의 중요성을 잘 보여준다. 자신감을 느끼고 자신이 직무를 감당할 수 있다고 믿으면 일이 아무리 어렵더라도, 이를 완수하기 위해 지속해서 노력하게 된다. 구성원에게 성공할 수 있다는 확신을 보여줌으로써, 리더는 그들이 도전적 상황을 극복하고 자기 세계를 확장할 수 있게 도움을 줄 수 있다.

코치

모범적인 리더는 자신감을 갖고 사람들과 소통하지만, 그렇다고 해서 할 수 없는 일을 할 수 있다고 말하게 할 수는 없다. 리더들은 구성원에게 코칭을 제공해야 한다. 그 누구도 존경받는 코치들의 건설적인 피드백과 예리한 질문, 적극적 가르침 없이는 최고로 거듭날 수 없기 때문이다.[20] 실제로 자기 분야에서 가장 뛰어난 영업 관리자로 인정받는 사람은 부하 직원을 육성하는 역량이 다른 사람보다 뛰어난 것으로 알려졌다. 교육이 어떤 영향을 미치는지 3년 동안 실시한 연구 결과를 보면, 개선 효과가 높게 나타난 학습자들은 개선 효과가 미미했던 사람들보다 관리자와 코칭 대화가 4배나 더 많았던 것을 확인했다.[21] 다시 말해서, 개선은 단순히 훈련을 통해서만 달성하는 것이 아니라 코칭과 더 관련이 있다. 사람들이 실제 상황에서 배운 것을 응용할 때, 리더의 조언과 카운셀링이 필요하다.

영국 프리미어리그 럭비 유니언 팀 할리퀸(Harlequins)의 성과 코치이자 경영 컨설팅 회사 미션 퍼포먼스(Mission Performance)의 선임 퍼실리테이터였던 마크 소든(Mark Soden)은 "코치는 모든 선수에게 꿈을 꿀 수 있게 해야 합니다"면서 코칭에 대해 자신만의 관점을 제시하였다. 그는 운동선수들에게 경기를 지도하든, 조직에서 리더로서 팀원에게 코칭을 하든 상관없이, 코치의 역할이 푸싱(pushing)에서 풀링(pulling)으로 바뀔 필요가 있다고 보았다. 다시 말하면, 푸싱(코치가 보는 관점)은 고정된 사고방식에서 나오고, 풀링(선수들이 보는 관점)은 성장 사고방식에서 나온다.[22] 트래블러스 컴퍼니(The Travelers Companies)는 자기 리더를 유능한 코치라고 평가한 직원들이 다른 직원들보다 8배나 더 강한 몰입도를 보이는 것을 발견했다. 그들에게서는 능력과 효율성, 집중력이 개선되는 효과가 나타났고, 회사에서 강력한 지원을

받는다고 느꼈다.[23]

　　인도 타타 컨설팅(Tata Consulting Service)의 비즈니스 엑설런스 담당 책임자인 압히짓 치트니스(Abhijit Chitnis)는 효과적인 코칭을 경험하였고, 코칭이 자기계발에 준 영향으로 혜택을 받은 사람이다. 그가 기업계에 첫발을 내디뎠을 때, 그는 매우 어려운 컨설팅 과제에 직면했다. 클라이언트를 대상으로 솔루션 제안 프레젠테이션을 해야 하는 컨설턴트로 지명되었을 때 압박감은 더 커졌다. 수많은 경험자 앞에 처음으로 서는 클라이언트 프레젠테이션이었기 때문에 떨리고 걱정되는 것은 당연했다. 이때 그의 매니저가 자신의 능력과 제안서를 믿었으며, 이 기회를 잘 활용해야 한다고 코칭해주었다고 압히짓은 말했다. 프레젠테이션 장소에서 잠시 쉴 때도, 매니저는 잘될 것이니 걱정하지 말라고 하며 클라이언트가 압히짓의 제안서에 호감을 보였다고 말하면서 그를 안심시켰다. 이러한 격려를 통해 그는 자신감이 생겼고, 박수를 받으며 프레젠테이션을 끝낼 수 있었다고 말했다. 자신의 경험을 돌이켜보면서, 압히짓은 팀원의 잠재력을 최대한 발휘할 수 있게 리더가 어떻게 코칭하고, 동기 부여와 에너지를 불어넣어주어야 하는지 알게 되었다고 말했다.

　　최고의 리더십을 발휘하는 동안 어느 리더도 다른 사람의 권한을 빼앗아오지 않는다. 그들은 구성원이 책임지고 의사 결정을 할 수 있는 기회를 준다. 코칭을 제공하거나 교육을 하고, 자기 결정력을 높여주려고 하거나, 자신이 가진 권한을 나누어주려 할 때, 리더는 타인의 능력을 깊이 신뢰하고 존중하는 모습을 보여주게 된다. 리더가 구성원의 성장과 발전을 도울 때, 리더와 구성원 모두는 서로 도움을 받는다. 리더에게 영향을 줄 수 있다고 느끼는 구성원은 리더에게 더욱 강한 친밀감을 느끼고, 자기가 맡은 책임을 효과적으로 이행하기 위해 전념할 것이다. 훌륭한 코치는 구성원의 역량을 강화하기 위해 그들에게 선택할 기회가 주어지고 충분한 지원과 피드백을 받으면, 그들 스스로 문제를 해결할 수 있을 만큼 현명하다는 사실에 집중하고 그들에게 확신을 주어야 한다고 생각한다. 구성원은 코칭을 통해 성장하고 자신이 보유한 능력을 최대한 발휘하게 되며, 도전적 과제를 만나면 부족한 기술을 연마하고 향상할 기회로 활용한다.

　　훌륭한 코치는 질문에 대한 탁월한 능력을 갖춘 사람들이다. 미국 걸스카우트의 CEO를 역임했고 프란시스 헤셀바인 리더십 연구소를 창설한 프란시스 헤셀바인

(Frances Hesselbein)의 좌우명에도 이 점은 확실하게 표현되었다. "말로 설명하려고 하지 말고, 질문하십시오." 그는 이 교훈을 유명한 경영 석학인 피터 드러커의 어록을 통해 알게 되었다. "미래의 리더는 질문하고, 과거의 리더는 말로 설명한다."[24] 질문을 통해 얻는 이점은 셀 수 없이 많다. 첫째, 질문을 받는 사람은 그들이 생각하는 관점에서 문제를 생각하고 구성하게 된다. 질문의 또 한 가지 장점은 책임의 주체를 바꿈으로써 인간의 능력에 대해 근본적인 신뢰를 보여주며, 문제에 대해 해결책을 거의 즉각적으로 도출하는 효과가 있다. 질문하면 리더는 코칭하는 위치, 안내자의 역할을 담당하며, 사람들에게 좀 더 자유롭고 전략적으로 생각할 수 있는 통로를 열어주게 된다.

모든 조직의 성공 비결은 책임 공유에 있다. 앞서 9장에서 언급한 것처럼, 혼자서는 성과를 이룰 수 없다. 리더의 옆에는 구성원들과 자신감으로 똘똘 뭉친 팀이 있어야 하며, 팀은 유능하고 자신감 있는 코치가 필요하다. 자신이 그러한 자질을 보유했다면 코치가 되어라. 다른 사람으로부터 당신이 기대하는 행동을 스스로 실천하는 것보다 더 좋은 모델은 없다.

실천 사항
구성원들의 힘을 길러주어라

구성원들을 강하게 하는 것은 그들을 리더로 변화시키는 과정이다. 즉 자신의 계획에 따라 스스로 행동할 수 있게 한다. 구성원이 성공적 반응을 보일 때, 그들에게 권한과 책임을 더욱 부여함으로써 선순환 구조를 만들어야 한다. 구성원이 선택과 재량권을 발휘하도록 할 때, 업무와 서비스가 이루어지도록 해결책을 준비하도록 하고 행동에 대한 책임과 의무를 지겠다고 나설 때, 리더는 구성원들을 강하게 한다.

리더십 챌린지

리더는 구성원에게 남보다 더 잘할 수 있다는 행동에 대한 자신감을 줄 뿐 아니라, 역량을 개발해주기도 한다. 그들은 구성원이 조직이 어떻게 운영되고, 실적을 달성하고, 이윤을 창출하며, 사회에 이바지하는지 이해하는 데 필요한 정보와 데이터를 제공한다. 그들은 구성원의 계속적인 역량 개발에 투자하며, 그들이 아는 지식을 실행에 옮길 수 있게 코칭해준다. 또 가능하다고 상상했던 것보다 더 많은 일을 할 수 있게 목표를 더 높게 잡고 이를 지원해준다. 모범적인 리더는 구성원이 스스로의 힘으로 생각할 수 있게 도움을 주는 질문을 사용하며, 최고의 결과를 달성할 수 있게 코칭한다.

사람들이 스스로 행동하게 하기 위해서는, 스스로 결정하게 하고 역량을 개발시켜줌으로써 그들의 힘을 길러주어야 한다. 이는 다음과 같은 행동을 실천하는 것을 의미한다.

1. 구성원 스스로 힘이 있다는 것을 느끼게 하며, 그들이 자기 환경을 통제할 수 있다는 느낌을 부여한다.
2. 일하는 방식과 고객을 대하는 방식에 대해 선택할 기회를 부여한다.
3. 구성원이 자기의 판단력을 활용할 수 있게 직무를 구조화하고, 더 큰 차원의 역량과 자신감을 개발할 수 있게 돕는다.
4. 구성원의 스킬과 업무적 도전 사이에 균형을 찾는다.
5. 구성원과 동료의 역량에 대한 자신감을 보여준다.
6. 질문한다. 답을 먼저 제시하지 않는다.

열정이 우러나게 하라
(Encourage the Heart)

열정이 우러나게 하라
(Encourage the Heart)

- 구성원 저마다의 훌륭함과 공헌을 인정하라.

- 공유 가치 실천과 승리를 축하하라.

제11장

공헌을 인정하라

웨이브 프론트(Wave Front)의 경영관리 팀장인 애니타 림(Anita Lim)은 긍정적인 마인드를 가진 리더가 생산성과 만족도에 미치는 직접적인 영향을 깨달은 본인의 경험을 들려주었다. 그는 팀원들을 지원하지 않는 관리자 밑에서 일하는 환경이 얼마나 사람을 지치고 비참하게 하는지 경험을 통해 실감하였다. 이를 통해 경험의 폭이 더욱 커진 구성원을 인정하는 것이 얼마나 중요하며, 모든 구성원의 힘이 결집된다면 조직이 한 단계 더 도약할 수 있다는 사실도 인식하게 되었다.

애니타가 하이패션 기업에서 근무하던 시절, 매장 실적을 총괄하던 점장은 목표 실적에 미달하면 일자리가 사라질 수 있다는 협박과 공포감을 주며 팀원들을 닦달했다고 말했다.

점장은 매일 기분이 바뀌었고, 특히 전날 매장 실적이 신통치 않을 때는 더욱 나빠졌습니다. 아침에 출근할 때와 퇴근하기 전에 본인의 사무실에 들르게 하여 매일 직원의 근무시간을 확인했습니다. 영업보고서를 제출할 겨를도 주지 않고, 매일 "지난주에 A

제품을 몇 개 판매했나요" 같은 질문에 직원들은 그 자리에서 바로 대답해야 했습니다. 매출이 부진할 때는 실망감을 너무나 확연하게 드러내서, 우리는 정신을 바짝 차리고 대응해야 했습니다. 실적이 좋을 때도, 진심이 없는 엷은 미소만 지을 뿐, 우리는 앞으로도 이 수준을 계속 유지하라는 당부만 들었습니다.

어떤 달에는 애니타가 두 자리 숫자로 영업실적을 신장시켰는데, 이런 실적은 매장에서 흔치 않은 매우 귀한 성과였다. "뛰어난 실적이었지만 공개적인 인정을 전혀 받지 못했을 뿐만 아니라, 저는 그에게 직접 축하한다는 말 한마디도 듣지 못했습니다." 그 대신 점장은 애니타의 우편함에 형식적인 감사 편지를 넣었을 뿐이다. 그다음에 두 사람이 만나 대화할 기회가 있을 때도, 그는 애니타가 달성한 실적에 대해 한마디도 하지 않았다. "다시 일상으로 돌아왔습니다. 실적에 대한 의지가 사라졌고, 기대 이상의 실적을 두 번 다시 올리고 싶지 않다고 생각했습니다. 그의 방식은 팀 전체의 사기를 꺾었고, 직원 퇴사율은 점점 증가했습니다." 결국 애니타는 변덕스럽고 무관심한 점장을 견디지 못하고 다른 회사로 이직했다. 이직한 회사에서 애니타는 전국적인 커피 체인의 점장의 역할을 맡았다.

지역 총괄 매니저는 전에 경험했던 점장과는 완전 정반대였습니다. 따뜻하게 우리를 맞이하면서 팀원 모두에게 격려를 아끼지 않았습니다. 우리는 모두 엄청난 성과를 이룰 수 있는 잠재력이 있고, 우리에게 항상 최고의 성과를 기대한다고 말했습니다. 그는 일부러 시간을 내서 우리에게 다가와 함께 사업 기회와 문제점을 검토했고, 우리는 당면한 문제에 더 잘 대처할 수 있었습니다. 우리의 입장에 서서 매일 우리가 겪는 어려움을 이해하려고 했습니다.

실적이 기대 이하로 떨어졌을 때도, 팀을 질책하지 않고, 문제를 극복하기 위해 본인이 예전에 성공했던 방식을 제안하곤 했습니다. 매장을 돌아다니며 점장을 만나 그들과 종일 지내며 매장 직원에게 필요한 도움을 주고, 우리와 함께 하는 모습을 보였습니다. 한 주 동안 훌륭한 실적을 올린 매장에 대해서는 직접 방문해서 축하한다는 말을 전했습니다. 매장에 올 수 없을 때는 팀을 지

제11장 공헌을 인정하라

역본부로 불러 얼마나 팀을 자랑스럽게 생각하는지 말해주었습니다."

"분기별 미팅에서는 자신의 의무를 초월해서 최선을 다한 점장을 선정해 시상식을 했습니다."

그분은 수상 기준을 영업 실적만으로 한정하지 않았습니다. 이보다는 평소보다 훨씬 노력한 사람들을 인정해줄 기회를 찾았습니다. 예를 들면, 실적, 봉사, 용기라는 관점에서 최고를 시상하는 식이었습니다. 시상할 때도, 수상자의 소감을 들을 기회를 주어 그들이 개인적으로 이룬 성취를 공유할 수 있게 했습니다. 언젠가 그분도 감정에 북받쳐서, 소감을 듣는 도중에 눈가에 눈물이 어리는 것을 보았습니다. 이것을 보면서 저는 그분이 얼마나 팀원에 대한 깊은 마음을 가졌는지 알게 되었습니다. 저는 상을 받지는 못했지만, 수상자에 대한 부러운 마음보다는 그런 팀원이 함께 있는 뛰어난 팀의 일원이라는 생각에 기쁨을 느꼈습니다.

지역 총괄 매니저는 공동체 의식을 고취했고, 애니타와 동료 점장들은 최선을 다한다는 생각으로 의지가 강해졌다. 애니타는 자신의 경험을 이렇게 요약했다. "팀원과 개인적 유대를 형성하는 리더십을 경험하면서, 긍정과 격려가 있는 환경에서 팀이 하나로 뭉칠 때 더욱 많은 것을 성취할 수 있다는 깨달음을 얻게 되었습니다."

애니타의 지역 총괄 매니저처럼 모범적인 리더들은 주변 사람과 유대감을 형성하는 것이 얼마나 중요한지 잘 안다. 누군가의 수고를 당연하게 여기지 않고, 그들이 누구이며 그들이 하는 일이 얼마나 중요한지에 감사하는 마음을 갖는 것이다. 모든 모범적인 리더들은 **공로를 인정**한다. 그렇게 하는 이유는, 근무시간이 길고, 일이 힘들고, 과제가 도전적일 때, 자기의 역량을 최대로 발휘하고 이를 지속시키려면, 격려가 필요하다.

힘든 마라톤에서 결승점에 도달하려면, 에너지와 집념이 필요하다. 다시 말해, 그들의 기운을 다시 보충해줄 정서적 에너지가 필요하다.

기여를 인정하려면, 다음 2가지 필수 요소를 활용해야 한다.

① 최고를 기대하라.
② 맞춤화하여 인정하라.

이러한 2가지 핵심을 실천하려면, 리더는 구성원의 기운을 북돋워주고, 노력하려는 내적 동기를 불러일으켜야 한다. 더 높은 성과를 달성하려는 노력과 조직의 비전과 가치에 대한 충성심을 자극해야 한다. 구성원들이 이제까지 한 번도 시도하지 않은 일을 할 수 있는 용기를 발견하게 도와야 한다.

최고를 기대하라

인간의 능력에 대한 믿음은 놀라운 변화를 일으키는 데 필수적이다. 모범적인 리더들은 고성과를 끌어낸다. 그들은 구성원들이 가장 도전적인 목표도 달성할 수 있는 능력이 있다고 굳게 믿기 때문이다. 바로 이 점에서 긍정적인 기대감은 구성원의 포부에 심대한 영향을 줄 뿐 아니라, 무의식적으로 리더가 구성원을 대하는 태도에서도 변화가 나타난다. 자신도 인식하지 못하는 사이에 구성원에 대한 믿음을 널리 알리는 것이다. 상대방에게 "나는 자네가 할 수 있다는 것을 알고 있어." 또는 "당신이 그 일을 할 수 있는 방법은 절대로 없어"라고 말하면서 신호를 준다. 그 일을 달성할 수 있다는 사실을 말과 행동으로 알려주지 않으면 최고의 성과를 실현할 수 없다.

사회심리학자들은 이를 '피그말리온 효과(자성적 예언)'라고 부른다. 피그말리온에 관한 그리스 신화를 살펴보자. 어느 조각가가 매우 아름다운 여인 조각상을 만들었다. 그는 자기가 만든 조각상에 깊게 빠져들어 미의 여신 아프로디테에게 조각상에 생명력을 불어달라고 간청했다. 아프로디테는 그의 소원을 들어주었다. 리더는 구성원을 개발할 때 피그말리온의 역할을 한다. 사람들에게 그들이 만난 최고의 리더가 어떤 사람이었는지 물어보라. 그들은 한결같이 자기에게 최고의 능력을 발휘하게 한 사람을 이야기한다. 자성적 예언에 대한 연구는 사람들이 타인의 기대에 부합하려는 방향으로 행동한다는 데 대한 충분한 근거를 제시한다.[1] 실패를 바라면, 정말 실패할 가능성이 커진다. 반면 성공을 기대하면, 성공할 가능성이 커진다. 암트랙(Amtrak)의 IT 전략 담당 임원이었던 수마야 샤커(Sumaya Shakir)는 자신의 최고 리더십 사례를 말하면서 이렇게 설명했다. "저는 우리 팀의 능력을 믿었습니다. 그들이 할 수 있다는 사실을 알았고, 그들에게 높은 기대를 건다는 사실을 인식하게 했습니다. 구성원들에 대한 제 믿음은 그들도 자신이 놀라운 성취를 이룰 수 있다는 믿음으로 변화시켰습니다."

비유적으로 표현한다면, 모범적인 리더는 생명력을 불어넣는 사람이다. 그들은 구성원에게 잠재력을 최대한 끌어내며, 언제나 이런 자질을 끌어낼 방법을 찾는다. 이런 리더는 극적으로 다른 사람의 성과를 향상시킨다. 왜냐하면 그들은 구성원에게 깊은 관심을 두고, 그들의 능력에 대해 굳건한 믿음이 있기 때문이다. 그들은 자기가 믿는 사람들을 키우고, 지지하고, 격려한다. 일련의 연구에서 심리학자들은 리더의 믿음을 보여주는 진술을 통해 이를 입증하였다. "자네한테 거는 기대가 아주 높기 때문에 이런 말을 하는 거야. 나는 자네가 그 목표를 달성할 수 있다고 확신하네." 그들이

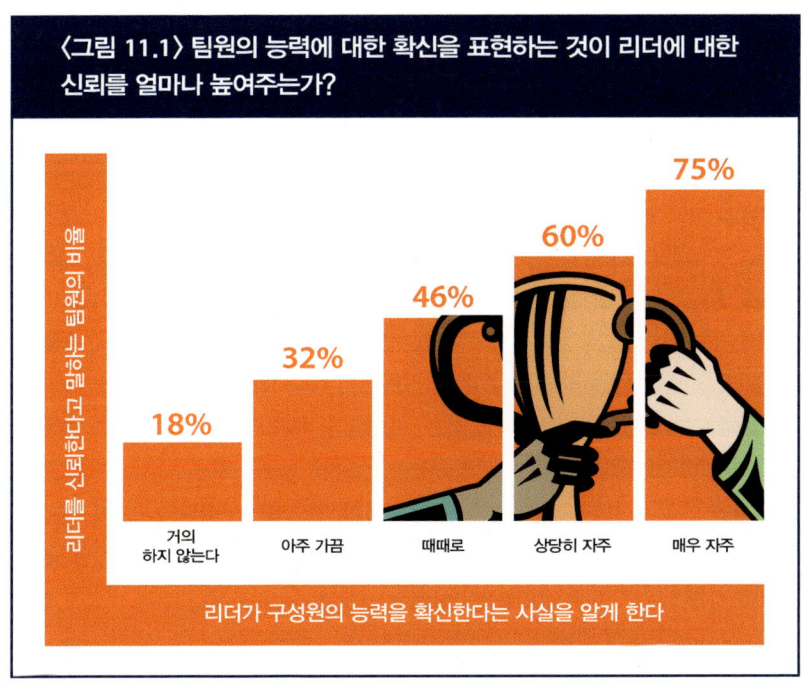

〈그림 11.1〉 팀원의 능력에 대한 확신을 표현하는 것이 리더에 대한 신뢰를 얼마나 높여주는가?

제공한 이 피드백은 그 뒤에 이어진 행동의 변화에 40퍼센트나 더 효과가 있음이 입증되었다.[2]

팀원들이 응답한 동기 부여, 몰입, 한 팀이라는 생각, 그리고 생산성 수준은 리더들이 구성원의 능력을 확신하는 정도와 높은 관련성이 있다. 〈그림 11.1〉에 나타나는 것처럼, 팀원이 리더를 신뢰하는 정도는 리더가 개인적으로 구성원의 능력에 대한 확신의 정도와 직접적인 관련이 있다.

믿음을 보여주어라

리더가 거는 긍정적 기대는 단순한 립서비스가 아니다.[3] 그들은 긍정적 관점을 유지하거나 사람의 마음을 자극하려고 일부러 그러지 않는다. 리더가 거는 기대는 구성원에게 그러한 기대를 현실로 실현할 수 있는 동기를 제공한다. 기대는 그들에게 행동하는 방식과 그들이 과제에 임하는 방식을 형성하게 한다. 리더는 대리석을 사람으로 바꾸어놓을 수는 없지만, 구성원들에게 최대의 잠재력을 끌어낼 수는 있다.

바버라 왕(Barbara Wang)이 중국 최대 규모의, 빠르게 성장하는 사회복지 기업에 합류했을 때, 리더가 보여준 믿음과 행동은 자신의 능력을 확신하는 데 도움이 되었다. 입사한 지 몇 달이 안 되어, 바버라의 리더는 그녀에게 조직의 사업 계획 작성이라는 도전 과제를 부여하였다. 그녀는 그때 당황했던 감정을 이렇게 표현했다. "저는 완전히 다른 환경에 있었고, IT 회사에서 프로그래머로 있었기 때문에, 겁났습니다. 이런 책임은 너무 긴장된다고 리더에게 말했을 때, 그는 지난 몇 달간 그녀의 업무 진행 방식을 지켜보면서 내린 결정이며, 조금이라도 의심이 있었다면, 그 프로젝트를 맡기지 않았을 것이라고 말했다. "제 재능과 기술에 대한 리더의 믿음은 제가 그 프로젝트를 제힘으로 관리할 수 있다는 믿음을 주었고, 저는 심리적 안정감이 생겨 긍정적 자세로 그 프로젝트를 계속 진행할 수 있었습니다."

리더는 바버라에게 마치 그녀가 승자가 된 듯한 느낌을 심어주었다. 바버라가 작은 문제나 궁금한 점을 물어볼 때마다, 그는 질문에 답해주고, 개선 방법을 찾아보면서 그녀를 안심시키고 지지해주었다. "저는 존중받는다고 느꼈습니다. 제 업무가 리더의 기준에 못 미친다는 사실에 부루퉁하기보다 더 잘 하고 싶다는 용기가 생겼습니다."

제11장 공헌을 인정하라

다른 사람의 능력을 믿는 것은 더 큰 성과를 촉진하는 데 엄청난 추진력을 발휘한다. 구성원들이 승자의 태도를 갖기 바란다면, 바버라의 리더가 한 것처럼 행동할 필요가 있다. 구성원이 이미 승자라는 믿음을 보여주는 것이다. 이 말은 그들이 언젠가 승자가 될 것이라는 뜻은 아니다. 그들은 지금 바로 승리를 만끽한다! 구성원이 승자라고 믿을 때, 당신은 정확하게 그런 믿음을 전달하는 행동을 목소리 톤과 자세, 제스처와 표정으로 나타내야 한다. 소리를 지르거나, 얼굴을 찌푸리거나, 상대를 구슬리거나, 조롱하거나, 다른 사람 앞에서 깎아내리지 말라. 그 대신 친절하게, 긍정적으로 말하고, 지원하는 마음을 표시하고 그들에게 용기를 주어야 한다. 긍정적 강화(reinforcement)와 많은 정보를 제공하고, 그들의 의견을 깊은 관심으로 듣고, 직무수행에 필요한 자원을 제공하며, 그들에게 점진적으로 도전적인 과제를 부여하되, 자신의 지원과 도움을 아낌없이 베풀어야 한다.

"저는 격려하는 마음을 연습하기 위해 동전 3개를 사용합니다"라고 유나이티드 오토 크레딧의 최고 재무 책임자(CFO)인 라비 간디(Ravi Gandhi)는 이렇게 말했다.[4] 업무를 할 때, 그는 동전 3개를 컴퓨터 왼쪽에 두고, 누군가에게 잘한 일을 인정하고, 감사를 표시하고, 격려할 기회를 찾는다고 말했다. 누군가를 격려한 다음, 그는 왼쪽의 동전을 오른쪽으로 옮겨 놓는다. 자리에 앉아 있지 않을 때, 그는 동전 3개를 왼쪽 주머니에 넣고 다니다가 격려할 대상자를 만나면, 격려 후 오른쪽으로 동전 1개를 옮긴다. "이런 사소한 행동은 격려가 인색한 세상에 산다는 사실을 다시 한번 일깨워줍니다. 적어도 함께 일하는 팀에게 제 작은 성의를 보여주고 싶습니다." 일과를 마치고 아직 동전이 왼쪽 주머니에 남아 있으면, 그는 퇴근길에 자녀나 친구에게 전화를 걸어 그들에게 격려의 말을 해주기도 한다.

이러한 상황을 생각해보자. 만일 어떤 일을 확인하기 위해 누군가 곁으로 다가온다면 당신은 어떤 반응을 보이게 될까? 관습적 생각으로는 사람들은 리더가 다가오는 것을 감지하면, 자신이 할 수 있는 최선의 행동을 할 것으로 생각한다. 실제로는 그렇지 않다. 그들은 다른 행동을 취할지도 모른다. 실제로 긴장감이 높아져 그들은 최악의 행동을 보일 수도 있다. 사람들이 문제를 찾기 위해 당신에게 다가온다면, 당신은 사실을 그대로 드러내기보다는 오히려 숨길 때가 많다. 통제가 심한 리더를 둔 팀원들은 정보를 공개하지 않고, 사실을 숨기며, 일어나는 일에 대해 사실을 말하지 않을 수도 있다.

8장에서 밝힌 것처럼 직관적인 생각과는 반대로, 조직 안에서 리더에 대한 신뢰가 높은 조직에서는 실수가 더 자주 발생하지만, 구성원들이 문제나 장애를 공유하는 데 공포나 불안을 느끼지 않고, 이를 해결하는 데 필요한 도움을 받고, 끊임없이 개선하려고 노력한다.

이는 바람직한 선순환 과정이다. 리더는 구성원의 능력을 믿고, 긍정적인 기대는 긍정적 행동을 낳고, 격려는 더 나은 성과를 창출하며 구성원이 할 수 있다는 자신감을 강화한다. 또 한 가지 선순환은 구성원이 놀라운 성과를 달성할 수 있다는 자신감을 느낄 때, 자신들에게 기대되는 역량을 개발한다는 점이다.

목표와 기준을 명확하게 하라

고성과 달성에서 긍정적인 기대감이 필요하지만, 그러한 수준의 성과는 구성원이 기본 원칙과 기대되는 결과를 명확하게 알지 못할 때, 지속해서 달성하기는 어렵다.[5] 어린 시절, 루이스 캐럴(Louis Carroll)의 동화 『이상한 나라의 앨리스』를 읽어보았을 것이다. 거기에 나오는 크로켓 경기를 기억하는가? 홍학은 나무망치였고, 카드 병정은 기둥문이었고, 고슴도치는 공이었다. 모든 사람은 계속 움직이고, 규칙은 항상 변한다. 경기를 어떻게 하는지 아는 사람도 없고, 이기기 위해서 어떻게 해야 하는지도 모른다. 앨리스가 어쩌다가 토끼 굴에 빠졌는지는 알 필요가 없다.

애덤 하먼(Adam Harmon)은 목표와 기대를 명확하게 함으로써 사람들에게 최고의 성과에 대한 기대치를 제시할 줄 아는 외과 전문의다.[6] 그는 환자와 환자의 가족을 개인적으로 알기 위해 시간을 들이고, 가끔 트라우마 경험을 하는 외과적 수술을 통해 그들이 무엇을 기대할 수 있는지 설명해준다. 그는 심장수술팀에게도 똑같이 그렇게 한다. 그는 그들에게서 최고의 잠재력을 기대하며, 이를 가리켜 한 팀원이 말했듯이 뛰어난 팀원을 칭찬하는 그의 습관은 그의 칭찬을 받기 위해 모든 구성원이 성과를 향상하려고 노력하는 분위기를 만들었다.[7]

고성과를 달성하지 못하는 팀원에게는, 어느 정도까지 수술 실력을 향상해야 하는지 마지노선을 확실하게 제시한다. 그는 여기에서 한 단계 더 나아가, 그가 방금 코칭을 한 팀원에게 이렇게 말한다. "자네는 전에도 그 수술을 해본 적이 있으니, 나는 자네가 충분히 잘할 수 있다고 생각하네." 그는 팀원을 안심시켜 그들이 그 일을 수행

제11장 공헌을 인정하라

할 수 있다는 자신감을 부여하며, 그들의 성과를 환자의 수술 결과와 연계해, 팀원들이 그들의 업무와 정서적 유대감을 동시에 개발하게 한다. 그는 지속적인 관심을 주된 목적에 집중한다. 그는 팀에게 "우리가 더 잘하면 잘할수록, 환자의 수술 결과는 더 좋아집니다"라고 말한다. 한 팀원은 "그는 우리에게 최고가 되는 방법을 보여주었습니다. 그리고 우리는 그의 지도하에 일하는 것을 기쁘게 생각합니다"라고 말했다.

성공할 수 있다고 믿는 것은 필요조건에 지나지 않는다. 구성원이 자신의 전부를 바쳐 전심을 다 해 업무에 몰입하게 하려면, 리더는 그들이 해야 할 역할이 무엇인지 인지할 수 있게 해야 한다. 그들에게 기대하는 결과가 무엇이며, 경기 운영 방법과 득점을 하는 방법을 좌우하는 지속적인 규범이 있다는 사실을 명확하게 알려주어야 한다.

목표와 가치는 계속 노력하게 하는 일련의 기준을 제공한다. 목표는 대체로 단기적이지만, 가치는 좀 더 지속성이 있다. 가치와 원칙은 목표의 토대가 된다. 이들은 탁월함과 높은 포부를 결정하는 기준이며, 목표와 기준을 세워야 하는 영역을 정의한다. 가치는 행동이 나아가야 할 길을 조정한다. 목표는 에너지를 창출한다.

직업과 스포츠, 삶에서 일반적으로 느끼는 이상적 상태를 몰입(flow)이라고 부른다. "몰입 경험(flow experience)"은 10장에서 설명한 바와 같이 자신이 하는 일에 순수한 즐거움을 느끼고 애써 노력하지 않고도 도달할 때 발생한다. 몰입을 경험하려면, 명확한 목표가 필요하다. 목표는 집중하게 하고 정신이 산란해지는 것을 막아준다. 목표는 행동에 의도와 의미를 준다. 이들은 당신이 하는 행위에 목적을 제공한다. 적어도 조직적 맥락에서 목표가 없는 행동은 그냥 몸만 바쁠 뿐이다. 이는 귀중한 시간과 에너지만 고갈시킬 뿐이다.

하지만 목표는 인정과 어떤 관계가 있는가? 목표는 사기를 북돋우는 행동과 어떤 관계가 있는가? 목표는 인정하는 풍토를 만드는 데 필요하다. 목표는 열심히 노력해야 할 이유와 도달해야 할 중요한 이정표를 제시한다. 예를 들어, 1등을 하고, 신기록을 수립하고, 새로운 탁월함의 기준을 수립하는 것과 같다. 인정이 중요하다는 것을 한번 더 상기시킨다. 왜냐하면 인정은 누군가의 성취 또는 모범을 보이는 것과 관련된 사항이기 때문이다. 각 구성원들의 가치를 중요시 하되, 모든 사람들이 바람직스럽게 생각하는 행동이나 업적에 대하여 인정해주는 것은 아주 중요한 의미가 있다.

목표는 공유 가치와 기준에 대한 사람들의 관심을 집중시킨다. 목표는 비전을 볼 수 있는 눈을 뜨게 하며, 사람들을 궤도에서 이탈하지 않게 한다. 목표는 그들이 선택해야 할 행동이 무엇인지 선택하게 하며, 개선해야 할 시점을 알려주며, 옳은 길을 가는지 알려준다. 또한 핸드폰을 방해 금지 모드로 설정하게 하고, 적절한 일정을 잡고, 중요한 일에만 관심을 집중하는 데 도움을 준다. 그리고 깨닫든 깨닫지 못하든 간에 목표는 사람들이 자신에 대해 생각하는 자기 인식을 형성하는 데 기여한다. 클레어몬트대학원 심리학과 교수인 미하이 칙센트미하이가 지적했듯이, "우리가 추구하는 목표는 우리가 지향하는 자아를 형성하고 결정한다. 지속적인 목표 설정이 없으면, 일관성 있는 자아를 형성하기 어렵다."[7]

피드백을 제공하고 구하라

사람들은 자기가 목표를 향해 전진하는지 그냥 시간만 보내는지 알고 싶어 한다. 도전적 목표가 있고 개선에 대한 피드백을 받을 때, 과제 수행에 대해 동기가 높아진다.[8] 피드백이 없는 목표나 목표가 없는 피드백은 구성원의 동기 부여에 영향을 미치지 못하며, 그 일에 들이려는 노력도 감소한다. 150개국의 1,000개 이상의 조직을 대상으로 실시한 글로벌 연구에서 응답자 중 3분의 1 이상은 리더에게서 피드백을 받는 데 석 달 이상 기다려야 한다는 결과가 나왔다. 응답자의 거의 3분의 2는 동료들로부터 피드백을 더 바란다는 의견이었다.[9]

W. L. 버틀러 건축회사에서 부서장으로 재직하던 시절, 에디 타이(Eddie Tai)는 채용, 교육, 경력 개발, 승진 업무를 담당하였다. 에디는 "정기적으로 피드백해주면 자기 교정에 도움이 되고, 큰 시각에서 자기가 담당할 개별적 역할을 이해하게 됩니다. 성과에 대한 피드백 없이 목표를 세우거나 목표에 대한 성과가 무엇인지 정하지 않으면, 불완전한 결과를 가져오게 됩니다"라고 지적했다. 구성원은 이 주장을 어떻게 생각하는가? 어떤 직원은 이렇게 말했다. "피드백을 받는 것은 성장을 위해 가장 중요한 부분입니다. 제가 어느 위치에 있는지 알지 못하면, 어디로 가야 할지 계획을 세울 수 없으니까요." 그는 계속해서 말했다. "저는 실수했을 때 피드백을 받는 것을 좋아합니다. 그 이유는, 이번에 한 실수를 주의하고, 다음번에는 더 잘 하려고 노력하기 때문입니다. 실수하지 않는다면 이를 통해 배우기 어려워지고, 실수를 지적해주는 동료

제11장 공헌을 인정하라

가 없다면 실수를 가볍게 여기고, 이를 고치려고 노력하지 않을 것입니다."

피드백은 학습 과정에서도 핵심적 역할을 한다. 예를 들어, 피드백이 없다면 자신감이 어떻게 될지 생각해보자. 어떤 연구에서 학자들이 수백 명의 사람에게 같은 과제를 주고, 그들이 이 과제를 얼마나 잘 수행했는지 평가했다. 그들 중 일부는 칭찬을, 일부는 비판을 받았지만 일부는 아예 성과에 대한 피드백을 받지 못했다. 그들의 성과가 어떠했는지 아무런 말도 듣지 못한 사람들은 비판을 받은 사람들과 마찬가지로 자신감에 타격을 입었다. 긍정적인 피드백을 받은 사람들은 성과가 향상되었다.[10] 성과에 대해 아무 말도 하지 않는 것은 구성원, 리더, 조직 누구에게도 도움이 되지 않는다. 사람들은 피드백에 목말라 한다. 그들은 자기가 얼마나 잘하는지 알고 싶어 하며, 무소식은 나쁜 소식만큼이나 부정적인 영향을 가져온다. 실제로 사람들은 아무런 소식도 듣지 못하는 것보다는 안 좋은 소식이라도 듣고 싶어 한다. 에디 타이의 팀원 중 한 명은 이렇게 말했다. "피드백을 받으면 스킬이 연마될 수 있습니다. 자신이 얼마나 잘하는지 성과를 더 파악할수록, 더 잘할 수 있게 됩니다. 피드백은 어느 부분에 신경 써야 하는지 알려줍니다."

배움은 피드백 없이 얻을 수 없다. 피드백은 목표에 다가가기 위한, 적절한 실행을 위한 유일한 방법이다. 피드백은 당황스러울 수도, 고통스러울 수도 있다. 사람들 대부분은 피드백은 자기 성찰의 필수 요소라는 점을 인식하지만, 피드백을 받기 위해 자신을 노출하는 것을 달가워하지 않는다. 사람들은 더 나아지고 싶은 마음보다는 좋게 보이려는 마음이 더 강하다. 전문가들은 전문성을 개발하거나 숙달하는 데 건설적이고, 때로는 비판적인 피드백이 필요하다는 점을 끊임없이 지적한다.[11]

바로 이 부분에서, 와튼 스쿨의 교수인 애덤 그랜트(Adam Grant)가 "샌드위치 피드백을 제공하지 말라"고 한 말이 떠오른다. 이는 고전적 피드백 기법으로 칭찬과 칭찬 사이에 비판을 끼워 넣는 방식이다. 데이터를 살펴보면, '샌드위치 피드백은 보기만큼 맛이 좋지 않다'고 말한다. 아울러 그는 더욱 건설적으로 피드백 하는 여러 제안을 해주었다. 사람들은 자기를 도우려는 의도로 하는 비판과 개인적으로 더 신경을 써준다고 생각할 때 비판에 대해 수용적인 자세를 보인다. 두 번째, 교정적 피드백은 열등감을 줄 수 있으므로, 피드백으로 인해 경력에 도움이 된 사례를 공유해 피드백에 대한 강도를 높여갈 것을 제안한다. 세 번째, 상대방에게 피드백을 원하는지 물어보라. 일단 피드백을 받기로 하면 자기 결정에 대한 오너십을 갖기 위해 어떤 피드백에 대해서도 방어적 자세를 덜 취할 것이다.[12] 이런 식으로 피드백의 틀을 짜면 피드백은 사람들 대부분이 그토록 원하는 안내자 역할을 충분히 할 수 있다.[13]

피드백과 개인지도는 모든 자기 교정 시스템에서 매우 중요하며, 리더의 성장과 개발에서도 필수적이다. 그러나 우리가 실시한 연구에서는 피드백을 요청하는 것을 리더가 가장 어려워한다는 결과가 나왔다. 우리가 만든 360도 리더십 평가 도구인 '리더십 실천 행동 진단(LPI)'에서 지속해서 리더가 가장 꺼리는 것으로 나타나는 행동은 '나의 행동이 얼마나 구성원들의 성과에 영향을 미치는지 피드백을 요청하는 것'이다. 다시 말해서, 리더와 구성원이 가장 어려워하는 것은 리더가 얼마나 잘하는지를 스스로 인식하게 하는 것이다. 자신의 행동이 주변 사람들의 행동과 성과에 어떠한 영향을 끼치는지 알고 싶어 하지 않는데, 어떻게 이를 통해 배울 수 있겠는가? 이를 한마디로 답하면, "배우지 못한다"가 정답이다. 리더로서 구성원에게 "내가 어떻게 한다고 생각합니까?"를 계속 묻는 것은 리더가 마땅히 해야 할 의무다. 리더가 이 질문을 하지 않는다면, 구성원은 당신에게 알려주지 않을 것이다.

마음을 열고 피드백을 받아들이는 것은, 특히 교정적 피드백일 때, 훌륭한 학생의 특징이며, 특히 원대한 포부를 가진 모든 리더가 함양해야 할 자질이기도 하다. 카길(Cargill)사의 전략 마케팅 담당 임원인 힐러리 홀(Hillary Hall)은 우리에게 자신이 경험한 최고 리더십에서 얻은 핵심 교훈을 들려주었다. "달가워하지 않지만, 자기 성찰과 성장에 필요한 부분이라는 점을 인정하는 것은 다소 고통스럽고 당황스러운 경험이었습니다." 그는 위대한 리더가 되려면, 연습이 필요하고 자신을 비판적 시각으로 보는 관점이 필요하다는 사실을 인식했다.

리더가 명확한 방향감각을 제공하고 그에 따라 피드백하면, 구성원들이 자기의 내면을 돌아보며 최선을 다하도록 격려하게 된다. 목표에 대한 정보와 목표를 향한 진전은 배우고 성취하려는 능력에 영향을 주며, 이는 리더 자신에게도 적용된다. 격려는 다른 형태의 피드백보다도 더욱 개인적이며 긍정적이다.[14] 그리고, 다른 형태로는 이룰 수 없는 것, 즉 리더와 구성원 사이의 신뢰 강화를 이룰 가능성이 높아진다. 이런 점에서 보았을 때 격려는 최고의 피드백이다.

맞춤화하여 인정하라

인정에 대해 가장 흔한 불만은 인정의 방식이 너무나 뻔하고, 평범하며, 맞춤화해서 이루어지지 않는다는 사실이다. 누구에게나 똑같이 적용되는 인정 방식은 진심 없이 마지못해서 하는 것 같고, 사려 깊지 못하다는 느낌을 준다. 대부분 인센티브 시스템과 함께 관료적이고 개성 없는 인정 방식은 흥분을 주지 못한다. 시간이 흐르면, 오히려 냉소감이 커지고, 신뢰에 타격을 준다. 또한 일반적인 격려는 별 영향을 줄 수 없다. 누구도 그런 표현이 특별한 행동을 인정하기 위한 것임을 확신할 수 없기 때문이다.

호주 노바티스의 인사 담당 임원인 나탈리에 맥네일(Nathalie McNeil)은 개인별로 다르게 인정하는 것이 진정성을 표현하는 방법이라고 주장한다. 그러한 진정성은 개인적 차원에서 사람을 파악하고, 그들에게 진정한 관심을 기울이는 것이다. 그는 "누군가를 특별한 방식으로 인정할 수 없다면, 당신은 그 사람에게 관심을 쏟지 않는 것입니다"라고 말한다. 훌륭한 리더들은 관심을 기울이고 자기 직원을 잘 파악한다. 누군가를 제대로 파악할 때, 그들이 이룬 일을 인정할 뿐 아니라, 그들이 개인적으로 중요하다고 생각한다. 그 이유는 자기가 진심으로 관심을 기울이는 대상과 연관되어 있기 때문이다. 세계에서 가장 큰 레스토랑 기업인 Yum! 브랜드에서는 시상할 때 개인별로 특별한 의미를 부여하게 한다. 리더들이 자필로 쓴 편지를 동봉한다.[15]

적절한 형식의 인정을 표현하기 위해, 리더들은 각 구성원이 동기 부여를 느끼는 방식을 알 필요가 있다. 웰스 파고 은행의 기업금융 관리자인 루이스 자발레타(Luis Zavaleta)는 팀원을 개인적으로 파악하는 데 관심이 없었던 한 리더를 기억한다. 그는 오로지 금전적 수단으로만 격려를 표시했는데, 결과적으로는 자신이 의도했던 것과 정반대의 결과를 가져왔다.

> 대부분 팀원은 리더에게 받는 금전적 보상을 무관심하게 받아들였습니다. 우리는 그 돈이 어디에서 왔는지, 그러한 보상의 근거가 무엇인지, 아무런 축하나 예고도 없이 월급에 딸려 나오는 알 수 없는 보너스를 받곤 했습니다. 우리가 기울인 노고에 무심한 경영진에게 불만을 느끼게 되었습니다. 피드백이 없었기에 자기

가 잘하는지 성과에 대한 판단이 서지 않았고, 그 결과 사기가 떨어지고 생산성이 저하되는 결과를 초래했습니다.

그 리더는 구성원의 목표나 욕구에 관심이 없었기에, 직원 만족도 저하와 직원 근속률이 감소했다고 말한다.

사람들은 가장 의미 있는 인정에 대하여 하나같이 개인별로 다르게 해주는 것이라고 말한다. 그런 축하를 받으면 특별한 느낌을 받는다고 한다. 개인적인 인정과 보상을 받을 때, 보상과 더불어 받는 사람의 감정을 흔드는 자극이 전해진다. 바로 이 점이 개인이 좋아하고 싫어하는 것들에 리더가 관심을 기울여야 하는 이유다. 러시아 철도회사의 국제 협력부서장인 알렉세이 아스타페브(Alexey Astafev)는 다음과 같은 사실을 관찰했다. "구성원들이 최선을 다하도록 격려하기 위해서, 당신은 그들의 업적을 인정하고 그들이 신뢰받고 존중받는다는 느낌을 주어야 합니다. 인정하는 방식은 개인별로 달라야 하며, 정확하고, 눈에 보이는 것이어야 합니다. 큰 상을 주더라도 제대로 주지 않고, (상의 의미를) 올바르게 이해하지 못하면, 최고를 끌어낸다는 목적을 실현하지 못하고 잊힐 것입니다. 캠벨 수프 컴퍼니에서 극적인 성과 향상을 이룬 더그 커넌트(Doug Conant)는 이메일과 회사 인트라넷에서 '남다른 변화를 가져온' 직원에 대한 소식을 살펴보는 데 하루에 2시간씩 할애한다. 그는 적어도 하루에 10개의 쪽지를 보내는데, CEO로 재직하는 10년 동안 직급을 막론하고 모든 직원에게 3만 개의 쪽지를 보냈다고 한다. 그는 이렇게 말한다. "저는 쪽지가 무의미한 인사보다 더 깊게 생각해주는 마음이라는 것을 확신했고, 그들이 기여한 성과를 축하하는 데 집중했습니다."[16]

구성원을 파악하라

메이저 리그 축구 클럽인 산 호세 어스퀘이크(San Jose Earthquake)와 연계된 여학생 축구부의 코치인 스테파니 소르그(Stephanie Sorg)는 자신이 시도했던 행동이 아무런 효과 없이 단조롭고 반복적이었던 탓에 이에 대해 감사하는 마음이나 동기 부여가 이루어지지 않았다는 점을 인정했다. 그는 이를 깨닫고 학생 각자의 실력을 향상하고 건강한 분위기를 유지하려고, 선수들의 마음속에 열정의 불을 지피는 것을 최우선 과제로 삼았다.

제11장 공헌을 인정하라

스테파니는 학생들이 원하는 것에 더욱 관심을 쓰기 시작했고, 경기력 자체에는 신경을 덜 썼다. 노력을 인정하는 데 더 많은 시간을 할애하고, 개인적으로 열심히 노력하는 친구들에게 만족감을 표시하였다. 한 발짝 더 가까이 다가가 그들에게 관심과 몰입을 진정으로 표현하면서, 선수들이 얼마나 잘하는지 칭찬해주었다. 한 예로, 연습이 끝나면 선수 한 명을 한쪽으로 불러 연습 도중에 보여준 모범적 행동을 특별하게 칭찬했다.

> 연습량을 완벽하게 소화하기 위해 전력을 다하고 최선을 다해 역할을 완수하기 위해 선수가 취한 행동을 칭찬해주는 일이 경기력 향상에 얼마나 중요한지 주목했습니다.
> 이 선수를 만나는 것 외에도, 이 팀이 훌륭한 경기를 했을 때는, 저는 연습을 잠시 멈추게 하고 경기를 승리로 이끈 선수를 칭찬했습니다. 가끔 훈련과 경기가 끝나면, 선수 중 일부는 저에 대한 인식이 달려져서 세부 사항을 상의하려는 것을 알게 되었습니다. 제가 피드백을 주면, 선수들은 관심을 집중하는 모습을 보였고, 지적한 사항을 이해하고 감사하다는 표시를 하기도 했습니다.

스테파니의 일화에서 보듯이, 인정을 개인적으로 의미 있게 하려면, 먼저 구성원을 잘 파악해야 한다. 인정을 개인별로 다르게 하고, 특별한 느낌을 주려면, 조직도에서 구성원의 역할을 살펴보고 그들의 마음속을 들여다봐야 한다. 구성원이 어떤 사람들이며, 그들이 느끼는 감정과 생각을 파악해야 한다. 함께 복도를 걸으며, 나무를 심고, 정기적으로 소모임을 갖고, 직원들, 주요 협력업체, 고객과 함께 돌아다녀 보는 것이다. 관심을 집중하고, 인정을 개인별로 다르게 하고, 감사의 마음을 창의적이고 적극적으로 하면 당신에 대한 신뢰가 높아진다. 이런 관계는 인력이 점점 더 글로벌화되고 다양화할수록 더 중요해진다. 리더가 자기들에게 진정으로 관심을 기울인다는 사실을 알면, 그들도 당신에게 진심을 보일 것이다. 관심을 보여주는 것은 문화적 정서적 거리에 다리를 놓는 중요한 방법이다.

친밀성은 두 사람이 서로 소통할 수 있다는 사실을 가장 잘 예측할 수 있는 요소이므로, 동기를 부여하는 요소를 파악하려면 사람들에게 다가가 그들이 좋아하는 것과 싫어하는 것, 어떤 인정을 가장 감사하게 생각하는지 알 필요가 있다. 하지만 관리

상의 목적으로 리더는 구성원과 너무 가까워져서는 안 된다는 통념이 있으므로, 리더는 직장에서 구성원과 친구까지는 될 수 없다.[17] 이 점은 별도로 생각해보자.

지난 5년간, 연구개발 관련 의사 결정 과제를 수행하는 친구들로 구성된 집단과 서로 피상적으로만 아는 지인들로 구성된 집단을 관찰했다. 결과는 확실했다. 친구들로 구성된 집단은 평균적으로 지인 집단보다 3배나 더 많은 프로젝트를 완수했다. 의사 결정 과제에서는 친구들로 구성된 집단이 지인들로 구성된 집단보다 의사 결정의 효과가 20퍼센트 이상 높았다.[18] 하지만 여기에는 중요한 단서가 있다. 친구 집단이 정해진 목표에 강하게 몰입해야 한다. 그렇지 않다면 친구들로 구성된 집단의 성과가 지인 집단보다 높지 않을 수도 있다. 바로 이 점이 우리가 앞서 말한 리더가 명확한 기준을 갖고 있어야 하고, 목표와 가치를 공유하는 상황을 창조해야 하는 이유다. 성과를 생각한다면, 기준을 준수하고 당사자 간 우호관계를 유지하는 것이 필요하다. 게다가 리더와 좋은 관계를 유지하는 직원들은 직무만족도에서도 2배 반 이상 높은 것으로 나타난다.[19] 자신이 어떤 사람이며 자신이 원하는 것이 무엇인지 상대가 안다고 생각할 때, 사람들은 자기를 알아주는 사람을 더 따를 것이다. 다른 사람과 연관성을 느끼면, 친구라고 여기는 사람들을 실망하지 않게 하기 위해 더 열심히 일하려는 동기를 갖는다. 사람들은 직장에 친구가 있다고 느낄 때, 회사에 더 오래 남아 있게 된다.

인센티브를 창조적으로 기획하라

타인을 인정하고 감사를 표시할 때, 고장 난 라디오처럼 계속 똑같은 방식으로 칭찬하는 것은 좋지 않다. 구성원의 기여에 대하여 창조적으로 인정하는 일은 팀원들의 리더에 대한 유능함 평가와 팀원들이 직장에 대해 느끼는 만족도에도 중요한 영향을 준다. 예를 들면, 팀원들을 독창적인 방식으로 인정하기 위한 노력을 거의 하지 않은 리더들에 대하여 유능하다고 강하게 동의한 구성원은 8퍼센트 미만에 불과했다. 이와는 대조적으로 팀원이 관찰했을 때, 거의 언제나 팀원들을 새로운 방식으로 인정하기 위해 노력하는 모습을 보여준 리더의 경우, 그들이 유능하다고 팀원들이 답한 비율은 82퍼센트에 육박했다. 이 리더십 행동에서 양극단에 위치한 팀원들이 느끼는 몰입과 동기 부여의 수준은 2배 이상 차이가 났다.

도나 윌슨(Donna Wilson)은 개인별로 다르게 인정하기 위한 노력에서 창의성을 보여주었다. 오클라호마주 툴사(Tulsa)에 위치한 NBC 계열사 KJRH 방송국의 임

제11장 공헌을 인정하라

원이자 총책임자였던 그는 직원을 인정하는 데 자기 돈 300달러를 사용한다면, 많은 직원을 감동시키지 못할 것으로 생각했다. 그 대신 그 돈을 15명에게 나누어 주면서 그들에게 한 달 동안 다른 직원의 사기를 높이는 데 사용해 달라고 부탁했다.[20]

도나는 이 일이 상당히 재미있을 것이라고 믿었고, 실제로도 효과가 있었다. 어떤 이는 촬영 기사에게 주유소에서 사용할 수 있는 가스 카드를 주거나(차량 가스비 부담을 한 번이라도 줄여주기 위해), IT 직원을 위해 아이튠즈 카드를 구매하거나(일반적인 음악보다는 자기 취향에 맞는 음악을 고를 수 있게) 동료와 함께 나가서 점심을 먹기도 했다. 그중 한 가지 특이한 예는 '빅 피시 상(Big Fish award)'이었다. 사업 개발팀에서는 그달 '스타 성과자'의 근무 공간에 거대한 플라스틱 생선 모형을 걸어 놓았다. 이 생각이 매우 창의적이고, 재미있어서 한 달이 지난 후에도 계속 인정 방식으로 활용되었다.

도나의 경험이 강조하듯이, 리더는 한정된 범위로만 선택할 수 있는 조직의 공식적 보상 제도에만 의존해서는 효과가 없다. 승진과 급여 인상은 한정된 자원이다. 직원들이 금전에만 반응하리라 추측하는 실수를 하지 말라. 급여 인상과 보너스는 확실히 중요하지만, 감사와 보상에 대한 개인적 욕구는 금전의 힘을 능가한다. 가볍지만 재미있고 예상치 못한 보상은 충분히 예상되고 공식적인 보상보다 더 의미가 있다.

보상은 그 형태가 매우 특별하고, 적절한 행동 직후에 주어질 때 가장 효과를 발휘한다. 리더가 발휘할 수 있는 가장 중요한 영향력 중 하나는 직원이 올바르게 일하는 것을 관찰하고 그 자리에서 또는 사람들이 모인 자리에서 그들을 보상할 수 있다는 점이다. "가장 긍정적인 영향을 주는 인정 형태이자 가장 흔히 활용되는 방식은 즉석에서 인정하는 것입니다"라고 오포툰(Oportun)의 최고 인사 책임자인 소니아 클라크는 말한다.

월마트 글로벌 이커머스 분석팀 관리자인 비스와짓 사후(Biswajit Sahoo)는 칭찬이 구성원을 자만하게 할지도 모른다는 생각에 처음에는 칭찬에 인색했음을 인정했다. 그는 대개 과제가 완성될 때까지는 어떠한 긍정적 피드백도 하지 않는다고 말했다. 그러다 긍정적 격려가 가져다주는 영향을 곰곰이 생각한 끝에, 이제는 일이 마무리되면 즉석에서 팀원에게 피드백한다고 한다. 그는 아무리 작은 긍정과 감사의 표현이라도 즉석에서 이루어지면 나중에 하는 것보다 훨씬 더 의미 있다는 사실을 깨달았다. 주간 업무 미팅에서 그는 팀원이 마무리한 훌륭한 일을 인정하는 기회를 갖는다. 이러한 행동은 다른 팀원들에게도 서로 한 일을 공식적으로 인정하게 하는 효과가 있다고 한다. 많은 조직에서, 성과와 인정 사이의 시차가 너무 길어 인정의 의미가 사라질 때가 많다. 몇 달 후에 피드백한다면, 당사자도 자기가 무슨 일을 했는지 기억하기 매우 어렵다.

금전이 일하게 하는 동기라는 점은 부인할 수 없지만, 특별히 뛰어난 업무를 수행할 수 있게 하는 것은 아니다.[21] 조직의 공식적 보상체계에만 전적으로 의존한다면, 당신이 활용할 자원은 한정적이다. 사실 직원은 모든 종류의 비공식적 인정과 보상에 반응을 보이며, 그것은 그러한 인정과 보상을 얼마나 창의적이고 개인별로 다르게 하는지에 달려 있다. 우리는 속을 채운 기린, 무지개가 그려진 얼룩말 포스터, 팀 사진이 나온 머그잔, 크리스털 모형의 사과 등 감사를 표시하는 수백 가지 다양한 방식을 살펴보았다. 우리는 언어적 또는 비언어적 방식으로 정교하게 또는 겸손하게 표현한 인정 방식도 살펴보았다. 친절함과 배려에는 한계가 있을 수 없다.[22]

진정한 인정은 꼭 손에 잡히는 것이어야 할 필요는 없다는 사실을 이해하는 것이 중요하다. 모범적인 리더들은 내적 보상, 즉 일 자체를 경험하는 데에서 생기는 보상을 광범위하게 사용한다. 여기에는 성취 의욕이나, 창의성을 발휘할 기회, 일에 대한 도전이 포함된다. 이 모든 것은 개인의 노력과 직접 연관되어 있다. 이러한 보상은 직무 만족과 몰입, 직원 근속과 성과를 향상하는 데 급여와 복리후생보다 훨씬 더 중요하다.[23]

이 모든 것은 배려에 관한 것이다. 리더가 사용하는 기법 중 진정으로 관심을 표현하는 것에 비길 것은 없다. 사람들은 가슴속에 개인적 관심을 두었다는 것을 알 때 감사해 하며, 이를 자신의 업무 성과로 나타내기 위해 더 신경을 기울이게 된다. 당신이 진정으로 관심을 가질 때, 비록 가장 작은 몸짓이라 하더라도 그런 행위는 커다란 보답을 얻게 한다.

'고맙다'고 표현하라

사람들은 가장 강력하면서도 돈이 들지 않는 '고맙다'는 이 한마디 말을 하는 것에 인색하다. 사실 이것은 미국에서 가장 오랜 역사를 가진 존경받는 법률회사인 설리번 앤 크롬웰(Sullivan and Cromwell)에서 그들이 발견한 것이다. 오랜 세월 동안, 그들은 최고의 로스쿨에서 채용한 귀중한 신입 1년 차 직원들이 회사를 떠난다는 사실을 알게 되었고, 그 이유를 알기 위해 설문 조사를 했다. 그들이 발견한 사실은 충격 그 자체였다. 직원들이 퇴사하는 이유는 돈이나, 근무 시간, 일 때문이 아니었다. 젊은 변호사들은 선임자들에게서 그들의 노고를 인정받지 못했기 때문이다. 그 결과로, 회사는 매우 단순한 정책을 제정했다. 모든 선임자들에게 그들이 도움이 필요할 때마다 '플리즈(please)'와 '땡큐(thank you)'라는 말을 사용하게 했다. 1년이 지나자, 설리번 앤 크롬웰은 미국 변호사 잡지에서 일하기 좋은 최고의 로펌으로 선정되었다.[24] 설문 조사에 따르면 대다수 사람(81퍼센트)이 감사의 마음을 표시하는 리더와 일할 때 근무 의욕이 더 생겨난다는 사실을 지적하였다. 또 70퍼센트는 리더가 자신에게 고맙다는 말을 정기적으로 자주 해줄수록 기분이 더 좋아지고 의욕이 생겨난다는 사실이 나타났다.[25]

호주, 뉴질랜드 및 유럽에서 일류 숙박업체인 TFE 호텔의 CEO인 레이첼 아르가만(Rachel Argaman)은 자신의 신념을 더욱 적극적으로 주장하였다. "구성원들은 격려받는 직장의 일원이 되고 싶어 하고, 그런 곳에서 그들은 차이를 만들어내고 인정을 받으려고 노력한다.[26] 리더들은 모든 구성원이 남다른 변화를 이루어낼 수 있다는 확신을 가져야 하며, 그렇게 하기 위한 한 가지 방법은 격려하는 것입니다. 감사의 마음을 전하는 것은 리더의 감정이 성과를 견인하는 핵심적인 계기가 된다는 점을 알려주는 것입니다." 예를 들면, 레이첼은 모든 직원에게 해마다 지급하는 보너스 레터를 직접 작성한 메모로 대체하는데, 이 일에 꼬박 나흘이 걸린다고 한다. 직원들 각자가 주도했던 특별한 행사나 특별한 변화를 가져온 조치나 행동을 언급하며, 마지막에는 '감사하다'는 말로 끝을 맺는다. 특별히 상황이 힘들었을 때도 계속 버티게 한 힘이 무엇이었냐는 질문에 대해, TFE의 직원은 레이첼에게 받은 "정성껏 쓴 작은 편지"였다고 말했다. "직접 쓴 편지가 절 이제까지 버티게 한 힘입니다."

누군가가 내 노력을 알아주고, 인정해주며, 감사하는 마음을 전해주는 것보다 더 중요한 기본적인 욕구는 찾기 힘들다. 직원들은 개인적인 칭찬이 가장 강력한 비금전적 동기가 된다고 말한다.[27] 놀라운 업적은 칭찬이 넘쳐나는 분위기에서 더욱 활짝 피어난다. 연구 결과에 따르면 성과 인정은 직원의 몰입도에도 큰 영향을 끼친다. 아울러 이 연구에서는 충분히 인정받은 직원이 상대적으로 인정이 약했던 직원보다 더 혁신을 추구하며, 월 기준으로 볼 때 2배 이상의 아이디어를 더 제출하는 것으로 나타났다.[28]

우리가 실시한 연구에서, '업무를 잘 수행한 직원을 칭찬하는' 리더의 행동에 대해 평균 이상의 점수를 부여한 부하 직원들이 평균 이하라고 답한 부하직원들보다 더 높은 자부심과 동기를 나타냈고, 조직의 성공에 더 몰입하는 경향을 보였다. 연구에서는 고성과 팀은 부정적인 표현보다 적어도 3배에서 6배나 더 많은 긍정의 표현을 한다는 사실이 나타났다. 중간 수준의 성과를 보이는 팀은 2배나 더 많은 긍정의 표현을 했고, 성과가 낮은 팀은 3배나 많은 부정적 표현을 하는 것으로 나타났다.[29]

누군가의 힘든 일과 공로를 인정하는 일은 언제나 가치가 있다. 우리는 손을 내밀고, 미소를 짓거나 간단하게 '고맙다'는 말을 해야 한다는 사실을 너무나 쉽게 망각한 채 살아간다. 자신의 성과에 대해 리더나 동료가 당연시하는 것을 볼 때, 사람들은 좌절감을 느끼고 의기소침해진다. 때때로 사람들은 마감에 쫓겨 이 사실을 간과하거나 제시간에 결과물을 도출해야 한다는 압박감 때문에 감사함을 표시하는 것을 잊어버린다. 그러나 고맙다는 표현을 하기 위해, 그 자리에서 단 몇 분간을 지체하는 것은 매우 중요하다. 올리비아 라이(Olivia Lai)는 킴벌리 클락(Kimberly Clark)에서 고객 서비스 팀을 관리하던 시절 팀원들에게 "고맙습니다", "도와주셔서 진심으로 감사합니다", "그분의 입가에 피어나는 미소를 봤어야 하는데요"라고 한 표현들이 정말 중요한 의미가 있었다고 회상했다. "그런 표현을 하면, 그들의 업무가 다른 사람에게 인정받는다는 따뜻한 느낌을 전해줍니다. 올리비아는 리더가 해야 할 일은 재무 성과를 달성하고 연간 목표를 달성하는 것만이 전부가 아님을 이해한다. 리더의 역할은 신뢰와 개인적 유대를 통해 팀의 승리에 이바지하는 것이다. 여기에는 등 뒤에서 어깨를 두드리거나, 악수하고, 미소를 지으며 "열심히 일해줘서 고마워요"라고 말하는 것도 포함된다.

고마움을 표시함으로써 또 한 가지 개인적으로 얻는 혜택이 있다. 캘리포니아대학교 심리학 교수인 로버트 에몬스(Robert Emmons)는 고마움을 표시하는 사람들은 그렇지 않은 사람들보다 더 건강하고, 낙천적이며, 긍정적이고 스트레스에 잘 대처한다는 사실을 발견했다. 또한 더욱 주의를 기울이며, 기운이 생기며, 더욱 긍정적으로 바뀌고, 회복 탄력성이 커지고, 타인을 기꺼이 도우려는 마음이 생겨나고, 더욱 관대해지며, 중요한 목표를 향해 더욱 진보한다고 했다.[30] 이와 비슷한 관점으로, Yum! 브랜드의 창업자이자 최고 경영자를 지낸 데이비스 노박(Davis Novak)은 성공으로 향하는 길은 맛있는 음식과 훌륭한 서비스, 혁신적인 메뉴와 가치가 전부가 아니었다고 말한다. 그것은 바로 인정(認定)의 힘이었다. "인정을 이해하기 위해 중요한 것은 그들이 누구인지, 그들이 어떤 일을 하는지, 그들이 어느 지역 출신이든 상관없이, 모든 사람에게 인정해주는 것입니다."[31]

감사함을 표시하고 인정해주는 행동의 놀라운 점은 그 행동을 하는 게 크게 어렵지도 않고 높은 사람들만이 할 수 있는 일도 아니라는 점이다. 이 일은 거의 돈이 들지 않지만, 당신에게 매일 배당금을 부여한다. 이보다 더 매력적인 투자는 없다.

실천 사항

공헌을 인정하라

모범적인 리더는 자신과 구성원에 대한 긍정적인 기대를 한다. 그들은 최고의 성과를 기대하며, 평범한 사람도 놀라운 행동과 결과를 실현할 수 있다는 자성적 예언을 하도록 한다. 모범적인 리더의 목표와 기준은 명확하며, 구성원이 해야 할 일을 하게 돕는다. 그들은 명확한 피드백과 강화(reinforcement)를 제공한다. 긍정적 전망을 유지하고 동기를 부여하는 피드백을 제공함으로써, 그들은 사람들의 에너지와 동기를 자극하고, 그들의 의지에 다시 불을 지피며, 그 일에 집중하게 한다.

모범적인 리더는 비전과 가치에 몰입하기 위해 개인이 하는 일을 인정하고 보상한다. 그들은 조직의 제도적 한계를 훨씬 벗어나 감사함을 표시한다. 그들은 자발적이고 창의적인 방식으로 고마움을 표현한다. 개인적으로 인정하려면 무엇이 개인적, 문화적으로 적합한지 아는 것이 필요하다. 누군가의 노력을 인정하는 일이 처음에는 불편하거나 당황스러울 수도 있으나, 이는 그 사람들과 개인적으로 유대를 맺으며 시작할 수 있다. 작은 감사의 행위를 통해 구성원에게 무엇이 효과가 있으며 개인적인 인정을 어떻게 하는 것이 좋을지 파악하라.

구성원의 열정이 우러나게 하려면 개인의 뛰어난 성과에 대해 감사를 표시함으로써, 그들의 공헌을 인정해야 한다. 그렇게 하려면 당신은 다음 사항을 명심해야 한다.

1. 팀과 개인이 성취할 수 있는 수준에 대한 높은 기대를 유지하라.
2. 당신의 긍정적 기대를 정기적으로 명확하게 소통하라.
3. 피드백을 주고받는 환경을 편안하게 느낄 수 있게 하라.
4. 남들과 확실하게 구별되는 격려 방식을 발견하라. 아는 척하지 말고 물어보라. 질문과 관찰의 시간을 가져라.
5. 인정에 관한 한 창의적 방법을 찾아라. 마음에서 우러나 즐겁게 하라.
6. '고맙다'는 말이 일상에서 자연스럽게 나올 수 있게 하라.

제12장

가치와 승리를 축하하라

"불행하게 살기에 인생은 너무 짧습니다." 찰스 앰버랑(Charles Amberlang)은 이렇게 말했다. "인간은 함께 웃고, 재미있는 유머를 즐기고, 훌륭한 일에 감사를 표시하는 등 다른 사람의 일에 관여할 수 있는 경험을 하고 싶어 합니다."[1] 그의 공식 직함은 산타클라라대학교 인사 부문 이사지만, 그는 HRCEO 또는 동기 부여 최고 책임자로 통한다.

찰스가 인사 부문을 총괄하게 되었을 때, 사기는 땅에 떨어져 있었고 직원들은 불안감에 가득 차 있었다. 성공을 인정해주지 않고, 실패를 심하게 질책하는 분위기가 팀 전체에 만연했다. "팀에는 개인을 인정하고 공동의 노력을 인정해주는 사람이 필요했습니다. 저는 모든 팀원을 팀 성공에 기여하는 구성원이라고 격려하고 대학 공동체가 추구하는 가치와 서비스를 위해 헌신을 다할 수 있게 구성원의 사기를 북돋우는 데 집중했습니다."

찰스는 구성원에게 그들의 성공을 확신한다는 믿음을 규칙적으로 보여주었다. 또한 팀이 이룬 성과를 축하하려고 함께 동네 식료품점에 가서 물건을 구매하거나,

막대 사탕이나 아이스크림을 한 상자 가득 구매하는 등 생각지도 못한 돌출 행동을 보여주기도 했다. 그는 사무실에 갖고 온 아이스크림과 마트에서 사온 짐을 잔뜩 풀어놓고, 스마트폰을 켠 후 아이스크림 트럭에서나 나올 듯한 음악을 틀어 놓은 채 사무실 곳곳을 돌아다니며 모든 직원에게 시원한 간식을 고르게 했다.

찰스는 팀을 자축하는 나들이, '인사 부문 영화 관람의 날' 같은 문화행사를 하기도 했다. 블록버스터 영화가 새롭게 상영되면, 그는 영화 티켓을 충분히 구매해서 모든 인사부 직원의 가족과 친구를 초청해서 영화를 함께 관람하고 식사도 하면서 영화가 어땠는지 서로 이야기하고, 여기에서 느낀 점을 직장에서 어떻게 활용할 수 있을지를 토의하기도 했다. 그는 연례행사로 인사부 직원과 그들의 가족과 함께 금요일에 지역 마이너 리그 야구 경기를 관람하는 행사를 주관했다. 팀원 중 한 명은 그 소감을 이렇게 말했다. "한 주의 마지막을 동료와 가족들과 함께 보내는 것은 정말 재미있고 휴식 같은 시간이었습니다." 찰스가 팀에 대해 직접 감사를 표시하는 독특한 노력은 여기에서 끝나지 않는다. 최근에 개최한 '직원 감사의 날'에 찰스는 직원에게 30통이 넘는 감사 편지를 썼다. 이와 함께 자신이 직접 고른 작은 피규어를 나누어 주면서, 그가 직원들을 생각하는 특별한 마음을 보여주었다.

찰스는 아이디어를 꺼내기 어렵거나 정상적 경로에서는 시도하기 힘든 과제를 추진하기 위해 인사 부문을 '함께 일하고 함께 돕는 팀'으로 바꾸었다. 개인이자 팀의 일원으로, 모든 구성원이 혁신을 위한 권한과 지원을 받으며 아이디어를 제시할 수 있게 독려하였고, 그 후 그들은 팀과 개인이 이룬 성취를 축하하는 시간을 가졌다. 어느 때도 찾아볼 수 없었던 팀의 강한 응집력과 협력을 보여준 사례였다. 한 팀원은 찰스에 대해 다음과 같이 말했다.

> 찰스는 동기 부여 최고 책임자로서, 우리가 모두 부문 전체의 성공을 위해 기여해야 한다는 점을 보여주었고, 계속해서 즐겁고 독특한 방식으로 직원의 몰입과 성과 실현을 도모했습니다. 그는 일을 보람 있고 즐겁게 만드는 데 특별한 재능이 있었습니다.

찰스 앰버랑의 실천과 인사 부문의 경험은 우리가 하는 연구의 목적을 확인해준다. 리더가 탁월한 노력을 보이고 귀감이 된 사람들에게 공개적으로 경의를 표할 때,

'직장에서 우리는 모두 하나'라는 모습을 보여줄 때, 직원들이 함께 머무르고 싶은 근무 환경을 창조할 때, 성과는 향상된다. 바로 이 점이 모범적인 리더가 아래에 제시된 2가지 사항을 제대로 알고 가치와 승리를 축하하는 것을 실천하는 이유다.

① 공동체 의식을 창조하라.
② 구성원과 함께하라.

리더가 구성원을 하나로 만들고, 집단의 힘으로 이루어낸 성공에 기뻐하고, 감사의 마음을 직접 표시할 때, 공동체 의식은 강화된다. 개인적으로 모든 사람이 놀라운 변화를 이루기 위해 헌신한다는 사실을 명확하게 인식하게 된다.

공동체 의식을 창조하라

대부분 조직에서는 동호회 운영을 귀찮은 것으로 생각한다. 하지만 그렇지 않다. 인간은 사회적 동물이며, 인간의 마음에는 타인과 관계를 추구하려는 속성이 있다.[2] 함께 일을 도모하거나 커뮤니티를 형성하면서, 인간은 이런 방식으로 공동의 유대감을 형성한다.

사회적 관계가 강력해지고 다양해질 때, 신뢰와 상호주의, 정보의 소통, 집단적 행동과 행복이 커진다. 다시 말하면, 부가 증대하는 것이다.[3] 요즘 가장 빠르게 성장하고 가장 잘 나가는 기업은 사회적 관계에 대한 필요를 채워주는 사업을 영위하는 기업들이다. 왓츠앱, QQ, 위챗, 큐존, 인스타그램, 트위터, 페이스북 및 스카이프는 1억 명 이상이 사용하는 소셜 네트워킹 사이트의 일부일 뿐이다.[4] 연구자들은 소셜 네트워킹 사이트 사용자들이 이를 사용하지 않는 사람들보다 '친구가 훨씬 더 많고, 서로 간에 친밀도도 더 높다'는 사실을 발견했다.[5] 사회적 자본도 물리적이고 지적인 자본만큼이나 성공과 행복의 중요한 원천이다.

기업 차원에서 축하 행사는 연결과 사회화, 공동체라는 느낌을 일으키는 욕구를 자극하는 데 가장 나은 방법이다. 기업의 축하 행사를 연구하면서 우리는 다음과 같은 사실을 발견했다. "축하는 삶에 열정과 목적을 불어넣는다. 구성원이 하나로 되게 하고 공동의 가치와 믿음으로 연결한다. 행사와 의식은 공동체를 창조하며, 개인의 영혼과 공동체 정신을 하나로 묶어준다. 모든 일이 잘 돌아갈 때, 이러한 행사는 모두의 어깨를 기쁨으로 들썩거리게 만들고, 힘들 때는 구성원을 하나로 뭉치게 하며, 앞으로 더 좋아질 날이 올 것이라는 희망과 믿음에 불을 지핀다."[6] 구성원이 이룬 성취를 축하하는 방법을 찾는다고 답한 리더와 그렇게 하지 않는다고 답한 리더를 둔 팀원이 느끼는 자부심, 동기 부여, 몰입의 차이는 25퍼센트로 상당히 큰 편이다. 축하 의식을 통해, 리더는 공동체 의식을 고취하고, 특히 스트레스가 높고 불확실한 상황에서는 번영을 위한 사회적 지원을 형성하고 유지한다.

때때로 축하는 복잡한 의식을 수반할 수도 있지만, 대체로 일상적으로 이루어지는 행동이나 행사를 조직이 추구하는 가치와 조직이 이룬 성취와 연계하는 방식으로 이루어진다. 모범적인 리더는 구성원에게 그들이 회사에 다니는 이유와 목적을 위해 어떻게 해야 되는지를 이런 기회를 통해 자연스럽게 알린다. 예를 들어, 시게이트 테크놀로지(Seagate Technology)의 전무 쿠르트 리차즈(Kurt Richarz)는 영업조직 전체 구성원과 정기적으로 여는 월간 콘퍼런스 콜을 통해 '기립 박수'를 받은 직원이 집중 조명되는 기회를 부여한다.[7] 이 프로그램은 매우 간단하다. 동료가 간단한 용지에 개인이 기여한 부분이나 업적을 강조하는 내용을 작성해 동료 후보자를 추천한다. 월별 영업 콘퍼런스 콜에서는 수상자의 사진과 그들의 성과를 요약해 발표하고, 쿠르츠는 영업조직을 떠받치는 사람들의 '영웅적 행동'을 강조하고 칭송한다. 그 후, 쿠르츠는 수상자에 대한 감사의 말을 전한 후 바쁜 와중에도 시간을 들여 이러한 행사를 마련해준 사람들에 대한 감사의 말을 전한다. 이러한 공개적이고, 열정적이며, 진심에서 우러나오는 인정 방식은 수상자와 이를 지켜보는 직원들에게 구성원이 조직에서 귀중한 존재로 여겨지고 있으며, 긍정적이고 기를 살려주는 공동체라는 느낌이 들게 한다. 이런 인정방식에 대하여 직장인 10명 중 7명이 더 필요하다고 응답했다. 한편 직장인의 83퍼센트는 남들을 인정하기 위한 노력을 더 할 용의가 있다고 응답했다.[8]

개인이나 단체 또는 조직을 인정하거나 팀의 학습과 관계 형성에서, 축하와 시상 또는 이와 비슷한 행사는 리더에게 공유 가치와 공동의 목표를 실현하는 데 중요한 실천 행동이 무엇인지 확실하게 알리고 강화할 수 있는 절호의 기회이다. 모범적인 리더는 축하와 격려의 문화가 우수 인재를 유지하고, 동기 부여에 필요한 일체감을 형성하는 데 촉매가 된다는 점을 잘 안다. 아무도 기억하지 않고 아무것도 축하하지 않는 지루한 직장에서 일하고 싶은 사람이 누가 있겠는가? 창조적 리더십 센터(CCL: Center for Creative Leadership)의 선임 연구자였던 데이비드 캠벨(David Campbell)은 이를 잘 표현했다.

> 조직에서 진행하는 축하 행사를 우습거나 경박스럽다고 생각하면서 방해하거나 '비용면에서 효과적이지 못하다'라고 말하는 리더는 역사의 리듬과 집단의 동의를 무시하는 것입니다. 축하 행사는 시간의 경과를 느끼게 하는 마침표입니다. 축하 없이는 시작도 끝도 존재하지 않습니다. 축하의 의식을 통해 인생은 끊임없는 수요일의 연속이 됩니다.[9]

성취를 공식적으로 축하하라

11장에서 밝혔듯이, 개인에 대한 인정은 인정받는 사람의 가치를 높여주고 성과를 향상한다. 공식적인 축하도 이런 효과가 있으며, 여기에는 개인적인 인정으로는 할 수 없는 개인과 조직에 대한 지속적인 이익을 더해준다.

한 가지 예로, 공식적 행사는 '약속을 실천하는' 모습을 강조하는 기회로 작용한다. 어떤 직원이 스포트라이트를 받을 때, 다른 직원이 그가 이룬 공적에 대한 스토리를 소개하면 그 사람은 역할 모델이 된다. 그는 가시적으로 조직이 모든 구성원에게 바라는 행동이 무엇인지 알려주며, 구성원이 실천해야 하는 행동이 무엇인지 구체적으로 보여준다. 성취에 대한 공식적 축하는 인정을 받은 사람과 이를 지켜보는 사람 모두에게 헌신하고 싶은 마음을 형성한다. 구성원에게 "계속 좋은 성과 부탁드립니다. 감사합니다"라고 말할 때, 더 큰 그룹을 대상으로는 "우리가 추구하는 가치를 지지하고 신봉하는 분들이 여기 있습니다. 여러분도 할 수 있습니다. 여러분도 성공을 위해 중요한 공헌을 할 수 있습니다"라고 말하는 것이다.

데이터에 의하면 리더가 공유 가치를 실천한 구성원을 공식적으로 인정하는 정도와 조직 구성원이 이룬 변화 및 그들이 하는 일을 소중하게 생각하는 정도 사이에는 높은 상관관계가 있는 것으로 나타났다. 레이먼드 유(Raymund Yu)가 겪은 경험은 이러한 발견을 강조한다. 레이는 인튜이티브 서지컬(Intuitive Surgical)사의 신제

품 설계팀의 팀장이며, 그의 팀은 외과수술용 스테이플러(수술 봉합) 기구를 담당한
다. 그는 종이를 찝는 빨간색 스테이플러를 상으로 수여한다면 시상 취지에도 맞고,
창의적이고 재미있는 아이디어가 될 것으로 생각하고 빨간색 스테이플러와 진열 케
이스를 주문했다. 주간 팀 미팅에서 레이는 빨간 스테이플러 상에 대해 소개했고, 이
상이 갖는 의미를 설명했다. "저는 이 상이 우리가 추구하는 가치가 무엇인지 알려주
고 표현하는 수단이라고 말했습니다. 우리가 추구하는 가치를 몸소 실천한 동료를 인
정하는 상이라는 거죠." 그의 상사와 팀은 모두 그 아이디어를 매우 좋아했고, 스테이
플러 사업부 내의 다른 부서에도 이 상을 시상하는 것을 제안하겠다고 했다. 월간 스
테이플러 제조 리뷰 미팅에서, 레이는 또다시 빨간 스테이플러 상에 관해 설명했다.

> 빨간 스테이플러 상은 동료에게 감사와 인정을 표시하고, 공유 가
> 치의 귀감이 되는 행동을 장려하고 이러한 소통을 증진하려는 방
> 법입니다. 상을 주는 사람에게는 '이 상은 내가 중요하게 생각하
> 는 가치가 무엇이고, 당신의 가치관에 관해 내가 어떻게 생각하는
> 지 알려줍니다.' 이 상은 수상자가 그동안 기여한 공로를 공식적
> 으로 지지한다는 메시지를 줍니다. 빨간 스테이플러 상을 받은 사
> 람은 한 달 후에 그 상을 물려줄 사람을 추천합니다.
> 이 상은 경영진이 업무 절차에서 요구하는 가치를 지키라고 주는
> 상이 아닙니다. 이 상은 여러분을 위해 만들었고, 여러분에 의해
> 만들어집니다. 여러분이 원하고 중요하게 생각하는 것이 무엇인
> 지, 과연 여러분이 왜 여기에 있는지 생각해보시기 바랍니다.
> 이번 달 빨간 스테이플러 상은 서니 라누(Sunny Ranu)에게 돌리
> 고 싶습니다. 그는 팀이 다른 방법을 찾을 때 새로운 검색 도구를
> 사용해 데이터 분석 도구 개발을 주도했습니다. 그는 단순히 방관
> 자의 자세에 머무르지 않고, 다른 사람들이 결정한 방식을 무심코
> 따르지 않으며, 옳다고 생각되며 회사에 최선이 되는 방법을 찾기
> 위해 노력해왔기에 그의 오너십과 용기를 격려하고 싶습니다.

서니는 무대로 나가 그 상을 받았다. 그는 자기가 개발한 데이터 분석 도구를 시
연하는 한편, 이 비밀실험 프로젝트를 수행할 수 있게 도와준 동료에게도 감사의 뜻
을 표시했다. 레이의 말에 따르면, 이 모습을 지켜보던 동료들은 놀라운 감동을 받았

다고 한다.

이 빨간 스테이플러 상은 기존 기업들이 활용하는 인정 방식의 한계를 뛰어넘은 창의적인 상이었다. 레이의 말에 의하면, 이 상은 팀원에게는 금전적 가치가 있는 어떤 상보다 더 큰 의미가 있다. "빨간 스테이플러 상을 받은 후, 서니는 이 상이 자기에게 더 큰 의미가 있다고 말했습니다. 왜냐하면, 이 상은 경영진의 심사 과정을 거치지 않고, 동료들의 추천만으로 수여된 상이기 때문입니다. 이 상은 정말로 진심에서, 마음속에서 우러나온 상이기 때문입니다."

레이가 말한 것처럼 공식적 행사는 구성원이 조직에 남아야 할 이유, 그리고 그들이 공유하는 가치와 비전을 집단적으로 일깨워준다. 조직의 경사를 기념하는 행위가 조직 생활의 일부가 되게 함으로써, 리더는 공동체 의식을 창출한다. 공동체를 형성하는 과정은 구성원에게 그들이 자신보다 더 큰 조직에 속했다는 느낌을 주며, 공동의 목적을 위해 노력한다고 생각하게 한다. 축하는 팀워크와 신뢰에 대한 유대감을 강화하는 역할을 한다.

어떤 사람들은 질투와 분노가 두려워 공개적으로 누군가를 인정하는 것을 꺼린다. 하지만 그런 불안은 잊어도 좋다. 결과적으로 승리하는 모든 팀에는 팀원들이 누구나 인정하는 MVP가 있다. 공식적 축하는 조직의 공유 가치를 강화하고, 구성원이 기여한 공로를 인정하는 의미 있는 기회다. 그들은 뛰어난 성과를 이룬 개인에게 감사를 표시하고 모든 구성원에게 조직이 추구하는 가치, 그들이 제공하는 업무와 서비스의 중요성을 인식시킬 기회를 준다.

사적 보상은 개인의 동기 부여에는 좋지만, 팀에 끼치는 영향은 미미하다. 연구에 따르면, 사람들은 주변 사람들의 기분과 태도를 닮아가는 이른바 정서적 감염(emotional contagion)이 되는데, 사람들은 이러한 감정을 종종 의식적으로는 알 수 없는 방식으로 감지한다.[10] 인간은 타인이 어떤 식으로 행동하는 것을 관찰할 때, 그들의 두뇌에 내장된 회로가 움직인다. 이것은 마치 두뇌가 스스로 작용하는 것처럼 보인다. 누군가를 관찰하면 직접 경험하는 것처럼 뇌에 영향을 준다.[11]

공동의 목적 달성을 위해 공동체를 위한 에너지와 몰입을 일으키려면, 성공을 공개적으로 축하할 필요가 있다. 시상과 축하의 행위는 조직을 더욱 건강한 그룹으로 만드는 기회이며, 이를 통해 조직 구성원은 서로서로 파악하고 관심을 기울이게 된다. 로켓 퓨얼(Rocket Fuel)의 재무 매니저인 브라이언 달튼(Brian Dalton)은 자신이 관찰한 점을 이렇게 말했다. "시상은 누구든지 그 수준 또는 그 이상을 할 수 있다는 기대감을 줍니다. 업무를 훌륭하게 수행한 사람을 공식적으로 인정하면, 훌륭한 일이 어떻게 하는 것이라는 판단의 기준을 제공하는 데 도움이 됩니다. 수상자들은 그들이 조직에서 귀중하게 여겨지고, 그들의 공로가 인정받길 바랍니다. 이에 못지않게 그런 가치와 승리를 공식적으로 축하함으로써 다른 사람도 이를 본받아 행동하게 합니다."

사회적 지원을 제공하라

다른 사람들의 관심사에 대해서 진정성 있는 관심과 지지를 해주는 것은 조직과 개인의 활력을 유지하는 데 필수적이다.[12] 함께 일하는 동료를 좋아하지 않는 사람은 최선을 다하지 않으며, 오랫동안 직장에 남아 있을 가능성도 줄어든다. 친구로 구성된 집단과 지인으로 구성된 집단으로 나누어 과제 수행 능력을 연구한 실험에서 성과에 차이가 났던 사실을 생각해보자. 지인으로 구성된 집단에서, 개인은 단독으로 일하는 것을 선호했고, 필요할 때만 다른 사람과 대화를 나눴다. 그 결과, 그들은 서로 도움을 요청하는 것을 꺼렸고, 다른 사람이 한 실수를 지적하지 않았다. 반면에 친구로 구성된 집단은 프로젝트가 시작되자 서로 활발한 대화를 이어갔다. 그들은 서로서로 아이디어를 더욱 비판적으로 평가했고 다른 친구가 방향을 전환할 때, 적절하게 피드백해주었고 팀원에게 도움이 되는 격려를 해주었다.[13] 직장 동료와의 유대감은 조직에 대한 더 큰 책임감과 몰입감, 헌신을 불러일으킨다.

직장에 가장 친한 친구를 둔 직원은 그런 친구가 없는 사람보다 자기 일에 열중할 가능성이 7배나 높아진다.[14] 긴 기간에 미국과 유럽에서 실시한 종단연구(縱斷研究)에서는 아는 사람들로부터 사회적 지원을 활용하는 사람이 소셜 네트워크의 힘을 이용하지 않는 사람보다 훨씬 더 높은 수입을 올린다는 사실을 발표했다. 이런 사실은 1차 연구가 끝난 2년, 9년 후에도 모두 일치된 결과가 나왔다.[15] 사회적 지원이 부족한 사람들은 타인과 그들의 동기에 대해 신뢰하지 않고, 정기적으로 협력할 기회를 무시했다. 전 세계 300만 명을 대상으로 한 연구에서는 사회적 고립이 비만이나 흡연, 알코올중독보다 더 건강에 해롭다는 결과가 나타났다.[16]

제12장 가치와 승리를 축하하라

우리가 실시한 연구에서는 구성원이 기여한 부분에 대해 리더가 감사하고 이를 지원하는 모습을 보일 때, 구성원이 서로 연대감을 느끼고 팀 사기가 오르는 현상이 나타났다. 마찬가지로, 조사에 참여한 같은 사람들은 자신이 매우 소중하며, 자신이 하는 일이 의미 있고 변화를 일으킬 수 있다는 믿음을 굳게 갖게 되었다. 이런 감정은 조직이 안고 있는 도전과 요구를 극복하기 위해 한걸음 더 노력하려는 자발적 의지로 나타난다. 이런 리더십 행동을 실천하면, 팀원은 리더에 대해 우호적인 평가를 한다. 〈그림 12.1〉은 이러한 관계를 그래프로 보여준다.

이런 발견은 페르핫 조르(Ferhat Zor)가 터키 보루산 로지스틱스(Borusan

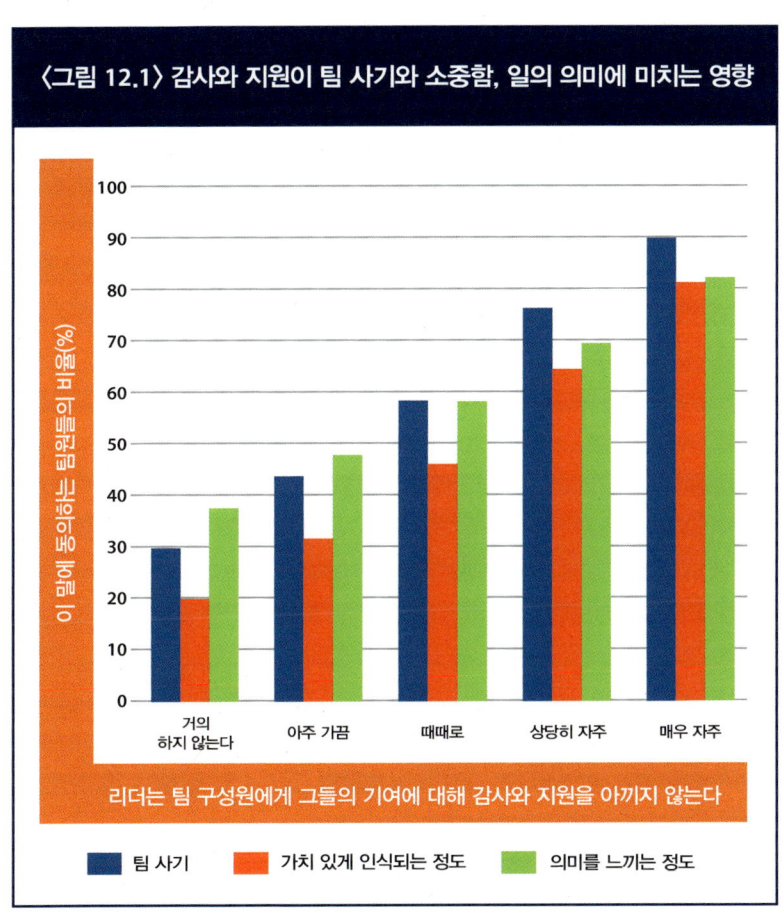

〈그림 12.1〉 감사와 지원이 팀 사기와 소중함, 일의 의미에 미치는 영향

Logistics)에서 성과 관리 프로젝트를 수행하면서 얻은 경험담을 통해 적절하게 설명할 수 있다. 투즐라 창고 담당 관리자는 월별 미팅에서 여러 운영 부서의 성과를 검토하면서, 서로의 도움과 지원이 필요하다는 사실을 강조했다. 이 미팅을 할 때마다 마지막은 언제나 그룹 전체가 이룬 성과를 축하하며 마무리했다. 매우 힘든 프로젝트를 성공리에 마친 후, 회사는 '자발적' 깜짝 파티를 마련해 직원 한 사람 한 사람을 축하해주었다. 페르핫은 이때 확실하게 행복과 자부심을 느꼈다고 말했다. 엄청나게 사진을 많이 찍어서 웹과 회사 소식지에도 이를 공유했다. 직원 각자가 최선을 다해 회사의 성공을 위해 중대한 공헌을 했다는 점을 보여주기 위해서였다.

광범위하고 다양한 연구를 살펴보면 이런 사회적 지원이 생산성과 심리적 안정감, 심지어는 신체 건강까지 높여준다는 사실을 일관되게 보여준다.[17] 사회적 지원은 신체적 정신적 건강을 향상시켜줄 뿐 아니라, 특히 스트레스가 최고조에 이를 때 질병에 대해 완충작용까지 한다고 한다. 이 사실은 개인의 나이, 성별 또는 종교단체와 상관없이 적용된다. 한 예로, 흡연 또는 질병을 유발하는 인자를 어느 정도 극복했다 하더라도, 평소에 연락 가능한 인맥이 거의 없는 사람은 정기적으로 의지할 수 있는 대상이 있는 사람에 비해 훨씬 젊은 나이에 사망할 가능성이 2, 3배나 높은 것으로 나타났다.[18]

사회적 지원은 탁월한 성과를 이루는 데도 매우 중요하다. 미국 프로야구 명예의 전당에 입성하는 야구선수들의 소감을 분석하면 뜻밖의 사실이 나타난다. 그들은 엘리트 운동선수로서 최고의 신체 기술을 요구하는 분야에서 최고라는 인정을 받았다. 하지만 그중 3분의 2는 그들이 받은 기술적 또는 경제적 지원보다도 정서적 지원과 우정에 대해 더 감사를 표시했다.[19]

가정, 지역 공동체 또는 야구장에서 적용되는 사항은 마찬가지로 직장에서도 적용될 수 있다. 연구에 의하면 직장에서 단짝친구가 있다고 밝힌 사람은 그렇지 않은 사람보다 '고객에게 더욱 관심이 높고, 짧은 시간에 많은 일을 처리하고, 일에서 즐거움을 느끼며, 안전사고의 발생 비율도 더 낮고, 혁신적 아이디어를 공유하고, 친구들의 의견이 중요하다는 사실을 이해한다'는 사실이 밝혀졌다.[20] 친구는 건강을 위해서도 중요하지만, 업무를 위해서도 중요하다. 직장에서 친구 관계를 증진할 기회를 제공하는 조직에서 현재 일한다고 말한 사람은 5명 중 한 사람도 채 되지 않기 때문에

이 관계를 강화해주는 더 많은 노력이 필요하다.[21]

우리가 보유한 파일에는 강력한 인간관계가 가져온 엄청난 결과에 대한 최고의 리더십 사례가 가득 차 있다. 구성원이 동료에게 강한 애착과 결속을 느낄 때, 더 높은 차원의 안정감을 느끼며, 조직에 대한 몰입도가 높아지며, 더 높은 수준의 업무 성과를 달성할 수 있다. 조직에 대해 소원하게 느껴지고 동떨어진 느낌이 드는 사람들은 큰 성과를 달성하기 어렵다.[22] 구성원은 직접 과제에 참여해 동료와 함께 연관을 맺을 때, 놀라운 위업을 달성할 수 있다.

리더는 축하를 통해 노력이 개인만의 몫이 아니며, 다른 구성원도 그들의 노력에 관심을 기울이며, 필요할 때 언제든지 다른 사람에게 의지할 수 있다는 점을 보여주어야 한다. 축하는 구성원에게 서로가 필요하며, 공통된 목적을 가진 개인으로 구성된 집단이 신뢰와 협력의 분위기 속에서 함께 일하여 놀라운 성과를 이룬다는 사실을 분명히 알려준다. 업적을 공개적으로 밝힘으로써, 리더는 구성원의 행동과 결과가 우연한 것이 아니었음을 느끼게 하는 문화를 형성한다. 구성원은 자신이 조직에서 이룬 기여에 감사와 인정을 받고, 가치 있게 평가되는 사실을 목격한다. 알스톰(스위스)에서 프로젝트 매니저를 지낸 안드레아 베라도(Andrea Berado)는 "경험에 비추어볼 때 공개적인 축하는 직원의 자긍심에 매우 큰 영향을 미칩니다. 또한 그들이 팀의 일원이라고 인식하는 공동체 의식을 형성하는 데도 필수적입니다"라고 말했다. 그는 또한 "공개적 행사는 공유 가치와 공동의 목표를 반복해서 들려줄 완벽한 기회가 될 수 있습니다"라고 지적했다.

함께 즐거워하라

직장에서 누리는 즐거움은 사치가 아니다. 개인이 경험한 최고의 리더십은 힘든 일과 즐거움이 결합한 결과였다. 사실 인터뷰에 응한 사람들은 팀원들과 서로 함께 나누는 기쁨과 즐거움이 없었다면, 최고 성과 달성에 수반하는 일의 압박감과 강도를 도저히 견디지 못했을 것이라고 고백한다. 동료와 함께하는 일에서 즐거움을 느낄 때, 구성원은 일에 대해 보람을 더 느낀다.[23] 러시아에 미국 스타일 레스토랑 체인을 창업하였고, 현재 이 회사의 대표로 있는 숀 맥케나(Shawn McKenna)는 우리에게 "리더와 팀이 반드시 일하는 즐거움을 느낄 수 있어야 합니다"라는 리더십의 핵심 교훈을 공유해주었다.

이와 비슷하게, 페리미터X(PerimeterX)에서 마케팅 부사장으로 재직 중인 마이크 소여(Mike Sawyer)는 자신의 최고 리더십 사례를 설명하면서, 팀은 특별히 시간을 많이 쓰지 않으면서도 즐거움을 느낄 수 있었다고 말했다. 한 가지 예를 들면, 부서의 미팅 스타일을 바꾸는 것이었다. "우리 마케팅 부서에서는 긴 의자와 텔레비전 같은 시설을 갖춘 좀 더 편안한 공간에서 자유롭게 진행할 수 있는 스탠딩 미팅을 기획했습니다. 수시로 하는 미팅은 더욱 친밀한 분위기 속에서 진행했습니다. 그곳은 모든 직원이 휴식을 취하는 장소이기도 해서, 몇 사람이 미팅할 때 지나가는 사람들도 이 모습을 볼 수 있었고, 그들도 원하면 언제나 자유롭게 미팅에 참여할 수 있었습니다. 또한 일을 진행하는 과정에서 직원들에게 작은 보상 차원으로 또는 동료 간 우정을 위해 즐거운 저녁 식사를 함께하는 자리를 마련하기도 했습니다."

즐거움을 함께 나누는 일은 생산성 유지에 도움이 되며, 연구에서 밝힌 것처럼 '주관적 웰빙(subjective well-being)'이라고 부르는 분위기를 형성한다. 이런 현상은 파티나 게임, 축제처럼 떠들썩한 웃음이 피어나는 분위기와는 다르다. 공인 재무 설계사이자 제너레이션 웰스 앤드 인베스트먼트의 수석 자문 웨인 탐(Wayne Tam)은 복잡한 컴퓨터 코드를 해독하거나 비즈니스 프로세스를 부문별 직무명세로 바꾸면서 정말 즐거워하던 과거의 리더를 떠올렸다. "매우 어려운 과제를 수행할 때도 그는 언제나 긍정적인 자세로 임했고, 부하 직원들의 기술 향상에도 도움을 주어 진정으로 어려운 과제를 어떤 방식으로 즐겨야 하는지 알게 해주었습니다." 웨인은 계속 말을 이어갔다. "자기가 하는 일을 진정으로 즐기고, 재미를 느낄 때 일에 대해 보상도 따라온다는 사실을 알게 되었습니다."

일에서 즐거움을 찾으면, 문제 해결 능력도 높아진다는 사실은 연구를 통해서도 파악되었다. 일에서 즐거움을 찾는 사람들은 창의성과 생산성이 높아지며, 이는 퇴사율 감소와 사기 향상, 기업 이윤의 증가에도 도움이 된다. 위대한 일터 연구소(Great Place to Work Institute)에서는 매년 수만 명을 대상으로 그들이 다니는 직장을 평가한다. 이 조사에서는 '직장에서 느끼는 재미'도 포함한다. 위대한 일터 연구소와 《포춘(Fortune)》이 선정한 최고의 100대 기업 리스트에 선정된 기업에 다니는 직원들은 최고의 직장에 대한 기준으로 거의 81퍼센트가 '즐겁게' 일할 수 있는 환경을 최우선으로 꼽았다.[24] 메릴랜드대학교 신경과학자이자 『웃음: 과학적 조사(Laughter: A Scientific Investigation)』의 저자인 로버트 프로바인(Robert Provine)은 웃음이 주는 효과를 이렇게 말한다. "웃음은 유머에만 해당하지 않고, 사회적 관계와 관련된 사항입니다. 사실 웃음이 건강에 주는 혜택은 웃음이 타인들로부터 사회적 지원을 받도록 해주기 때문인지도 모릅니다."[25]

리더들이 공개적으로 조직과 팀원, 고객, 때로는 도전에 대해 즐거움과 열정을 보여줄 때, 구성원들은 조직 생활을 즐거운 놀이처럼 받아들인다는 매우 강력한 메시지를 보낸다. 오늘날 구성원들은 조직의 다양한 요구에 부합하려고 노력하며, 그들은 그 약속을 지키는 대가로 개인적 행복감을 느끼고 싶어 한다. 리더가 업무 수행에 대해 열정과 흥분을 나타낼 때, 모든 구성원에게도 그 효과가 작용한다. 폴라리스 와이어리스(Polaris Wireless)의 텔레콤 사업부 이사 지넷 치클스(Jeanette Chickles)는 자신의 최고 리더십 사례를 이 효과와 관련해 공유하였다.

> 저는 일에서 즐거움을 찾습니다. 일하면서 많은 시간을 보내기 때문에 제가 하는 일을 즐기지 않고는 일하기 어렵습니다. 진지하고 열심히 하되, 성과를 축하하고 일이 정말 힘들 때는 좀 더 편안한 기분으로 휴식을 취하는 방법도 찾아야 합니다. 팀원도 자신이 수행하는 업무를 즐기고 힘든 일에 대해 인정받는다고 느낄 때, 자발적으로 한 걸음 더 나아가는 노력을 기울일 것입니다.

구성원을 위한 말과 축하는 일치해야 한다. 그렇지 않을 때, 축하 행사는 진정성을 잃고, 겉치레에 불과하다는 오명을 쓸 것이다. 리더에 대한 신뢰도도 땅바닥에 떨어질 것이다. 어떤 축하도 조직의 근본 가치와 노력, 가치를 실현하기 위해 구성원이 바친 헌신을 꾸밈없이 표현해야 한다. 진정성이 결여된 정교함은 격려보다는 예능에 가깝다. 진정성은 축하를 즐거운 의식으로 만들며, 그 효과는 현실에서 나타난다.

구성원과 함께하라

가치와 원칙을 명확히 하라는 모범적 리더십에 대한 토론으로 시작해, 우리는 다시 원점으로 돌아왔다. 다른 사람이 어떤 사실을 믿고 그 믿음에 따라 행동하기를 바란다면, 리더는 그 행동을 직접 함께해서 모범을 보여야 한다. 리더는 자신이 한 말을 실행으로 옮겨야 한다. 창의적이고 탁월한 문화를 만들고 이를 유지하려면, 리더는 그 문화의 형성에 기여하고 이를 유지하기 위한 노력을 축하하는 일에 직접 함께해야 한다.

호주 회사 ALS 인더스트리얼에서 계약 담당 매니저로 재직하는 무시피크 라흐만(Mushfiq Rahman)은 자신이 함께 참여했을 때 성과에 발생하는 차이를 직접 관찰했다. "모든 직원과 함께 시간을 보내면서 그들의 노력에 감사하는 마음을 직접 표시했습니다. 직원들은 많은 시간을 함께 보내며 그들을 이해하려고 노력하는 모습을 감사하게 생각했습니다." 조직 전체에 메시지를 보낼 때, 리더가 직접 소통하는 것보다 더 확실한 방법은 없는 것 같다. 격려하는 모습을 직접 보여줌으로써 당신은 그들의 기운을 북돋워주기 위해 함께 있다는 긍정적 신호를 보내는 것이다. 무시피크처럼 다가와서 감사하다고 말하고, 이를 행동으로 표시하고, 함께 즐길 때, 구성원은 리더를 따르고, 조직 안에는 축하와 인정의 문화가 자리 잡을 것이다. 모든 구성원은 리더가 되고, 모범을 보이고, 가치와 승리를 기념할 시간을 갖게 될 것이다. 이러한 현상이 조직에서 생겨날 때, 그 조직은 일하기 좋은 직장이라는 명성을 발전시켜갈 것이다.

리더가 구성원을 직접 축하할 때, 리더가 보여주는 행위를 조금이라도 의심한다면, 예전 연구에서 나타났던 결과와 마찬가지로 리더십에 대한 평가도 달라질 것이다. 리더가 거의 언제나 직원을 인정하고 성취를 축하하는 데 직접 함께한다고 응답한 팀원은 동기 부여, 자부심, 생산성과 같은 다양한 몰입 변수를 평가할 때 다른 응답자들보다 20퍼센트 정도 더 높은 점수를 주었다. 리더가 직접 함께하는 빈도가 매우 낮을 경우에는 전자와 비교할 때 그 차이가 거의 40퍼센트에서 50퍼센트 극적으로 떨어졌다. 리더가 구성원의 가치를 인정한다고 느끼고, 리더의 신뢰성과 효과성에 대해 구성원이 어떻게 평가할지는 리더가 구성원을 인정하고 그들이 이룬 성취에 얼마나 직접 함께하는지에 달려 있다.

강력한 가치를 기반으로 형성된 문화를 발견할 때마다, 가치를 생활화한 리더의 사례를 끊임없이 발견할 수 있다. 씨티은행 금융 애널리스트인 베스 토테(Beth Taute)는 상사인 조(Jo)가 감사의 마음을 표시할 때, 직접 함께하는 모습을 관찰했다. 조는 갑작스럽게 준비한 점심 식사에 팀을 초청하거나 저녁에 특별한 개인 일정이 있는 팀원에게는 조기 퇴근을 허락하는 등 작은 배려를 몸소 보여주곤 했다. 생일 같은 특별한 기념일에는 자녀를 둔 직원은 늦게 출근하거나 조기 퇴근할 수 있게 배려했다. 모든 직원의 책상에 가벼운 인사말이 적힌 쪽지와 함께 마음이 담긴 작은 선물 꾸러미를 놓고 가기도 했다. 베스의 말에 따르면, 조의 이런 진심이 담긴 정성과 노력에 감화되어 구성원들은 진정으로 그를 따르게 되었다고 한다. 그에게서 영감을 받은 팀원들은 몸과 마음을 다하여 프로젝트를 완수하였다.

프로젝트 매니저의 세밀한 관여 덕택에, 조가 이끄는 팀은 팀장이 보여주는 리더십을 확신하게 되었고, 그의 능력과 몰입을 신뢰하는 마음을 표시하고 싶었다. 베스는 이 현상을 "조는 다양한 특색을 가진 사람들로 이루어진 집단과 밀접한 관계를 유지함으로써 개인이 자신의 울타리에서 벗어나 최선을 다하게 하고, 목적을 위해 몰입하게 하는 방법을 알았던 것입니다. 조는 출근과 늦은 퇴근이 힘든 일과가 아닌 즐거운 일상으로 느껴지게 했습니다"라고 설명했다.

모범적인 리더를 꿈꾸는 모든 사람에게 이 경험이 주는 교훈은, 베스의 사례에서 보듯이 '섣불리 기대하거나 예상하지 말고, 발생하는 일에 직접 함께하고, 이를 지속해서 성과에 대한 인정으로 연계하는 것'이다. 베스는 계속해서 말했다. "팀장에게 인정을 받기 위해 최선을 다해 업무 성과를 향상하는 것이 팀원이 가장 바라는 보상이었습니다." 개인의 몰입은 물론 함께하는 것을 보여주는 리더는 팀원에게서 존경과 신뢰를 받는다. 이는 신뢰와 충성심을 형성하며 팀원을 몰입도와 생산성이 높은 인력으로 변화시킨다.

관심을 보여주어라

구성원은 리더가 보여주는 관심을 확인할 때까지 이를 인정하지 않는다. 리더는 구성원을 안전하게 보호해주어야 한다고 그들은 생각하며, 리더가 보여주는 구성원에 대한 지원과 실제 행동을 확인하고 싶어 한다. 또한 진정한 리더라면, 구성원이 해를 입거나 다칠 수 있는 일을 알면서도 시키지 않으리라 생각한다. 이런 리더의 마음을 보여주는 것은 어렵지 않다. 스탠퍼드대학교 산하 루실 패커드 병원(Lucile Packard Hospital)에서 리더십 개발과 교육을 오랫동안 담당한 제인 빙거(Jane Binger)는 자기들이 하는 일에 관심을 나타내는 리더의 단순한 몸짓만으로도 대부분 의료진과 관리 직원은 충분히 만족한다는 사실을 발견했다. 인정을 표시하는 방법은 짤막한 편지나 이메일, 복도에서 만났을 때 나누는 인사나 사무실에 잠깐 들르는 것처럼 단순한 형태로 나타난다. 제인은 말했다. "리더가 자기를 중요하게 생각하는지 알고 싶어 합니다. 그들이 일에 최선을 다한다는 사실을 리더가 아는지 확인하고 싶은 것입니다. 그들의 노력이나 기여를 당연하게 생각하지 않기를 바랍니다. 이렇게 하는 데는 거창하고 특별한 노력이 들지 않습니다." 경험적으로, 우리는 리더가 훌륭한 일에 대해 칭찬하는 정도와 '조직이 개인의 업무를 소중하게 여긴다'고 느끼는 구성원의 우호적인 응답 사이에는 강력한 긍정적 상관관계가 성립된다는 사실을 발견하였다.

누군가에게 관심을 보여주면 그들은 자신을 관심의 최우선으로 둔다고 생각하게 한다. '리더가 직장에서 구성원에게 얼마나 관심을 두는가'라는 질문에 대한 구성원의 응답은 구성원의 팀 사기 및 자부심과 직결된다. 이는 또한 리더의 유능함을 우호적으로 평가하며, 친구에게 그 리더를 훌륭한 사람이라고 말할 가능성과도 직결된다. 호주 맥쿼리 은행(Mcquarie Bank) 경영진이 미국 모기지 사업부를 폐쇄한다고 결정했을 때, 은행 및 파이낸셜 서비스 그룹 수장인 피터 마허(Peter Maher)는 그 소식을 이메일 또는 담당 매니저를 통해 전달할 수도 있었다.[26] 하지만 그는 직원을 배려하는 모습을 보여주는 제일 나은 방법은 정직하고 당당하게 구조조정 과정을 진행하고 직원들을 존경과 지성으로 대해야 한다고 판단했다.

그는 곧장 플로리다로 날아가서, 100명가량의 직원 앞에서 직접 소식을 전달했다. 피터는 그때 경험을 이렇게 회상했다. "이런 경우는 사실을 알리는 것 그 자체보다도 어떤 방식으로 전달하는지가 더 중요했습니다. 전 직원 바로 앞에 놓인 의자에 앉아 지금 회사에 일어나는 일을 이야기했습니다." 그는 이러한 소통이 매우 힘든 과정이었음을 인정했다. 하지만 그가 할 수 있는 최선은 그들에게 '사실을 전하는 것'이었다. "저는 벌어지는 모든 일을 사실대로 말했습니다. 물론 실망했지만, 이야기를 다 듣고 나서 상당수 직원은 회사의 결정을 솔직하게 전달해주어서 감사하다고 했습니다." 동료에 대한 관심을 중요하게 여기는 사람은, 연구에서도 알 수 있듯이, 조언을 요청하고, 리더다운 모습을 보이며, 그 덕분에 더 높은 성과 수준을 달성한다.[27] 반면, 직장에서 무관심한 대우를 받았다고 느끼는 사람은(가령 동료에게 무례한 대우를 받은 경우) 최선을 다하지 않거나 고의로 업무의 질을 떨어뜨린다.[28]

피터가 그랬듯이, 좋지 않은 소식을 전하기 위해 직접 모습을 드러내는 것은 리더가 관심을 두고 있다는 사실을 보여주는 중요한 행동이다. 그러한 모습은 일상에서도 나타난다. 그런 행동은 관심을 표현할 뿐 아니라, 리더의 존재감과 진정성을 더욱 생생하게 느끼게 하고, 리더는 다가가기 어렵지 않고 인간적인 사람이라는 느낌을 준다. 중요한 미팅에 참석하고, 고객을 방문하고, 공장이나 서비스센터를 견학하거나, 연구실에 들르고, 모임에서 프리젠테이션하거나, 대상자가 아니면서도 조직 행사에 참가하고, 지역 대학에서 직원 모집 활동을 하고, 원탁 토의를 주관하고, 애널리스트들과 대화하거나, 그냥 구성원의 근무 장소에 들러 인사말을 하는 것은 리더가 직원에게 관심을 보여주는 예다. 그들이 있는 곳으로 가는 것은 지금 발생하는 일과 관련해 유대감을 유지하는 데 도움이 된다. 이는 당신과 구성원이 공유하는 가치를 실천으로 보여주는 행동이다.

스토리를 전파하라

구성원이 공유 가치를 구현한 사례를 발견하고, 이 스토리를 전달하는 데 직접 관여하라. 1인칭 관점의 스토리는 3인칭 관점보다 항상 더 강력하고 인상적이다. "제가 그것을 제 눈으로 직접 봤어요"라고 말하는 것과 "누군가 저에게 그런 말을 하더군요"라고 말하는 것 사이에 뚜렷한 차이가 있다. 좋은 결과로 마무리된 사례를 계속 찾아서 구성원이 앞으로도 더 잘할 수 있게 용기를 북돋우고, 다른 사람도 그 사례를 본받게 할 필요가 있다. 공유 가치와 열망을 실행하기 위한 '밀착 기사'를 제공하는 것이다. 그 과정에서 조직의 역할 모델을 만들고, 그 역할을 담당할 사람을 연계시킨다. 행동을 실제 상황에서 구현하는 것이다. 가치는 좀 더 단순한 규칙으로 변해 살아 숨 쉬게 된다. 그런 스토리를 통해, 당신은 어떤 행동과 결정을 해야 할지 기억에 남을 만한 이야기를 극적으로 설명해줄 수 있다.

생사가 왔다 갔다 하는 상황에서 전문가들을 관찰한 후, 인지심리학자 개리 클라인(Gary Klein)은 스토리가 지식을 끌어내고 전파하는 데 가장 강력한 방법이라는 결론을 내렸다.[29] 스토리는 공개적 소통 수단이라는 속성을 갖기 때문이다. 스토리텔링은 세대에 걸쳐, 이 문화권에서 다른 문화권으로 교훈을 전달한다. 에모리대학교 심리학과 교수 드류 웨스턴(Drew Western)은 다음과 같이 주장한다. "리더가 전달하는 이야기는 부모가 아이들에게 들려주는 이야기만큼 중요합니다. 그들은 우리에게 그들의 세계관과 그들이 신성하게 여기는 가치에 대한 정의와 가능성, 당위성에 대한 방향을 제시하기 때문입니다."[30] 게다가 이야기는 축하 행사에도 안성맞춤이다. 사실

모험과 성취, 용기와 인내는 물론 깊이 간직하는 가치와 믿음을 담은 스토리 그 자체가 축하이기도 하다.

리더는 중요한 스토리를 영원히 보존·전환하기 위해 다양한 방법을 발견한다. 회사 소식지 또는 연차 보고서에 사례를 올려 출간하거나, 공식 행사에서 사례로 언급하거나, 비디오로 만들어 사내 방송국에서 방영하거나 소셜 미디어를 통해 전파할 수도 있다. 여태까지 조직 가치를 실현하면서 살아온 누군가를 집중 조명함으로써 다른 구성원도 이를 본받을 기회를 제공하는 것이다.

다른 사람이 이룬 훌륭한 업적을 장려하는 리더를 둔 팀원은 자신의 가치를 인정받는다고 생각하며, 리더가 자신이 가진 최고의 재능과 능력을 끌어낸다고 믿는다. 동료에게 리더를 강력하게 추천하고 싶은 욕구는 리더가 훌륭한 업적을 격려하는 이야기를 얼마나 자주 하는지와 직접적 관련이 있다. 이 리더십 행동에서 상위 20퍼센트에 속하는 리더는 하위 20퍼센트에 속하는 리더보다 직원들에게서 4배에서 5배 이상 더 좋은 평가를 받는다. 플렉세라 소프트웨어(Flexera Software)의 지역별 어카운트 매니저 더스틴 섀퍼(Dustin Schafer)는 월드와이드 영업 담당 부사장이 영업 직원 모두가 참가하는 콘퍼런스 콜(conference call, 여러 명이 전화를 통해 의논하는 일이나 모임—옮긴이)을 통해 최고의 경쟁사를 제친 자기의 일화를 이야기 해주면서 공개적으로 인정해 주었을 때 깜짝 놀랐다고 말했다. 불확실한 상황에서도 최근 그가 내린 결정과 실행을 통해 경쟁사의 솔루션에 타격을 준 성과를 부사장은 매우 상세하게 설명했다. 부사장은 또한 이 경험에서 얻은 교훈, 이 스토리가 주는 시사점을 통해 시장 경쟁에서 살아남고 성공하는 방법에 대해서도 계속 언급했다. "그는 제 성공담을 회사 전체의 성공과 결부시켰습니다. 저의 성공에 밑거름이 된 비하인드 스토리를 궁금하게 했고, 그렇지 않았더라면 경쟁이 심한 영업 부서에 어떤 결과가 발생했을지 예상하게 함으로써, 제가 이룬 업적이 모두가 축하해야 할 일이라는 당위성을 인식시켰습니다. 그는 또한 제 사례를 회사가 추구하는 가치와 성취에 연결했습니다."

더스틴의 스토리는 입소문을 타고 동료들에게 퍼져서, 콘퍼런스 콜 후 예전에는 별로 관계가 없던 사람들도 연락해 그의 사례를 묻곤 하였다. 더스틴은 "과거보다 더 많은 정보를 공유하고 교환할 수 있었습니다. 이런 과정에서 우리는 친밀감을 강화할 수 있었고, 우리가 추구하는 목표에 대해서 공동체 의식을 느낄 수 있었죠"라고 말했다.

스토리텔링을 잘 활용하면 파워포인트 프레젠테이션에서 핵심 사항을 강조하거나 모바일 장치에서 보내는 한마디 트윗보다 더욱 강력한 가르침과 동기 부여라는 목적을 더욱 효과적으로 달성할 수 있다. 리더의 말을 경청하고 이해하면 회사 정책이나 직원 교육 매뉴얼을 살펴보는 것보다 회사의 가치와 문화에 대해 더 많은 내용을 습득할 수 있다. 잘 구성된 스토리는 듣는 사람의 마음을 끌어당겨 그들의 정서에 더욱 효과적으로 작용한다. 그들이 전하는 메시지는 귀에 그대로 달라붙는다. 그들은 경험을 전달하면서 실제로 체험하는 듯한 느낌을 자극하고 그 경험이 주는 가장 중요한 교훈을 감동적으로 전달한다. 축하를 통해 강화된 스토리는 관계를 더욱 깊게 만든다.

축하를 조직 생활의 일부로 만들어라

날짜를 기억하기 위해 달력에 기념일을 기록해둘 필요가 있다. 예정된 행사는 구성원의 결속을 강화하는 작용을 해 구성원에게 그들이 더 큰 비전의 일부분이며 운명을 같이하는 공동체라는 점을 보여줄 수 있다. 이런 방식은 공유 가치를 인정하고, 의미 있는 진보를 이루며, 공동체 의식을 형성하는 가시적 효과가 있다.

당신의 달력에는 아마도 생일, 휴일, 기념일이 기록되어 있을 것이다. 마찬가지로, 당신은 조직과 팀의 삶에 대한 중요한 이정표를 기록해야 한다. 그런 중요한 날짜와 시간 그리고 장소를 발표해 모두에게 중요성을 알리는 것이다. 사람들은 다가오는 날짜를 고대하게 된다. 축하 행사의 일정을 정한다고 해서 임시 이벤트를 진행하지 못하는 것은 아니다. 구성원에게 공표한다는 것은 어떤 의미에서는 모든 구성원이 이에 특별한 관심을 기울일 수 있게 그 중요성을 알린다.

축하 행사를 기획할 때, 어떤 조직적 가치와 역사적 중요성이 있는 이벤트 또는 이례적인 성공이 특별한 행사, 시상, 축제를 개최할 만큼 중요한 일인지 결정할 필요가 있다. 아마도 그해에 혁신을 일으킨 집단이나 팀 구성원을 축하하고, 특별한 고객 서비스로 감동을 준 사람을 칭찬하거나, 가족의 지원에 대해 감사를 표시하고 싶을 것이다. 어떤 것을 축하하든지, 이를 공식화하고, 선언하고 구성원에게 참가 자격이 있다고 말해주어야 한다. 같은 장소가 아니더라도 조직의 핵심 가치에 대한 관심을 끌기 위해 모든 사람을 참여시키는 축하의 자리를 최소한 1년에 한 번은 마련해야 한다.

리더는 될 수 있는 한 축하의 문화를 조직 생활의 일부로 만들어야 한다. 당신이 속한 조직에는 어떤 방식이 효과가 있을지 생각해보라. 아래 내용은 남캘리포니아 대학교 교수 테렌스 딜(Terrence Deal)과 임상 커뮤니티 심리학자인 M. K. 키(M. K. Key)가 공동 저술한 『기업의 축하(Corporate Celebration)』에서 일부 발췌하였다.[31]

- 주기적 축하(계절적 주제, 핵심 일정, 창립 기념일).
- 시상식(우수한 업무 수행을 인정하는 대중의 박수와 인정).
- 승리에 대한 축하(집단적 성취를 강조하는 특별한 기회, 새로운 전략 또는 신제품 출시, 사무실, 공장, 점포의 창업).
- 위로(계약 실패, 직원 해고, 동료의 사망).
- 개인적 이동(입사와 퇴사).
- 봉사나 자선활동(타인을 위해 베푸는 선, 사회적 변화 촉구).
- 놀이(게임이나 스포츠 이벤트, 장난).

제노 그룹(Zeno Group)은 매년 금요일 업무를 마치고 노래자랑이나, 비공식적 모임, 시상식 같은 다양한 행사를 연다. 그들은 기업 회계연도 마지막 날인 6월 30일에 연간 기업 결산일 기념행사를 실시하는데, 모든 사무소에서는 원격 콘퍼런스 콜에 참가하기 위해 전화를 연결한다. 원격 회의에서 그들은 샴페인을 터트리고, 서로 건배를 주고받는다. 이 회사 CEO인 바비 시겔(Barby Siegel)은 원격 콘퍼런스를 통해 전 직원과 소통하며 그들이 이룬 성과를 성찰하고, 앞으로 해야 할 과제에 대해 대화를 나눈다.

물론 축하는 한 가지 업적이나 한 사람을 칭송하기 위해서만 할 필요는 없다. 시스코 시스템즈(Cisco Systems)의 마케팅 운영 담당 부서장인 저스틴 브로카토(Justin Brocato)는 이직 전 직장에서 실시했던 연간 시상식에 대한 본인의 소감을 이렇게 말했다.

우리가 이룬 성취를 축하하고 공동체 의식을 전파하는 것은 멋진 일이었습니다. 저명인사를 초청해 사무실 밖의 사람들과 연결할 기회를 통해 유대감을 더욱 공고하게 다질 수 있었습니다. 팀이 조직에 기여한 바를 공개적으로 인정하고 우리가 이룬 업적을 되돌아보는 완벽한 포럼이었습니다.

자신의 경험을 되돌아보면서, 저스틴은 '경영진이 직접 이메일을 보내 이 소식을 알리고 수상자를 축하하는 것은 어떨까' 하고 생각했다. 이렇게 해도 감사의 마음은 변함이 없겠지만, 우렁찬 박수와 환호를 받으며 무대에 나가 상을 받으며 상사와 동료로부터 그가 이룬 가치와 중요한 업적에 대해 격려받는 것과는 비교할 수 없을 것이다. 저스틴은 자신의 느낌을 이렇게 표현했다. "대중 앞에서 받는 축하는 훨씬 더 기억에 오래 남고, 수상자와 팀에게도 훨씬 더 오랫동안 지속합니다. 이를 통해 사람들은 에너지가 생기고 다가오는 새해에 대해서도 더 잘하겠다는 결의를 다지게 되지요."

개인과 그룹 또는 조직이 이룬 성과를 축하하거나 팀 단위 학습과 관계 형성을 격려할 때, 축하와 시상과 같은 이벤트는 공유 가치와 상호 목표의 실현에 중요한 행동과 실천을 확실하게 소통하고 강화할 기회를 리더에게 제공한다. 모범적인 리더는 축하의 문화를 발전시키는 것이 현대 인력의 유지와 동기 부여에 절대적인 공동체 의식을 고취한다는 사실을 잘 안다. 데이터에 의하면, 축하는 조직과 리더에게 느끼는 구성원의 감정에 중대한 영향을 준다고 한다. 성취한 업적을 축하하는 방법을 리더가 더욱 잘 찾을수록, 구성원은 리더가 더욱 효과적으로 목적을 달성한다고 느끼며, 전반적으로 리더의 유능함을 높게 평가한다는 것이다.

조직 가치와 승리를 축하하기 위해 구성원을 하나로 결집할 기회는 드물지 않다. 고락을 함께하며, 그들을 성공으로 이끈 실천과 기여를 인정한다면, 다른 구성원도 자신의 노력이 변화를 가져올 수 있다는 가능성을 느낄 것이다. 이로 인해 그들이 누리는 에너지와 열정, 행복은 더 커질 것이다. 당신도 마찬가지일 것이다.

실천 사항
가치와 승리를 축하하라

함께 축하한다는 것은 놀라운 성과가 많은 사람의 노력의 결과라는 사실을 강조하는 것이다. 성취를 가시적으로, 공개적으로 축하하면 공동체 의식이 생겨나고, 팀 의식이 활성화된다. 공유 가치에 부합하는 실천에 대해 축하하고, 중대한 이정표에 도달한 업적을 칭송함으로써, 리더는 구성원의 관심을 집중시키고 유지한다.

사람들과 사회적 상호작용은 조직이 정한 기준을 준수하려는 개인의 몰입도를 높이며, 그들의 심적 안정에도 심대한 영향을 끼친다. 구성원이 자기만의 울타리에서 벗어나 도전을 권유받을 때, 동료가 보내는 지원과 격려는 스트레스로 자신감이 위축되는 것을 이겨낼 수 있는 추진력을 높여준다. 구성원이 조직을 '즐거움이 사라지는' 곳으로 여기지 않게 하라.

리더는 축하와 인정에 직접 참여하고, 사기를 북돋우는 일이 모든 사람이 해야 할 태도라는 점을 행동을 통해 보여줌으로써 모범을 보인다. 특별한 노력을 기울였거나 엄청난 성공을 실현한 개인에 관한 스토리를 들려주는 것은 다른 사람도 이를 거울삼아 실천으로 옮기게 하기 위해서다. 스토리는 개인의 경험을 더욱 뚜렷이 기억하게 하며, 그들이 생각하지도 못한 방식으로 신속히 전달되어 미래의 행동을 위한 지침으로 작용한다. 축하의 문화를 통해 구성원과 개인적으로 연결되면 신뢰가 싹트고 유지된다. 리더와 구성원 사이에 우리와 그들이라는 구분이 줄어든다. 직장에 생동감을 더하고 진심으로 감사하는 마음을 더하는 것 또한 필수적이다.

열정이 우러나게 하기 위해서는 공동체 의식을 조성함으로써 가치실천과 승리를 축하해야 한다. 이렇게 하기 위해서는 다음과 같은 사항을 고려해야 한다.

1. 공개적으로 성취를 축하하기 위해 구성원을 모을 수 있는 때와 장소를 발견하고 기회를 만들어야 한다.
2. 항상 리더가 '그들 뒤에서 밀어준다'는 모습을 보여주고 구성원들이 '전체 속의 일부'라는 소속감을 느낄 수 있게 실천해야 한다.
3. 직장에 다른 사람과 함께 웃고 즐길 수 있는 즐거움의 요소를 삽입하라.
4. 가능한 한 많은 인정과 축하의 기회에 직접 참여하라. 어려울 때일수록 모습을 드러내어 당신의 관심을 보여주어라.
5. 조직 구성원이 자기 의무를 뛰어넘는 모습을 보여준 실제 경험담을 전달할 기회를 절대 그냥 지나치지 말라.
6. 공유 가치와 승리를 연계할 기회를 스스로 달력에 기록하고 지속해서 찾아라.

제13장

리더십은 모든 사람의 책무다

이 책에서 우리는 놀라운 성과를 이룩한 평범한 사람의 이야기를 들었다. 이들은 전세계 곳곳에 살고 있으며, 연령이 다양하고 직업도 가지각색이다. 이들은 상장 기업과 개인 기업, 정부와 민간 부문, 하이테크(high-tech)와 로우테크(low-tech), 대기업과 중소기업, 교육 및 전문적인 서비스 등 다양한 조직을 대표한다. 아마도 이제까지 그들이 어떤 사람들인지 들어본 적이 없을 것이다. 그들은 공인이나 유명인도 아니며, 엄청난 스타도 아니다. 그들은 당신의 옆집에 사는 이웃이거나 사무실 바로 옆 공간에서 일하는 동료일 수도 있다.

우리는 일상에서 찾을 수 있는 리더에게 포커스를 맞췄다. 리더십은 지위나 명성과 무관하기 때문이다. 조직에서 행사하는 권한이나 의사 결정권과도 상관없다. 리더십은 유명인사나 부자한테만 자격이 주어지는 것도 아니다. 어떤 가문에서 태어났는지도 중요하지 않다. 그들은 CEO, 사장, 장군, 수상처럼 조직의 정점에 있는 사람들도 아니다. 영웅에게만 해당하지 않는다. 리더십은 관계와 신뢰, 열정과 확신 그리고 궁극적으로 '무엇을 어떻게 하는지'와 관련된다.

리더십을 찾기 위해 당신은 위를 바라볼 필요도, 이를 찾기 위해 밖으로 나갈 필요도 없다. 자기의 내면을 탐구해야 한다. 사람은 누구나 가보지 못한 곳에서 다른 사람들을 이끌 수 있는 잠재력을 갖는다. 하지만 그들을 이끌기 전에, 그들에게 긍정적인 영향을 줄 수 있다는 믿음을 가져야 한다. 믿을 만한 가치가 있으며 중요하다고 생각하는 가치에 대해 믿음을 가져야 한다. 당신이 하는 말은 사람들에게 감동을 주고, 당신의 행동은 그들을 움직일수 있어야 한다. 또한 구성원들에게 자신의 생각을 이해시킬 수 있어야 하며, 그들도 마찬가지로 그럴 수 있어야 한다. 요즘처럼 격동기를 보낼 때, 우리는 세상을 바꿀 수 있다고 믿고, 자기의 신념에 따라 행동하는 사람들을 더욱 필요로 한다. 이베이의 상품 개발 부서장인 나트라지 아이어(Natraj Iyer)는 이런 말을 했다.

> 우리는 종종 리더십을 거창하고 원대한 것으로 생각합니다. 하지만 제 경험에 비춰보면, 진정한 리더십은 일상의 순간에, 어디에서나 존재한다고 생각합니다. 우리는 일상에서 기회를 포착하고 스스로 원하는 유형의 리더가 될 수 있는 수많은 기회를 맞게 됩니다. 우리 각자는 그런 리더가 되기 위해 선택을 합니다.

리더십은 바로 지금 이 순간, 당신의 마음속에도, 당신이 있는 곳에서도 존재한다. 문제는 바로 여기에 있다. 이를 실천하기 위해 당신은 과연 어떻게 행동해야 할 것인가?

모범적인 리더십은 어디에나 존재한다

우리는 오랫동안 사람들에게 연령과 배경을 불문하고, 삶에서 리더십 역할 모델이 된 인물들이 누구였는지 물어보았다. 단 그런 리더들은 역사 속에서 잘 알려진 인물들이 아니라 개인적인 리더십 발휘를 경험한 사람들로 한정했다. 우리는 그들에게 가장 중요한 리더십 모델로 선정한 사람들이 누구인지 확인하게 했고, 그 리더들은 어떠한 유형에 속하는지 다음 8개의 카테고리 중에서 파악하게 했다.[1] 즉 사업가, 지역 또는 종교단체의 지도자, 연예계 종사자 또는 영화배우, 가족 구성원, 정치가, 프로

역할 모델	응답자 연령	
	18~30세	30세 이상(%)
가족	40%	46%
교사 또는 코치	26%	17%
지역 사회 또는 종교 지도자	11%	8%
비즈니스 리더	7%	23%
정치인	4%	4%
전문 운동선수	3%	0%
연예인/영화배우	2%	0%
없음/모름/그 외 다른 사람	7%	4%

〈표 13.1〉 어떤 사람이 리더십 역할 모델인가?

운동선수, 교사 또는 코치인지 아니면 아무런 해당 없음 중에서 하나를 선택하게 했다. 〈표 13.1〉에 나온 결과를 보기 전에 당신이라면 리더십 모델로 누구를 선택할 것인지 잠시 생각해보기 바란다.

나이에 상관없이, 지나온 삶을 돌아보고 가장 중요한 리더십 역할 모델을 선택할 때, 사람들은 대체로 자기들이 모르는 사람들보다 가족을 선택하는 경향이 있다. 응답자 중 서른 살 이하의 답변에는, 그 다음으로 교사나 코치가 리더로 선정된다. 서른 살 이상은 비즈니스 리더를 두 번째로 꼽는다. 하지만 좀 더 내막을 살펴보면, 사람들이 생각하는 '비즈니스 리더'는 실제로 직장에서 선배나 코치의 역할을 해준 직속상사였다고 말한다.

역할 모델의 상위 그룹에서 어떤 점을 발견했는가? 여기에 해당하는 사람들은 어떤 사람들인가? 대체로 그런 사람들이 누구인지 당신은 잘 알고, 그들도 당신을 잘 안다. 그들은 당신 가까이에 있는 리더들이다. 이들은 우리가 매우 자주 연락을 주고받는 사람들이다. 리더십 역할 모델은 어디에나 존재한다.

이런 발견에는 매우 중요한 의미가 있다. 부모나 교사, 코치 역할을 하는 당신은 젊은이들에게 리더십의 모범이 무엇인지 보여주는 사람들이다. 이들은 힙합 예술가나 영화배우, 전문 운동선수나 소셜 미디어에서 뉴스를 만들어 리더십에 대해 영감을 일으키는 사람들이 아니다. 경쟁적 상황에서 리더가 어떻게 대응하고, 위기에 대처하고, 손실을 처리하고, 윤리적 딜레마가 발생할 때 어떠한 결정을 내리는지 해답을 찾기 위해 사람들은 당신을 찾아올 것이다. 리더는 특별한 사람이 아니라 바로 여러분이다.

또한 위의 데이터는 팀원에게 관리자인 당신은 조직에서 가장 중요한 리더라는 사실을 보여준다. 당신은 구성원들의 교사이자 코치이며 그들이 조직에 남을지 또는 떠날지를 결정하거나, 경력을 상담하거나, 행동 윤리를 판단하고, 최고로 잘 나갈 때 적절하게 처신하는 방법과 고객에게 감동을 주기 위해 열정을 유지하는 비결을 알려주고, 조직의 비전과 가치를 공유하는 데 누구보다도 영향을 주는 사람이다.

이를 피할 방법은 없다. 직책과 직급에 상관없이, 집이든, 학교이든, 지역 사회이든, 직장이든 간에 당신은 주위 사람들이 관찰하는 당신이 드러내는 리더십의 품격에 책임져야 한다. 리더는 자신이 보여주는 리더십에 대해 책임진다. 자신이 좋아하든 좋아하지 않든, 알고 했든 모르고 했든, 당신은 리더로서 본보기가 된다. 고민하면서 결정해야 할 사항은 당신이 어느 정도로 훌륭한 리더 또는 역할 모델이 될지를 생각해보는 것이다. 본인이 의식하든 그렇지 않든 간에, 사람들은 당신을 지켜본다. 자신이 의도하든 의도하지 않든 당신은 구성원에게 영향을 준다.

문자 그대로 모든 사람은 잠재적으로 누군가의 역할 모델이다. 그리고 다시 말하면, 이 말은 **리더십은 모든 사람**의 책무라는 것을 의미한다. 당신의 리더십의 효과성을 가장 마지막으로 시험할 수 있는 부분은 당신이 아니라 타인의 리더십 능력을 얼마나 발휘하게 하고 개발할 수 있느냐 하는 것이다. 당신은 모든 사람의 내면에 있는 리더로서 능력을 발휘하게 할 수 있는 능력이 있다.

모범적인 리더십이 차이를 만든다

데비 콜먼(Debi Coleman)은 최고의 리더십 사례를 인터뷰한 초창기 리더들 중한 명이자, 『리더십 챌린지』 초판에서 인용한 최초의 리더이기도 하다. 그 당시, 데비는 애플 제품의 월드와이드 제조 총괄 부사장이었다. 벤처캐피털 회사 스마트포리스트(SmartForest)에서 총괄 파트너로 재직 중인 그에게 최근 다시 연락했을 때, 리더십에 대한 본인의 관점은 몇십 년이 흘렀지만, 처음 했던 생각에서 달라지지 않았다고말했다. "훌륭한 사람들은 훌륭한 리더십을 발휘할 능력이 있다고 생각합니다. 제가관리하는 사람들도 마찬가지로 세계 최고의 리더십을 발휘할 수 있습니다."

데비는 모범적인 리더들이 품은 생각을 표현하였다. 구성원들도 누구나 뛰어난리더십을 발휘할 능력이 있다고 굳게 믿기 때문에, 그들은 세계 최고의 리더십을 발휘하기 위해 열심히 노력한다. 아마도 그것은 당신의 리더에게서 원하는 것과 다르지않을 것이고, 구성원들이 당신에게서 원하는 것도 마찬가지일 것이다. 최고를 원하지않는 사람은 없다. 틀림없이 당신도 똑같은 이유로 이 책을 읽을 것이다.

모범적 리더십에 대한 데비의 신념은 매우 중요하다. 훌륭한 리더십은 훌륭한직장을 만들기 때문이다. 그저 그런 리더십은 그저 그런 직장을 만들 뿐이다. 당신도경험을 통해 이 사실을 잘 알 것으로 생각한다. 우리도 지금까지 리더십이 구성원의몰입도 수준과 성과에 미치는 큰 영향에 대한 증거를 찾아왔기 때문에 이 사실을 잘안다. 이 책의 모든 부분에서 우리는 이 사실을 입증하는 데이터를 제시했다. 이 점을강조하는 연구를 좀 더 살펴보겠다.

우리는 수천 명에게 함께 일했던 최악의 리더와 최고의 리더를 생각하게 한 다음 이런 질문을 했다. 최고와 최악의 리더들과 일할 때 응답자들은 1~100퍼센트 중몇 퍼센트 정도 자기의 재능(시간과 에너지를 포함한 기술과 능력)을 사용했다고 할수 있을까? 〈그림 13.1〉은 이 질문에 대한 결과를 보여준다.

최악의 리더들과 근무했을 때, 그들은 본인이 발휘할 수 있는 재능을 2퍼센트에서 40퍼센트 정도 사용했으며, 평균은 31퍼센트에 그쳤다. 다시 말하면, 최악의 리더는 자신이 발휘할 수 있는 재능의 3분의 1도 발휘하지 못하게 한다. 많은 사람은 계속 열심히 일했지만, 기대했던 만큼 성과를 낼 수 없었다. 퇴사자를 대상으로 면담하면, 이와 비슷한 현상이 나타난다. 직원들의 경우 리더와 관계 단절이 가장 큰 이직 사유다. 설문 조사결과를 보면 2명 중 1명은 상사를 피하기 위해 직장을 그만둔 것으로 나타났다.[2]

　　이 우울한 상황은 최고의 리더와의 경험을 생각할 때, 완전 대조적 결과가 나타났다. 최고의 리더들은 팀원들이 가진 재능의 최소 40퍼센트를 발휘하게 했는데, 이는 **최악**의 리더들에게는 최고의 수치였다. 사실 많은 직원들은 **최고**의 리더들이 그들이 가진 재능의 100퍼센트를 활용하게 했다고 말한다. 개인의 재능을 100퍼센트 발휘하게 한다는 것은 산술적으로 볼 때 불가능한 사실이라는 것을 알지만, 사람들은 이런 생각에 대해 머리를 가로젓는다. "아뇨. 그 리더는 제가 할 수 있다고 생각하는

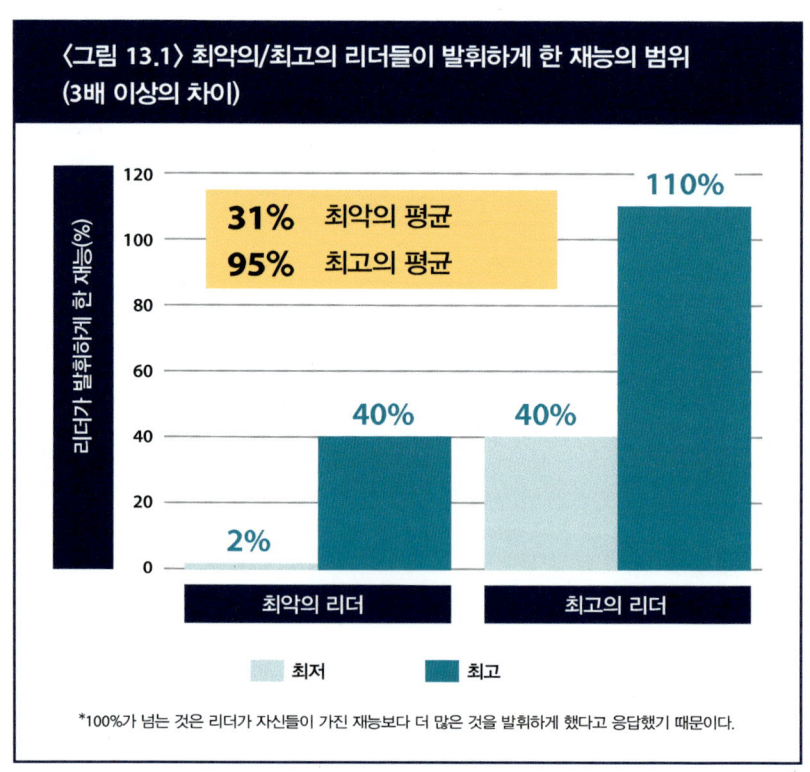

〈그림 13.1〉 최악의/최고의 리더들이 발휘하게 한 재능의 범위 (3배 이상의 차이)

*100%가 넘는 것은 리더가 자신들이 가진 재능보다 더 많은 것을 발휘하게 했다고 응답했기 때문이다.

또는 가능하다고 생각했던 그 이상을 할 수 있게 했습니다." 최고의 리더가 발휘하게 한 재능의 평균은 놀랍게도 95퍼센트에 달했다.

최악의 리더와 최고의 리더 간 성과 차이는 어마어마했다. 최고의 리더는 최악의 리더와 비교했을 때 재능, 에너지, 동기 부여 측면에서 3배 이상의 성과를 가져왔다.

이 데이터와 이 책 전반에 걸쳐 제공되는 근거 자료들을 볼 때, **리더십은 차이를 만든다**는 사실을 확인해준다. 그러한 차이는 부정적일 수도 있고 긍정적일 수도 있지만, 이는 중요하지 않다. 리더십은 구성원의 몰입, 스스로 판단에 의한 추가적 노력, 개인적 주도성과 책임, 그리고 평범함을 뛰어넘으려는 노력에 영향을 끼친다. 나쁜 리더는 이러한 행동에 찬물을 끼얹고, 모범적인 리더는 그 반대의 효과를 가져온다. 당신은 리더십을 통해 어떠한 변화를 성취하고 싶은가? 선택은 당신에게 달려 있다.

당신이 최고의 리더가 되고 싶어 하는 것을 우리는 잘 안다. 그리고 그 목적은 자신을 위해서가 아닌 다른 사람을 위해서 그리고 당신이 추구하는 노력을 성공시키기 위해서다. 그러한 포부가 없다면, 아마 당신은 이 책을 읽지 않았을 것이다. 지금보다 더 나은 리더가 되기 위한 방법을 어떻게 습득할 수 있을까?

연습하지 않고는 리더십을 학습할 수 없다

연설하거나 워크숍을 진행할 때, 우리는 매번 이런 질문을 받는다. "리더는 태어나는 것입니까, 만들어지는 것입니까?" 이런 질문을 받을 때마다, 우리는 언제나 미소를 띠며 이렇게 대답한다. "우리는 태어나지 않은 리더를 만난 적이 없어요. 우리는 세상에 태어나지 않은 회계사나 예술가, 운동선수, 엔지니어, 법률가, 의사, 작가, 동물학자를 만난 적이 없습니다. 우리는 모두 태어납니다. 이건 주어진 사실이죠."

이렇게 생각할 수도 있다. "음, 이건 올바른 답변이 아닌 것 같군. 교묘한 대답이야. 모든 사람이 다 태어나긴 하지." 바로 그 점이 우리가 강조하는 포인트다. 우리는 모두 세상에 태어나며, 리더가 되기 위해 필요한 자질을 이미 보유하고 있다. 자기에게 던져야 할 질문은 "나는 리더가 되기 위해 태어났는가?"가 아니라 더 나은 리더가 되기 위해서 "나는 오늘보다 내일 더 나은 리더가 될 수 있는가?"라는 더욱 강하고 심오한 질문을 해야 한다. 그 질문에 대한 대답은 "네 그렇습니다"가 언제나 확실하다.

본론으로 들어가자. 리더십은 소수만이 누릴 수 있는 신비로운 자질이 아니다. 리더십은 누군가에게 미리 정해진 것이 아니다. 이는 유전자도 아니며 특수한 형질도 아니다. 리더십은 어떤 개인의 특수한 DNA에 심겨 있다는 주장을 뒷받침할 근거는 하나도 없다.

우리는 전 세계 수백만 명을 대상으로 수집한 데이터를 평가하였다. 의심할 여지 없이, 모든 직업, 모든 유형의 조직, 모든 종교, 모든 국가에는 남녀노소를 불구하고 리더가 존재한다고 말할 수 있다. 리더십을 습득할 수 없다고 말하는 것은 잘못된 생각이다. 우리가 보는 세계 어디에서나 리더십을 배울 수 있다. 노키아에서 OZO 프로젝트를 진행했던 시니어 콘텐츠 프로듀서인 이안 맥카미(Ian McCamey)는 "모든 리더가 몰입하는 행동을 검토하면, 리더십의 개념은 알 수 없는 힘이라기보다는 노력으로 달성할 수 있는 기술입니다"라고 말했다.

리더십은 **관찰할 수 있는 원칙과 행동의 패턴이며, 정의할 수 있는 기술과 능력의 집합체**다. 동기와 욕구가 주어지며 적절한 연습과 피드백, 역할 모델과 코칭을 받는다면 어떠한 리더십 기술도 배울 수 있으며, 강화되고, 연마되고, 향상할 수 있다. 리더십 개발 프로그램에 참여하는 사람들이 개선되는 것을 살펴보면, 시간의 경과에 따라 리더십이 향상된다는 결과를 보여준다.[3] 그들은 더 나은 리더가 되기 위해 배우는 것이다.

문제는 바로 여기에 있다. 리더십은 배울 수 있다. 그러나 모든 사람이 리더십을 배우고 싶어 하지는 않는다. 또한 리더십을 배우는 모든 사람이 이를 터득할 수도 없다. 그건 왜일까? 최고가 된다는 것은 배움과 성장에 대한 믿음, 남보다 뛰어나고 싶은 강렬한 포부, 끊임없이 자신을 연마하려는 결심, 타인을 도우려는 인식, 일부러 시간을 내어 연습하려는 노력이 필요하기 때문이다. 게다가 최고의 리더는 아무리 뛰어난 자질을 갖추었더라도 최고의 리더는 항상 더 향상될 수 있고, 어떻게 해야 하는지 배울 준비가 되어 있어야 한다는 것을 잘 안다.[4]

제13장 리더십은 모든 사람의 책무다

이런 생각은 돈 샤크(Don Schalk)에게는 음악처럼 너무 당연하다. 그는 평생 여러 회사에서 최고 경영자로 근무했고 지금은 앨버니아대학교(펜실베이니아주 레딩 소재)의 교수로 재직 중이다. 그는 최고의 성과를 달성한 사람들은 언제나 개선하려고 노력한다는 사실을 보여주는 본인의 경험을 공유하였다. 돈은 대학 시절 매우 뛰어난 야구선수였다. 그는 대학 야구 코치이자 멘토였던 딕 로크웰(Dick Rockwell)이 정기적으로 자신을 포함한 동료 선수들에게 하던 말을 상기시켰다. "연습은 오후 3시에 시작해서 5시에 끝낸다. 그러나 여러분이 할 수 있는 노력이 이것밖에 안 된다면 우리는 경기에서 이길 수 없고, 자네들도 경기를 할 수 없을 것이다." 그의 메시지는 매우 명확했다. 팀 연습은 매일 2시간씩 연습하는 것 이상이 필요하다는 것이다. 야구 시합에서 이기려면, 팀의 모든 선수는 시합에 대비해 더 많은 연습을 해야 한다. 이는 바로 승자의 태도이며 운동에서만 아니라, 리더십에서도 이 원리는 똑같이 적용된다. 모범을 보이는 리더가 되고 싶다면, 더욱 훈련에 정진해야 하며, 평소 이상의 노력을 통해 자신의 기술을 갈고닦아야 한다. '재능 있는 사람도 열심히 노력하지 않으면, 노력하는 사람을 당할 수 없다'는 옛 속담이 있다.

플로리다 주립대학교 교수이자 전문성 분야에서 권위를 인정받는 앤더스 에릭슨(Anders Ericsson) 교수도 그의 말에서 이 사실을 똑같이 강조했다.

> 대부분의 사람들은 지속된 훈련과 노력이 전문가 수준의 성과를
> 달성하는 데 필요하다는 사실을 인식하지 못하고, 성과가 부진한
> 이유를 재능이 부족한 탓으로 돌리는 경향이 있다. 이런 생각은
> 자신의 잠재력을 정말로 발휘하지 못하게 합니다.[5]

앤더슨과 동료들은 지난 수십 년간 연구를 통해, 최고의 성과를 달성하기 위해서는 재능이 전부가 아니라는 사실을 발견하였다. 스포츠, 음악, 의학, 컴퓨터 프로그래밍, 수학 등 여러 분야에서도 마찬가지다. 재능은 탁월함에 다가가는 결정적 열쇠가 아니다.

엄청나게 IQ가 높다고 해서 반드시 뛰어난 성과를 달성하는 것도 아니다. 때때로 세계적 수준의 성과를 이룬 사람 중에는 머리가 아주 좋은 사람들도 있겠지만, 평균 수준의 지능을 보유한 사람들도 많다. 마찬가지로, 오랜 경험이 있다고 해서 반드

시 최고의 성과를 이룰 수 있는 것은 아니며, 그러한 경험이 뛰어난 성과를 보장하는 것도 아니다. 놀라운 사실은, 때때로 오랜 경험을 가진 사람이 한 전공 분야를 막 졸업한 새내기보다도 부진한 성과를 낼 때가 있는데, 이는 그들이 더는 현실에 맞지 않는 구식 패러다임에 갇혀 있기 때문이다.

당신은 자신이 원하는 리더가 되기 위해 배움에 대한 열정을 가져야 한다. 우수한 성과와 탁월한 성과의 차이는 그들이 그동안 얼마나 애써 실력을 갈고닦았는지 기울인 노력에서 판별된다. 실력을 가다듬는 것은 어떠한 행동에 몰입하는 것만을 의미하지 않는다. 이보다는, 성과 향상을 위해 특별히 설계한 경험에 몰입하는 것이다. 설계(design)가 핵심 아이디어인데, 여기엔 방법론과 매우 특별한 목표가 담겨 있다는 사실을 함축한다. 연습은 한 번으로 그치는 이벤트가 아니다. 설계된 학습을 한두 번 경험하는 것만으로는 두드러진 변화를 기대할 수 없다. 이러한 노력은 자동적으로 할 수 있을 때까지 해야 하며, 장시간에 걸쳐 계속 이루어져야 한다.

의도적인 연습의 또 하나의 중요한 특징은 피드백을 얻을 수 있다는 점이다. 자신이 어떻게 하는지 알지 못하는 상태에서는 목표에 접근하는지 목표한 대로 실행하는지 제대로 측정할 수 없다. 언젠가는 자기의 성과를 측정할 수 있는 단계에 도달할 때가 올지도 모르지만, 그러기 전까지 당신에게는 코치와 멘토, 또는 성취도 분석에 도움을 줄 수 있는 제3자가 필요하다.

더 나아가, 현실적으로 생각해보자. 의도적인 연습은 별로 재미가 없다. 때로는 힘든 연습 과정을 지속하게 하는 것은 그러한 행위를 통해서 얻는 즐거움이 아니라 자신이 더 나아지고 있고, 더 나은 성과에 도달하기 위한 꿈에 더 가까워진다는 사실에 대한 인식이다.

마지막으로, 연습에 시간이 필요하다는 점은 부정할 수 없는 사실이다. 전문가가 되려면, '1만 시간의 연습'이 필요하다는 유명한 개념은 이미 들어서 잘 알 것이다.[6] 하지만 중요한 것은 숫자가 아니다. 시간을 쏟아붓되 필요한 시간의 양은 너무 걱정하지 않아도 된다. 누군가에게는 리더십 기술을 터득하는 데 1만 시간이 넘게 걸릴 수도 있지만, 다른 사람은 그렇지 않을 수도 있다. 하지만 모든 승자에게 적용되는 사실은, 통달하기 위해서는 평생 노력해야 한다는 사실이다.

　　모범적인 리더가 된다는 사실에 책임지는 가장 중요하고도 의미 있는 방법은 리더십에 대한 학습을 습관처럼 매일 실천하는 것이다. 리더십을 학습한다는 것은 이미 바쁜 일정에 또 한 가지 숙제를 얹는 것이 아니다. 일주일에 한 번 또는 한 달에 한 번 칩거하는 것도 아니다. 상황이 안 좋을 때 모임 일정을 줄이는 것도 아니다. 하루에 해야 할 다른 중요한 일정과 마찬가지로 본능적으로, 자동적으로 해야 하는 일이다. 이메일을 확인하듯이, 친구에게 문자를 보내듯이, 미팅을 진행하듯이 매일 정기적으로 일어나는 일이다. 개인적 성공을 위해 필수적이라고 생각하는 일이다. 체력 단련처럼 매일 심신의 건강을 유지하기 위해 실천하는 훈련이다. 럼빅스(Rhumbix)의 영업 사원인 토미 발다치(Tommy Baldacci)에게 깨달음의 순간은 일상적인 훈련의 중요성을 인식했을 때였다.

　　　　리더가 되려면 먼저 리더가 되는 방법을 알아야 했습니다. 저는 훌륭한 리더가 될 거라는 결심을 했습니다. 제가 원하는 것을 결심하고, 매일 아침 일어나 그런 생각을 반복하면서, 그 생각에 사로잡혔습니다. 제가 취한 모든 행동은 리더가 되겠다는 목표에 한 걸음 다가가는 것이었습니다. 이는 성공을 향해 한 걸음 한 걸음 내딛는 것과 같았습니다. 훌륭한 리더가 되기 위해 준비하겠다고 결심하면 의식적인 노력이 따라올 것입니다.

대조와 모순

연구에서, 우리는 개인적으로 최고의 성과를 이룬 리더들은 가치와 원칙을 명확히 제시하며 공유 비전에 영감을 불어넣으며, 기존 프로세스를 재검토하고, 구성원들이 스스로 행동할 수 있게 이끌며, 열정을 우러나게 한다는 사실을 배웠다. 또한, 이 5가지 원칙을 자주 실천하는 리더들이 이러한 원칙을 잘 사용하지 않는 리더들보다 놀라운 결과를 성취할 가능성이 현저하게 높다는 사실도 발견했다.

　　하지만 여기에 문제가 있다. 당신은 이 모든 것을 완벽하게 배우고도 해고당할 수 있다! 아마도 이 점을 미리 언급했어야 했지만, 이 사실은 이미 잘 알 것으로 생각한다. 이런 모든 리더십 원칙이 언제나 모든 사람에게 효과를 장담할 수는 없다. 효과가 크다는 사실을 확신하지만, 효과가 없다고 해서 환불을 보장할 수도 없다. 어느 날 갑자기 누군가 다가와 성과와 보상을 100퍼센트 확신하는 3가지, 5가지, 7가지 또는 9가지 이론을 주장하면서, 당신의 지갑을 움켜쥐고 달아난다면 과연 어떤 기분이 들까? 리더십에는 벼락부자가 되는 방법도, 순식간에 체중을 감량해주는 마법도 없다.

또 한 가지 함정이 있다. 어떤 리더십 원칙은 파괴적 결과를 가져올 수도 있다. 미덕은 악덕으로 변할 수도 있다. 5가지 원칙이 극단으로 가면, 당신은 방향을 잃고 방황할지도 모른다.

우리는 자신의 목소리를 발견하고 모범을 보이는 일이 신뢰와 성취에 절대적이라는 사실을 잘 안다. 하지만 역할 모델로 보이려는 집착 때문에 자기 가치와 자기만의 행동 방식을 고수할 수도 있다. 이는 다른 사람들의 관점을 비하하고 피드백을 차단하는 것이다. 사생활이 침해되거나 자신의 정체성이 노출된다는 두려움 때문에 고립을 자처할 수도 있다. 실질보다 형식에만 관심을 두면 발생할 수 있는 일이다.

미래를 바라보고 명확한 미래의 공동 비전을 소통하는 능력은 뛰어난 리더와 그렇지 못한 사람과의 차이가 구분되는 특성이다. 하지만 한 가지 미래의 비전에만 집중하는 것은 현실은 물론 미래의 가능성을 차단하게 된다. 이렇게 되면 눈에 보이지 않는 흥미진진한 가능성을 놓치고, 오래되어 낡아빠진, 구식 기술에 집착할 수 있다. 자신의 권한을 남용해 영향력을 행사하려는 행위는 사람들의 선한 의지를 꺾을 수도 있다. 당신이 가진 에너지, 열정과 매력이 너무나 강력한 나머지 사람들은 스스로 생각하기를 멈추고 당신의 관점에 맹목적으로 동의할 수도 있다.

새로움에 도전한다는 것은 혁신과 점진적 변화를 촉진하기 위해 절대적으로 필요하다. 기회를 포착하고 위험을 감수하는 행동은 학습과 지속적 개선을 위해 필요하다. 하지만 이러한 행동이 극단으로 치달으면, 불필요한 소요와 혼란, 광적 집착을 불러올 수도 있다. 반복되는 일상은 중요하다. 사람들에게 자신감과 역량을 키울 수 있는 충분한 휴식을 주지 않는다면, 그들은 새로운 일에 도전할 의욕을 잃는다. 변화를 위한 변화는 자기만족과 마찬가지로 사기를 꺾는 행위다.

제13장 리더십은 모든 사람의 책무다

협업과 팀워크도 오늘날처럼 지나치게 역동적인 세상에서 놀라운 변화를 이루어내는 데 필수적이다. 혁신은 높은 수준의 신뢰에 바탕을 두었으며, 위대한 성취를 이루기 위해서 사람들은 자신의 삶을 통제한다고 의식해야 한다. 하지만 협업과 신뢰에 지나치게 의존하면, 중대한 문제를 다루는 것을 피하거나 부정적인 피드백을 제공하는 것을 회피하는 현상이 생겨날 수도 있다. 이는 상황상 필요할 때도, 책임지지 않는 행위로 나타날 수 있다. 상대방이 문제를 처리할 준비가 되어 있지 않고, 자신의 책임을 회피하려 할 때, 권한과 책임을 위임하는 것은 타인에게 책임을 떠넘기는 것으로 보일 수 있다.

우리는 구성원들이 격려를 받을 때, 그들의 성과 수준이 더 높아지는 것을 안다. 개인적으로 인정하고 그룹을 칭찬하는 것은 힘든 도전의 시기에 한 발짝 앞으로 나가게 하는 사기와 원동력을 창조해낸다. 이와 동시에, 누구에게 상을 주어야 하고, 언제 시상식을 해야 할지 끊임없이 걱정하는 것은 즐거운 사교 집단으로 만들 수도 있다. 당신은 너무나 즐거움에 빠진 나머지 자기의 임무가 무엇인지, 긴급한 과제가 무엇인지 놓칠 수 있다. 누릴 수 있는 모든 특권과 즐거움에 사로잡혀 일의 목적을 잊을지도 모른다.

이러한 잠재적 문제보다도 더 불길한 것은, 오만이라는 위험한 유혹이다. 리더가 된다는 것은 즐거운 일이다. 영향력을 행사하고 당신의 한마디에 즐거워하는 수많은 사람의 기운을 북돋운다. 많은 경우, 권력의 맛을 알면 자기가 대단하다는 느낌이 주는 유혹에 빠지기 쉽다. 사악한 리더들은 모두 이러한 오만이라는 병에 전염되었고, 자신에 대한 과대망상에 빠져 자기의 사악한 목적만을 추구하였다. 당신은 이런 유혹에서 어떻게 벗어날 것인가?

겸손은 오만의 해독제다. 당신은 자신이 인간이며 다른 사람의 도움이 필요하다는 사실을 인식할 때 과도한 자만에서 벗어날 수 있다. 모범적인 리더들은 '혼자서 성과를 이룰 수 없다'는 사실을 잘 알고 이러한 원칙에 따라 행동한다. 그들에게는 취약한 조직에 들어와 짧은 기간에 성공을 이루고, 그들이 떠나면 생존 능력을 상실하게 하는 사람들에게서 나타나는 자만과 위선이 발견되지 않는다. 그들은 다른 사람의 아이디어에 관심이 있으며, 해답을 알지 못하는 문제에 대해 배우려고 한다. 그들은 역경에서 빠르게 회복되며, 실험에 대한 강한 의지를 보여준다. 그들은 실망을 포함해 경험에서 배운 교훈을 감사하게 생각한다. 자기를 내세우지 않는 유머를 구사하며, 주변 사람들이 하는 말을 깊게 경청하고, 타인을 진심으로 너그럽게 칭찬해주는 겸손한 리더는 더 높은 최고의 성과를 달성한다.

인간(human)이라는 단어와 겸손하다(humble)는 단어는 둘 다 라틴어로 땅을 의미하는 'humus'에서 유래하였다. 인간이 된다는 것이나 겸손하다는 뜻은 다리를 대지에 굳건하게 디디고 있는 모습을 의미한다. 흥미롭지 않은가? 계급의 사다리를 올라갈 때, 건물에서 더 높은 층으로 올라가는 것처럼 지상에서 점점 더 멀어지지 않는가? 더 높이 올라갈수록, 발을 땅에 붙이기 더 어려워진다는 것은 놀라운 모순이 아닌가?[7]

리더는 인간적인 사람이 될 용기와 겸손해질 용기를 동시에 지녀야 한다.[8] 언제나 옳을 수 없다는 사실을 인정하는 데는 용기가 필요하다. 당신은 언제나 모든 가능성을 예상할 수 없으며, 미래를 예측할 수 없고, 모든 문제를 다 해결할 수도 없다. 당신은 모든 변수를 통제할 수 없으며, 언제나 다정하게 행동할 수도 없다. 실수할 수도 있다. 바로 그런 특성을 한마디로 말하면 인간이라는 뜻이다. 이런 사항을 모두 타인에게도 인정하기 위해서는 용기가 필요하며, 자기 자신에게 인정하기 위해서는 용기가 더 필요할지도 모른다. 그러한 일을 할 수 있는 겸손함을 발견한다면, 당신은 그러한 용기 있는 대화에 다른 사람을 초대할 수 있다. 경계심을 거두고 다른 사람에게 자신을 드러낸다면, 당신은 혼자서는 창조할 수 없는 그 어떤 것을 창조할 기회에 그들을 초대하는 것이다. 당신이 더욱 겸손해지고 꾸밈없는 행동을 보일 때, 사람들도 앞을 볼 수 있고 주목받을 기회가 생길 것이다.

연구 결과 리더가 완벽해야 한다는 암시가 그 어디에도 없다. 리더는 성자가 아니다. 그들은 모든 사람과 마찬가지로 결점과 실수로 가득 찬 인간이다. 그들은 실수를 한다. 강한 포부를 가진 리더를 위한 최선의 조언은 겸손하고 꾸밈없는 태도를 지녀야 한다는 것이다. 언제나 자신과 자신을 둘러싼 세상에 대해 더 많이 알 기회를 위해 마음의 문을 열어놓아라.

먼저 자신을 리드하라

리더십의 도구는 자신이며 리더십 기술을 정복하는 것은 자신을 정복하는 것에서 나온다. 엔지니어들은 컴퓨터를 갖고 있고, 화가는 캔버스와 붓을, 음악가는 악기를 갖고 있다. 반면 리더는 오직 자신밖에 없다. 최고의 리더가 되려면, 당신은 최고의 자신이 될 수 있다. 따라서 리더십 개발은 근본적으로 자기계발이다.

자기계발은 새로운 정보를 억지로 채워 넣거나 새로운 기술 습득을 위해 안간힘을 쓰는 것이 아니다. 이는 자신의 영혼에 이미 존재하는 것을 밖으로 끌어내는 것이다. 자기 안에 잠자는 리더의 자질을 해방하는 것이다. 이는 자신의 내면을 들여다보는 것에서 시작된다.

자신을 더 잘 파악할수록, 자신이 일상에서 받는 가끔 이해할 수 없고 상충하는 메시지를 더 잘 파악할 수 있다. 이것을 하라고 했다가 저것을 하라고 하고, 이 일을 도와주라고 했다가 저 일을 도와주라고 하고, 이것을 결정하라고 했다가 저것을 결정하라고 하고, 이것을 바꾸라고 했다가 저것을 바꾸라고 하는 등, 고도로 불확실한 현재 환경에서는 어지러운 세상을 헤쳐갈 수 있는 내면의 안내자가 필요하다.

이 책의 제일 첫 장에서 소개한 브라이언 얼링크는 리더로 성장하기 위해서는 자신을 더 잘 이해하는 것이 매우 중요하다고 말했다. 캐피털 원(Capital One)의 오토 파이낸스 비즈니스의 고객 운영 본부를 이끌면서, 그는 이 사실을 깨달았다. 크고 다양한 팀 구성원을 이해하기 위해서, 브라이언은 '간식을 즐기면서 담소도 나눌 수 있는' 비공식적인 환경을 만들어 8명에서 10명 정도의 팀원이 일과 상관없이 자기의 열정에 대해 자유롭게 말할 수 있는 분위기를 조성했다. 브라이언은 아주 환상적인 개인의 스토리도 들었다. 그런 스스럼없는 모임은 자신만의 이야기를 할 수 있는 기회를 주었다.

가난을 견디며 가족들과 캠핑 트레일러에서 살았던 어린 시절의 경험은 모범적인 리더십을 발휘할 수 있는 길로 그를 인도해주었다.

성공하고 싶다는 강한 동기는 어느 날 밤 K.O.A. 캠핑장 트레일러에서 잠이 깬 채 누워 있을 때, 장래에 가족을 먹여 살리기 위해 더 큰 꿈을 꾸며, 열심히 일하고, 공부하겠다고 다짐하면서 생겼습니다. 저는 만나는 사람들에게 제 개인사를 조금씩 털어놓기 시작했고, 그러면서 저는 어린 시절의 기억에서 조금씩 빠져나올 수 있었습니다. 사람들의 반응은 놀라울 정도로 협조적이었습니다. 인간은 누구나 삶에서 정말 견디기 힘든 역경을 겪었다는 사실을 알게 되었습니다. 그런 상황 속에서 인간은 자신이 어떤 사람이며, 지향하는 삶의 가치가 무엇인지 발견하게 됩니다.

이런 경험은 브라이언에게 '리더십은 가슴으로부터, 취약하지만 진정성 있는 환경에서 생겨나며, 자신의 전체를 통찰하는 것'이라는 사실을 깨닫게 해주었다.

자신의 전체를 통찰하려면, 브라이언이 집중했던 자기 탐색(self-exploration)이 필요하다. 이는 자신을 형성한 경험과 그 경험이 자기에게 가르쳐준 가치를 이해하기 위해 지나간 자기의 인생을 되돌아보는 것을 필요로 한다. 모범적인 리더십을 갖추기 위한 여행을 계속할수록, 당신은 몇 가지 어려운 질문과 씨름해야 한다.

- 내 인생의 최고의 순간은 무엇이었으며, 나를 그러한 성취로 이끈 동기는 무엇인가?
- 나의 결정과 행동을 안내하는 가치는 무엇인가?
- 내가 맡은 팀이나 조직이 발전하려면, 어떠한 능력을 향상해야 하는가?
- 향후 10년간 조직은 어느 곳을 향해 갈 것이라 생각하는가?
- 불확실성과 역경을 무릅쓰고 계속 버티게 해준 용기를 준 것은 무엇이었는가?
- 구성원들과 나의 관계는 얼마나 공고한가? 나는 그들에게 얼마나 믿을 만한 사람인가?
- 희망을 계속 살아 숨 쉬게 하려면 무엇을 해야 하는가? 다른 사람들과 나 자신을 위해?

아주 완벽한 질문 리스트라고 볼 수는 없지만, 모범적인 리더들은 대체로 이런 질문들과 씨름한다. 그런 개인적 성찰은 리더를 개발하는 데 필수적이다. 자기를 발견하기 위한 여행에서 자신을 리드할 수 없다면, 다른 사람을 이끌 수 없다. 한 연구에 따르면 매일 5분에서 10분 정도 시간을 조금씩 할애해 경험에서 깨달은 사실을 성찰하는 습관이 미래의 성과를 엄청나게 개선해준다는 사실이 나타났다.[9]

자신이 꿈꾸는 리더가 되고자 한다면, 한 걸음 물러나서 당신의 과거와 현재, 미래 그리고 당신 안에 숨 쉬는 열정을 발견하기 위해 시간을 할애하라.

리더십은 실천이다

자신과 리더십에 대해 알게 되는 것과 다른 사람들을 이끌어가는 것은 별개다. 모범적인 리더가 되기로 결심하는 것은 그런 사람이 되는 것과 같지 않다. 리더십은 실천이다. 리딩을 일상에서 습관화해야 한다. 리딩에 대해 더 많은 것을 배우기 위해 매일 새로운 일을 실천해야 하며, 거기에서 얻은 교훈을 실생활에 적용해야 한다.

퍼시스턴스 시스템(Persistence System)의 영업 총괄인 세르게이 니키포로프 (Sergey Nikiforov)는 한동안 자기를 괴롭혀온 질문 "더 나은 리더가 되기 위해 어디에서 출발해야 하는가?"에 대한 자신의 생각을 우리에게 설명해주면서, 누군가를 이끄는 것이 무엇인지를 곰곰이 생각했다. 세르게이는 자신이 리더라는 사실을 보여주기 위해 무엇인가 크고 원대한 일을 해야 한다고 생각했지만, 그 생각은 나중에 좀 더 분명해졌다.

> 저는 매일 작은 변화를 이룰 기회가 있다는 사실을 알았습니다. 누군가를 위해 코칭해줄 수도 있었고, 상대방이 하는 말을 더 깊게 들어줄 수도 있었습니다. 사람들에게 더욱 긍정적인 태도로 대할 수 있었고, 감사하다는 인사를 더 자주 할 수도 있었습니다. 일상생활에서 실천할 수 있는 일은 끊임없이 찾을 수 있습니다.
> 처음에는 더 나은 리더가 되려고 생활에서 실천할 수 있는 것들이 많다는 점에 다소 압도되었습니다. 하지만 이런 생각을 실천으로 옮기면서, 리더로 행동하면서 좀 더 관심을 두고 양심적으로

실천하는 행동들이 가져오는 엄청난 개선을 보면서 이는 즐거운 놀라움으로 바뀌었습니다.

세르게이의 생각은 옳았다. 일상은 변화를 가져올 수많은 기회를 제공한다. 그러한 기회는 팀원과 나누는 개인적 대화나, 동료와 함께하는 미팅에서도 생길 수 있다. 그런 기회는 가족과 함께하는 저녁 식사에서 찾아오기도 한다. 미래 사업에 대한 콘퍼런스를 진행하면서 발표할 때, 동료와 갈등을 이야기하는 친구의 말을 들을 때, 고객, 클라이언트, 파트너에게서 피드백을 받을 때도 그런 기회는 찾아올 수 있다.

리더십은 매 순간 다가온다. 당신이 이끌어갈 수 있는 순간은 매일 매 순간 존재한다. 당신은 매일 변화를 가져오는 선택을 할 수 있다. 이러한 매 순간의 선택은 뒷사람들에게 남길 수 있는 유산이 될 수 있다.

인생의 성공 비결을 기억하라

우리가 짚고 넘어가야 할 마지막 리더십 교훈이 한 가지 있다. 그것은 인생에서 리더의 성공 비결이다.

우리가 최고의 리더십을 연구하기 시작했을 때, 당시 미 육군 존 스탠퍼드(John H. Standford) 소장과 우연히 만날 기회가 있었다. 우리는 그가 어려운 가정에서 자라났고, 초등학교 때 낙제했으나, 펜실베이니아 주립대학교 ROTC 장학생으로 졸업했고, 한국전쟁과 베트남전쟁에도 참전해 공로훈장을 받았고, 그가 지휘한 부대의 충성심이 남달랐다는 사실을 알았다. 존은 걸프전 때 미국 수송 사령부를 지휘했고, 퇴역 후에는 조지아주 풀턴 카운티의 행정지사가 되었다. 이때는 애틀랜타가 1996년 하계 올림픽 준비로 한창 바쁠 때였다. 그 후 시애틀 공립학교 교육감이 되어, 안타깝게도 백혈병으로 세상을 떠나기 전까지 그는 공립교육에 혁신의 바람을 주도하였다.

존이 이룬 행정 업무의 성과도 매우 놀라웠지만, 우리와 함께한 인터뷰에서 그가 들려준 대답은 리더십에 대해 우리가 알았던 인식에 엄청난 영향을 주었다. 우리

제13장 리더십은 모든 사람의 책무다

는 존에게 대학교, 군대, 정부, 비정부기관 또는 개인 사업에서 리더를 양성하기 위해 어떠한 노력을 했는지 물어보았다. 그는 이렇게 대답했다.

> 저는 인생에서 성공하는 비결은 사랑하는 마음을 갖는 것이라고 생각합니다. 사랑하는 마음은 다른 사람의 마음에 불씨를 지피며, 그들의 내면을 들여다보게 하고, 다른 사람보다 자기가 그 일을 맡아 마무리하고 싶다는 더 큰 욕망을 갖게 합니다. 사랑에 빠지지 않는 사람은 구성원을 이끌면서 성취하는 흥분을 진정으로 느끼지 못합니다. 저는 삶에서 사랑보다 더욱 기운을 돋우고 더욱 긍정의 마음을 일으키는 불꽃을 보지 못했습니다.

'사랑하는 마음을 갖는 것'은 리더십에 대한 연구를 시작했을 때 적어도 우리가 기대했던 대답은 아니다. 하지만 30년이 넘는 세월 동안 리더십을 연구하면서, 누군가를 이끌고 싶다는 동기를 이야기할 때 많은 리더가 끊임없이 사랑이라는 단어를 사용하는 데 주저하지 않는다는 사실이 떠올랐다. 1장에서 소개했던 안나 블랙번도 비버브룩스에서 자신이 이룬 경력을 말하면서, 매장에서 시작해서 CEO가 된 비결을 이렇게 말했다. "사랑하는 대상을 찾으세요. 당신이 하는 일을 진정으로 사랑할 때, 그 일을 남보다 더 잘할 수 있고, 성과를 이루게 됩니다."

오랜 시간 리더의 자리를 유지하게 하는 비결 중에서도 사랑은 가장 지속적인 힘을 갖는다. 리더가 매일 아침 일찍 일어나 긴 시간을 힘들게 일하면서 놀라운 성과를 달성한다고 상상하기는 어렵다. 성공하는 리더의 최고 비결은 사랑이다. 조직을 이끄는 것을 사랑하며, 함께 일하는 사람들, 조직이 자신에게 부여한 임무를 사랑하며, 제품과 서비스를 사용해 조직을 영예롭게 하는 일을 사랑하는 것이다.

리더십은 머리가 시키는 일이 아니라 가슴속에서 우러나와 진심으로 하는 일이다.

주

제1장
리더가 최고의 전성기를 보낼 때

1. 특별히 명시되지 않는 한, 모든 인용은 개인 인터뷰나, 개인별로 경험한 최고의 리더십 사례 또는 응답을 보낸 리더들이 작성한 리더십 성찰에서 따온 것임을 밝혀둔다. 인용된 리더의 직급과 조직은 사례를 제공할 당시 또는 이 판본이 출간될 당시와 다를 수 있음을 밝혀둔다. 몇 가지 사례에서 리더들이 이름을 밝히길 원하지 않을 때는, 논의 진행을 원활하게 하기 위해 가명을 사용하였다. 예로 제시한 상세 내용은 응답자들의 실제 경험을 바탕으로 한 것이다.

2. 추가 인터뷰를 통해 이 사례를 제공해주신 Steve Coats에게 감사드린다.

3. 추가 인터뷰를 통해 이 사례를 제공해 주신 Natalie Loeb에게 감사드린다.

4. 리더로의 완전히 개발을 저해하는 통념에 대한 추가 정보는 J. M Kouzes와 B. Z. Posner, *Learning Leadership: The Five Fundamentals of Becoming an Exemplary Leader*(San Francisco: The Leadership Challenge—A Wiley Brand, 2016)에서 찾아볼 수 있다.

5. 이 사례를 제공해주신 Valarie Willis에게 감사드린다.

6. 이 사례를 제공해주신 Valarie Willis에게 감사드린다.

7. 연구 방법론에 대한 추가 정보와 사실은 B. Z. Posner, "Bringing the Rigor of Research to the Art of Leadership: Evidence behind The Five Practices of Exemplary Leadership and LPI: Leadership

Practice Inventory"(http://www.leadershipchallenge.com/Research-section-Our-Authors-Research-Detail/bringing-the-rigor-of-research-to-the-art-of-leadership.aspx)에서 더 찾아볼 수 있다.

8. Posner, "Bringing the Rigor," and J. M. Kouzes and B. Z. Posner, *LPI: Leadership Practi+ces Inventory*(4th ed.)(San Francisco: The Leadership Challenge—A Wiley Brand, 2012)(http://www.leadershipchallenge.com/professionals-section-lpi.aspx).

9. R. Roi, *Leadership Practices, Corporate Culture, and Company Financial Performance: 2005 Study Results*(Palo Alto, CA: Crawford and Associates International, 2006)(http://www.hr.com/en?s=IdYUsXbBU1qzkTZI&t=/documentManager/sfdoc.file.supply&fileID=116803265880). 5가지 원칙이 몰입과 성과에 미치는 영향을 검토하는 수백 가지 학문적 논문을 참조하려면, Posner, "Bringing the Rigor"를 참조할 것.

제2장
리더십은 신뢰를 기반으로 한다

1. 구성원이 리더에게 기대하는 사항, 리더가 관계 강화를 위해 취해야 할 행동, 리더십에 대한 더욱 심도 깊은 토론을 살펴보려면 J. M. Kouzes와 B. Z. Posner의 *Credibility: How Leaders Gain and Lose It, Why People Demand It*(San Francisco: Jossey-Baas, 2011)를 살펴봐라.

2. 최초의 연구에 대한 정보를 더 찾아보려면, B. Z. Posner and W. H. Schmidt의 "Values and American Manager: An Update," *California Management Review* 26, no.3(1984): 202~216; B. Z. Posner and W. H. Schmidt, "Values and Expectations of Federal Service Executives, *Publics Administration Review* 46, no.5(1986): 447~454.

3. H. Wang, K. S. Law, R. D. Hackett, D. Wang, and Z. X. Chan, "Leader-Member Exchange as a Mediator of the Relationship Between Transformational leadership and Followers'Performance and Organizational Citizenship Behavior," *Academy of Management Journal* 48(2005): 420~432. B. Artz, A. H. Goodall와 A. J. Oswald(December 29, 2016), "If Your Boss Could Do Your Jo, You're More Likely to Be Happy at Work," *Harvard Business Review*, Reprint H03DTB(https://hbr.org/2016/12/if-your-boss-could-do-your-job-youre-more-likely-to-happy-at-work); B. Artz, A. H. Goodall, and A. J. Oswald, "Boss Competence and Worker Well-Being," *ILR Review*, May 16, 2016(http://journals.sagepub.com/doi/abs/10.1177/001979391665045?ai=1gvoi&mi=3ricys&af=R).

4. S. J. Lopez, *Making Hope Happen: Create the Future You Want for Yourself and Others*(New York: Atria Books, 2013), 61. 또한, J. E. Bono와 R. Ilies의 "Charisma, Positive Emotions, and Mood Contagion," *The Leadership Quarterly* 17(2006): 317~334도 참고할 것.

5.   Edelman, *2017 Edelman Trust Barometer:Global Report*(http://www.edelman.com/trust2017/).

6.   신뢰에 대한 최초의 연구는 C. I. Hovland, I. L. Janis, H. H. Kelly, *Communication and Persuasion*(New haven, CT: Yale University Press, 1953)로 거슬러 올라간다. 초기 성과 측정에 대한 연구는 J. C. McCroskey의 "Scales for the Measurement of Ehos," *Speech Monographs* 33(1966): 65~72; D. K. Berlo, J. B. Lemert, R. J. Mertz의 "Dimensions for Evaluating the Acceptability of Message Sources," *Public Opinion Quarterly* 3(1969): 563~576에서 찾아볼 수 있다. 현대적 관점의 해석은 R. Cialdini, *Influence: The Psychology of Persuasion*(New York: HaperCollins, 2007)을 참조.

7.   B. Z. Posner and J. M. Kouzes, "Relating Leadership and Credibility," *Psychological Reports* 63(1988): 527~530.

8.   P. J. Sweeney, V. Thompson, and H. Blanton, "Trust and Influence in Combat: An Interdependence Model," *Journal of Applied Social Psychology* 39, no.1(2009): 235~264.

9.   F. F. Reichheld with T. Teal, *The Loyalty Effect: The Hidden Force Behind Growth, Profits, and Lasting Value*(Boston: Harvard Business School Press, 1996), 1.

10. F. F. Reichheld, *Loyalty Rules: How Today's Leaders Build Lasting Relationship*(Boston: Harvard Business School Press, 2001), 6. 또한 J. Kaufman, R. Markey, S. D. Burton, D. Azzarello의 "Who's Responsible for Employee Engagement? Line Supervisors, Not HR, Must Lead the Change," *Bain Brief*(2013)(http://www.bain.com/publications/articles/whos-responsible-for-employee-engagement.aspx).

제3장
가치와 원칙을 명확히 하라

1.   A. Bryant의 "Want to Know Me? Just Read My User Manual", *New York Times*, March 30, 2013에서 인용.

2.   G. Colvin, "Great Job! Or How Yum Brands Uses Recognition to Build Teams and Get Results." *Fortune*, August 13, 2013, 62~66.

3.   F. Kiel, *Return on Character: The Real Reason Leaders and Their Companies Win*(Boston, MA: Harvard Business Press, 2015).

4.   M. Rokeach, *The Nature of Human Value*(New York: Free Press, 1973), 5.

5.   L. Legault, T. Al-Kindi, and M. Inzlicht, "Preserving Integreity in the Face of Performance Threat: Self-Affirmation Enhances Neurophysiological Responsiveness to Errors," *Psychological Science* 23, no.12(2012): 1455~1460.

6.   B. Swain, *What Made Me Who I Am*(Franklin, TN: Post Hill Press, 2016).

7.   B. Z. Posner and W. H. Schmidt, "Values Congruence and Differences Between the Interplay of Personal and Organizational Value Systems," *Journal of Business Ethics* 12(1992): 171~177. B. Z. Posner의 "Another Look at the Impact of Personal and Organizational Value Congruency," *Journal of Business Ethics* 97, no.4(2010): 535~541도 참조.

8.   Posner, "Another Look."

9.   S. Houle and K Campbell, "What High-Quality Job Candidates Look for in a Company, *Gallup Business Journal*, January 4, 2016(http://www.gallup.com/businessjournal/187964/high-quality-job-candidates-look-company.aspx).

10.   N. Dvorak and B Nelson, "Few Employees Believe in Their Company's Values, *Gallup Business Journal*, September 13, 2016(http://www.gallup.com/businessjournal/195491/few-employees-believe- in-their-company-values.aspx).

11.   A. Sackman, "Culture and Performance in N. Ashkanasay, C. Wilderom, and M. Peterson(eds.), *The Handbook of Organizational Culture and Climate*(2nd ed.)(Thousand Oaks, CA: Sage Publications, 2011), 188~224; A. S. Boyce, L. R. G. Nieminen, M A. Gillespie, A. M. Ryan, and D. R. Denison(2015), "Which Comes First, Orgnizational Culture and Performance? A Longitudinal Study of Casual Priority with Automobile Dealerships," *Journal of organizational Behavior* 36, no.3(2015): 339~359; G. Caesens, G. Marique, D. Hanin, and F. Stinglhamber, "The Relationship Between Perceived Organizational Support and Proactive Behavior Directed Towards the Organization," *European Journal of Work and Organizational Psychology* 25, no.3(2016), 398~411; C. M. Gartenberg, A. Prat, and G. Serafeim, "Corporate Propose and Financial Performance,"Columbia Business Research Paper No.16-69, June 30, 2016. SSRN: http://ssrn.com/abstract=284005에서도 찾아볼 수 있음.

12.   A. Carr, "The Inside Story of Starbucks's Race Together Campaign, No Foam," *Fast Company*, June 15, 2015(http://www.fastcompany.com/3046890/the-inside-story-of-starbuckss- race-together-campaign-no-foam) 참조할 것.

13.   A. Rhoads and N. Shepherdson, *Built on Values: Creating an Enviable Culture that Outperforms the Competition*(San Francisco: Jossey-Baas, 2011); R. C. Roi, "Leadership, Corporate Culture and Financial Performance?"(doctoral dissertation, University of San Francisco, 2006); S. Lee, S. J. Yoon, S. Kim, and J. W. Kang, "The Integrated Effect of Market-Oriented Culture and Marketing Strategy of Firm Performance," *Journal of Strategy Marketing* 14(2006): 245~261; T. M. Gunarajal, D. Venkatramaraju, and G. Brindha, "Impact of Organiational Culture in Public Sectors," *International Journal of Science and Research* 4, no.10: 400~402.

14.   B. Z. Posner, W. H. Schmidt, and J. M. Kouzes, "Shared Values Makes a Difference; An Empirical Test of Corporate Culture," *Human Resource Management* 24, no.3(1985): 293~310; B. Z. Posner, W. A Randolph, and W. H. Schmidt, "Managerial Values Across Functions: A Source of Organizational

Problems," *Group & Organization Management* 12, no.4(1987): 373~385; B. Z. Posner and W. H. Schmidt, "Demographic Characteristics and Shared Values," *International Journal of Value-based Management* 5, no.1(1992); 77~87; B. Z. Posner, "Person-Organization Values Congruence: No Support for Individual Differences as a Moderating Influence," *Human Relations* 45, no2(1992): 351~361; and B. Z. Posner and R. I Westwood, "A Cross-Functional Investigation and the Shared Values Relationship," *International Journal of Value-Based Management* 11, no.4(1995): 1~10.

15.　이 사례를 제공해주신 B. Cobill과 Jo Bell께 감사드린다.

16.　T. Hsieh, "What You Should-and Shoudn't-Take from Us," *Inc.*, July-August 2014, 96.

17.　B. Z. Posner, "Values and American Manager: A Three-Decade Perspective," *Journal of Business Ethics* 91, no.4(2010): 457~465.

제4장
본보기를 보여라

1.　T. Yaffe and R. Kark, "Leading by Example: The case of leader OCB," *Journal of Applied Psychology* 96, no.4(July 2011): 806~826.

2.　T. Simons, H. Leroy, V. Collewaert, and S. Masschelein, "How Leader Alignment of Words and Deeds Affect Followers: A Meta-Analysis of behavioral Integrity Research," *Journal of Business Ethics* 132(2014): 831~844; M. Panlanski and F. J. Yammarino, "Impact of Behavioral Integrity on Follower Job Performance: A Three Study Examination," *Leadership Quarterly* 22(2011): 765~786; H. Leroy, M. Palanski, and T. Simons, "How Being True to Self Helps Leadership Walk the Talk: Authentic Leader and Leader Behavioral Integrity as Drivers of Follower Affective Organizational Commitment and Work Role Performance," *Journal of Business Ethics* 107(2012): 255~264.

3.　J. Michel, "Great Leadership Isn't About You," *Harvard Business Review*, August 22, 2014.

4.　E. Schein, *Organizational Culture and Leadership*(4th ed.)(San Francisco: Jossey-Baas, 2010).

5.　이 사례를 제공해주신 Michael Bunting께 감사드린다.

6.　S. Zuboff, *In the Age of Smart Machine: The Future of Work and Power*(New York: Basic Books, 1988).

7.　K. Allen, *Hidden Agenda: A Proven Way to Win Business and Create a Following*(Brookline, MA: Bibliomotion, 2012).

8.　G. Hamel, "Moon Shots for Management," *Harvard Business Review*, February 2009, 91.

9.　A Newberg and M. R. Waldman, *Words Can Change Your Brain: 12 Conversation Strategy to Build Trust, Resolve Conflict, and Increase Intimacy*(New York: Penguin, 2012), 7.

10. D. Stone and S. Heen, *Thanks for the Feedback:The Science and Art of Receiving Feedback Well*(New York: Penguin, 2015).

11. F. Gino, "Research: We Drop People Who Give Us Critical Feedback," *Harvard Business Review*, September 16, 2016(https://hbr.org/2016/09/research-we-drop-people-who-give-us-critical-feedback). 또한 P. Green, F. Gino, B. Staats, "Shopping for Confirmation: How Threatening Feedback Leads People to Reshape Their Social Networks"(Working Paper, Harvard Business School, 2016)을 참조할 것.

12. 이 사례를 제공해주신 Michael Bunting께 감사드린다.

13. R. W. Eichinger, M. M. Lombardo, and Do. Ulrich, *100 Things You Need to Know: Best Practices for Managers and HR*(Minneapolis, MN: Lominger, 2004), 492.

14. 이 사례를 제공해주신 Missy Makanui께 감사드린다.

15. 이 사례를 제공해주신 Sakshi Gambhir께 감사드린다.

16. S. Callahan, *Putting Stories to Work:Mastering Business Storytelling*(Melbourne: Paperberg Press, 2016). 스토리가 설득력이 있는 생리학적 이유를 더 알아보려면 J. A. Barraza, V. Alexander, L. E. Beavin, E. T. Terris, and P. J. Zak, "The Heart of the Story: Peripheral Physiology During Narrative Exposure Predicts Charitable Giving," *Biological Psychology* 105(2015): 138~143을 참조할 것.

17. D. Schawbel, "How to use Storytelling as a Leadership Tool," *Forbes*, April 13, 2012(https://www.forbes.com/sites/danschwbel/2012/how-to-use-storytelling-as-a-leadership-tool/2/?ss=business=renegades#e9708e3789e3)에서 인용. 중요한 조직의 교훈에 대한 스토리를 쓰고, 말하고, 사용하는 방법에 대해서는 P. Smith의 *Lead with a Story: A Guide to Crafting Business Narratives that Captivate, Convince and Inspire*(New York: AMACOM, 2012)을 참조할 것.

18. S. Denning, *The Springboard: How Storytelling Ignites in Knowledge-Era Organizations*(Boston: Butterworth-Heinemann, 2001), xii. 비전과 가치를 소통하는 스토리를 말하고 활용하기 위한 최적의 방법에 대해서는 S. Denning, *The Secret language of Leadership:How Leaders Inspire Action Through narrative*(San Francisco: Jossey-Baas, 2007)를 참조할 것.

19. C. Wortmann, *What's Your Story?Using Stories to Ignite Performance and be More Successful*(Chicago: Kaplan, 2006); H. Monarth, "The Irresistible Power of Storytelling as a Strategic Business Tool," *Harvard Business Review*, March 11, 2014(https://hbr.org/2014/03/the-irresistible-power-of-storytelling-as-a-strategic-business-tool); P. J. Zak, "Why Your Brain Loves Good Storytelling," *Harvard Business Review*, October 28, 2014(https://hbr.org/2014/10/why-your-brain-loves-good-storytelling); and S. R. martin, 'Stories About Values and Valuable Stories: A Field Experiement of the Power of narratives to Shape Newcomers'Actions," *Academy of Management Journal* 59, no.5(2016): 1707~1724.

20. "Lou Gerstner on Corporate Reinvention and Values", *Mckinsey Quarterly*, September 2014(http://www.mckinsey.com/global-themes/leadership/lou-gerstner-on corporate-reinvention-and-values)

에서 인용.

21. 공유 가치를 기반으로 문화를 창조하고 강화하기 위해 활용할 수 있는 자세한 청사진을 보려면, A. Rhodes, *Built on Values: Creating a Culture That Outperforms the Competition*(San Francisco: Jossey-Baas, 2011)을 참조할 것.

제5장
미래의 비전을 설계하라

1. D. Gilbert, *Stumbling on Happiness*(New York: Knopf, 2006), 5~6.

2. G. Klein, *The Source of Power: How People Make Decisions*(Cambridge, MA: MIT Press, 1998).

3. A. M. Hayashi, "When to Trust Your Gut," *Harvard Business Review*, February 2001, 59~65.

4. E. Partridge, *A Short Etymological Dictionary of Modern English*(New York: Macmillian, 1977), 359, 742.

5. P. Schuster, *The Power of Your Past: The Art of Recalling, Recasting, and Reclaiming*(San Francisco: Berrett-Koehler, 2011).

6. E. Florian의 글에서 인용, "The Best Advice I Ever Got," *Fortune*, February 6, 2012, 14.

7. J. T Seaman, Jr와 G. D. Smith 참조, "Your Company's History as a Leadership Tool," *Harvard Business Review*, December 2012.

8. M. D. Watkins, *The First 90 days: Proven Strategies for Getting Up to Speed Faster and Smarter, Updated and Expanded*(Boston, MA: Harvard Business School Press, 2013).

9. C-M. Tan, *Search Inside Yourself: The Unexpected path to Achieving Success, Happiness (and World Peace)*(New York: HarperCollins, 2014); M. Bunting, *The Mindful Leader: 7 Practices for Transforming Your Leadership, Your Organization, and Your Life*(Hoboken, NJ: John Wiley & Sons, 2016).

10. G. Hamel, *Leading the Revolution*(Boston: Harvard Business School Press, 2000), 128.

11. E. Jaques, *Requisite Organization: The CEO's Guide to Creative Structure and Leadership*(2nd rev. ed)(Arlington, VA: Cason Hall, 2006), 15~32.

12. 이 사례를 공유해주신 Terrence Young과 Tom Pearce에게 사의를 표합니다.

13. P. Thomas, *Driven by Time: Time Orientation and Leadership*(Westport, CT: Praeger Publishers, 2004); N. Halevy, Y. Berson, and A. D. Galinsky, "The Mainstream Is Not Electable: When Vision Triumphs Over Representativeness in Leader Emergence and Effectiveness," *Personality and Social Psychology Bulletin* 37, no.7(2011): 893~904; D. P. Moynihan, S. K. Pandey, and B. E. Wright, "Setting the Table: How Transformational Leadership Fosters Performance Information Use," *Journal*

of Publicis Administration Research and Theory 22, no.1 (2012): 143~164; A. Zhang, H. Wang, and C. I. Pearce, "Consideration for Future Consequences as an Antecedent of Transformational Leadership Behavior: The Moderating Effects of Perceived Dynamics Work Environment," *The Leadership Quarterly* 25, no 2(2013): 329~343; and S. Sokoll, "The Relationship Between GLOBE's Future orientation Cultural Dimension and Servant Leadership Endorsement," *Emerging Leadership Journeys* 4, no.1 (2011): 141~153.

14.   D. S Yeager, M. D. Henderson, D. Paunesku, G. M Walton, S. D'Mello, B. J. Spitzer, and A. L. Duckworth, "Boring but Important: A Self-Transcendent Purpose for Learning Fosters Academic Self-Regulation," *Journal of Personal and Social Psychology* 107, no.4(2014): 559~580.

15.   B. D. Rosso, K. H. Dekas, A. Wrzesniewski, "On the Meaning of Work: A Theoretical Integration and Reviews," *Research in Organizational Behavior* 30(2010): 91~127; R. F. Baumeister, K. D. Vohs, J. Aaker, and E. N. Gabinsky, "Some Key Differences Between a Happy Life and a Meaningful Life," *Journal of Positive Psychology* 8, no.6(2013): 505~516; E. E. Smith and J. L. Aaker, "Millennial Researchers," *The New York Times Sunday Review*, November 30, 2013(http://www.nytimes. com/2013/12/01/opinion/sunday/millennial-searchers.html?-r=0).

16.   Deloitte, "Culture of Purpose: A Business Imperative. 2013 Core Beliefs and Culture Survey"(http:// www2.Deloitte.com/content/dam/Deloitte/us/Documents/about-deloitte/us-leadership-2013- core-beliefs-culture-survey-051613.pdf).

17.   J. M Kouzes and B. Z. Posner, "To Leader, Create a Shared Vision," *Harvard Business Review*, January 2009, 20~21.

18.   J. Selby, *Listening with Empathy: Creating Genuine Connections with Customers and Colleagues*(Charlottesville, VA: Hampton Roads, 2007); D. Patnaik, *Wired to Care:How Companies Prosper When They Create Widespread Empathy*(Upper Saddle River, NJ: FT Press, 2009).

19.   B. L. Kaye and S. Jordan-Evans, *Love 'em or Lose 'em: Getting Good People to Stay*, 5th ed.(San Francisco: Berrett-Koehler, 2014).

20.   See, for example: S. E. Humphrey, J. D. Nahrgang, and F. P. Morgeson, "Integrating Motivational, Social, and Contextual Design Features: A Meta-Analytic Summary and Theoretical Extension of the Work Design Literature," *Journal of Applied Psychology*, 90, no. 5(2007): 1332~1356; D. Ulrich and W. Ulrich, *The Why of Work: How Great Leaders Build Abundant Organizations That Win*(New York: McGraw-Hill, 2010); D. Pontefract, *The Purpose Effect:Building Meaning in Yourself, Your Role,and Your Organization*(Boise, ID: Elevate Publishing, 2016); and Universum, "Millennials: Understanding a Misunderstood Generation," 2015(http://universumglobal.com/millennials).

21.   C. M. Christensen, J. Allworth, and K. Dillon, *How Will You Measure Your Life*(New York: HarperBusiness, 2012).

22.   P. J. Palmer, Let *Your Life Speak*(San Francisco: Jossey-Bass, 2000); D. Zohar and I. Marshall,

Spiritual Capital(San Francisco: Berrett-Koehler, 2004); R. Barrett, *Building a Values-Driven Organization*(Burlington, MA: Butterworth-Heinemann, 2006); D. Pink, *Drive: The Surprising Truth About What Motivates Us*(New York: Riverhead Books, 2009); R. J. Leider, *The Power of Purpose: Find Meaning, Live Longer, Better*(Oakland, CA: Berrett-Koehler, 2015).

23. Deloitte, "Culture of Purpose: A Business Imperative—2013 Core Beliefs and Culture Survey"(http://www2.deloitte.com/content/dam/Deloitte/us/Documents/about-deloitte-us-leadership-2013-core-beliefs-culture-survey-051613.pdf).

24. J. J. Deal and A. Levenson, *What Millennials Want from Work: How to Maximize Engagement in Today's Workforce*(New York: McGraw-Hill, 2016).

25. As quoted in B. Wolfe, "Can Higher Purpose Help Your Team Survive and Thrive?" *Greater Good,* March 10, 2015(http://greatergood.berkeley .edu/article/item/can_higher_purpose_help_your_team_survive_and_thrive).

26. S. Coats, "Leadership on the River," August 1, 2016(http://i-lead.com/uncategorized/2036/).

27. N. Doshi and L. McGregor, *Primed to Perform: How to Build the Highest Performing Cultures Through the Science of Total Motivation*(New York: HarperBusiness, 2015), xiii.

28. S. L. Lopez, *Making Hope Happen: Create the Future You Want for Yourself and Others*(New York: Atria Books, 2013).

제6장
구성원을 동참시켜라

1. 이 사례를 제공해주신 Michael Bunting께 감사드린다.

2. 이와 비슷한 방법으로 Simon Sinek은 '왜'라는 질문을 통해 사람들이 어떻게 영감을 받을 수 있는지 이야기한다. S. Sinek의 *Start with Why: How Great Leaders Inspire Everyone to Take Action*(New York: Portfolio, 2010).

3. R. M. Spence, *It's Not What You Sell, It's What You Stand For: Why Every Extraordinary Business is Driven by Purpose*(New York: Portfolio, 2010); D. Ulrich and W. Ulrich, *The Way of Work: How Great Leaders Build Abundant Organizations That Win*(New York: McGraw-Hill, 2010); B. D. Rosso, K. H. Dekas, and A. Wrzesniewski, "On the Meaning of Work: A Theoretical Integration and Review," *Research in Organizational Behavior* 31(2011): 91~127; D. Ariely, *Payoff: The Hidden Logic That Shapes Our Motivations*(New York: Simon & Schuster, 2016); A. M. Carton, "'I'm Not Mopping the Floors-I'm Putting a Man on the Moon': How Nasa Leaders Enhanced the Meaningfulness of Work by Changing the Meaning of Work," *Administrative Science*

Quarterly(forthcoming).

4. 2016 Workforce Purpose Index, "Purpose at Work: The Largest Global Study on the Role of Purpose in the Workforce"(https://cdn.imperative.com/media/public/Global_Purpose_index_2016.pdf).

5. R. F. Baumeister, K. D. Vohs, J. L. Aaker, and E. N. Garbinsky, "Some Key Differences Between a happy Life and a Meaningful Life," *Journal of Positive Psychology* 8, no.6(2013), 505~516.

6. E. E. Smith and J. L. Aaker, "Millenial Searchers," *New York Times*(November 30, 2013)(http://nyti.ms/1dHVKid); 2016 Wrokforce Purpose Index, "Purpose at Work."

7. J. Newton and J. Davis, "Three Secrets of Organizational Success," *Strategy+Business, Issue* 76(Autumn 2014).

8. D. Hall, *Jump Start Your Business Brain: Win More, Lose Less, and make More Money with Your New Products, Services, Sales and Advertising*(Cincinnati: Clerisy Books, 2005), 126.

9. 자부심(Pride)은 좋은 직장을 구성하는 5가지 요소 중 하나이며, *Fortune*이 일하기 좋은 100대 직장으로 선정한 회사의 자격을 부여하는 중요한 변수다(M. Burchell and J. Robin, *The Great Workplace: How to Build It, How to Keep It, and Why It Matters*(San Francisco: Jossey-Baas, 2011), 127~154). 또한 자부심은 내재적 동기 부여를 일으키는 주요 요소로 간주되어왔다(e.g. J. Tracy, *Take Pride: Why the Deadliest Sin Holds the Secret to Human Success*(New York: Houghton Mifflin Harcourt, 2016)).

10. "I Have a Dream, Leads Top 100 Speeches of the Century,"press release from the University of Wisconsin, December 15, 1999(http://www.americanrhetoric.com/top100speechesall.html). S. E. Lucas and M. J. Medhurst의 *Words of a Century: The Top 100 American Speeches, 1900~1999*(New York: Oxford University Press 2008).

11. "I Have a Dream"연설의 오디오 버전은 amazon.com에서 내려받을 수 있다(https://www.amazon.com/Have-Dream-America-Greatest-Speeches/dp/B005BYUSA2/ref=sr_13?s=dmsuic&ie=UTF8&qid=1488093384&sr=1-3mp3-albums-bar-strip-0&keywords=i+have+a+dream).

12. A. M. Carton, "People Remember What You Say When You Paint a Picture," *Harvard Business Review*, June 12, 2015(https://hbr.org/2015/06/employees-perform-better-when-they-can-literally-see-what-you-are-saying).

13. A. M. Carton, C. Murphy, and J. R. Clark, "A (Blurry) Vision of the Future: How Leader Rhetoric About Ultimate Goals Influences Performance," *Academy of Management Journal* 57, no.6(2014): 1544~1570.

14. J. Geary, *I Is an Other: The Secret Life of Metaphor and How It Shape the Way We See the World*(New York: HarperCollins, 2011), 5.

15. V. Lieberman, S. M. Samuels, and L. Ross, "The Name of the Game: Predictive Power of Reputations Versus Situational Labels in Determining Prisoner's Dilemma Game Moves," *Personality and Social Psychology Bulletin* 30(2004): 1175~1185. 또한 Y. Benkler, "The Unselfish Gene," *Harvard Business*

Review, July-August 2011, 78 참조.

16. C. Health and D. Health, *Made to Stick:Why Some Ideas Survive and Others Die*(New York: Random House, 2007).

17. 이 사례를 제공해주신 Tom Pearce와 Renee Harness께 감사드린다.

18. D. T. Hsu, B. J. Sanford, K. K. Meyers, T. M. Love, K. E. Hazletttm H. Wang, L. Ni, S. J. Walker, B. J. Mickey, S. T. Korycinski, R. A. Koeppe, J. K. Crocker, S. A. Langenecker, and J-K. Zubieta, "Response of the μ-Opioid System to Social Rejection and Acceptance," *Molecular Psychiatry* 18(2013): 1211~1217; 또한 D. Goleman의 *Social Intelligence: The New Science of Human Relationships*(New York: Bantam, 2006)도 참조.

19. B. I. Frederickson, *Positivity: Groundbreaking researxh Reveal How to Embrace the Hidden Strength of Positive Emotions,Overcome Negativity,and Thrive*(New York: Crown, 2008).

20. H. S. Friedman, L. M. Prince, R. E. Riggio, and M. R. DiMatteo, "Understandingand Assessing Nonverbal Expressiveness: The Affective Communication test," *Journal of Personality and Social Psychology* 39, no.2(1980): 333~351; J. Conger, Winning 'em over: A New Model for Management in the Age of Persuasion(New York: Simon & Schuster, 1998); D. Goleman, R. Boyatzis, and A. McKee, *Primal Leadership: Realizing the Power of Emotional Intelligence*(Boston: Harvard Business SchoolPress, 2002); J. Conger, "Charismatic Leadership"in M. G. Rumsey(ed.), *The Oxford Handbook of Leadership*(New York: Oxford University Press, 2013), 376~391; G. A. Sparks, "Charismatic Leadership: Findings of an Exploratory Investigation of the Techniques of Influence," *Journal of Behavioral Studies in Business* 7(2014): 1~11.

21. J. L. McGaugh, *Memory and Emotion*(New York: Columbia University Press, 2003), 90. 또한 R. Maxwell and R. Dickman, *The Elements of Persuasion:Use Storytelling to Pitch Better Ideas, Sell Faster &Win More Business*(New York: HarperCollins, 2007), 특히 "Sticky Stories: Memory, Emotions and Markets", 122~150을 참조.

22. McGaugh, *Memory and Emotion*, 93.

23. McGaugh, *Memory and Emotion*.

24. D. A. Small, G. Loewenstein, and P. Slovic. "Sympathy and Callousness: The Impact of Deliberative Thought on Donations to Indentiable and Statistical Victims,"*Organizational Behavior and Human Decision Processes* 102(2007): 143~153.

25. 이 사례를 공유해주신 John Wang께 감사드린다. 더 많은 정보는 J. Udell, "An Unforgettable Lesson" (http://blog.jonudell.net/2010/10/27/an-unforgettable-lesson/)를 참조.

26. C. Health and D. Health, *Switch: How to Change Things When Change Is Hard*(New York: Broadway Books, 2010), 101~123.

27. 내향성과 리더십에 관한 추가 사항은 S. Cain, *Quiet:The Power of Introverts in a World That Cant Stop Talking*(New York: Broadway Books, 2013)을 참조.

제7장
기회를 찾아라

1. R. M. Kanter, *The Change Masters: Innovation for Productivity in the American Corporation*(New York: Simon & Schuster, 1983).

2. W. Berger, *A More Beautiful Question*(New York: Bloomsbury, 2014).

3. J. M. Crant and T. S. Bateman,"Charismatic Leadership Viewed From Above: The Impact of Proactive Personality," *Journal of Organizational Behavior* 21, no.1(2000): 63~75; M. Sputzmuller, H-P, Sin, M. Howe, and S. Fatimah, "Investigating the Uniqueness and usefulness of Proactive Personality in Organizational Research: A meta-Analytic Review," *Human Performance* 28, no.4(2015): 351~379.

4. T. S. Batesman and J. M. Crant, "The Proactive Component of Organizational Behavior: Measures and Correlates," *Journal of Organizational Behavior* 14(1993): 103~118; T-Y. Kim, A. H. Y. Hon, and J. M. Crant, "Proactive Personality, Employee Creativity, and Newcomer Coutcomes: A Longitudinal Study," *Journal of Business Psychology* 24, no.1(2009); 93~103; N. Li, J. Liang, and J. M. Crant, "The Role of Proactive Personality in Job Satisfaction and Organizational Citizenship Behavior: A Relational Perspective," *Journal of Applied Psychology* 95, no.2(2010): 395~404.

5. A. Thompson, "Proactive Personality and Job Performance: A Social Capital Perspective," *Journal of Applied Psychology* 90, no.5(2005): 1011~1017을 참조할 것. S. E. Seibert and M. I. Braimer, "What Do Proactive People Do? A Longitudinal Model Liking proactive Personality and Career Success,"*Personal Psychology* 54(2001): 845~875; D. J. Brown, R. T. Cober, K. Kane, P. E. Levy, and J. Shalhoop, "Proactive Personality and Successful Job Search: A Field Investigation of College Graduates,"*Journal of Applied Psychology* 91, no.3(2006): 717~726; C-H. Wu, Y. Want, and W. H. Mobley, "Understanding Leader's Proactivity from a Goal Process View and Multisource Ratings," in W. H. Mobley, M. Li, and Y. Wang(eds.), *Advances on Global Leadership*, vol.7(Bingley, UK: Emerald Group Publishing, 2012); V. O. Prabhu, S. J. McGuire, E. A. Drost, and K. K. Wong, "Proactive Personality and Entrepreneurial Intent: In Entrepreneurial Self-Efficacy a Mediator of Moderator?,"*International Journal of Entrepreneurial Behavior and Research* 18, no.5(2012): 559~586.

6. B. Z. Posner and J. W. Harder, "The Proactive Personality, Leadership, Gender and National Culture" (paper presented to the Western Academy of management Conference, Santa Fe, New Mexico, April 2002).

7. H. Schultz and D. J. Yang, *Pour Your Heart Into It*(New York: Hachette, 1999), 205~210.

8. Angela Duckworth, *Grit: The Power of Passion and Perseverance*(New York: Scribner, 2016).

9. Victor Frankl은 사람들이 자기 안에서 생기는 도전에 어떻게 대응하는지 극적인 예를 보여준다. V. E. Frankl, *Man's Search for Meaning:An Introduction to Logotheraphy*(New York: Touchstone, 1984;

originally published in 1946)를 참조할 것.

10. D. Ariely, *Predictably Irrational: The Hidden Forces That Shape Our Decisions*(New York: HaperCollins, 2009); "LSE: When Performance-Related Pay Backfired," *Financial*, June 25, 2009; F. Ederer and G. Manso, "Is Pay for Performance Detrimental to Innovation?" *Management Science* 59, no.7(2013): 1496~1513.

11. E. L. Deci with R. Flaste, *Why We Do What We Do: Understanding Self-Motivation*(New York: Penguin, 1995); K. W. Thomas의 *Intrinsic Motivation at Work: What Really Drives Employee Engagement*(2nd ed.)(San Francisco: Berret-Koehler, 2009); D. Pink, *Drive: The Surprising Truth About What Motivates You*(New York: Riverhead press, 2011).

12. A. Blum, *Annapurna: A Woman's Place*(Berkeley, CA: Counterpoint Press, 2015), 3.

13. P. LaBarre, "How to Make It to the Top," *Fast Company*(September 1998), 72.

14. J. Ettlie, *Managing Innovation*(2nd ed.)(Abingdon, UK: Talyor and Francis, 2006); S. Johnson, *Where Good Ideas Come From: The Natural History of Innovation*(New York: Riverhead, 2010); E. Ries, *The Learn Startup: How Constant Innovation Creates Radically Successful Business*(New York: Penguin Group, 2011); T. Davila, M. J. Epstein, and R. Shelton, *Making Innovation Work: How to Manage It, Measure It, and Profit from It*(updated ed.)(Upper Saddle River; NJ: FT Press, 2012); S. Kelman, "Innovation in Government Can Come From Anywhere," FCW blog(September 20, 2016) (https://fcw/blogs/lectern/2016/09/kelman-micro-innovation-pianos.aspx); I. Asimov, "How Do People Get New Ideas?" *MIT Technology Review*(October 20, 2014)(https://www.technologyreview. com/s/531911/isaac-asimov-asks-how-do-people-get-new-ideas/).

15. IBM, *Expanding the Innovation Horizons: The Global CEO Study 2006*(Somers, NY: IBM Global Services, 2006).

16. 이 사례를 제공해주신 Justin Ludwig께 감사드린다.

17. D. Nicolini, M. Korica, and K, Ruddle, "Staying in the Know," *Sloan Management Review* 56, no.4(Summer 2015): 57~65.

18. G. Bern, *Iconoclast: A Neuroscientist Reveals How to Think Differently*(Cambridge, MA: Harvard Business School Press, 2008).

19. M. M. Capozzi, R. Dye, and A. Howe, "Sparking Creativity in Teams: An Executive's Guide," *McKinsey Quarterly*, April 2011.

20. R. Katz, "The Influence of Group Longevity: High Performance Research Teams," *Wharton Magazine* 6, no.3(1982): 28~34; R. Katz and T. J. Allen, "Investigating the Not Invented Here(NIH) Syndrome: A Look at the Performance, Tenure, and Communication Patterns of 50 R&D Project Groups," in M. I. Tushman and W. L. Moore(eds.), *Reading in the Management of Innovation*(2nd ed.)(Cambridge, MA: Ballinger, 1988), 293~309.

21. Katz, "The Influence of Group Longevity,"31.

22. A. W. Brooks, F. Gino, and M. E. Schweitzer, "Smart People Ask for (My) Advice: Seeking Advice Boosts Perceptions if Competence," *Management Science* 61, no.6(June 2015): 1421~1435.

23. Z. Achi and J. G. Berger, "Delighting in the Possible," *McKinsey Quarterly*, March 2016, 5.

제8장
실험과 위험을 감수하라

1. K. E. Weick, "Small Wins: Redefining the Scale of Social Problems," *American Psychologist* 39, no.1(1984): 43.

2. L. A. Barroso, "The Roofshot Manifesto"(July 13, 2016)(https://rework.withgoogle.com/blog/the-roofshot-manifesto/?utm_source=newsletter&utm_medium=email&utm_campaign=august_newsletter).

3. P. Sims, *Little Bets:How Breakthrough Ideas Emerges from Small Discoveries*(New York: Free Press, 2011), 141~152.

4. K. M. Eisenstadt and B. N. Tabrizi, "Accelerating Adaptive Processes: Product Innovation in the Global Computer Industry," *Administrative Science Quarterly* 40(1995): 84~110; E. Williams and A. R. Shaffer, "The Defense Innovation Initiative: The Importance of Capability Prototyping," *Joint Force Quarterly*(2015, 2nd Quarterly): 34~43.

5. B. J. Lucas and L. Nordgreen, "People Underestimate the Value of Persistence for Creative Performance," *Journal of the Personality and Social Psychology* 109, no.2(2015): 232~243.

6. T. A. Amabile and S. J. Kramer, "The Power of Small Wins," *Harvard Business Review*(May 2011), 73; *The Progress Principle: Using Small Wins to Ignite Joy, Engagement, and Creativity at Work*(Boston: Harvard Business Review Press, 2011)을 참조할 것.

7. Amabile and S. J. Kramer, "The Power of Small Wins,"75.

8. S. R. Maddi, *Hardiness: Turning Streeful Circumstances into Resilient Growth*(New York: Springer, 2013).

9. 예로 다음 문헌을 참고할 것. P. T. Bartone, "Resilience Under Military Operational Stress: Can Leaders Influence Hardiness," *Military Psychology* 18(2006): S141~S148; P. T. Bartone, R. R. Roland, J. J. Picano, and T. K. Williams, "Psychological Hardiness Predicts Success in US Army Special Forces Candidates," *International Journal of Selection and Assessment* 16, no.1(2008): 78~81; R. A. Bruce and R. F. Sinclair, "Exploring the Psychological Hardiness of Entrepreneurs," *Frontiers of Entrepreneurship Research* 29, no.6(2009): 5; P. T. Bartone, "Social and Organizational Influences on Psychological Hardiness: How Leaders Can Increase Stress Resilience," *Securities Informatics*

1(2012): 1~10; B. Hasanvand, M. Khaledian, and A. R. Merati, "The Relationship Between Psychological Hardiness and Attachment Styles with the University Student's Creativity," *European Journal of Experimental Biology* 3, no.3(2013): 656~660; A. M. Sandvik, A. L. Hansena, S. W. Hystada, B. H. Johnsena, and P. T. Barton, "Psychopathy, Anxiety, and Resiliency-Psychological Hardiness as a Mediator of Psychopathy-Anxiety Relationship in a Prison Setting," *Personality and Individual Differences* 72(2015): 30~34.

10. 이 사례를 제공해주신 Sharada Ramakrishnan께 감사드린다.

11. B. L. Frederickson, *Positivity: Groundbreaking Research Reveals How to Embrace the Hidden Positive Emotions Over Negativity, and Thrive*(New York: Crown, 2009); A. Sood, *The Mayo Clinic Guide to Stress-Free Living*(Boston: Da Capo Press, 2013); K. S. Cameron and G. M. Spreitzer(eds.), *The Oxford Handbook of Positive Organizational Scholarship*(New York: Oxford University Press, 2013).

12. J. M. Kouzes and B. Z. Posner, *Turning Adversity into Opportunity*(San Francisco, CA: The Leadership Challenge-A Wiley Brand, 2014).

13. D. Bayles and T. Orland, *Art and Fear: Observations on the Perils (and Rewards)of Artmaking*(Eugene, OR: Image Continuum Press, 2001).

14. P. M. Madsen, "Falling to Learn? The Effects of Failure and Success on Organizational Learning in the Global Orbital Launch Vehicle Industry," *Academy of Management Journal* 53, no.3(2010): 451~476. 조직 학습에 대한 연구도 이와 비슷한 결론에 도달했다. 예를 들면, R. Khannal, I Guler, and A. Nerkar, "Fail often, Fail Big, and Fail Fast? Learning from Small Failure and R&D Performance in the Pharmaceutical Industry,"*Academy of Management Journal* 59, no.2(2016): 436~459.

15. L. M Brown and B. Z. Posner, "Exploring the Relationship Between Learning and Leadership," *Leadership and Organizational Development Journal*(May 2001), 274~280; J. M. Kouzes and B. Z. Posner, *The Truth About Leadership: The No-Fads, Heart-of-the-Matter-Facts You Need to Know*(San Francisco: Jossey-Baas, 2010), 119~135. 참조.

16. R. W. Eichinger, M. M. Lombardo, and D. Ulrich, *100 Things You Need to Know: Best Practices for Managers and HR*(Minneapolis, MN: Lominger, 2004), 492.

17. A. G. Lafley, "I Think of Failure as a Gift," *Harvard Business Review*, April 2011, 89.

18. J. K. Rowling, *Very Good Lives: The Fringe Benefits of Failure and the Importance of Imagination*(New York: Little, Brown and Company, 2015), 34.

19. G. Manso, "Experimentation and Returns to Entrepreneurship," *Review of Financial Studies* 29, no.9(2016): 2319~2340.

20. P. J. Schoemaker and R. E. Cunther, "The Wisdom of Deliberate Mistakes," *Harvard Business Review*, June 2006, 108~115. *Harvard Business Review* 2011년 4월호 전체는 사업상의 실패, 그리고 실패의 역할을 언급함(http://hbr.org/archive-toc/BR1104?conversationId=1855599).

21. C. S. Dweck, *Mindset: The New Psychology of Success*(New York: Random House, 2006), 6~7; C. S.

주

Dweck, "Carol Dweck Revisits the 'Growth Mindset'," *Education Week*, September 22, 2016(http://www.edwe다.org/ew/articles/2015/09/23/carol-dweck-revisits-the-growth-mindset.html)을 참조할 것.

22. A. Bandura and R. E. Wood, "Effects of Perceived Controllability and Performance Standards of Self-Regulation of Complex Decision Making," *Journal of Personality and Social Psychology* 56(1989): 805~814. 또한 Dweck, *Mindset*을 참조할 것.

23. A. Ericsson and R. Pool, *Peak: Secrets from the New Science of Expertise*(New York: Houghton Mifflin Harcourt, 2016).

24. 이 설문 조사는 제8차 연간 리더십 챌린지 포럼에서 실시하였음(Nashville, TN)(June 18, 2015).

25. A. Carmeli, D. Brueller, and J. E. Dutton, "Learning Behaviors in the Workplace: The Role of High-Quality Interpersonal Relationships and Psychological Safety," *Systems Research and Behavioral Science Systems Research* 26(2009): 81~98.

26. A. Bryant, "Make Sure the Compass Points True North," *New York Times*, October 27, 2013, Business Section, 2에서 인용함.

27. R. Friedman, *The Best Place to Work: The Art and Science of Creating an Extraordinary Workplace*(New York: Penguin, 2014).

28. A. Edmondson, "Learning from Mistakes is Easier and Correction of Human Error," *Journal of Applied Behavioral Science* 32 no.1(1996): 5~28. 또한 A. Edmondson and S. S. Reynolds, *Building the Future: Big Team for Audacious Innovation*(Oakland, CA: Berrett-Koehler, 2016).

29. *Aon Hewitt Top Companies for Leaders: Research Highlights 2015*(n.d.)(http://www.aon.com/human-capital-consulting/thought-leadership/aon-hewitt-top-companies-for-leaders-study-background-reasearch-initiatives.jsp)에서 검색함.

30. M. J. Guber, B. D. Gelman, and C. Ranganath, "States of Curiosity Modulates Hippocampus-Dependent Learning via the Dopaminergic Circuit,"*Neuron* 84, no.2(2014): 486~496.

31. B. Grazer and C. Fishman, *A Curious Mind: The Secrets to Bigger Life*(New York: Simon & Schuster, 2015), xii.

32. Grazer and Fishman, *Curious Mind*, 260.

33. M. Warrel, *Stop Playing Safe*(Melbourne: John Wiley & Sons, 2013), 232.

34. 이 사례는 인터뷰에서 발췌했지만, 그의 관점에 대해서는 P. Williams with J. Denney, *Leadership Excellence: The Seven Sides of Leadership for the 21st Century*(Uhrichsville, OH, Barbour Books, 2012)을 참조할 것.

35. A. L. Duckworth, C. Peterson, M. D. Matthews, and D. R. Kelly, "Grit: Perseverance and Passion for Long-Term Goals," *Journal of Personality and Social Psychology* 92, no.6(2007): 1087~1101.

36. A. Duckworth, *Grit: The Power of Passion and Perseverance*(New York: Simon & Schuster, 2016).

37. M. E. P. Seligman, "Building Resilience," *Harvard Business Review*, April 2011, 101~106[p.102]. 이

주제에 대한 완전한 토의에 대해서는 M. E. P. Seligman, *Flourish: A Visionary New Understanding of happiness and Well-Being*(New York: Free Press, 2011)을 참조할 것.

38. S. R. Maddi and D. M. Khoshaba, *Resilience at Work: How to Succeed No Matter What Life Throws at You*(New York: MJF Books, 2005); M. E. P. Seligman, *Learned Optimism: How to Change Your Mind and Your Life*(New York: Random House, 2006); J. D. Margolis and P. G. Stoltz, "How to Bounce Back From Adversity,"*Harvard Business Review*, January–February 2010, 86~92; A. Graham, K. Cuthbert, and K. Solan, *Lemonade:The Leader's Guide to Resilience at Work*(n.p.: Veritae Press, 2012).

제9장
협력하게 만들어라

1. 우리는 'cooperate'와 'collaborate'를 같은 의미로 사용한다. 사전적 의미는 매우 비슷하다. *Merriam-Webster Unabridged* 온라인 사전에 나오는 'cooperate'의 첫 번째 정의는 다음과 같다. '공동의 목적을 위해 타인과 함께 일하거나 행동하는 것; 공동으로 운영하다'(http://unabridged.merriam-webster.com/unabridged/cooperate). 'collaborate'에 대해 사전에 나오는 첫 번째 정의는 '특히 지적 노력이 필요한 분야에서 다른 사람과 함께 공동으로 일하는 것'으로 나온다.

2. K. T. Dirk, "Trust in Leadership and Team Performance: Evidence from NCAA Basketball," *Journal of Applied Psychology* 85, no.6(2000): 1004~1012; J. A. Colquitt and S. C. Salam, "Foster Trust Through Ability, Benevolence and Integrity," in Locke(ed.), *Handbook of Principles of Organizational Behavior:Indispensable Knowledge for Evidence-Based Management*(2nd ed.) (Hoboken, NJ: John Wiley & Sons, 2009), 389~404; R. S. Sloyman and J. D. Ludema, "That's Not How I See It: How Trust in the Organization, Leadership, Process, and Outcome influence Individual Response to Organizational Change,"*Organizational Change and Development* 18(2010): 233~276; M. Mach, S. Dolan, and S. Tzafrir, "The Differential Effect of Team Cohesion," *Journal of Occupational and Organizational Psychology* 83, no.3(2010): 771~794; R. R. Hurley, *The Decision to Trust:How Leaders Create High-Trust Organizations*(San Francisco: Jossey-Baas, 2012); S. Brown, D. Gray, McHardy, and K. Taylor, "Employees Trust and Workplace Performance," *Journal of Economic Behavior &Organization* 116(2015): 361~378.

3. K. M. Newman, "Why Cynicism Can Hold You Back," Greater Good, June 11 2015(http://greatergood.berkeley.edu/article/item/why_cynicism_can_hold_you_back). G. D. Grace and T. Schill, "Social Support and Copying Style Differences in Subjects High and Low in Interpersonal Trust," *Psychological Reports* 59(1986): 584~586; M. B. Gurtman, "Trust, Distrust, and Interpersonal

주

Problems: A Circumplex Analysis," *Journal of Personality and Social Psychology* 62(1992): 989~1002; O. Starova and D. Ehlebracht, "Cynical beliefs About Human Nature and Income: Longitudinal and Cross-Cultural Analysis,"*Journal of Personality and Social Psychology* 110, no.1(2016): 116~132.

4.   B. A. De-Jong, K. T. Dirks, and N. Gillespie, "Trust and Team Performance: A Meta-analysis of Main Effects, Moderators, and Covariates," *Journal of Applied Psychology* 101, no.8(2016): 1134~1150.

5.   K. Twaronite, "A Global Survey on the Ambiguous State of Employee Trust," *Harvard Business Review*(July 22, 2016).

6.   A. Atkins, *Building Workplace Trust*(Boston and San Francisco: Interaction Associates, 2014); O. Faleye and E. A. Trahan, 'Labor-Friendly Corporate Practices: What Is Good for Employees Good for Stakeholders?" *Journal of Business Ethics* 101, no.1(2011): 1~27.

7.   B. B. Kimmel, "Leaders Wake Up! Trust is a Hard Asset"(June 6, 2016)(http://www. trustacrossamerica.com/blog/?cat=400); B. B. Kimmel, "The State of Trust in Corporate America: 2016 Report"(http://www.trustacrossamerica.com/blog/?p=3282).

8.   L. P. Willcocks and S. Cullen, *The Power of Relationships: The Outsourcing Enterprise*, 2. Logica in association with the London School of Economics, London, UK.(http://.researchinggate.net/publiciation/270573256_The_Oursourcing_Enterprise_The_Power_of_Relationships).

9.   M. Burchell and J. Robin, *No Excuses: How You can Turn Any Workplace into a Great One*(San Francisco: Jossey-Baas, 2013), 5

10.   Edelman, 2017 Edelman Trust Barometer: Global Report(http://www.edelman.com/trust2017/).

11.   W. R. Boss, "Trust and Managerial Problem Solving Revisited,"*Group & Organization Studies* 3, no.3(1978): 331~342.

12.   Boss, "trust and Managerial Problem Solving Revisited,"338.

13.   K. Thomas, "Get It On! What It Means to Lead the Way"(keynote presentation at the 9th Annual The Leadership Challenge Forum, Nashville, TN, June 16, 2016).

14.   P. Zak, *Trust Factor: The Science of Creating High Performance Organizations*(New York: AMACOM, 2017); F. Fukuyama, *Trust: The Social Virtues and Creation of Prosperity*(New York: Free Press, 1996); Y. Benkler, "The Unselfish Gene," *Harvard Business Review*(July-August 2011), 77~85.

15.   P. S Shockley-Zalabak, S. Morreale, and M. Hackman, *Building the High-Trust Organization: Strategies for Supporting Five Key Dimensions of Trust*(San Francisco: Jossey-Baas, 2010).

16.   J. Zenger and J. Folkman, "What great Listeners Actually Do," *Harvard Business Review*, July 14, 2016.

17.   Ibid.

18.   이 사례를 제공해주신 Kelly Ann McKnight께 감사드린다.

19.   M. Mortensen and T. Neeley, "Reflected Knowledge and Trust in Global Collaboration," *Management*

Science 58, no.12(December 2012): 2207~2224; E. J. Wilson III, "Empathy Is Still Lacking in the Leaders Who Need It Most," *Harvard Business Review*(September 21, 2015)(https://hbr. org/2015/09/empathy-is-still-lacking-in-the-leaders-who-need-it-most); S. Sinek, *Leaders Eat Last: Why Some teams Pull Together and Others Don't*(New York: Penguin, 2014).

20. G. Colvin, *Humans Are Underrated: What High Achievers Know That Machines Never Will*(New York: Portfolio/Penguin, 2015), 73에서 인용.

21. R. S. Wellins and E. Sinar, "The Hard Science Behind Soft Skills," *Chief Learning Officer*, May 2016; W. A. Gentry, T. J. Weber, and G. Dadri, *Empathy in the Workplace: A Tool for Effective Leadership*(Greensboro, NC: Center for Creative Leadership, 2007)(http://insights.ccl.org/wp-content/uploads/2015/04/EmpathyInTheWorkplace.pdf); G. Whitelaw, *The Zen Leader: 10 Ways to Go From Barely Managing to Leading Fearlessly*(Pompton Plains, NJ: Career Press, 2012).

22. R. Krznaric, *Empathy: Why It Matters, and How to Get It*(New York: Perigee Random House, 2015).

23. T. Rath, *Vital Friends: The People You Can't Afford to Live Without*(New York: Gallup Press, 2006).

24. D. E. Zand, "Trust and Managerial Problem Solving," *Administrative Science Quarterly* 117, no.2(1972); J. W. Driscoll, "Trust and Participation in Decision Making as Predictor of Satisfaction" *Academy of Management Journal* 21, no.1(1978): 44~56.

25. P. Lee, N Gillespie, L. Mann, and A. Wearing, "Leadership and Trust: The Effect on Knowledge Sharing and Team Performance," *Management Learning* 41, no.4(2010): 473~491.

26. C. A. O'Reilly and K. H. Roberts, "Information Filtration in Organizations: Three Experiments," *Organizational Behavior and Human Performance* 11(1974); P. J. Sneeney, "Do Solders Reevaluate Trust in Their Leaders Prior to Combat Operations?" *Military Psychology* 22, suppl 1(2010): S70~S88; O. Ozer, Y. Zheng, and Y Ren, "Trust, Trustworthiness, and Information Sharing in Supply Chains Bridging China and the United States," *Management Science* 60, no.10(2014): 2435~2460.

27. R. Axelrod, *The Evolution of Cooperation: Revisited Edition*(New York: Basic Books, 2006).

28. Ibid., 20, 190.

29. R. B. Cialdini, "Harnessing the Science of Persuasion," *Harvard Business Review*, October 2001, 72~79; J. K. Butler Jr., "Behavior, Trust and Goal Achievement in a Win-Win Negotiating Role Play," *Group and Organization Management* 20, no4(1995): 486~501; R. B. Cialdini, *Influence: Science and Practice*(5th ed.)(Boston: Pearson/Allyn & Bacon, 2009), 19~51; A. Grant, *Give and Take: Why Helping Others Driving Our Success*(New York: Penguin Group 2013).

30. R. Putnam, *Bowling Alone: The Collapse and Revival of American Community*(New York: Touchstone by Simon & Schuster, 2001), 134.

31. H. Ibarra and Mt. T. Hansen, "Are You a Collaborative Leader?" *Harvard Business Review*, July-August 2011, 69~74; "Secrets of Greatness: Teamwork!" *Fortune*, June 12, 2006, 64~152; A. M. Brandenburger and B. J. Nalebuff, *Co-Opetition: A Revolution Mindset That Combines Competition

and Cooperation: The Game Theory Strategy That's Changing the Game of Business(New York: Currency, 1997); P. Hallinger and R. H. Heck, "Leadership for Learning: Does Collaborative Leadership Make a Difference in School Improvement?" *Educational Management Administration & Leadership* 38, no.6(2010): 654~678; W. C. Kim and R. Mauborgne, *Blue Ocean Strategy,Expanded Edition: How to Create Uncontested Market Space and Make the Competition Irrelevant*(Boston: Harvard Business School Publishing, 2015); D. Tjosvold and M. M. Tjosvold, *Buliding the Team Organization: How to Open Minds, Resolve Conflict, and Ensure Cooperation*(New York: Palgrave Macmillan 2015).

32. 이 사례를 제공해주신 Michael Janis와 Andrea Berardo께 감사드린다.

33. A. Grant, *Give and Take*.

34. M. D. Johnson, J. R. Hollenbeck, S. E. Humphrey, D. R. Ilgen, D. Jundt, and C. J. Meyer, "Cutthroat Cooperation: Asymmetrical Adaptation to Changes in Team Reward Structures," *Academy of Management Journal* 49, no.1(2006): 103~119.

35. M. Mortesen and T. Neeley, "Reflected Knowledge"and A. Van de Ven, A. L. Delbecq, and R. J. Koenig, "Determinant of Coordination Modes Within Organizations," *American Sociological Review* 41, no.2.(1976): 322~338.

36. D. Cohen and L. Prusak, *In Good Company: How Social Capital Makes organizations Work*(Boston: Harvard Business School Press, 2001), 20; and B. J. Jones, *Social Capital in America: Counting Buried Treasure*(New York: Routledge, 2011).

37. D. Brooks, *The Social Animal: Hidden Sources of Love, Character and Achievement*(New York: Random House, 2011).

제10장
구성원들의 힘을 길러주어라

1. R. M. Kanter, *The Change Masters: Innovation for Productivity in the American Corporation*(New York: Simon & Schuster, 1983); R. B. Cialdini, *Influence: The Psychological Persuasion*(rev. ed.)(New York: William Morrow, 2006); J. A. Simpson, A. K. Farrell, M. M. Orina, and A. J. Rothman, "Power and Social Influence in Relationships,"in M. Mikulincer and P. R. Shaver(eds.) *APA Handbook of Personality and Social Psychology: Volumn 3 Interpersonal Relationships*(Washington, DC: American Psychological Association, 2015), 393~420.

2. A. Bandura, *Self-Efficacy: The Exercise of Control*(New York: Freeman, 1997); C. M. Shea and J. M Howell, "Charismatic Leadership and Task Feedback: A Laboratory Study of Their Effects on Self-

Efficacy and Task Performance," *Leadership Quarterly* 10, no.3(1999): 375~396; M. J. McCormick, J. Tanguma, and A. S. Lopez-Forment, "Extending Self-Efficacy Theory to Leadership: A Review and Empirical Test," *Journal of Leadership Education* 1, no.2(2002): 34~49; D. L. Feltz, S. F. Short, and P. J. Sullivan, *Self-Efficacy In Sport*(Champaign, II: Human Kinetics, 2007); J. Hagel and J. S Brown, "Do You Have a Growth Mindset?"*Harvard Business School Blog*, November 23, 2010(http://blogs.hbr.org/bigshift/2010/11/do-you-have-a-growth-minidset.html); F. C. Luenberg, "Self-Efficacy in the Workplace: Implications for Motivation and Performance," *International Journal of Management, Business, and Administration* 14, no.1(2011): 1~6; J. E. Maddux, "Self-Efficacy: The Power of Believing You Can,"in S. J. Lopez and C. B. Synder(eds.), *The Oxford Handbook of Positive Psychology*(2nd ed.)(New York: Oxford University Press, 2011), 335~344.

3.   M. R. Delgado, "Reward-Related Responses in the Human Striatum," *Annals of the New Year Academy of Science* 1104(2007): 70~88; D. S. Fereri, L. N. Martin, and M. R. Delgado, "Reward-Related Processing in the Human Brain: Developmental Considerations," *Development & Psychopathology* 20, no.4(2008): 1191~1211; M. R. Delgado, M. M. Carson, and E. A. Phelps, "Regulating the Expectation of Reward," *Nature Neuroscience* 11, no.8(2008): 880~881; M. R. Delgado and J. G. Dilmore, "Social and Emotional Influences on Decision-Making and the Brain," *Minnesota Journal of the Law, Science & Technology* 9, no.2(2008): 899~912; B. W. Balleine, M. R. Delgado, and O. Hirosaka, "The Role of Dorsal Striatum in Reward and Decision-Making," *Journal of Neuroscience* 27(2007): 8159~8160.

4.   이 사례를 제공해주신 Nicole Matouk께 감사드린다.

5.   A. Wrzeniewski, and J. Dutton, "Crafting a Job: Revisioning Employees as Active Crafters of Their Work," *Academy of Management Review* 26, no.2(2001): 179~201; M. S. Christian, A. S Garza, and J. E. Slaugher, "Work Engagement: A Quantitative Review and Test of Its Relations with Task and Conceptual Performance," *Personnel Pathology* 64(2011): 89~136.

6.   D. Coviello, A. Guglielmo, and G. Spagnolo, "The Effect of Discretion on Procurement Performance," *Management Science*(2017)(http://pubsonline.informs.org/doi/abs/10.1287/mnsc.2016.2628).

7.   M. G. Mayhew, N. M. Ashkanasay, T. Branble, and J. Gardener, "A Study of the Antecedents and Consequences of Psychological Ownership in Organizational Setting," *The Journal of Social Psychology* 147, no.5(2007): 477~500; H. Peng and K. Pierce, "Job-and Organization-Based Psychological Ownership: Relationships and Outcomes," *Journal of Managerial Psychology* 30, no.2(2015): 151~168; R. B. Bullock, "The Development of Job-Based Psychological Ownership" (unpublished doctoral dissertation, Seattle Pacific University, 2015).

8.   진화론 심리학은 생태계에서, 협업은 종의 멸종보다는 생존에 더 유리하다는 사실을 보여준다. 종 족은 생존에 불리한 또는 비효율적인 행동을 제거한다. R. Wright, *The Moral Animal: Why We are the Way We Are: The New Science of Evolutionary Psychology*(New York: Vintage,1995); A.

주

Fields, *Altruistically Inclined? The Behavioral Sciences, Evolutionary Theory, and the Origins of Reciprocity*(Ann Arbor, Mi: University of Michigan Press, 2004).

9.   M. Csikszentmihaly, *Finding Flow: The Psychology of Engagement with Everyday Life*(New York: Basic Books, 1997), 30; M. Csikszentmihalyi, *Finding Flow: The Power of Optimal Experience*(New York: HarperColins, 2008)를 참조할 것.

10.   M. Burchell and J. Robin, *The Great Workplace: How to Build It, How to Keep It and Why It Matters*(San Francisco: Jossey-Baas, 2011), 66.

11.   L. J. Bassi and M. E. Van Buren, "The 1998 ASTD State of the Industry Report," *Training & Development*(January 1998): 21+; B. Sugrue and R. J. Rivera, *2005 State of Industry Report*(Alexsandria, VA: ASTD Press, 2005); E. Rizkalla, "Not Investing in Employee Training Is Risky Business," *The Huffington Post*, Augsust 30, 2014(http://www.huffingtonpost.com/emad-rizkalla/not-investng-in-employee_b_5545222.html).

12.   "Employee Training Is Worth the Investment," May 11, 2016(https://www.go2hr.ca/articles/employee-training-worth-investment).

13.   N. Merchant, *The New How: Creating Business Solutions Through Collaborative Strategy*(San Francisco: O'Reilly Media, 2010), 63.

14.   A. Bryant, *The Corner Office: Indispensable and Unexpected Lessons from CEOs on How to Lead and Succeed*(New York: Times Books, 2011).

15.   이 사례를 제공해주신 Beth High께 감사드린다.

16.   R. E. Wood and A. Bandura, "Impact of Conceptions of Ability on Self-Regulatory Mechanisms and Complex Decision Making," *Journal of Personality and Social Psychology* 56(1989): 407~415.

17.   A. Banduraand R. E. Wood, "Effects of perceived Controllability and Performance Standards on Self-Regulation of Complex Decision Making," *Journal of Personality and Social Psychology* 56(1989): 805~814.

18.   A. M. Saks, "Longitudinal Field Investigation of the Moderating and Mediating Effects of Self-Efficacy on the Relationships Between Training and Newcomer Adjustment," *Journal of Applied Psychology* 80(1995): 211~225.

19.   H. Sari, S. Ekici, F. Soyer, and E. Eskiller, "Does Self-Confidence Link to Motivation? A Study on Field Hockey Athletes," *Journal of Human Sport & Exercise* 10. no.1(2015): 24~35.

20.   J. M. Kouzes and B. Z. Posner, *Learning Leadership: The Five Fundamentals of Becoming an Exemplary Leader*(San Francisco: The leadership Challenge-A Wiley Brand, 2016).

21.   P. Leone, "Take Your ROI to level 6," *Training Industry Quarterly*, Spring 2008, 14~18(http://www.cedma-europe.or/newsletter%20articles/TrainingOutsourcing/Taki%20Your%20Roi%20to%20Level%206%20(April%202008).pdf).

22.   M. Soden, "Leadership in the Moment-Lessons from Elite Rugby"(presentation at the 6thAnnual The

Leadership Challenge Forum, Scottdale, AZ, July 26. 2013).

23. F. Colon and D. Clifford, "Measuring Enabling Others to Act: The Travelers Coaching Questionnaire" (presentation at the 8th Annual The Leadership Challenge Forum San Francisco, CA: June 18, 2015).

24. F. Hesselbein, "Bright Future," *Leader to Leader* no.60(Spring 2011): 4.

제11장
공헌을 인정하라

1. S. Madon, J. Willard, M. Guyll, and K.C. Scherr, "Self-Fulfilling Prophecies: Mechanism, Power, and Links to Social Problems," *Social and Personality Psychology Compass* 5, no.8(2011): 578~590; D. Eden, "Self-Fulfilling Prophecy and the Pygmalion Effect in Management," in R. W. Griffin(ed.), *Oxford Bibliographies in Management*(New York: Oxford University Press, 2014); D. Eden, "Self-Fulfilling Prophecy and the Pygmalion Effect in Management," in S. G. Rogelberg(ed.), *Encyclopedia of Industrial and Organizational Psychology*(2nd ed.)(Thousand Oaks, CA: SAGE Publication, 2016), 711~712.

2. D. S. Yeager, V. Purdie-Vaughns, J. Garcia, N. Apfel, P. Brzustoski, A. master, W. T. Hessert, M. E. Williams, and G. L Cohen, "Breaking the Cycle of Mistrust: Wide Interventions to Provide Critical Feedback Across the Racial Divide," *Journal of Experimental Psychology* 143, no.2(2014): 804~824.

3. D. Whitney and A. Trosten-Bloom, *The Power of Appreciative Inquiry: A Practical Guide to Positive Change*(2nd ed.)(San Francisco: Berrett-Koehler, 2010); M. E. Seligman, *Flourish: A Visionary New Understanding of Happiness and Well-Being*(New York: Free Press, 2011); A. Gostick and C. Elton, *All In: How the Best Managers Create a Culture of Belief and Drive Big Results*(New York: Free Press, 2012).

4. 이 사례를 공유해주신 Tom Pearce께 감사드린다.

5. H. G. Halvorson, *Succeed: How We Can Reach Our Goals*(New York: Hudson Street Press, 2010).

6. 이 사례를 공유해주신 Cris Wedekind께 감사드린다.

7. M. Csikzsentmihalyi, *Finding Flow: The Psychology of Engagement with Everyday Life*(New York: Basic Books, 1997), 23.

8. J. E. Sawyer, W. R. Latham, R. D. Pritchard, and W. R. Bennett Jr., "Analysis of Work Group Productivity in an Applied Setting: Application of a Time Series Panel Design," *Personal Psychology* 52(1999): 927~967; A. Gostick and C. Elton, *Managing with Carrots: Using Recognition to Attract and Retain the Best People*(Layton, UT: Gibbs Smith, 2001); A. Fishbach and S. R. Finkelstein, "How

Feedback Influences Persistence, Disengagement and Change in Gaol Pursuit," in H. Aart and A. J. Elliot(eds.), *Goal-Directed Behavior*(New York: Psychology Press, 2012), 203~230.

9. J. Shriar, "The State of Employee Engagement in 2016", November 1, 2016(http://www.officevibe. com/blog/employee-engagement-2016).

10. P. A. McCarty, "Effects of feedback on the Self-Confidence of Men and Women," *Academy of Management Journal* 20(1986): 840~847. Halvorson, *Succeed, and Fishbach and Finkelstein*, "How Feedback Influences"을 보라.

11. K. A. Ericsson, M. J. Prietula, and E. T. Cokely, "The Making of an Expert," *Harvard Business Review*, July-August 2007, 114~121.

12. A Grant, "Stop Serving the Feedback Sandwich"(https://medium.com/@AdamMGrant/stop-serving-the-feedback-sandwich-bc1202686f4e#.fa0jxbczp).

13. K. Scott, First Round Review, "Radical Candor: The Surprising Secret to Being a Good Boss"(http://firstround.com/review/radical-candor-the-surprising-secret-to-being-a-good-boss)(accessed June 13, 2016).

14. J. M. Kouzes and B. Z. Posner, *The Truth About Leadership: The No-Fad, heart-of-the-Matter-Facts You Need to Know*(San Francisco: Jossey-Bass, 2010), Especially Truth Nine.

15. G. Colvin, "Great Jobs! Or How YUM Brands Uses Recognition to Build Teams and Get Results," *Fortune*, August 12, 2013, 62~66.

16. D. Conant, "This 1 Thing Is the Key to Leadership Success," August 4, 2016(www.linkedin.com/pulse/1-thing-ley-leadership-success-douglas-conant).

17. J. M. Kouzes and B. Z. Posner, *A Leader's Legacy*(San Francisco: Jossey-Baas, 2006). 특히 7장 "Leaders Should Want to Be Liked," 56~61.

18. J. A. Ross "Does Friendship Improve Job Performance?" *Harvard Business Review*, March-April 1977, 8~9; K. A. Jehn and P. P. Shah, "Interpersonal Relationships and Task Performance: An Examination of Mediating Processes and Acquaintance Groups," *Journal of Personality and Social Psychology* 72, no.4(1997): 775~790; D. H. Francis and W. R. Sandberg, "Friendship within Entrepreneurial Teams and Its Association with Team and Venture Performance," *Entrepreneurship: Theory and Practice* 25, no.2(Winter 2000): 5~15.

19. T. Rath, *Vital Friends: The People You Cannot Afford to Live Without*(New York: Gallup Press, 2006).

20. 이 사례를 제공해주신 Steve Coats께 감사드린다.

21. J. Pfeffer and R. I. Sutton, *Hard Facts, Dangerous Half-Trust, and Total Nonsense: Profiting from Evidence-Based Management*(Boston: Harvard Business School Publishing, 2006).

22. E. Harvey, *180 Ways to Walk the Recognition Talk*(Dallas: Walk the Talk Company, 2000); B. Nelson, *1501 Ways to Reward Employees*(New York: Workman, 2012); L. Yerkes, *Fun Works: Creative Places Where People Love to Work*(San Francisco: Berrett-Kochler, 2007); C. Ventrice, *Make Their Day!*

Employee Recognition That Works(2nd ed.)(San Francisco: Berret Koehler, 2009); J. W. Umlas, *Grateful Leadership: Using the Power of Acknowledgement to Engage All Your People and Achieve Superior Results*(New York: McGraw-Hill, 2013); B. Kaye and S. Jordan-Evans, *Love 'em or Lose 'em: Getting Goods People to Stay*(5th ed.)(San Francisco: Berrett-Koehler, 2014).

23. K. Thomas, *Intrinsic Motivation at Work: What Really Drives Employee Engagement*(2nd ed.)(San Francisco: Berrett-Koehler, 2009); A. B. Thompson, "The Intangible Things Employees Want from Employers,"*Harvard Business Review*, December 3, 2015(https://hbr.org/2015/12/the-intangible-things-employees-from-employers); T. Smith, 5 Things People Who Love Their Jobs Have in Common," *Fast Company*, November 3, 2015(https://www.fastcompany.com/3052985/5-things-people-who-love-their-jobs-have-in-common); J. Stringer, 7 Common Misconceptions Employers Have About their Employees,"National Business Research Institute(https://www.nbii.com/employee-survey-white-papers/7-common-misconceptions-employers-have-about-their-employees/).

24. L. K. Thaler and R. Koval, *The Power of Small: Why Little Things Make All the Difference*(New York: Broadway Books, 2009), 36~37.

25. 이 사례를 제공해주신 Michael Bunting께 감사드린다.

26. J. Kaplan, *The Gratitude Diaries: How a Year Looking at the Bright Side Can Transform Your Life*(New York: Penguin Publishing Group, 2016).

27. A. M. Grant and F. Gino, "A Little Thanks Goes a Long Way: Explaining Why Gratitude Expressions Motivates Prosocial Behavior," *Journal of Personality and Social Psychology* 98, no.6(June 2010): 946~955.

28. *The ROI of Effective Recognition*, O. C. Tanner Institute, 2014(www.octanner.com/content/dam/oc-tanner/documents/white-paper/O.C.-Tanner_Effective-Recognition-White-Paper.pdf); C. Chen and Y Chen, P. Hsu, and E. J. Podolski, "Be Nice to Your Innovators: Employee Treatment and Corporate Performance," *Journal of Corporate Finance*, June 7, 2016을 참조할 것. SSRN: https://ssrn.com/abstract=2461021 또는 http://dx.doi.org/10.2139/ssrn.2461021에서도 찾아볼 수 있다.

29. M. Losada and E. Heaphy, "The Role of Positivity and Connectivity in the Performance of Business Teams: A Nonlinear Dynamics Model," *American Behavioral Scientist* 47, no.6(2004): 740~765. 또한 T. Rath and D. O. Clifton의 *How Full Is Your Bucket? Positive Strategies for Work and Life*(New York: Gallup Press, 2004)과 B. Fredrickson의 *Positivity: Top-Notch Research Reveals the 3-to-1 Ratio That Will Change Your Life*(New York: Three Rivers Press, 2009)를 볼 것.

30. R. A. Emmons, *Thanks! How Practicing Gratitude Makes You Happier*(New York: Houton Mifflin Harcourt, 2008). 또한 N. Lesowitz, *Living Life as a Thank You: The Transformative Power of Daily Gratitude*(New York: Metro Books, 2009)를 참조할 것.

31. D. Novak, *O Great One! A Little Story About the Awesome Power of Recognition*(New York: Penguin, 2016), xiii.

제12장
가치와 승리를 축하하라

1. 이 사례를 제공해주신 셰릴 존슨님께 감사드립니다.

2. D. Brooks, *The Social Animal: The Hidden Source of Love, Character, and Achievement*(New York: Random House, 2011)을 참조할 것.

3. W. Baker, *Achieving Success Through Social Capital: Tapping the Hidden Resources in Your Personal and Business Network*(San Franscisco: Jossey-Bass, 2000); R. Putnam, *Bowling Alone: The Collapse and Revival of American Community*(New York: Touchstone, 2001); W. Bolander, C. B. Satornino, D. E. Hughes, and G. R. Ferris, "Social Networks Within Sales Organizations: Their Development and Importance for Salesperson Performance," *Journal of Marketing* 79, no.6(2015): 1~16.

4. Source: "List of Social Networking Websites," *Wikipedia*(http://en.wikipedia.org/wiki/List_of_social_networking_websites).

5. K. N. Hampton, L. S. Goulet, L. Rainie, and K. Purcell, "Social Networking Sites and Our Lives," *Pew Internet & American Life Project*, June 16, 2011(http://pewinternet.org/Reports/2011/Technology-and-social-networks.aspx).

6. T. Deal and M. K. Key, *Corporate Celebration: Play, Purpose, and Profit at Work*(San Francisco: Berrett-Koehler, 1998), 5.

7. 이 사례를 제공해주신 Alex Jukl께 감사드립니다.

8. 2016년 5월 20일에 D. Novak, "What I've Learned after 20 Years on the Job"에서 인용(http://www.cnbc.com/2016/05/20/yum-chair-what-ive-learned-after-20-years-on-the-job-commentary.html).

9. D. Campbell, *If I'm in Charge Here, Why Is Everybody Laughing?*(Greensboro, NC: Center for Creative Leadership, 1984), 64.

10. C. von Scheve and M. Salmela, *Collective Emotions: Perspective from Psychology, Philosophy, and Sociology*(Oxford, UK: Oxford University Press, 2014).

11. A. Olsson and E. A. Phelps, "Social Learning of Fear," *Nature Neuroscience* 10, no.9(2007): 1095~1102.

12. J. S. Mulbert, "Social Networks, Social Circles, and Job Satisfaction," *Work and Occupation* 18, no.4(1991): 415~430; K. J. Fenlason and T. A. Beehr, "Social Support and Occupational Stress: Effects of Talking to Others," *Journal of Organizational Behavior* 15, no.2(1994): 157~175; H. A. Tindle, Y. Chang, L. H. Kuller, J. E. Manson, J. G. Robinson, M. C. Rosal, G.J. Siegel, and K. A. Matthews, "Optimism, Cynical Hostility, and Incident Coronary Heart Disease and Mortality in the Women's Health Initiative," *Circulation* 120, no.8(2009): 656~662; V. Dagenais-Desmarais, J. Forest, S. Girouard and L. Crevier-Braud, "The Importance of Need Supportive Relationships

for Motivation and Psychological Health at Work,"in N. Weinstein(ed.), *Human Motivation and Interpersonal Relationships: Theory, Research, and Applications*(New York: Springer Science+Business Media, 2014), 263~297.

13. R. Friedman, *The Best Place to Work: The Art and Science of Creating an Extraordinary Workplace*(New York: Penguin Random House, 2014).

14. Gallup, *State of The American Workplace 2014*(www.gallup.com/services/178514/state-american-workplace.aspx).

15. O. Stavrova and D. Ehlebracht, "Cynical Belief About Human Nature and Income: Longitudinal and Cross-Cultural Analysis," *Journal of Personality and Social Psychology* 110, no.1: 116~132.

16. J. Holt-Lunstad, T. B. Smith, M. Baker, T. Harris, and D. Stephenson, "Loneliness and Social Isolation as Risk Factors for Mortality: A Meta-Anlaytic Review," *Perspectives on Psychological Science* 10, no.2(March 2015): 227~237.

17. S. Achor, *The Happiness Advantage: The Seven Principles of Positive Psychology that Fuel Success of Performance at Work*(New York: Crown, 2010).

18. J. Holt-Lunstad, T. B. Smith, J.B Layton, "Social Relationships and Mortality Risk: A Meta-Analytic Review," *PLos Medicine* 7, no.7(2010); D. Umberson and J. K. Montez, "Social Relationships and Health: A Flashpoint for Health Policy," *Journal of Health and Social Behavior* 51, no.1(2010 suppl): S54~S66.

19. R. D. Cotton, Y. Shen, and R. Livine-Tarandach, "On Becoming Extraordinary: The Content and Structure of the Developmental Networks of Major League Baseball hall of Famers," *Academy of Management Journal* 54, no.1(2011): 15~46.

20. T. Rath, *Vital Friends: The People You Can't Afford to Live Without*(New York: Gallup press, 2006), 52. 또한 T. Rath and J. Harter, *Well Being: The Five Essential Elements*(New York; Gallup Press, 2010)과 R. Wagner and J. K. Harter, *12: The Elements of Great Managing*(New York: Simon & Shuster, 2006)을 참조할 것.

21. Rath, *Vital Friends*, 51.

22. R. F. Baumeister and M. R. Leary, "The Need to Belong: Desire for Interpersonal Attachment as a Fundamental Human Motivation," *Psychological Bulletin* 117(1995): 497~529; D. G. Myers, "The Funds, Friends, and Faith of Happy People," *American Psychologist* 55, no.1(2000): 56~67; S. Crabtree, "Getting Personal in the Workplace: Are Negative Relationships Squelching Productivity in Your Company?"*Gallup Management Journal*, June 10, 2004(http://www.gallup.com/businessjournal/11956/getting-personal-workplace.aspx); J. Baek-Kyoo and S. Park, "Career Satisfaction, Organizational Commitment and Turnover Intention," *Leadership & Development Journal* 31(2010), 482~500; O. Zeynep, "Managing Emotions in the Workplace: Its Mediating Effect on the Relationship Between Organizational Trust and Occupational Stress," *International*

Business Research 6(2013): 81~88.

23. M. Csikszentmihalyi, *Finding Flow: The Psychology of Engagement with Everyday Life*(New York: Basic Books, 1998); D. Gilbert, *Stumbling on Happiness*(New York: Knorp, 2006); Rath, *Vital Friends*; S. Achor, *Happiness Advantage: The Seven Principles that Fuel Success and Performance at Work*(New York: Crown Business, 2010).

24. A. Gostick and S. Christopher, *The Levity Effect: Why It Pays to Lighten Up*(Hoboken, NK: Hohn Wiley & Sons, 2008).

25. R. Provine, *Laughter: A Scientific Investigation*(New York: Penguin, 2001).

26. 이 사례를 공유해주신 Michael Bunting님께 감사드린다.

27. C. L. Porath, A. Gerbasi, and S. L. Schorch, "The Effects of Civility on Advice, Leadership and Performance," *Journal of Applied Psychology* 100, no.5(2015): 또한 C. L. Porath and A. Gerbashi, "Does Civility Pay?" *Organizational Dynamics* 44(2015): 281~286을 참조할 것.

28. D. Keltner, "Managing Yourself: Don't Let Power Corrupt You," *Harvard Business Review*, October 2016.

29. G. Klein, *The Power of Intuition: How to use Your Gut Feelings to Make Better Decisions at Work*(New York: Crown Business, 2004); G. Klein, *Seeing What Others Don't: The Remarkable Ways We gain Insights*(New York: Penguin, 2013).

30. D. Western, *The Political Brain: The Role of Emotion in Deciding the Fate of the Nation*(New York: Public Affairs, 2008), 28.

31. Deal and Key, *Corporate Celebration*, 28.

제13장
리더십은 모든 사람의 책무다

1. Public Alley가 1998년에 18세부터 30세를 대상으로 이 조사를 실시함. 우리는 이 설문 조사를 필요에 맞게 각색해 지난 20년간 더욱 광범위한 연령대에 적용해 실시하였다.

2. J. Harter and A. Adkins, "What Great Managers Do to Engage Employees," *Harvard Business Review*, April 2015.

3. B. Z. Posner, "A Longitudinal Study Examining Changes in Students' leadership Behavior," *Journal of College Student Development* 50, no.5(2009): 551~563.

4. 심층적 학습 방법에 대한 토론을 보려면, J. M Kouzes and B. Z. Posner, *Learning Leadership: The Five Fundamentals of Becoming an Exemplary Leader*(San Francisco: The Leadership Challenge—A Wiley Brand, 2016)를 참조할 것.

5. K. A. Ericsson, "The Influence of Experience and Deliberate practice on the Development of Superior Expert Performance," in K. A. Ericsson, N. Charness, P. J. Fetovich, and R. R. Hoffman(eds.), *The Cambridge Handook of Expertise and Expert Performance*(New York: Cambridge University Press, 2006), 699.

6. Ericsson(2006)이 처음으로 이 연구를 발표했고, Malcolm Gladwell이 1만 시간 원칙을 대중화했다 (M. Gladwell, *Outliers: The Story of Success*(New York: Little Brown, 2008)). G. Colvin, *Talent Is Overrated: What really Separates World-class Performersfrom Everybody Else*(New York: Portfolio, 2008).

7. J. Collins, *Good to Great: Why Some Companies Make the Leap...and Others Don't*(New York: HarperBusiness, 2001), 17~40; A. L. Delbecq, "The Spritual Challenges of Power: Humility and Love as offsets to Leadership Hubris," *Journal of Management, Sprituality & Religion* 3, no.1~2(2006): 141~154; F. Kofman, *Conscious Business: How to Build Value Through Values*(Boulder, CO: Sounds True, 2006); H. M. Kraemer, *From Values to Action: The Four Principles of Value-Based Leadership*(San Francisco: Jossey-Bass, 2011), 59~76; B. P. Owens and D. R. Hackaman, "How Does Leader Humility Influence Team Performance? Exploring the Mechanisms of Contagion and Collective Promotion Focus," *Academy of Management Journal* 59, no.3(2016): 1088~1111; A. Y. Ou, D. A. Waldman and S. J. Peterson, "Do Humble CEOs Matter? An Examination of CEO Humility and Firm Outcomes," *Journal of Management* 42(2015); A. Y. Ou, A. S. Tsui, A. J. Kinicki, D. A. Waldman, Z. Xiao, and L. J. Song, "Humble Chief Executive Officers Connections to Top Management Team Integration and Middle Managers'Responses," *Administrative Science Quarterly* 59, no.1(2014): 34~72.

8. J. M. Kouzes and B. Z. Posner, *A Leader's Legacy*(San Francisco: Jossey-Baas, 2006).

9. G. Di Stefano, F. Gino, G. P. Pisano, and B. R. Staats, "Making Experience Count: The Roles of Reflection in Individual Learning," June 14, 2016, *Harvard Business School NOM Unit Working Paper No.14-093*; Harvard Business School Technology and Operation Management Unit Working Paper No.14-093; HEC Paris Research No.SPE-2016-1181. SSRN:(http://www.hbs.edu/faculty/publication%20Files/14-093_defe8327-eeb6-40c3-aafe-26194181cfd2.Pdf); E. J. McNulty, "Ritual Questions Help Inform Effective Leaders," *Strategy+Business*, August 22, 2016(http://www.strategy-business.com/blog/Ritual-Questions-Help-Inform-Effective-Leaders?gko=6c369).

저자 소개

짐 쿠제스와 배리 포스너는 30년 이상 함께 리더를 연구하고, 리더십을 조사하며, 리더십 개발 세미나를 진행하고 여러 가지 다양한 방면으로 리더를 돕는 일을 해왔다. 이 책『리더십 챌린지』는 전 세계적으로 250만 부가 판매되었으며, 22개 언어로 번역되었다. 이 책은 여러 상을 받았고(Critics Choice 상, 금년의 최우수 도서상 등), 세계 100대 경영서적으로 매년 선정되고 있다.

짐과 배리는 12권이 넘는 책을 공동 집필해 여러 상을 받았는데, 그들이 함께 집필한 책은 다음과 같다.『리더십 배우기: 모범적인 리더가 되기 위한 5가지 근본원칙』,『리더십에 대한 진실: 유행이 아닌, 반드시 알아야 할 중요한 사실』,『신뢰: 리더는 어떻게 신뢰를 얻고 잃는가, 왜 사람들은 이를 요구하는가』,『사기 북돋우기: 타인을 보상하고 인정하는 리더의 가이드』,『리더의 유산: 학생 리더십 챌린지』,『호주 및 뉴질랜드의 놀라운 리더십: 훌륭한 직장을 만드는 5가지 원칙』(마이클 번팅과 공저),『아시아에서 발생하는 놀라운 변화: 모범적 리더십을 적용하는 5가지 방법』.

그들은 열렬한 찬사를 받은 "리더십 실천 행동 진단(Leadership Practice Inventory, LPI)"을 개발했는데, 리더십 진단에 활용되는 이 360도 설문지는 학생

리더십 챌린지

LPI(Student LPI)와 함께 지금도 전 세계에서 가장 널리 쓰이는 리더십 평가 도구다. 800개가 넘는 연구, 박사 논문 및 학술 논문에서 모범적 리더십의 5가지 원칙 프레임 워크를 사용하였다.

미국 인재 개발 협회(The Association for Talent Development)가 직장에서 학습과 성과에 특별한 기여를 한 사람들에게 부여하는 최고의 상은 짐과 배리가 이제까지 받은 상 중에서도 가장 큰 영예다. 이 밖에도, 세계경영협회에서 올해의 경영·리더십 교육가로 선정되었고, 《리더십 엑설런스》가 선정한 선구적 사상가 100명 중 20위를 차지했다. 트러스트 어크로스 아메리카가 뽑은 신뢰할 수 있는 비즈니스 행동 부문에서 100대 사상가에 선정되었다. 《HR 매거진》이 선정한 가장 영향력 있는 세계적인 사상가에 선정되었고, 《Inc. 매거진》이 선정하는 '리드하는 방식을 바꾸는' 현대의 50인 리더십 혁신가에 포함되었으며, 글로벌 구루가 선정한 30명의 글로벌 리더십 구루에 선정되었다.

짐과 배리는 기조 연설자로 자주 초대되는 연사이기도 하며, 전 세계 유수 기업과 조직을 상대로 수많은 리더십 개발 프로그램을 수행하였다. 그들과 함께한 기업은 다음과 같다.

알버타 헬스 서비스, 애플, 어플라이드 머티리얼즈, 오스트리아 인스티튜트 오브 매니지먼트, 오스트레일리아 포스트, 베인 캐피털, 뱅크 오브 아메리카, 보스, 찰스 슈왑, 쉐브론, 시스코 시스템즈, 클로락스, 콘퍼런스 보드 오브 캐나다, 컨슈머스 에너지, 다우케미칼, 일렉트로닉 아츠, 페덱스, 지넨텍, 구글, 짐보리, HP, IBM, 존슨앤존슨, 카이저 파운데이션 헬스 플랜즈 앤 하스피털, 인텔, L. L. 빈, 로렌스 리버모어 내셔널 랩스, 록히드마틴, 루실 패커드 아동 병원, 머크, 몬산토, NetApp, 네이션와이드 인슈런스, 노스롭 그룸만, 노바티스, 엔비디아, 오라클, 페이팔, 페트로니스, 픽사, 로체 바이오사이언스, 텔스트라, 지멘스, 스미소니언, St. 쥬드 칠드런스 리서치 병원, 텍사스 메디컬 센터, 3M, TIAA-CRFF, 토요타, 유나이티드 웨이, 유니버설 올랜도, USAA, 버라이즌, 보다폰, 월트디즈니 컴퍼니, 웨스턴 마이닝 코포레이션, 웨스트팩. 그들은 70여 개가 넘는 대학 캠퍼스에서 강의를 진행했다.

제임스 쿠제스(James M. Kouzes)

산타클라라 대학교 경영대학 리비 스쿨의 최고 상임위원이며, 전 세계를 대상으로 리더십 강의를 하고 있다. 그는 인정받는 리더십 학자인 동시에 관록 있는 경영자이기도 하다. 《월스트리트 저널》에서는 그를 미국 12대 임원 교육자 중 한 명으로 선정했다. 2010년도에, 제임스는 Instructional System 협회가 수여하는 '리더십 사상가 상(Thought Leadership Award)'을 받았는데, 이는 HRD 분야의 가장 권위 있는 상이다.

그는 2010년부터 2017년까지 트러스트 어크로스 아메리카에서 선정한 신뢰할 수 있는 비즈니스 행동 부문에서 100대 사상가에 선정되었으며, 2015년도에는 평생 공로상 수상자로 선정되는 영예를 안았다. 2017년도에는 글로벌 구루(Global Guru)가 선정하는 30대 리더십 구루 중 한 명으로 선정되었다. 2006년도에 그는 토스트마스터 인터내셔널이 수여하는 최고의 영예인 골든 개블(Golden Gavel) 상을 받았다. 톰 피터스 컴퍼니에서 1988년부터 2000년까지 사장이자 CEO, 회장으로 재직했고, 그전에는 산타클라라 대학교(1981~1988)에서 임원개발센터를 이끌었다. 제임스는 jim@kouzes.com으로 연락할 수 있다.

* * *

배리 포스너(Barry Z. Posner)

산타클라라 대학교 경영대학 리비 스쿨의 석좌교수이며, 그는 이곳에서 12년 동안 경영대학 학장으로 재직했다. 그는 홍콩 과학기술대학교와 사반치대학교(이스탄불), 서부 호주 대학교에서 석학 초빙교수를 역임하였다. 산타클라라대학교에서, 그는 총장이 수여하는 최고의 석학상을 받았고, 대학원에서 주는 뛰어난 교수상을, 이 밖에도 여러 가지 교수법 및 학술 분야에서 다양한 상을 받았다. 세계적으로 저명한 학자이자 교육가로서, 배리는 100개가 넘는 연구조사를 실시하여 논문을 저술하거나 공저자로 참여하였다. 그는 현재 《리더십 및 조직 개발 저널》 및 《서번트 리더십 국제 저널》에서 편집 고문을 역임했으며, 저널 오브 매니지먼트 인콰이어리로부터 경력 계발에 분야에서 뛰어난 학자상을 받았다.

배리는 산타바바라 캘리포니아대학교에서 정치학을 전공한 후 오하이오 주립대학교에서 공공행정학 석사, 조직 행동 및 관리 이론에 대한 박사 학위는 앰허스트 매사추세츠대학교에서 취득했다. 그는 전 세계의 다양한 공기업과 개인 기업을 대상으로 컨설팅을 수행했다. 배리는 또한 여러 곳의 공동체 조직 및 전문가 조직에서 전략적 업무를 수행하였다. 그는 몇 군데 공개 기업 및 스타트업뿐만 아니라 업리프트 패밀리 서비스, 글로벌 여성 리더십 네트워크, 미국 건축가 협회(AIA), SV 크리에이츠, 빅 브라더스/빅 시스터스 오브 산타클라라 카운티, 실리콘밸리 및 몬테레이 베이 청소년 육성회, 퍼블릭 앨리즈, 산호세 레퍼토리 극장, 시그마 피 입실론 프라터너티의 이사회 회원으로 있다. 배리는 bposner@scu.edu로 연락할 수 있다.